図説 世界文化地理大百科
ヴァイキングの世界

Editor and Project Manager
Susan Kennedy
Art Editor Chris Munday
Design Adrian Hodgkins
Picture Editor Linda Proud
Picture Manager Jo Rapley
Cartographic Manager Olive Pearson
Cartographic Editors Sarah Phibbs,
Pauline Morrow
Cartographer Richard Watts
Editorial Assistant Marian Dreier
Proofreader Lin Thomas
Index Barbara James
Production Clive Sparling
Typesetting Brian Blackmore

AN ANDROMEDA BOOK
Copyright © 1994 Andromeda
Oxford Limited

Planned and produced by
Andromeda Oxford Limited
9-15 The Vineyard, Abingdon
Oxfordshire, England OX14 3PX

All rights reserved. No part of this book
may be reproduced or utilized in any
form or by any means, electronic or
mechanical, including photocopying,
recording, or by any information storage
and retrieval systems, without the
prior permission in writing of the
publisher and copyright holder.

図説 世界文化地理大百科
ヴァイキングの世界

Cultural Atlas of the
VIKING WORLD

コーリン・ベイティ／ヘレン・クラーク／
R.I.ペイジ／ニール・S.プライス 著
ジェームス・グラハム＝キャンベル 編

熊野 聰 監修

目　　次

　8　年　　表
　10　序

第1部　ヴァイキングの起源

　12　国土，気候および人
　22　ヴァイキング時代以前のスカンディナヴィア

第2部　ヴァイキング時代のスカンディナヴィア

　38　社会，王，戦争
　58　日常生活
　78　都市，交易，手工業
　100　学問と宗教

第3部　海外のヴァイキング

　122　西ヨーロッパ
　148　ケルトの世界
　164　北大西洋
　184　ロシアと東方世界

第4部　ヴァイキング世界の終焉

　200　後期ヴァイキング時代とその後

　224　用語解説
　227　参考文献
　229　図版リスト
　232　地名索引
　236　監修者あとがき
　237　索　　引

トピックス

- 26 沼沢犠牲
- 34 ヴェンデル時代の王墓
- 42 オーセベルの船葬墓
- 46 ゴットランド
- 56 デンマークの王の要塞
- 62 家の生活
- 64 娯楽
- 67 衣装
- 76 ヴァイキング船
- 90 木彫
- 94 装飾金属細工
- 98 ヴァイキング美術
- 102 ルーン文字
- 108 異教の神々
- 112 シグルズ伝説
- 138 アングロ・スカンディナヴィア様式
- 180 ヴァイキングの航海
- 202 樽板式教会

遺跡

- 30 エーケトルプ
- 32 ヘリエー
- 80 ヘーゼビュー
- 82 リーベ
- 86 ビルカ
- 101 ヤルラバンキの堤道
- 118 イェリング
- 128 レプトンの冬営地
- 136 ヨーク
- 150 ヤールズホフ
- 158 セント・パトリック島
- 162 ダブリン
- 172 ステインク
- 174 ブラッタフリーズ
- 178 ランス・オ・メドオ
- 186 リューゲン島
- 190 スターラヤ・ラドガ
- 192 ノヴゴロド
- 204 シグトゥーナ
- 215 オーフィル
- 216 バーセイ
- 220 シングヴェットリル

地図リスト

- 13 スカンディナヴィアの地勢
- 14 スカンディナヴィアの土壌
- 15 スカンディナヴィアの気候
- 17 スカンディナヴィアの植生
- 29 スカンディナヴィア鉄器時代の定住地
- 49 ヴァイキング時代のスカンディナヴィア
- 69 ヴァイキング時代のスカンディナヴィアの墓
- 79 交易者としてのヴァイキング
- 89 手工業と工芸
- 115 キリスト教の伝播
- 126 ヴァイキングの西ヨーロッパ侵攻：8〜9世紀
- 129 ヴァイキングのイングランド戦役：865-885年
- 131 ヴァイキングのイングランド戦役：892-895年
- 134 スカンディナヴィア人の痕跡：イングランド
- 140 デーンローの奪回
- 144 ヴァイキングのノルマンディー定着
- 147 ブルターニュのヴァイキング
- 153 スカンディナヴィア人の痕跡：ケルト世界
- 167 ヴァイキング時代のフェーロー諸島定住地
- 173 ヴァイキング時代のアイスランド定住地
- 176 ヴァイキング時代のグリーンランド定住地
- 177 ヴァイキングの北大西洋横断航路
- 189 スカンディナヴィア人の影響：東バルト地域とロシア
- 196 ビザンツ帝国とアッバース朝カリフ国
- 200 11世紀のスカンディナヴィア
- 206 イングヴァルの東方遠征
- 208 ヴァイキング活動の再燃：イングランド
- 211 クヌート大王の帝国
- 219 後期ヴァイキング時代の北ブリテンとアイルランド

年表

	700	800		850	900
スカンディナヴィア		790年代, ヴァイキングの西ヨーロッパ襲撃始まる	800年代, デンマーク王ゴズフレズ, カール大帝と争う；ダーネヴィアケ第2段階建設, レリクの商人をヘーゼビューに移住させる 810年, ゴズフレズ殺害 825年頃, ヘーゼビューでデンマークの貨幣発行始まる 820年代, アンスガールの第1回デンマーク伝道旅行, およびスウェーデンのビルカへも (829-31年) 834年, オーセベル船葬墓 (ノルウェー)	850年代, 大ホーリク, 小ホーリク両王, アンスガールにヘーゼビューとリーベの教会建設を許可；アンスガール, ビルカ再訪 870年頃-940年頃, ハーラル美髪王 (ノルウェー) 880年代, ハーラル美髪王, ノルウェー統一をはかる 890年頃, ハフルスフィヨルドの戦い (ノルウェー)	948年, デンマークのヘーゼビュー, リーベ, オーフスに司教が任ぜられる 934年頃-60年頃, ホーコン善王 (ノルウェー)；自国の改宗を試みる

ゴットランド島の絵画石, 8-9世紀

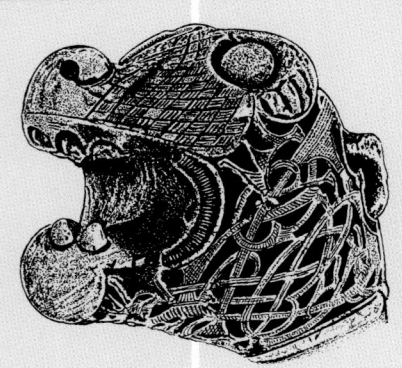
獣頭をかたどった支柱 (オーセベル船葬墓), 800-850年頃

ゴクスタ船出土のベッドの板, 900年頃

ブリテンおよびアイルランド		793年, ヴァイキングのリンディスファーン修道院襲撃 790年代, スコットランドとアイルランドに対する最初のヴァイキング襲撃	830年代, ヴァイキングのイングランド襲撃再開 839年, ヴァイキング, アイルランドで初めての越冬 841年, ダブリンにヴァイキングのロングフォート (越冬基地) 建設	850年, ヴァイキング, イングランドに最初の越冬 860年代, ヴァイキングの活動, イングランドでさかん 866年, 「大軍勢」イースト・アングリア上陸 967年, デーン人, ヨーク占領 870年, ヴァイキング, イースト・アングリアの王エドムンド (のちの聖エドムンド) を殺害 870年頃, オークニー・ヤール国の成立 871-99年, アルフレッド大王 (ウェセックス) 873-4年, ダービーシャー, レプトンのヴァイキング冬営 876-9年, ヴァイキング, イングランドに永続的定住 878年, エディングトンの戦いとウェッドモアの休戦協定；イングランドの分割	902年, ヴァイキング, ダブリンから追放さる 902-54年, アングロ・サクソン人によるデーンロー回復 917年頃, ヴァイキングのダブリン再建 937年, イングランド, ブルナンブルフの戦い
大陸ヨーロッパ		799年, フランクに対するヴァイキング襲撃始まる	800年, カール大帝戴冠 814年, カール大帝没, ルイ敬虔王即位 830年代, ヴァイキングのフランク襲撃増加 834-7年, ドーレスタットを毎年襲撃 840年代, フランク最初のヴァイキング越冬基地建設 844年, ヴァイキング, スペイン襲撃 845年, ハンブルクとパリの略奪 フランク人による最初のデーンゲルド支払	856-57年, ヴァイキング, パリを略奪 859-62年, スペイン・西地中海へのヴァイキング遠征 861年, ヴァイキングふたたびパリ略奪 862年, シャルル禿頭王, ヴァイキングに対してフランクの河川を封鎖する要塞橋を建設 862年頃, レーリック/リューリック, ノヴゴロドの支配者 866年, ヴァイキング, スペインを襲撃 882年頃, ノヴゴロドとキエフ統一 885-86年, パリ包囲	911年, ヴァイキング首長ロロによるノルマンジー建設 912年, ヴァイキングのカスピ海襲撃 914年, ヴァイキングのブルターニュ征服 926-33年, ノルマンジーの拡張 930年代, ヴァイキング, ブルターニュから追放さる
北大西洋			800年頃, フェーロー諸島およびアイスランドにアイルランド人隠者住む	860年頃, フェーロー諸島にノルウェー系ヴァイキング植民 870年頃-930年頃, アイスランドにノルウェー系ヴァイキング植民	930年, アイスランドのアルシング設立

950	1000	1050	1100
958/9年, ゴルム老王(デンマーク), イェリングに葬られる 958-987年, ハーラル青歯王(デンマーク) 960年頃, ハーラル青歯王のキリスト教改宗 994年頃-1000年頃, オーラヴ・トリュグヴァソン王(ノルウェー) 968年, ダーネヴィアケの再強化 970年頃, スウェーデン, シグトゥーナ建設 970/1年, デンマーク, マメンの玄室墓 980年頃, デンマークの円形要塞とラウニング・エング橋の建設 987年頃-1014年, スヴェン双叉髭王(デンマーク) 995年頃-1021/2年, ウーロヴ・シェートコヌング王(スウェーデン), キリスト教に改宗; スカーラに司教座設置 995年, オーラヴ・トリュグヴァソン, ノルウェーを統一	1000年頃, スヴォルズの戦い, オーラヴ・トリュグヴァソン戦死 1019-35年, クヌート大王(デンマーク) 1027年, ロスキレにデンマーク最初の石造教会 1028年, クヌート, ノルウェー王オーラヴ・ハーラルソンに対する反乱を教唆 1030年, スティックレスタの戦い, オーラヴ・ハーラルソン(のちの聖オーラヴ)戦死 1035-47年, マグヌス善王(ノルウェー) 1042-47年, マグヌス, ノルウェーとデンマークを統合	1047-66年, ハーラル苛烈王(ノルウェー) 1047-74年, スヴェン・エストリズセン(デンマーク王) 1066年, ハーラル苛烈王, イングランドに侵入, 敗死 スラヴ人によるヘーゼビューの破壊 1066-93年, オーラヴ・キュッレ(ノルウェー王) 1070年, ブレーメンのアダム, ウップサーラの異教神殿について叙述 1070年頃, ノルウェー, ウルネス樽板式教会建立 1086年, デンマーク王クヌーズ没, のち聖クヌーズ(1100年) 1096-1103年, エーリク・アイエゴーズ(デンマーク王)	1103年, ルンドにスカンディナヴィア全体を管区とする大司教座設置

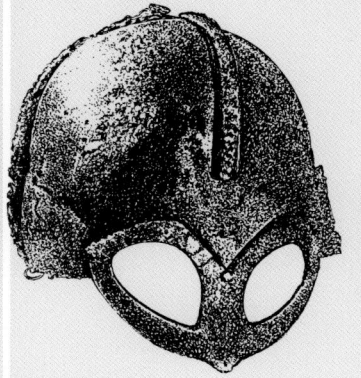

イェルムンブーのヘルメット, 10世紀

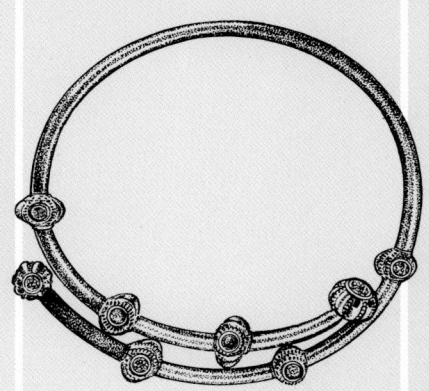

銀の首輪, グニェズドヴォ埋蔵宝より, 10世紀

十字架のペンダント, アイスランド, 10-11世紀

グンヒルドの十字架, セイウチの牙製, 1150年頃

954年, エイリーク血斧王, ヨークを追放され, ステインモアに戦死 980年, デーン人のイングランド攻撃再開 アイルランド, タラの戦い 985年頃-1014年, ヤール・「ふとっちょ」シグルズ(オークニー) 991年, イングランド, モルドンの戦い	1002年, エセルレッド, イングランドのデーン人皆殺しを命ず 1014年, スヴェン双叉髭王によるデーン人のイングランド征服 クロンターフの戦い(アイルランド) 1014-65年, 「強者」ソルフィン(オークニーのヤール) 1016-35年, クヌート大王(イングランド) 1042年, イングランド王ハーダクヌート没 1050年頃, オークニー司教管区設立	1066年, ノルウェーのハーラル苛烈王, イングランド, スタムフォード・ブリッジの戦いで戦死 1066年, ヘイスティングスの戦い: イングランドのノルマン・コンクェスト 1066-87年, ウィリアム1世(イングランド王) 1069年, デンマーク艦隊, イングランド征服の企て 1079年, スカイヒルの戦い, マン島王ゴッドレッド・クローヴァンの勝利 1085年, デンマーク, イングランド侵入を準備するも断念	1103年, ノルウェー王マグヌス裸足王, アイルランド遠征中戦死 1117年, マグヌス(オークニーの守護聖人), エギルセーで暗殺さる
980-1015年, キエフ侯ウラジーミル 980年代, ロシアの改宗 ヴァランギア隊創設	1015-54年, ヤロスラヴ(キエフ侯) 1040年頃, イングヴァルの東方遠征	1066年, イングランドのノルマン・コンクェスト 1091年, シチリアのノルマン・コンクェスト 1096-99年, 第1回十字軍	
985年頃, 赤毛のエイリーク, グリーンランド植民	1000年頃, アイスランド, キリスト教改宗 ブラッタフリーズにショーズヒルズの教会建立 北米, ヴィーンランドへ航海	1056年, スカウルホルトにアイスランド最初の司教座設置 1067-1148年, アイスランドの歴史家アリ・ソルギルスソン	1106年, ホウラル, アイスランド第2の司教座となる 1125年頃, グリーンランド司教管区, ガルザルに設置

序

　ヴァイキング時代はドラマに満ちていた．スカンディナヴィアの故地においても，また海を渡ってヴァイキングが侵略し，交易し，定住した諸国においても．後者の場合は力ずくであった．しかしこの時代がもたらした変化のうち，永続的な影響をもったものは，多くの場合，平和的な試みと漸次的な発展がもたらしたものであった．本書は拡大された北欧における人間と空間を扱う文化地図である．拡大された北欧は，デンマーク，ノルウェー，スウェーデンを中心としてはいるが，西は大西洋を越え，東は黒海とカスピ海の岸へ，南は地中海に達する．ヴァイキング世界とは，ヴァイキング時代を象徴するあの船の行き来した，海と河川の航路ネットワークとみることができる．

　西欧にたいするヴァイキング侵略が始まったのは8世紀末のことで，かれら異教徒の海賊は，略奪品と貢納を求めて，無防備の修道院，集落，商業中心地を襲撃した．本来のヴァイキング時代がつづいたのはせいぜい3世紀間のことで，スカンディナヴィア人は西欧に暴力を輸出することをやめた．ただし12世紀のスカンディナヴィア人はスラヴ人の国々やバルト諸国に，暴力でキリスト教を押し付けるべく侵入と十字軍遠征をおこなった．スカンディナヴィアのキリスト教改宗，およびそれにともなう文字文化の確立こそは，ヴァイキング時代の経験した主要な変動の一つである．この変化の過程では，9世紀から11世紀まで，早すぎた試みや，部分的な前進もあった．

　ヴァイキング時代はまた，デンマーク，ノルウェー，スウェーデンという3つのヨーロッパ型国民国家が形成された時代でもある．国家の形成は，ヴァイキング時代が始まる以前から進行していた内的統合過程の結果であった．故国の飢餓の脅威や土地不足，そのほかこの顕著な現象を説明しようといくつも仮説が試みられてきたが，王位をめぐる対立者や失墜した指導者の強制追放をともなう国内政治問題は，じっさいそれらと同じくらい，スカンディナヴィアの拡張という事実に関係があったであろう．しかしながらスカンディナヴィアの大部分について，1200年以前に書かれた史料はほとんどないので，ヴァイキング時代の国家形成については十分な理解がえられることはけっしてないであろう．もっとも考古学は国家によって建設された要塞その他の記念碑的遺跡をあきらかにしつつあり，これらはこの時代の増大する権力集中を示してはいる．

　ヴァイキング時代のスカンディナヴィアは，襲撃と交易によって富を獲得し，これを背景に，経済的にも単純素朴ではなくなった．この過程のもっともよく目にみえる結果の一つは，商工業の中心としての町の建設であった．最近の考古学の成果が示すところでは，この過程は，少なくともデンマークでは，本来のヴァイキング時代が始まる前から進行していた．

　同時代史料──アングロ・サクソン，フランク，アラブの書き手になる著述，それにスカンディナヴィアのルーン碑銘文──はヴァイキング時代をおおいに解明するものであるし，13,14世紀に書かれた有名なサガ文学も寄与しうるのではあるが，しかしヴァイキング時代の生活について十分な把握をするためには，考古学に頼らなければならない．ここ数十年はヴァイキング世界の至るところで，発掘が非常に増加してきたのである．かくして本書は大部分，考古学者によって書かれているが，その結果，最新の諸発見の多くに，とくに本文を補うトピックスを通して，強く光を投げかけるものとなっている．

　この文化地図はスーザン・ケネディーと2ページに挙げられているかの女のアンドロメダ・チームの考案になり，誕生させたのはわたくしであるが，育てたのは4人の著者チームである．ヴァイキング時代とそれ以前の両方について，スカンディナヴィアを舞台に設定している第1-5章は，ヘレン・クラーク博士によって書かれた．かの女はロンドン大学の中世考古学においてわたくしのかつての同僚であった．ケンブリッジのコーパス・クリスティ（聖体）カレッジのレイ・ペイジ教授は第6章のスカンディナヴィアの「学問と宗教」について，その専門的学識をもって寄与してくれた．西欧と東欧のヴァイキングにかんする第7章と第10章を仕上げたニール・プライスはいまスウェーデンでフィールド・ワークの仕事をしているが，その前はロンドンとヨークでヴァイキング考古学を学んだ．第8,9章は，ブリテン西部およびアイルランドのケルト人地域とスカンディナヴィアのかかわり，北大西洋全域にわたる北欧の拡大を扱っているが，ここはグラスゴー博物館のコーリン・ベイティ博士によって書かれた．かれはケースネスおよびオークニーのヴァイキングについて発掘し，研究してきた専門家である．最終章，「後期ヴァイキング時代とその後」はこれらの著者たちのいずれからも寄与を受けた．本書作成を助けてくれたそのほかのひとびとのなかではとくに，ヴァイキング船について助言をいただき，さらにp.180-181のトピックスを書かれたオックスフォード大学のショーン・マクグレイル教授に感謝の意を表したい．p.42-43, 64-65, 90-91, 94-95, 98-99, 138-139のトピックス，p.158-159の遺跡，および本文中の図版キャプションはわたくし自身の責任である．

　終わりに補足説明を一つ：ヴァイキングの人名語形や単語を引用するのに完全に一貫した原則を適用することは不可能である．近代語形が認知されている人名のばあいにはそれをもちいた．たとえばエイリーク血斧王．そうでないばあいには，本来の語形から屈折語尾，アクセント記号や区分的発音符を除去し，一般的でない字形をより一般的なものに代えて単純化しようと試みた．たとえば古ノルド語のðとþの代わりに現代英語でこれらにあたるdとthをもちいた．したがってHaraldr HarðráðiはHarald Hardradiに，Sigvatr ÞórðarsonはSigvat Thordarsonになる．地名については現代の標準表記があればそれにしたがった．それ以外はできうるかぎり，現地表記，あるいは史料に出てくる形をもちいた．

ジェームス・グラハム＝キャンベル

第1部　ヴァイキングの起源

THE ORIGINS OF THE VIKINGS

国土，気候および人

　今日われわれがヴァイキングとよんでいる人々の故郷は，現在スカンディナヴィアを構成しているノルウェー，スウェーデン，デンマークの3国である．これらの国々は広大な範囲にわたり，北は北極圏内のはるか北緯71°にあるノールカップ岬から，南は北緯55°付近のデンマークとドイツの国境まで広がっている．総面積は79万km²近い．これほど広がりが大きいのであるから，景観や気候が多様性に富んでいるのも不思議ではない．動物相や植物相，経済的基盤，そして住民の性格すらも地域によって異なっている．現在でもそうなのだから，近代の技術や交通の出現する以前の時代には，この差異はもっと著しかったに違いない．

　ノルウェーとスウェーデンはスカンディナヴィア半島を形成しているが，その基礎岩盤はプレ・カンブリア期の花崗岩である．西部と北部ではその上に，いくらかあとになって湾曲し，急角度に傾いた岩床がのっかっており，これが高い山脈を形作っている．南部で上層をなしているのはおもに石灰岩とチョーク（上部が白亜系の泥炭層）である．150万年前から1万3千年前までの氷河時代には，巨大な氷河が北極圏から南下し，北半球の広い地域を覆った．最大拡張期には氷河は中央ヨーロッパまで達したが，数千年単位でその範囲は伸び縮みした．しかしスカンディナヴィア半島の大部分は，氷河時代の全期間を通じて氷河に覆われていた．もっとも寒い時期には氷河は前進して大地を平らにならし，氷河の重みで地表がもとの標高より数百mも押し下げられたところもあ

左　北部の冬は長く厳しく，内陸部の谷や峠では何カ月も雪が積もったままのこともある．このような条件下で交通を維持するために，先史時代のスカンディナヴィアにスキーが生まれたのも不思議なことではない．ソリやスケートもヴァイキング時代には使われていた．

国土，気候および人

る．比較的暖かい時期には氷河は後退し，南進したときに拾い上げて運んできた砂利や石を氷の溶けるにつれて落として堆積物を作り，あとにはエスカー（氷河の作る堆積物「モレーン」のうね）が残された．こうしてスカンディナヴィア半島の大部分は不毛で砂利の多い土壌に覆われ，農業はもちろん森林生育にさえあまり適さないのである．スウェーデン南部（今日のスコーネおよびハッランド南部）とデンマークは，氷に覆われたのはもっとも寒い時期の，氷河の最大拡張期だけであったから，氷河堆積物はより少なく，石灰石とチョークの上を粘土と氷河が作り出した砂利とが覆うより肥沃な表土に恵まれている．

氷河が溶けると，その下の土地は氷の重みによる圧力から解放され，元来の標高へと上昇を始めた．この「海水面変動」または「陸地上昇」は，約1万3千年前に最後の氷期が終わって以来現在もなおつづいているが，北部ではその速度は非常に速く，南へいくほど遅くなる．スカンディナヴィア半島北部の内陸では，土地はいまだに100年につき約1mの割合で上昇している．ノルウェーとスウェーデンの中央部では変化はそれほど目立たないが，それでも100年につき約50 cm上昇している．氷河の影響がそれほど大きくなかったスカンディナヴィア南部では，土地の高さはほとんど変化していない．

最後の氷期が終わって氷河が溶けると，平均海水位も上昇した．この海面上昇は，陸地上昇があまり著しくなかったスカンディナヴィア南部でもっとも顕著である．たとえば紀元前8千年ころのデンマークは，現在のブリテン島，デンマークおよびスウェーデン南部にまたがる単一の地塊の一部だった．その数千年後，ユラン半島西部とイングランドを結ぶ陸地が海面上昇によって途切れて北海となり，デンマークの島々を分かつ諸海峡と，シェラン島とスコーネのあいだのエーアスン海峡が形成されて，ようやく今日の姿になったのである．

氷河が溶けると，人間がスカンディナヴィアに移動してこの新たな土地に居住し始め，氷の後退につれてゆっくりと北進した．紀元前1万3千年ころ，すでに氷河がなかったデンマークにまず最初の移住が行われたが，もっと北に位置する地方はそれから数千年あとまで居住に適さなかった．それでも紀元前8000年ころにはスカンディナヴィアのほとんどが居住可能になった．この最初の移住者が，ヴァイキング時代（西暦800年ころからの300年間）にこの地に住んでいた人々の，おそらく祖先だった．

スカンディナヴィアは諸民族の移住の荒波にさらされたことはほとんどなかったが，ヨーロッパ大陸からの新しい文化的影響にはいつも開かれていた．交流はけっして一方向だったわけではない．ヴァイキング時代とそれ以前，東スウェーデンから南西フィンランドとバルト海沿岸部（今日のエストニア，ラトヴィアおよびリトアニア）へ，人や文化的影響の動きがあった．5，6世紀にはデンマーク西部沿岸や（やや少なめだが）ノルウェーから，イングランド東部への人口移動があった．そしてヴァイキング時代には西スカンディナヴィアからの移民が北大西洋地域で（フェーロー諸島，アイスランド，グリーンランド，そしてアメリカ大陸さえ）新しい社会を形成した．19世紀にも大量移民によって，アメリカ合衆国中西部やカナダにスカンディナヴィア文化をもつ社会が誕生している．

今日でさえ，スカンディナヴィアの大地が養っている人口はほんの1,700万人にすぎない．人口密度がもっとも高いのは，面積が3国のうち断然最小のデンマークで，41,400 km²ほどの土地に約500万人が居住している．ノルウェーはデンマークの8倍ほどの面積があるが，人口は約400万人にすぎ

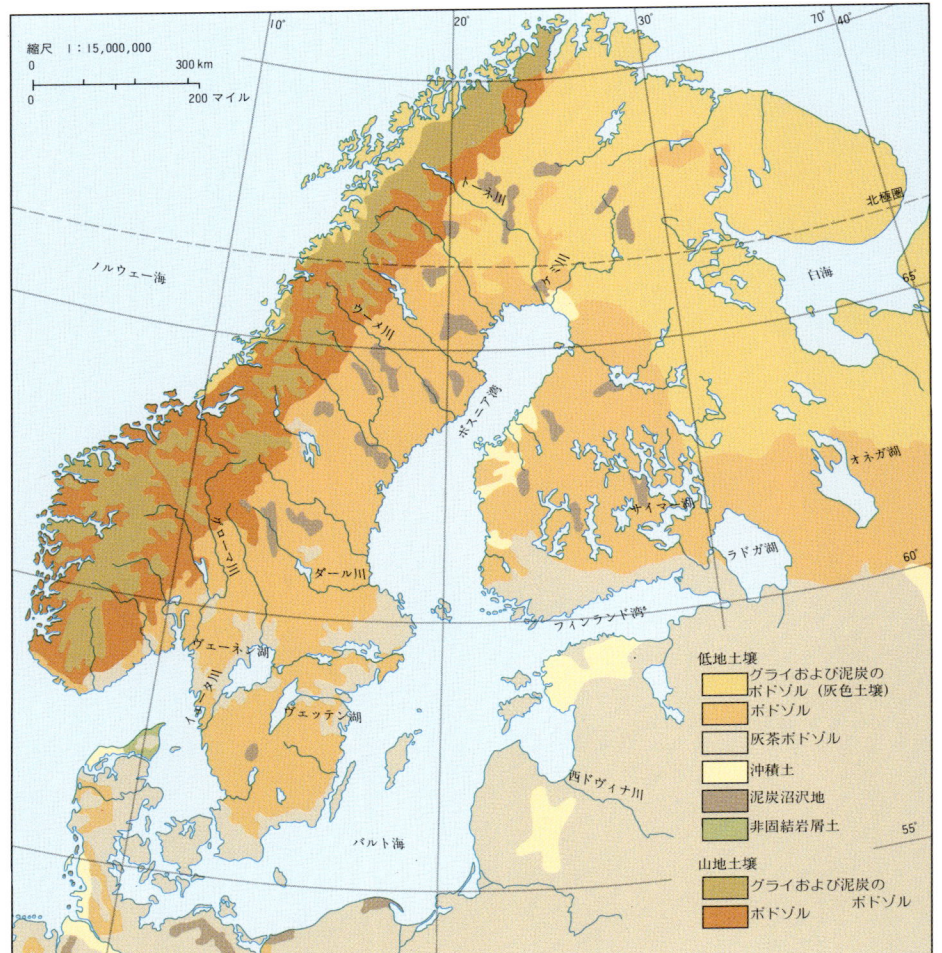

スカンディナヴィアの気候と土壌

緯度が高いわりにスカンディナヴィアの国々は驚くほど穏やかな気候を享受しているが、これは西風によってスカンディナヴィアに向かって吹き流される暖流(メキシコ湾流)の影響で和らげられているのである。ノルウェーの西海岸沿いに走るスカンディナヴィア山脈が、この温かい空気を上昇させ、湿気を降雨に変える(右の上)。東側ははるかに乾燥しており、降水量の多くは雪の形をとる。海からの影響で西海岸では冬は比較的暖かく夏は涼しい(右の中と下)。東では大陸からの影響の方が強く、気温はもっと極端で、冬は長く寒く、夏は短いけれども暖かい。ノルウェーとスウェーデンの山岳気候もまた厳しい。この地方の土壌(左)は、一般にポドゾル(灰白土)で、酸性が強く、分離が激しく、地味は貧弱である。湿地にはもっと重いグライ(排水不良地に発達し、還元された鉄のため青灰色または緑灰色をしている)と泥炭質の土壌がある。

下 ノルウェーの西海岸は山岳地帯で、氷河にえぐられてできたフィヨルドが深く入りこんでいる。最大のフィヨルドはソグネ・フィヨルドである。圧倒的なこれら海の谷は、厳しい気候から守られた小空間を作りだし、そこでは農業が可能である。フィヨルドの水面は通常穏やかで、空間的には遠く離れた定住地同士が舟を使えば簡単に結ばれる。

ない。スウェーデンはデンマークの大きさの10倍以上で人口は約800万人である。ヴァイキング時代、人口自体ははるかに少なかったとはいえ、その分布状況は現在と似ていた。人々はおもにスカンディナヴィア南部に住み、北に向かうにしたがって人口は希薄になり、散居型の定住形態をとった。ノルウェーとスウェーデンの北極圏および亜北極圏には、現在と同じく当時も、南のスカンディナヴィア人とは民族的に異なるラップ人(サミ)が居住していた。サミは最近まで自分たちの、基本的には石器時代の、文化と伝統を保持していた。かれらの自然な、そして密接な交流相手は異民族である南の隣人ではなく、フィンランドとロシアのサミであった。

ノルウェー

ノルウェーの特徴となっているのは合計2万km以上にもおよぶ非常に長い海岸線である。けわしくそそり立った山峡を内陸に向かって、ときには数百kmものびる長く狭いフィヨルド(氷河期にできた谷間に海水が侵入したもの)のため、海岸線はのこぎりの歯のようになっている。海岸沖には無数の島々が浮かんでいる。この国はその山岳地形のため陸上交通はつねに困難だったので、人が住むようになって以来、交通は大きく海に頼ってきた。居住地はフィヨルド周辺のなんとか暮らせる土地に集中し、多くの小さな地域社会が互いに孤立して成長し、そのそれぞれが独自の伝統と文化を育ててきた。強固な独立精神は、いつもフィヨルド住民の特徴となってきた。

北ノルウェー内陸部の冬は長く厳しく、気温は氷点をはるかに下まわる。厚い雪が年間何カ月も地面を覆う。海岸部では気候はずっと穏やかで、メキシコ湾流のおかげで冬でもはるか北方のナルヴィークにいたるまで港湾は氷結することが

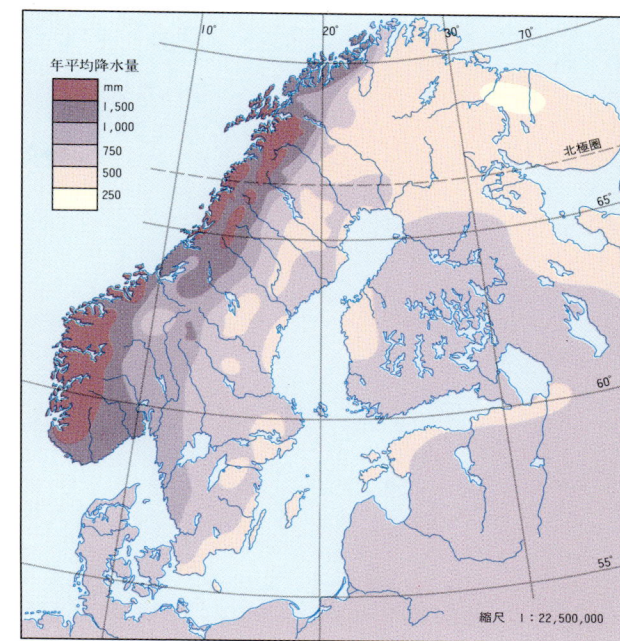

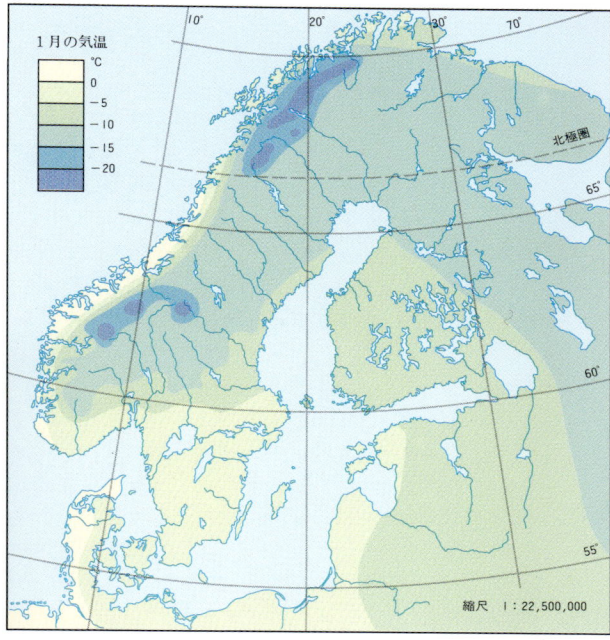

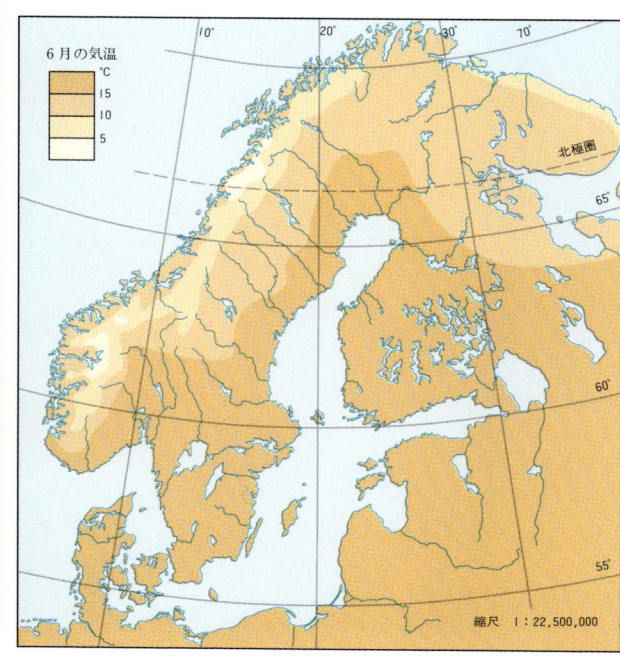

国土，気候および人

ない．つまり気候も沿岸居住を促したわけである．しかもこ こでは漁労と捕鯨が可能で，生活のおもな手段とすることが できた．西ノルウェーと北ノルウェーの海岸部では気候的に 家畜飼育が可能で（冬は屋内で飼う），牛，羊，山羊，馬が育 てられたし，いまも育てられている．家畜は食肉とミルク， チーズを供給し，輸送手段ともなる．海岸部では比較的温暖 な気温のため，土壌条件の許すところでは果樹や数種の穀物 の栽培が可能だった．とはいえ穀物栽培は概してこの国では あまり重要視されてこなかった．今日でさえ栽培農業に使用 されているのは国土のわずか3%にすぎず，それもおもに南 部と東部である．

北大西洋と北極海の豊かな沿岸漁場でとれる魚は，今日に いたるまでノルウェーの食生活の中心をなしてきた．以前に は，海岸にたくさんいた海鳥やその卵も食卓に上った．中世 末までこの国のもっとも重要な輸出品目だったのは干し魚で ある．アザラシやセイウチのような海獣は皮革を，とくにセ イウチの場合は牙をとるために捕獲された．

ノルウェーは国土の広い範囲が森林限界高度を超えている ため森は深くないし，森のあるところでもモミや松，トウヒ の針葉樹林である．オークやトネリコ，ブナのような落葉樹 は南部で針葉樹と混合して生えており，おそらく植物相の主 要な特徴となったことはない．はるか北はツンドラ，すなわ ちほとんど植物の生えない，荒涼とした見渡すかぎりの永久 凍土である．その少し南にはタイガ（針葉樹林帯）がある． これらの北部地域にはトナカイ，へら鹿，熊，さらに北極キ ツネやテン，ヤマネコ，リスのような毛皮小動物がおり， これらすべては長いあいだ，食糧にするため，また毛皮や角を とるため，狩猟の対象となってきた．ヴァイキング時代には これらの原料品は，大陸ヨーロッパのもっと南の，産業の進 んだ国々からのみ獲得できる奢侈品と交換された．

スウェーデン

スウェーデンは北から南まで合計約1,500 kmの長さがある． 西の国境に沿ってノルウェーと山岳地帯を分けあっては いるが，この国のほとんどは海抜500 m以下で，低く，起伏 のある，針葉樹林に覆われた田園風景というのが典型である． 数多くの淡水湖と船の通れる川があり，これらは何世紀にも わたって水上交通の動脈として役に立ってきた．はるか北方 には，荒涼たるツンドラの風景が広がっている．

スウェーデン中部と南部では，もっとも標高が低くもっと も平坦な土地が3つの地域にはっきりと分かれている．1つ 目は西のヴェーネルン湖周辺で，ここにはヴェステルイェー トランドの肥沃な平野とイェータ川河谷部がある．2つ目は 東のイェルマレンとメーラレンの大湖を中心とし，南の境を エステルイェートランドの平原，北の境をダール川とする地 域である．そして3つ目は南のスコーネとハッランドの平野 部で，隣接するデンマークと同じ特徴を多くもつ．おもにオ ークや白樺，ブナからなる落葉樹林が自然生育するこの地域 は，スウェーデンの肥沃な穀倉地帯である．

17世紀までスコーネは，その北方で，スモーランドの密生 した森林によって事実上スウェーデンから切り離されてい た．この時代までここは実際にもデンマーク王国の一部であ り，交流・影響は南と西，すなわち大陸ヨーロッパからきて いたのである．ヴェステルイェートランドの平野は，イェー タ川の谷を通って海岸に接する西部を除けば森林に囲まれて いたので，交流は主として西方，すなわちデンマーク，ノル ウェー，および北海とその彼方を向いていた．メーラレン地 域はまた別のはっきりとしたまとまりをなし，その交流方向 はおもにバルト海を横切って東と南東へ，またモレーンの隆

上　ノルウェーとスウェーデンの針葉 樹林は毛皮動物の棲息に適した自然環 境である．これらの動物の冬の毛皮は 狩猟の標的となった．ヴァイキング商 人は絹やワインなど，他の奢侈品と引 き替えに，毛皮を東へ西へと交易した．

スカンディナヴィアの植生（右上） 落葉樹林はデンマークの大部分と南ス ウェーデンの自然植生で，しだいに混 合樹林に移行する．それらを除く北欧 のほぼ全域を，針葉樹林（タイガ）が 途切れることなく覆っている．極北の 永久凍土地域と，樹木限界線以高・永 久雪線以下の山岳地域にはツンドラ， すなわち木のない，草と丈の低い灌木 ばかりの植生がある．

右　スウェーデンのヴァイキング時 代．内陸の湖と河川は交通上重要で， 夏季は舟を使い，冬季は氷上を往来し た．写真のシルヤン湖は，鉄採取の重 要地域ダーラナにある．

起線に沿って北へ向けられた．この隆起線は北部の森林地帯へとつづいており，陸上交通を担っていた．メーラレン地域はつねにスウェーデンでもっとも豊かな地域であり，ヴァイキング時代に直接先行する数世紀のあいだに，統合された権力としてのスウェーデン国家が現れ始めたのもここだった．

最後にバルト海の2つの島，エーランドとゴットランドは，その海洋上の位置と地質の構成においてスウェーデンの他の部分と異なっている．どちらも石灰石の上を，浅いが肥沃な土壌が覆っている．気候は温暖で，牧畜と穀物栽培のどちらにも適している．ゴットランド島からバルト海東岸および南岸の国々への距離と，スウェーデン本土への距離はほとんど同じで，バルト海の中心部にあるというその戦略的位置のため，何世紀にもわたって通商路を支配し，その結果として富を蓄積してきた．ヴァイキング時代から中世まで，この島はスウェーデン本土から事実上独立していた．

スウェーデンはその環境から，ノルウェーと同じ天然資源を手にいれた．北部では野生動物が食肉と毛皮のために捕獲され，沿岸では海鳥と魚類（海獣は少ない）がとれた．森林地帯からは建築その他，多くの目的のための軟材と硬材が得られた．スウェーデンは鉄鉱資源も豊富で，鉄鉱採掘量は近年にいたるまでたえず増加した．銅が初めて採掘されたのは中世のことである．人口密度はけっして高くはなかったが，スウェーデンはつねに隣国ノルウェーよりも多くの人口を養うことができた．

デンマーク

デンマークは，スウェーデン南部やバルト海南岸の平野部と同じ地質構成をしている．この国は低地で，最高地点でも標高が173mしかない．面積のわりに長い海岸線をもち，ユ

国土，気候および人

ラン半島と大小数百の島々からなっている．今日デンマークは広大な耕地をもち，森林はほとんどない．しかしこの風景はおもにここ200年の結果であって，この間に沼沢地は干拓され，荒野は開拓され，森林は伐採されて農地となったのである．中世末まではデンマークの大部分は落葉樹に覆われていた．湿原牧草地や沼沢地が，無数にある川の岸辺に広がり，湖をとりまいていた．しかしこれらのほとんどは，とうの昔に干拓された．

デンマークの気候はスカンディナヴィアの他の地方よりも温暖で安定しており，そのことは動物相や植物相に反映している．かつて北方の隣国に富をもたらした毛皮動物は，デンマークにはいない．農業が長いあいだこの国の経済的基盤を支えてきた．比較的乾いた土壌では穀物栽培が可能で，湿地牧草地のみずみずしい牧草では家畜が育てられた．海や内陸の川では魚と野禽がとれた．

ノルウェーやスウェーデンと同様，デンマークはいくつもの地域に分かれる．そのうち最大の地域はユラン半島で，自然地理的にヨーロッパ大陸へとつながっている．かつてはヨーロッパ大陸北西部からの文化的革新がやってくるのはつねにまずユラン半島であり，そこからこの国の他の地域に，ついて，しばしばかなりの時間をかけて，ノルウェーとスウェーデンに伝播したのである．ほとんどの時代において，ここはデンマークでもっとも豊かな部分だった．デンマークがようやく10世紀に統一国家として出現したとき，ユラン半島が王権の中心となったのは偶然ではない．

デンマークの島々，とくに最大のフューン島とシェラン島は，それぞれ固有の特徴をもっている．かつてこれらの島々はそれぞれ，独自の首長を擁していた．デンマーク最東部はヨーロッパ大陸北西部よりも，バルト海周辺の諸国とより密接な文化的接触をもっていた．ヴァイキング時代のこの地方には，たとえば土器の型式や造船方法などに，多くのスラヴ的特徴がみられる．ボーンホルム島はさらにまた異なり，デンマーク本国よりもゴットランド島やエーランド島のようなスウェーデンの島々により類似している．この島は，デンマークの現在の首都コペンハーゲンのあるシェラン島の東海岸から140 kmほど東の，はるか離れた南バルト海上にある．したがってボーンホルム島は，かなりコンパクトにかたまっているこの国のなかでは変わり種である．しかしここはスコーネの海岸からわずか30 kmのところにあり，スコーネはハッランドとともに17世紀までデンマーク領だったのである．しかしボーンホルムはスコーネ，ハッランドとは異なり，文化的には完全にデンマーク的だったことはないにしても，政治的にはデンマークにとどまった．

フィンランド

スウェーデンからみてボスニア湾の対岸にあるフィンランドはヴァイキングの故郷ではない．その住民はスカンディナヴィア人ではない．フィン＝ウゴル語派に属するフィン語は，フィンランド湾の南岸で使われているエストニア語と近い関係にあり，ハンガリー語やトルコ語とも遠い親縁関係にある．しかしながらフィンランド南西部は，とくにヴァイキング時代に，スウェーデンの影響を強く受けた．ここでは9世紀以

左　ユラン半島は標高の低いデンマークをヨーロッパ大陸につないでいる．ほとんどがフィヨルドで守られているノルウェーの海岸線とは異なり，ユラン半島西海岸は海の猛威に対してむきだしになっている．しかしヴァイキング時代の船乗りは，襲撃者も商人も，これをものともしなかった．

国土，気候および人

上 フィンランド中部の風景の特徴は，針葉樹林と無数の湖である．フィンランドは北欧諸国のもっとも東に位置し，その住民はスカンディナヴィア系ではないが，西と南の海岸部はヴァイキング時代にスウェーデンとゴットランドの影響下に入った．

降，美術様式や宝飾品や武具の型式などに多くのヴァイキングの特徴がみられる．そのため本書ではフィンランドもヴァイキングの国の1つとして扱う．

フィンランドには山岳地帯はないが，地質学的にはスウェーデン中部および北部にきわめて近い．氷河時代には氷河が重くのしかかっていたので，国土のほとんどは農耕に不適切な砂利の多い土壌で覆われている．最北部にはツンドラが広がっており，それより南の風景は無数の湖沼が散在する針葉樹林である．フィンランドの面積はノルウェーよりいくぶん大きく，約36万3千 km^2 である．北極圏と亜北極圏にはいまもサミが住んでおり，ノルウェー，スウェーデン，ロシアの北部のサミと同じ文化集団に属する．しかし今日約500万人を数えるフィンランドの人口のほとんどは，西部と南部の沿岸地方に住んでいる．スウェーデンのヴァイキングが出かけていき，また部分的には占拠したのはこの地方である．フィンランドで考古学的に，ヴァイキング時代の居住地址がみつかるのはおもにここである．フィンランドはこのあと中世スウェーデン王国の一部となり，19世紀までスウェーデンの属領だった．

次ページ ロフォーテン諸島は，ノルウェーの大西洋海岸線の北端近くにある．北にあるにもかかわらず，この島々はメキシコ湾流のため温暖で湿気が高く，早くから漁業社会が発達した．ノルウェーの西海岸は島々と入り組んだフィヨルドによって自然の猛威から守られ，南からの海路をなした．これがノルウェーの国名，「北の道」の起源である．

ヴァイキング時代以前の スカンディナヴィア

最初のスカンディナヴィア人は移動生活者であり，狩猟，漁労，野生の食用植物の採取によって生計をたてていた．住居は一時的な宿営で，魚類や貝類，海獣や海鳥，そして近隣の野原を徘徊する動物といった食糧資源を得るのに便利なように，おもに海岸，河岸，湖岸に設営された．かれらは獲物を追って宿営を移動させたため，フリントその他の石の道具と武器，そして宿営地の脇に埋葬されたわずかな墓以外には，ほとんど痕跡を残さなかった．この移動的で広範囲に分散する生活の型は約4,000年継続し，考古学者は中石器時代と呼んでいる．

新石器革命

紀元前4千年ごろ，スカンディナヴィア南部できわめて大きな変化があった．生計の主要手段として，穀物栽培と家畜飼育が狩猟にとって代わり始めたのである．この変化は先史時代内のつぎの時代，すなわち新石器時代の到来を告げ，この時代は2,000年以上も継続した．この新しい生計方法は南からスカンディナヴィアにやってきた．大陸ヨーロッパからの移入集団がもたらしたのかもしれない．しかし大規模な人口移入があったわけではないらしく，住民は前の時代に狩猟民だった人々と変わらなかった．

農業が導入されると，居住形態も変化した．人々は自分の住居をいままでより長期間使用し，原生林を切り開いた隣接地を耕作した．しかしこれらの居住地も非常に長くは使用されなかった．住居のまわりの畑は，すぐに使用過多と施肥の欠如のせいで生産的でなくなったからである．そうなると住民はまた新しい土地を開墾し，穀物栽培を再開できる新しい場所に移動した．こういった半永久的な居住地は小規模で，1家族集団よりさして大きくはない程度の人数が住む住居わずか数戸でなりたっており，集落というよりは孤立農場の形態をとって，田野にまばらに散在していた．それでもこれら初期農業を営む人々の埋葬習慣は，かれらが何らかの社会的帰属意識をもっていたことを示している．人々は大きく，骨の折れる，メガリス（巨石）と呼ばれる巨大な石を地表に組み立てた墓に葬られた（これらの構造物はメガリス墓，巨石墓と呼ばれる）．巨石墓は人が十分直立できるほどの高さをもった大きな中央玄室と，そこから伸びる道（羨道）からなっていた．玄室と羨道は土の塚で覆われ，塚のすそは小さめの直立した石が取り巻いていた．多くの遺体を収納したこうした墓への入口やそのまわりでは土器遺物が発見されているが，これは遺体の埋葬には，この共同の墓を中心とする広い地域の住民の参加が前提とされる宴と，おそらくは供犠も含む，複雑な儀式が伴ったことを示唆している．われわれが今日理解している意味での，社会が発展し始めたのである．

これらの初期農業社会は，スカンディナヴィア南部（デンマーク，南スウェーデンおよび南東ノルウェー）でもっともよく知られている．ここは気候が温暖だっただけでなく，ヨーロッパ本土から北に拡大する新しい文化的・技術的刺激との接触がもっとも早かったのである．森林地帯やさらに北方

左 儀礼用のフリント（火打ち石）製の斧の頭．デンマーク，シェラン島，ヘーイェルビャウゴーから出土した奉納供物の一部．新石器時代の社会では，開墾の仕事道具としての基本的な使い方にとどまらない重要な役割を，石斧が果たしていたことがわかる．

右 大きな「パッセージ・グレーヴ（羨道路付の玄室をもつ墓）」墳丘の，石で内張りされた入口．スウェーデン，スコーネ地方，ギルヘーグ．パッセージ・グレーヴは新石器時代の農業社会で納骨に使われた．それ以前は遺骨は野ざらしにされていたのである．

のツンドラ地帯では，狩猟，漁労と食物採集がいぜんとして主要な生計手段であり，経済的・文化的変化ははるかに緩やかだった．しかし北部で発見された道具や武器のなかには南部起源のものもあり，これら両地域に接触があったことを示している．

新石器時代の農民は，狩猟採集段階の先代より多様な道具や武器を使用したが，それでもそれらは地元産の原材料で作られたものだった．フリントその他の石が斧に成形され，木の柄にくくりつけられて土地を切り開くための樹木伐採に使われた．鋭利なフリントの薄片は，穀物収穫のための鎌の刃に仕上げられた．狩猟に使われた鏃もフリント製である．時がたつにつれて一部の道具，とくに武器は高度に精巧な形へと発展していったが，これにはたいへんな製造技術を要したに違いない．石の磨製闘斧やフリント製の短刀は，職人たちがこれらのあきらかに加工の難しい材料と格闘して到達した洗練さを証明してくれる．平たい斧や短刀のような単純な武器の材料として，青銅が石やフリントに取って代わり始めるのは，新石器時代の末，紀元前2千年紀のことである．この変化が青銅器時代への移行を画した．

青銅器時代

青銅は銅と錫の合金である．先史時代のスカンディナヴィアは，これらの原料のどちらも中欧と西欧から輸入しなければならなかった．青銅の使用は初期スカンディナヴィア経済をより広い文化交流のネットワークに引き込み，外部からの影響に対してさらに開放的にすることによって，重大な画期となったに違いない．

青銅器時代はデンマークで紀元前1,800年ころに開始さ

右 スカンディナヴィア青銅器時代の岩壁刻画は，西スウェーデン，ボーヒュースレーンのこの一群のように，祭祀活動について証言しているが，謎に満ちている．岩壁刻画は男性，動物，船，武具，さまざまな象徴を描いているが，もっとも多いのは「カップ・マーク」すなわち岩の表面に彫られた浅く丸いくぼみである．「カップ・マーク」だけがまとまっていることも，他の刻画と組になっていることもある．

ヴァイキング時代以前のスカンディナヴィア

れ，1,000年以上継続した．その文化がスカンディナヴィア半島北部にまで達するにはそれよりずっとゆっくりかったが，それでもスカンディナヴィア中で同じ型の青銅製品が発見されていることから，これ以前の時代と同じく，南北間に交流のあったことがわかる．青銅器時代の南北接触はあきらかに交易によって助長された．おそらくおもに皮革や毛皮といった原料品が，青銅を地元で生産するための銅や錫，あるいはヨーロッパ中部やブリテン諸島から輸入された剣や斧のような完成品の青銅製武具と，交換された．

スカンディナヴィアの青銅器時代についての情報のほとんどは，墓か，青銅や貴金属の埋蔵物から得られる．埋蔵物というのはおそらく宗教的奉納品として沼沢地や湿地，河川や湖に埋められるか，沈められたものである．この時代の墓は多数発掘されている．個々の遺体が土の塚（土まんじゅう）や石を積んだ墓（石塚）に埋葬された．デンマークやスウェーデン南部の墓丘には巨大なものもあり，いまもなお3mから4mもの高さで立っている．これらは高い場所に築かれたため周辺の景観一帯を広く威圧していた．青銅器時代後半には焼いた骨を納めた土器を塚の底部に置く，火葬が一般的だったが，それ以前には土葬（遺体を焼かない墓）が大半を占めていた．これらの墓はきわめて雄弁である．

デンマークには青銅器時代の土葬墓の遺跡がとくに多い．いくつかの例では，内部をくりぬいたオークの幹が，遺体を入れる棺に使用されている．被葬者はきちんと衣服をまとい，剃刀や毛抜きといった身の回りの洗面化粧道具を含む品々を伴っていた．湿った土壌のおかげで被葬者の毛織の衣服が保存されていることがあるが，これらから男性は外套の下に帯で留めた上着（チュニック）を着，簡単なかぶりものをつけていたことがわかる．女性はツーピースの衣装で，髪は手の

ヴァイキング時代以前のスカンディナヴィア

込んだ網やボンネットで覆っていた．このようにして，われわれはこのはるか昔のスカンディナヴィアで暮らした人々がどんな格好をしていたのか，ちらりとではあるが，鮮やかに見ることができる．

青銅器時代の居住遺跡について知られていることはきわめてわずかではあるが，このわずかばかりの証拠から，当時の人々が基本的には農民であり，一方の端に牛小屋か納屋のついた細長い長方形の農家に住んでいたことがうかがわれる．いくつかの農場がまとまって小村落を形成していた．貯蔵や煮炊きのために一般に使用された土器は，おそらく農場の女性たちが自家消費のために作ったものだった．初めは農業用の道具は相変わらず石やフリントで作られ，青銅は武器や，地位の象徴あるいは誇示のための装飾品用にとっておかれた．しかし青銅器時代末，すなわち紀元前1千年紀中ごろには，青銅は穀物の収穫に使われる鎌の刃を含む，あらゆる道具に使われていた．

これら青銅製道具の多くはおそらく土地の職人，つまり農民によって作られた．しかし沼沢地の奉納品としてしばしば発見されているような，精巧度の高い製品を作るためには，専門的な金属職工もいたに違いない．このなかにはルーアと呼ばれる，管とマウスピース，そして平たい「鈴」からなるトランペットのような楽器がある．スウェーデンの岩壁画にみられるルーアの絵によれば，これらは宗教的儀式に使われたようである．複雑な装飾が施されたヘルメット，楯，青銅と金の鉢や女性用装身具もまた発見されており，青銅器時代はスカンディナヴィア南部の広い地域で大いなる富の時代だったことを示している．青銅器時代の社会では，裕福で力のある首長階級が支配力を振るっていたようである．いくつかの男性墓に集中している目をみはるような青銅および金の副葬品は，その被葬者が支配者集団に属していたことの証拠であり，小さな住居ばかりの村に1つだけ非常に大きな農場があるのもまた，なんらかの内部階層があったことを表している．青銅器時代の奉納品埋納も，首長制の表れだったといわれている．裕福で権力のある人々がそこに住む土地の神や精霊を立派な供物でなだめ，それと同時に誇示的浪費（財力を誇示するための消費）によって，競争者に優越する自分の地位を確保したのである．

鉄器時代：ヴァイキング時代のルーツ

紀元前1千年紀の中ごろ，次の技術革命が起こり，ほとんどの道具や武器の材料として鉄が青銅にとって代わった．鉄を使うというアイディアは青銅の場合と同様中欧からもたらされたが，鉄自体は輸入する必要はなかった．鉄鉱石の豊富な資源が手近にあり，ノルウェーとスウェーデンの南・中部およびデンマークでは，湖床から簡単に手にいれることができた．沼鉄鉱または湖鉄鉱として知られるこれらの沈殿鉄鉱は，採掘する必要もなく，ただかき集めればよかった．鉄鉱それ自体は高品質ではなく不純物が多かったが，スカンディナヴィア人はすぐに，これらを簡単な炉で溶解して使える鉄を抽出することを覚えた．初めのうち，初期鉄器時代の鍛冶師の製造した道具や武具は数もわずかで単純なものだったが，何世紀ものあいだにスカンディナヴィアの職人の技術は向上し，レパートリーも増え，やがてかれらの製品はヨーロッパのほかのどの地域で作られた製品にもひけをとらないほどになった．

スカンディナヴィアの鉄器時代は約1,500年つづき，考古学者はこれを年代順にいくつかの時期に区分している．初期鉄器時代（ケルト鉄器時代または先ローマ鉄器時代ともいう）は鉄器時代最初の500年間である．つぎのローマ鉄器時代（西暦1世紀から4世紀）は，ローマ帝国がヨーロッパ大陸を支配し，スカンディナヴィア文化に影響を及ぼしていた時期である．もっともスカンディナヴィア自体はローマ帝国の一部になったことはない．5世紀と6世紀は民族移動期（ヨーロッパを東から西へ移動した諸民族の大移動の時代）として知られる．デンマークではこの時期は初期ゲルマン鉄器時代とも呼ばれる．7世紀と8世紀前半は名称がさまざまである：ヴェンデル期（スウェーデン），メロヴィング期（ノルウェー），後期ゲルマン鉄器時代（デンマーク）．それからヴァイキング時代になるわけだが，これはふつう800年ころに開始時期が置かれている．その終わりはだいたいスカンディナヴィアにキリスト教が導入された時期に合致する．デンマークでは10世紀後半で，ノルウェーとスウェーデンではこれよりいくぶん遅い．

上　オークの棺に納められた若い女性（18歳から20歳くらい）の遺体．きちんと衣服を身に着けている．初期青銅器時代．デンマーク，ユラン半島，エクトヴェズ．被葬者はひもでできたスカートと，ひじ袖のシャツを着ていた．遺体は牛皮の上に置かれ，毛布で覆ってから棺が閉じられた．

初期鉄器時代（紀元前5-前1世紀）

スカンディナヴィアの鉄器時代最初の5世紀はあまり解明されていない．この時期の居住地がごくわずかしか知られていないからである．農業がなお経済の中心をなしていたには違いないが，青銅器時代最後の数世紀以来気候が悪化した証拠があり，生産性は低下したかもしれない．ユラン半島西部の農業集落遺跡グレントフトは紀元前200年ころのもので，初期鉄器時代の農民の姿をいくらかあきらかにしている．かれらは青銅器時代の農民が住んだ住居とよく似た建物に住み，建物は集まって村をなし，村は柵に囲われていた．グレントフトにはおそらく約50人の住民と約60頭の牛がいたが，これが当時の単位社会の平均的規模だったかどうか，知ることは難しい．

しかし初期鉄器時代の終わりころ，農業定住地の数も規模も拡大しつつあった徴候がある．こんどもまた，証拠はおもにデンマークから得られる．ここではこの時期に居住された多くの定住地遺跡が近年大規模に発掘されている．ユラン半島のホゼはこの地域で発見された紀元前1世紀の典型的な農業集落であり，ヴァイキング時代の初めにいたるまでデンマークの村にみられた多くの特徴をもっている．ホゼは最大時には27農場があり，各農場は1つの屋根の下に居住部分と牛舎をあわせもつロングハウスと，これより小さい2, 3のおそらく納屋か仕事場と思われる付属建築物とからなっていた．これらの建物群（建造物複合体）はそれぞれ柵で囲まれ，村全体も共通の柵で囲われていた．この柵には各農場から畑へ直接アクセスできる通路があいていた．定住地の中央部には空き地（「村の共有草地」または「村の広場」）があった．他の農場よりもはるかに大きい農場が1つあり，そこには村の首長がその家族や召使と住んだであろう．鍛冶，土器作り，機織，紡績が一般になされた．しかし村落生活の基礎は牧畜と穀物栽培だった．これは青銅器時代からの伝統にしたがうものであるが，ただより大きな規模で行われた．ユラン半島の他の遺跡によれば，このような村とならんで，農場が2, 3しかないより小さい農業集落もあった．デンマークの農業地帯でどうして定住規模にこれほど大きな差があったのかはわからない．

湖沼に供物や犠牲を奉納する慣習は鉄器時代を通してつづいた．現在までに発見された供物の大部分は武具，食物を入れた土器または金属の容器，そして動物であるが，人身犠牲の劇的な発見もユラン半島の泥炭沼で多数なされている．こ

下　復原された初期鉄器時代の農場．垣根で囲われた中に典型的な3廊式ロングハウス（居間が屋根を支える2列の柱によって横長の3つの空間に分けられる．61ページ，203ページ参照）と付属建物が立っている．コペンハーゲン郊外のライア，「歴史考古学体験センター」．

沼沢犠牲

スカンディナヴィアでは，新石器時代からプレ・ヴァイキング時代に至るまで，人間と動物の身体や，武器，船さえ含む人工物が沼沢地，湖，川に投げ込まれた．今日ではその理由は推測するしかない．しかしこれらが奉納供物，すなわち神々への犠牲としてこれらの場所に埋められたことはかなり確実である．埋蔵物は農業用の土地を干拓しているときにしばしば発見され，その数の多さからみて，この慣行がきわめて広くなされていたことはあきらかである．投げ込まれたものの性質がさまざまであるので，奉納はおそらく儀式的な祈禱を伴い，特定の目的—豊穣，男女・動物の多産，戦争の勝利—を得るためになされたものと思われる．

新石器時代になされた最古の埋蔵物の内容は，主として石器とフリントの武器である．青銅器時代にはもっと複雑な犠牲がなされた．身の回りの品や大釜などの世帯道具が一式埋められているのは，偉大な，あるいは有力な人物の死を追悼するためであろう．青銅の武器，とくに剣も犠牲に供せられた．剣の刃があらかじめ折り曲げられたり，損なわれていることが非常に多く，敵の儀式的な「殺害」を表しているとの解釈がある．動物，とくに馬も，儀式の一部として屠殺された．人身犠牲は紀元前1世紀に広まったらしい．この慣行の証拠は大部分がデンマークで出土する．デンマークでは犠牲として殺された男女の身体が，泥炭沼沢地の酸性土壌中で腐敗しないで保存されていたからである．ローマ鉄器時代と民族移動期になると犠牲物は武器中心に戻った．

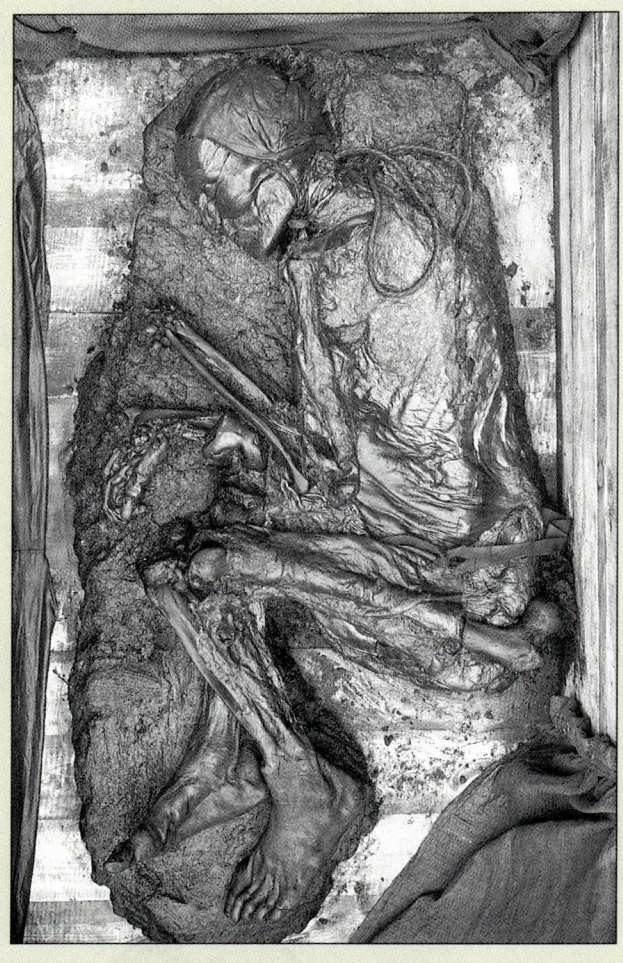

ヴァイキング時代以前のスカンディナヴィア

上　紀元前500年ころの青銅器．スウェーデン，ネールケ地方ハッスレ出土．青銅器時代の地域首長のものに違いない．青銅の大釜はギリシア製である．他の遺物はすべてこの大釜に入っていた．うねあげの円筒型手おけ，剣（曲げられていた），円盤（1台のローマの2輪戦車の部品）は北イタリアあるいはアルプス地方の産．

左上　「トルロン人」，現在デンマークのシルケボア博物館に展示されている．沼に沈められる前に皮紐で絞殺されていた．粥を食べていたが犠牲儀式上の食事だったかもしれない．身につけていたのは皮の帽子（あごのまわりで結んでいた）と皮の帯だけだった．あごには1日分のひげが生えていた．

左　「ニュダム船」，4世紀．オーク製．長さは23m近く，ヴァイキング時代の大型船の先駆である．デンマークのある沼地から小さい舟2隻，大量の鉄製武器とともに発見された．

れらの「沼沢人」の多くはデンマークの博物館に見事な保存状態で展示されており，これによって初期鉄器時代のスカンディナヴィアの農業定住地に住んでいた人々の体格や外見を，驚くべき正確さで再現できる．

これらの遺体のほとんどはユラン半島の沼沢地で泥炭を掘っていた人々によって偶然に発見されたものだが，いくつかはデンマークの島嶼部や北西ヨーロッパの他の場所でも，似たような状況で発見された．これらがいけにえの犠牲だったことがわかるのは，足首や手が縛られており，またいくつかの場合，首に紐が巻きついていたからである．のどが切られていたものもある．泥炭土が酸性であるため，皮膚や頭髪，胃の残留物でさえ驚くべき保存状態で残され，当時の人々がどのように髪を整え，何を食べていたか，というような細部までわかる．たとえば「グラウバレ人」（かれはユラン半島のシルケボー付近，グラウバレの泥炭沼で発見されたためこう名付けられた）は，紀元前1世紀にのどを切られたが，その少し前に大麦，オート麦，エンマー小麦に雑草の種を加えた雑炊を最期の食事として食べている．

ローマ鉄器時代（西暦1-4世紀）

湿地へ犠牲を沈めること自体はローマ鉄器時代を通してつづいたが，奉納物の性格にはいくつかの顕著な変化がみられる．この時期に属する奉納物の大部分は戦闘用具であり，そして，とくにスカンディナヴィア南部では，ローマ産である．これらは戦いで奪った獲物で，勝利に対する感謝の供物として湖や沼沢，川などに投げ入れられたと考えてよいだろう．したがってこれらの遺物は，スカンディナヴィア人とその南の隣人とのあいだで，この時期多くの小競り合いがあったことを示すものと解釈できる．スカンディナヴィアの南の隣人たちは，ローマ帝国の一部ではなかったがローマ人と同盟を結び，ローマの武器で武装していたのである．スカンディナヴィア人のなかにもまた故郷をあとにしてローマ軍に傭兵として仕え，兵役を果たしたのち高価で豪奢なローマの工芸品をもって帰郷した者もいただろう．これらの品物の多くは最終的には副葬品となり，被葬者のおそらくは冒険に満ちた人生と高い地位の象徴となった．

スカンディナヴィアに持ち込まれたローマ帝国の製品のすべてが，このような方法によったわけではない．ヨーロッパ大陸の4世紀にわたるローマ時代，スカンディナヴィア人と南のローマ化された諸地域のあいだには，疑いもなく平和的な交流があった．ガラス，青銅や貴金属の酒器のように，発掘されたもののなかでもとくにすばらしい品々は，境界の両側それぞれの首長的な家族間で行われた贈物の交換によってスカンディナヴィアに到来したものかもしれない．しかし，他のより日常的な品も交易を通してやってきたことは疑いない．これら日常品はノルウェー，デンマーク，中部および南部スウェーデンで発見されているが，ローマ鉄器時代の後期にはバルト海の中央に位置するゴットランド島でもっともよく見られる．出土遺物の分布は，交易品が南および中央ヨーロッパから運ばれて来た道筋を示している．すなわちエルベ川とライン川を通って北海へ，それから西海岸を北上してデンマークとノルウェーへ至るルートと，オーデル川とヴィスワ川を通ってバルト海岸，ゴットランド島，そして中部スウェーデンへ至るルートである．宝飾品，土器類，貨幣（デナリウス銀貨）のすべてがこの交易を証明している．これらの品々はスカンディナヴィアの工芸品や美術様式のその後の発展に重要な影響を与えた．

ローマの品物のように長く保存されるものではなかったので，これと交換されたスカンディナヴィアの産物が何であったか，確実にいうことは難しい．しかし北欧の毛皮が重要な役割を占めていたことは間違いない．農産物，とくに穀物と牛の皮革もローマの軍団に需要があり，おそらく南に送られた商品の大部分をなしていた．この数世紀にスカンディナヴィアにおいて農業が盛んになったことを示す証拠があり，これが拡大する市場に呼応していたことは十分ありうる．デンマークでは村の数，規模，複雑性ともに増大し，ノルウェーでは農業が初めて経済の重要な1つの要素になった．穀物栽培と家畜飼育のために新たな土地が入植・開墾され，北極圏内の小さい分散的な漁業社会でも家畜が飼育されていた形跡がある．

ローマ鉄器時代の数世紀に，最終的には数百年後の王国形成に至る，スカンディナヴィアの社会的・政治的組織化が始まった．この発展にはローマ帝国との交易と文化的接触が役割を担っていたと考えるべきである．政治的集中の萌芽を示す最適の証拠はデンマークにみられる．交易に対する支配と土地所有とによって豊かになった戦士階級が，おそらくは宗教上の役割をも担い，デンマークの先進諸地域で首長層として登場した．

こうした首長の1人が活動していたと思われる中心地が，デンマークのフューン島東海岸に近いグズメで最近調査された．ここに1つの集落が建てられたのは紀元前1世紀のことであるが，つづく数世紀の間，豊かさも規模も拡大した．最盛期は後期ローマ鉄器時代（3世紀および4世紀）であったが，少なくとも6世紀末までこの集落は居住されつづけた．発掘調査によれば居住地は通常の農業型ロングハウスからなっていたが，居住地内部および周辺で発見された遺物は，同時代の他の農業集落でみつかるものとは根本的に異なっている．武具の金製付属品や金の輪，金銀を切断した断片は，ここがたんなる農業上の中心地ではなかったことを示している．グズメの例外的な性質をいっそうはっきりさせたのは，金箔に押印された小像の発見である．これらの小像はふつう，民族移動期後期の祭祀中心地と関連づけられている．グズメという地名自体も宗教的な意味合いを含んでいる．すなわち「神の家」を意味している．

ロネボーの遺跡はグズメと同じ時代で，約5kmほど離れた海岸にある．調査によればここは永続的居住地ではなく，季節的に，おそらく春と夏に使用され，奢侈品が輸入され，宝飾品が作られ，船舶が修理される，交易と手工業の中心地であった．したがってここは市場（いちば）または定期市としても，そしてグズメの訪問者（その多くは巡礼であろう）が上陸する場所としても機能したと思われる．

ユラン半島西部の海岸に近いダンキアケはグズメと似た機能をもっていたと思われる．ユラン半島南部地域を支配する首長の権力根拠地だったかもしれない．同じタイプの場所はローマ鉄器時代のデンマークやスカンディナヴィア半島の他にもあったはずであるが，まだみつかっていない．ただし民族移動期になると同種の遺跡が知られる．

民族移動期（5-6世紀）

ヨーロッパ大陸の5世紀は大動乱の時代であった．ローマ帝国が崩壊し，のちフランク王国（現在のフランスと低地地方）やイベリア半島の西ゴート王国など新しい政治的枠組み

ヴァイキング時代以前のスカンディナヴィア

上 民族移動期からヴァイキング時代のスカンディナヴィア考古学で、もっとも謎に満ちた遺物に一連の金薄片の小像があり、奉納供物であると解釈されている。ボーンホルム島の定住遺跡ソアテ・ムレから、これらの小さい刻板が約2,300枚出土して注目を集めた。上の写真の1つは、長い外套を着て杖をもった1人の男の像であり、もう1人の男は片手をあげて挨拶している—それとも誓いを立てているのだろうか。

左上 このスウェーデン出土の民族移動期の「ブラクテアート」は、あきらかに威信を表す装飾で、お守りのつもりだったかもしれない。ブラクテアートは片面だけ打刻された円盤型の金のペンダントで、もともとは皇帝の胸像のあるローマのメダルを模倣したものである。デザインは徐々にスカンディナヴィアの様式に変わった。ここに見られる、縁どりが同心円状に重なる模様もその1つである。

がこれに代わった。この過程はヨーロッパの東から西への諸民族の大移動によって始まったが、スカンディナヴィアはこの大移動からわずかしか影響を受けなかった。デンマーク西部と南部からイングランド東部に移住した人々もいるし、南西ノルウェーからも少数の者が西へ旅立ち、イングランド北部に移住したようである。しかし大局的にみれば、大陸北西部の大部分で進行していたこととは対照的に、スカンディナヴィアの民族移動期は、農業と交易の栄えた安定と繁栄の時代だったらしい。

ノルウェーでは、前の時代に始まった農業の拡大がつづいていた。この国の南西部で多くの居住地が発掘調査されている。ここでは孤立農場がおもに家畜飼育を行っていたが、付近の小さな耕作地で穀物も少々栽培されていたようである。長方形をした石造りのロングハウスに人と家畜の両方が住んでいた。典型的な農場は1棟のロングハウスといくつかの小さめの付属建物からなり、これらの全体が石積みの壁で囲まれた。石積みの壁は牛の通り道の両側にも設けられていた。同種の農業が営まれていたエーランド島とゴットランド島でも同様の農場が発見されている。このような散居農場型定住は、規模の拡大をつづけるデンマークの村落型定住と対照的である。

民族移動期には商業と手工業が繁栄した。中部スウェーデン、メーラレン湖上のヘリエーのように、これら2つの活動はふつう同じ場所で行われたようである。ヘリエーでは、地元の青銅製装飾品を鋳造するための鋳型や坩堝とならんで、東ローマ帝国の金貨（ソリドゥス金貨）や北インド産の小仏像などいかにも異国風の輸入品が出土している。グズメでみつかったものと似た、金箔に型押しした小像もいくつかヘリエーで発見されており、ここも宗教的祭祀の地であったかもしれない。これらの金箔の小像は奉納供物で、男性または女性像が型押しされた、薄い黄金の小さな飾り板である。他にも各地でみつかっているが、もっとも集中して出土した遺跡

スカンディナヴィア鉄器時代の定住地

ヨーロッパ大陸とは異なり，スカンディナヴィアのヴァイキング時代前の数世紀は安定期だった．この間に農業と農業定住は着実に拡大した．ヴァイキング時代にキリスト教が導入されるまで，奉納供物の埋納や人身犠牲など異教の祭祀が執り行われた場所は広範囲にわたっていた．宗教と交易のつながりについてはさらに研究が必要であるが，宗教的中心地が民族移動期とヴェンデル期に建設され始め，これらの中心地がしばしば交易上のさばき口と関係をもっていたことは，考古学的証拠からあきらかである．グズメの宗教的定住地は数kmしか離れていないロネボーと密接な関係にあり，中部スウェーデンのヘリエーは宗教的であるとともに商業的な場所でもあった．ロフォーテンのボル，中部スウェーデンのフーヴゴーデン，北スウェーデンのヘーゴムなど先ヴァイキング時代の遺跡から発掘された遺物が高い社会的地位をもつ，おそらく首長の居住地だったことを示している．

右上の挿入　6世紀の青銅製飾り板．バルト海，エーランド島のトゥーシュルンダ住居址で4つまとまって発見されたうちの1つ．これらは青銅薄板を押しつける型として作られたもので，これらの薄板はヴェンデルやヴァルスヤーデで出土したのと同種のヘルメットの飾りとなった．この飾り板は祭祀的舞踊に加わる2人の戦士を描いている．1人は先端がくちばし状になっている角のついたヘルメットをかぶり，もう1人は狼の頭の仮面をつけている．この場面はたぶんオージン崇拝と関係している．

ヴァイキング時代以前のスカンディナヴィア

エーケトルプ

エーケトルプは，スウェーデン沿岸，エーランド島に確認される16の環状堡塁の1つで，全面的に発掘された唯一の例である．紀元300年ころに初めて建設され，最初の100年間はときどき利用されただけである．この時期の遺跡をエーケトルプ第I期という．400年ころ，ずっと大きな区域が石壁で囲われ，その内側を占めたのは53戸の建物だった．この遺跡がエーケトルプ第II期である．要塞とはいっても，本質的には農業集落だった．150人から200人の住民が12ほどの農場に住み，羊，牛，豚，馬を飼った．これらの家畜は冬季には屋内に収容されたが，夏季には周辺地域に放牧された．畑では大麦，小麦，ライ麦，オート麦が栽培された．この食事を補ったのが狩猟と漁労である．住民はまた簡単な青銅製品を作り，鍛冶で鉄の道具や武器を作った．エーケトルプ第II期は700年ころ放棄された．ヴァイキング時代末期，1000年ころ再定住されたが，規模はずっと小さかった．これがエーケトルプ第III期である．

下　発掘の結果エーケトルプ第2期の全容があきらかになった．環状壁も建築物も基盤岩である石灰石で建造されていた．遺跡の全面的な復原ができたのは，この基礎部分の保存が非常によかったためである．

上　エーケトルプ第2期の実際の遺構上に復原された，「生きた博物館」の牛小屋内部．牛のほか豚，羊，にわとりが飼われ，自由に建物を出入りしている．

右　エーケトルプを訪れると，ヴァイキング時代に先立つ，鉄器時代の要塞村落の暮らしぶりについて印象が得られる．外壁は全部再建されて，後景に見えている．各農場は住居，牛小屋，若干の付属建築物から構成されている．訪問者は復原された建物のいくつかで，つぼが作られ，鉄や青銅が加工されるところを見ることができる．

ヴァイキング時代以前のスカンディナヴィア

右 エーケトルプ第2期の環状壁には3つの出入口があいていた．囲まれた空間は約5,000 m²の面積をもつ．外壁沿いと中央の空間に53の建物が並び，ただ1つの井戸を全住人が使用した．

は南バルト海のボーンホルム島のソアテ・ムレである．ここでは1986年と1987年の発掘調査だけで，なんと2,300点も発見された．ソアテ・ムレは南バルト海の海上交易を支配していたボーンホルム島の首長権力の中心地だったに違いない．ここはこの島の手工業生産の中心であるが，同時に宗教的中心地でもあったと思われる．

グズメ，ヘリエー，ソアテ・ムレなどの遺跡は，民族移動期に，信仰と結びついた儀式が特定の場所に集中するようになったことを示している．以前には奉納供物を沼沢地や湖，河川に埋納することが宗教のおもな表現形式だったが，6世紀には廃れてしまった．500年ころからのちになると，犠牲に捧げられるのは人間が一般的になり，金箔の小像，金のブラクテアート（片面のみ打刻した小板：貨幣状のペンダント）といった貴重品は乾いた土地，たいていは重要な首長の居住地近くに，埋納された．この基本的な慣習上の変化は，宗教と社会の考え方に非常に深刻な変化が起こったことを意味しているに違いない．地域的首長はなんらかの形で神と人間を仲介し，宗教・政治両面での指導者としての役割を演じるようになった，と論じられている．

民族移動期はスカンディナヴィアのほとんどの地域において，繁栄の高まりを背景に起こった宗教的，政治的，社会的変化の時代であった．農業の生産性は上昇し，交易は拡大した．ヨーロッパ大陸とは違って，ここでは平和な時代だったに違いない．しかし1,500例ほどの防御用堡塁がほぼ同時期に建設されている．これらのほとんどは発掘されておらず，正確な築造年代は不明であるが，たとえばエーランド島のエーケトルプ堡塁の第1期は4世紀と5世紀と考えて間違いなく，他の調査された例もだいたい同時期に使用されていたことを示している．砦の建設はふつう政情不穏な時代になされるものだが，現代のほとんどの研究者は民族移動期のスカンディナヴィアの堡塁はまったく違う理由で築造されたと考えている．おそらくこれらはよく組織された社会の中心だった．堡塁は地域的な権力中心の範囲を確定するものであり，周囲の住人の目にはっきりと見えるようにしたのである．

ヴェンデル期（7-8世紀）

ヴァイキング文化に先立つ鉄器時代最後の段階は，その名を中部スウェーデンの遺跡からとっている．ヴェンデルの豊かな副葬品を伴う墓群は，ヴァイキング時代に直接先行する時期に王家が存在したことを示している．スカンディナヴィア，とくにデンマークでは地域的な権力の中心地が鉄器時代のもっと早い段階に出現し始めていたから，ヴェンデル期の政治的統合体はたんにそれ以前に進行してきたものの頂点とみなされるべきであって，事態一新というわけではない．その意義は，来たるべきもの，つまりヴァイキング時代に現れる厳密な意味での諸王国と，中世初期にほんとうの結集が行われるスウェーデン，ノルウェー，デンマークの各王国の，基礎を築いた点にある．

ウップランド州ヴェンデルの墓地は，南流してメーラレン湖に注ぐフューリス川東岸にある．この墓地に埋葬されているのはスヴェーア人の支配者である．スヴェーア人はローマ時代のラテン語著述者たちにバルト海の支配勢力と述べられている国民あるいは部族で，のちのスウェーデンという国名のもととなった．遺体はその地位を表す身の回りの品々をまわりに配され，船に安置されていた．ヴェンデルからフューリス川を少し南にくだった東岸のヴァルスヤーデにも，同様

31

ヴァイキング時代以前のスカンディナヴィア

ヘリエー

メーラレン湖のエケレー島の脇にある小島ヘリエーは，発掘の結果，ヴァイキング時代直前までの数世紀，重要な商業上，手工業上の遺跡であったことがあきらかになった．とりわけ，民族移動期とヴェンデル時代に愛好された青銅の宝飾品生産の中心地だったらしい．なぜならこの遺跡を構成する建物から，ブローチその他の装飾品を鋳造するために使われた，何千もの鋳型が出てきたからである．スウェーデンのはるか北方からここへ鉄鉱石が運び込まれ，道具，武器および日常の家庭用品が作られた．

この遺跡からは異国の豪華な出土品が多数発見されたが，その理由は長いあいだ謎のままである．というのは，この点をのぞけばどこをとっても，ヘリエーはまったくふつうの農業集落のように思われるからである．遺跡の建物は，中部スウェーデンの鉄器時代のどこの農場にもみられるタイプであり，遺跡を取りまく墓地から出る副葬品はとくべつ豊かではない．ヘリエーが重要だった理由の一部は，異教の祭祀中心地だった点にあるのかもしれない．この見方は，デンマークのグズメなど，他の宗教遺跡から出土するものと似た金箔の小像が出土することによって支持される．ヘリエーの名が聖なる島を意味することも，重要であろう．

下 ヘリエー遺跡は，いくつかの建築物群からなっている．この図では長方形で表されている建築物群は，島の北向き斜面に人工的に築かれた台地の上に建っている．どちらの台地も多くの細長い木造建築物を支えていた．建物のいくつかは住居，いくつかは工房だった．すべての建築物群が同時に使用されたわけではない．おそらくいつの時期でも同時に使用されたのは2つにすぎない．この居住地は400年ほどにわたって使われてはいたが，住民総数が大きくなったことはなかったのである．居住地域をとりまく砦とほとんどの墓地は，住居址より古い．

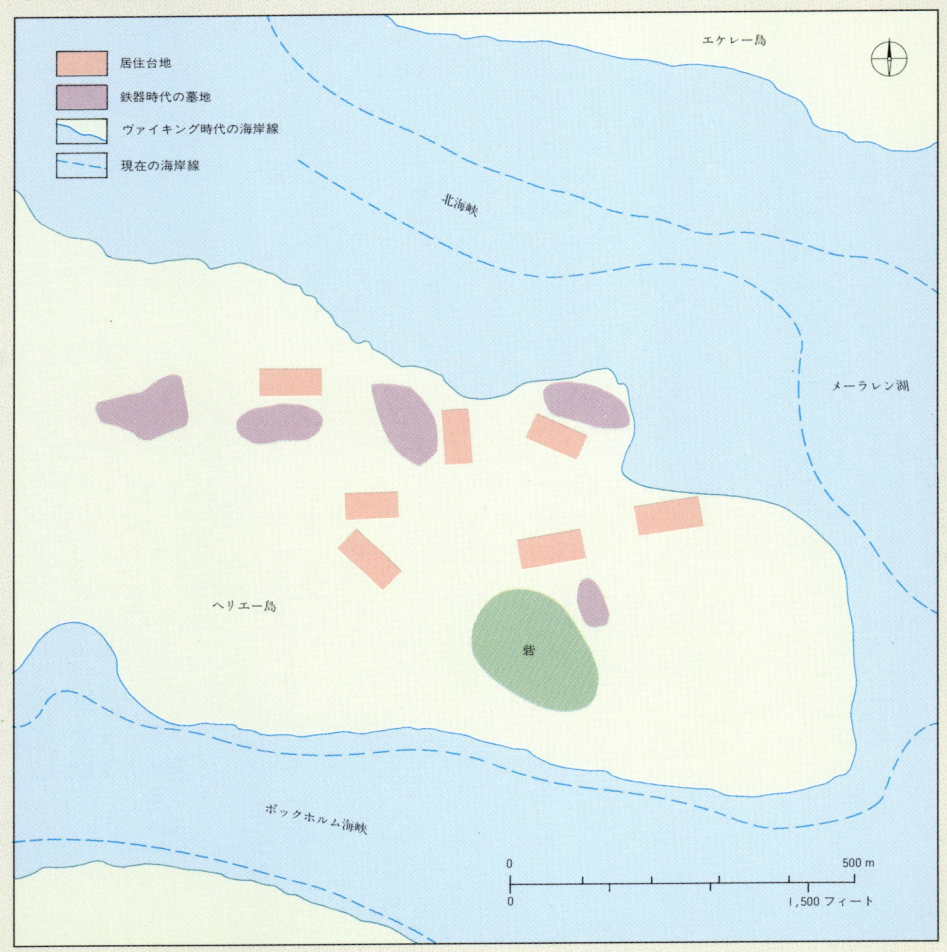

ヴァイキング時代以前のスカンディナヴィア

左 ヘリエーの住人がいかに驚くべき富をなしたかを示しているのが、ローマ金貨47枚のこの埋蔵宝である。これらは5, 6世紀に鋳造された東西両ローマ帝国の金貨である。金貨の数は元来はもっとあったかもしれない、というのは、写真のこの腕輪はおそらく金貨を溶解した金で作られたからである。中部スウェーデンのこのはるかな島に、どうやって、そしてなぜこれらの金貨が到達したのかはあきらかでない。1つの解釈は、ヘリエーがはるか北からの毛皮などの商品を扱う広範な交易の中心地だった、ということである。毛皮は地中海周辺諸国で非常に需要が高かった。

右 ヘリエーの発掘で発見された司教の牧杖の装飾豊かな頭部。青銅の鋳物で、ガラスとエナメルの象限に豊かに飾られ、野獣の両あごのあいだに男性の頭が挟まれている。これらすべての特徴はケルトの工芸を思わせ、西ブリテンかアイルランドで8世紀に作られたかと思われる。遠隔の地で作られヘリエーで出土した他の遺物と同じように、なぜこれがここにあるのかは謎のままである。スウェーデンのこの地域でキリスト教が正式に確立する以前に、宣教師がこの島を訪れたのかもしれないともいわれている。

左 蓮華座に座るこの小さな青銅の仏像は、高さわずか8.4cmであるが、ヘリエーの交渉関係が驚くべき遠方にまで及んでいたことを証明している。紀元後6世紀か7世紀に北インドのどこかで作られ、ヘリエーに運ばれてきたのはおそらく定住の最後の段階（すでにヴァイキング時代に入っていた）である。ロシアの川を通って東方から戻る旅行者の荷物に入れられてであろうか、この仏像はお守りとみなされていたのか、発見時、1本の細い皮ひもが首のまわりと片腕に結びつけられていた。

ヴェンデル時代の王墓

スヴェーア人の支配するウップランド地域の中心は，今日のウップサーラ市街の北方約10km，ガムラ・ウップサーラであった．ここに3基の大墳丘墓が，高さ20mにそびえている．これらは6世紀のスヴェーア人の王たちの墓とされている．19世紀に発掘が行われ，ヴェンデル時代初期のガーネットをはめ込んだ黄金の宝飾品など，豪華な副葬品を伴う火葬跡が発見された．この場所の重要性はヴァイキング時代にも継続し，王権の中心地でもあり，また当時の「正式な」異教の宗教中心地でもあった．王の権威と宗教の結びつきはいつも密接で，おそらくは王自身が祭祀長であった．ガムラ・ウップサーラの北に位置するヴェンデルとヴァルスヤーデもまた，600年ころからヴァイキング時代の終わりまで，重要な中心地だったと考えられている．このどちらでも墓地が発見され，発掘された．7世紀の墓では，遺体が船に安置され，ガムラ・ウップサーラの場合とは違って，墓を覆う墳丘はかなり低い．副葬品の品質からみて，ここに葬られている人々はきわめて高い地位にあり，王ではないとしても有力な豪族であった．

ヴァイキング時代以前のスカンディナヴィア

の墓地が発見された．ヴァルスヤーデからさらに27kmくだり，フューリス川のメーラレン湖への河口に近づくと，スヴェーア人の宗教的中心地であり大墳丘墓群のあるガムラ（古）・ウップサーラがある．

ヴェンデルとヴァルスヤーデの墓にみられる絢爛たる副葬品－装飾豊かな武具，馬具，ガラスの酒器，大鍋など台所用品－，そして墓に船を使うという蕩尽ぶりは，広範な地域の土地と住民を支配する家族（または諸家族）による富の誇示的創造，誇示的浪費の証拠とみることができる．これらの墓はこの時期の王権中心地のもっとも良い例である．おそらくスヴェーア人の富と権力は，フューリス川を往来して，北から毛皮と鉄鉱を南の中心地へ運ぶ交易を支配した結果である．同じ地域の同時代の墓は，その大部分が，価値の低い副葬品しかもっていないから，農業定住地人口の大部分は，ヴェンデルやヴァルスヤーデの墓地の被葬者のような生活や奢侈品を享受していたわけではない，と考えられる．

ヴェンデル期スカンディナヴィアの強大な中央権力の成長は，他の分野の発展も促した．とくに商業・手工業中心地の成立である．これらのなかには，たとえばデンマークのリーベのように，のちにヴァイキング時代の都市に成長したものもある．しかしスウェーデン，スコーネのオーヒュースのように，おもに8世紀に栄え，のちには放棄されたところもある．またこの時期には大規模な土木工事も行われた．ダーネヴィアケはユラン半島の付け根を横切る大きな防衛施設で，建設が始まったのは737年より前のことである．これは手ごわい防御障壁だったに違いない．材木で補強された幅10mほどの土塁と，その前には壕（おそらくここを掘った土は土塁に使用された）がある．防壁は全部でシュライ湾の西端から南西に7kmほど伸びている．726年ころに行われたサムスエー島のカンハウエ運河の掘削も，同じく見事なものである．長さ1km，幅11mほどの水路が島の北部の狭い地峡に開けられ，船底の浅い船が通過できるよう掘り込まれた．その斜面は木材で固められている．要するにこの仕事には，たいへんな技術的熟練と多大な労働力供給が必要であった．これらの達成のすべてが，のちのヴァイキング時代の発展に道を開いたのである．

左上　19世紀半ばの石版画に描かれたガムラ・ウップサーラ．12世紀の教会を背景に「王の塚」3基が見える．この風景は南西から見たもので，今日もほとんど変わらない．伝承によれば東の塚はエギル王，中央の塚はアウン王，西の塚はアジルス王が埋葬された場所である．かれらはみなユングリング朝の王で，13世紀に書かれた『ノルウェーの諸王の歴史』『ヘイムスクリングラ』にその名を挙げられている．

左　ヴァルスヤーデの墓地．現在の家屋のうしろの尾根に，ヴェンデル時代からヴァイキング時代末の墳丘墓がみえる．もっとも豊かな副葬品があったのは，最初期の墓である．遺体は船に横たえられ－かれらが旅立つことを示唆している－，食物と台所用品を備えていた．遺体にはしばしば馬と猟犬が陪葬されていた．

上端　青銅で飾られた鉄のヘルメット．ヴェンデルの7世紀の船葬墓で発見された．目と鼻用にめがね形のガードをもつ．ヴァイキングのヘルメットにもこれに似た型のものがあっただろう（ヴァイキングのヘルメットに角はない）．ヴェンデルとヴァルスヤーデの墓は，その見事な武具で注目される．この戦士は盾1つ，剣2振りその他の武器とともに葬られており，これらはすべて最高品質で美しい装飾がなされていた．

上　ヴェンデル墓地出土の遺物の多くが，絡み合った動物を様式化した文様で入念に飾られていた．ヴェンデル様式という名はこの文様から生まれた．この絵はヴェンデルのある船葬墓で発見された丸盾の中央突起物であるが，ヴェンデル様式が観察できる．突起物は鉄製で青銅メッキされている．盾本体は木に革を覆ったものであろう，腐ってなくなっていた．

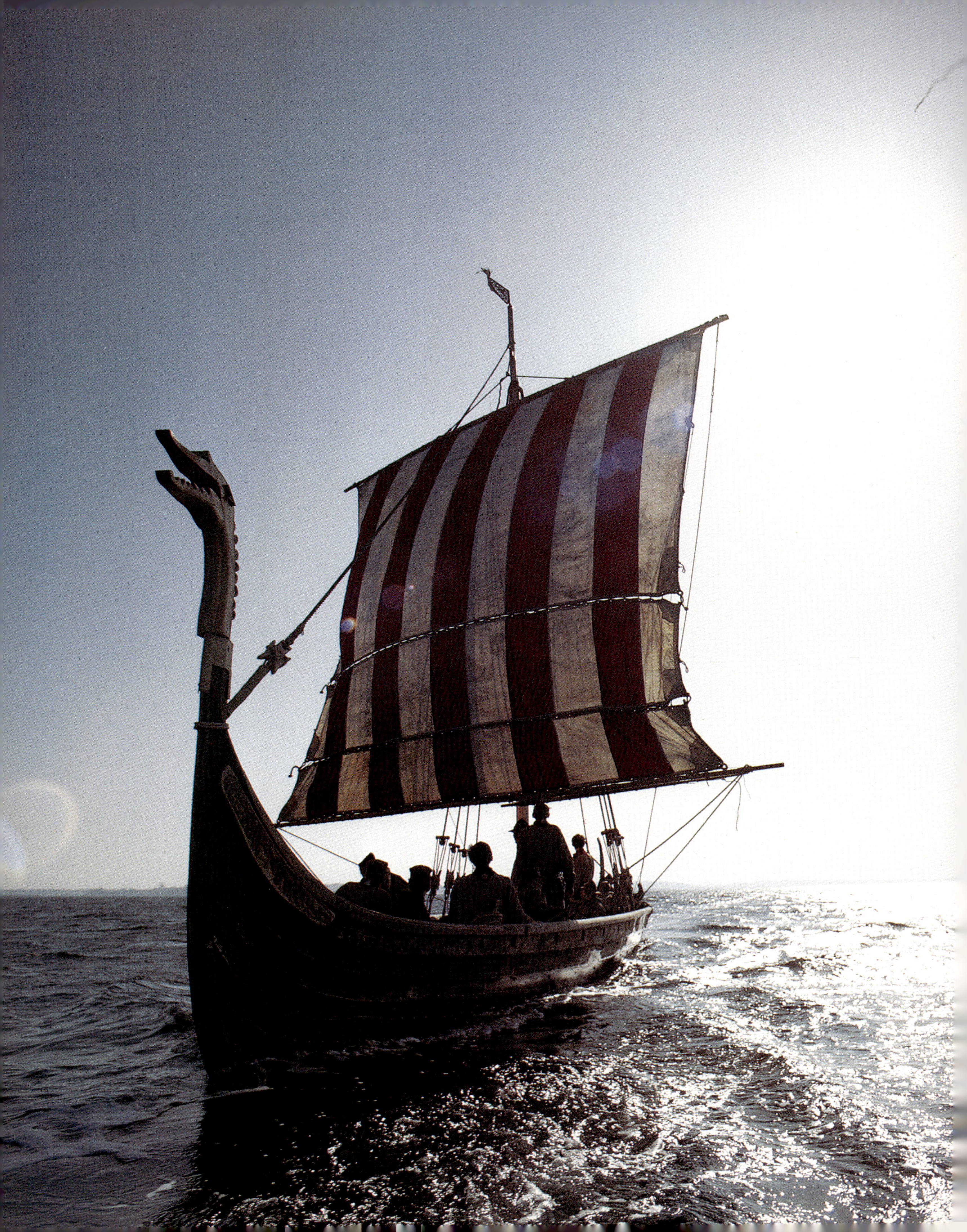

第2部　ヴァイキング時代のスカンディナヴィア

VIKING AGE SCANDINAVIA

社会，王，戦争

ヴァイキング

歴史家にとってヴァイキング時代は，記録に残る最初の襲撃をもって始まるのが通例である．すなわち 793 年，ノルウェー人の船団が北東イングランド海岸沖，リンディスファーン島の無防備の修道院を襲撃したときである．そしてスカンディナヴィア諸国が残らずキリスト教に改宗したあとの 11 世紀に終わる．考古学者にとっては，始まりと終わりの時期は，これとはいささか異なる．かれらは人間の歴史に新しい時代の幕開けを告げる歴史的な事件よりも，文化変動の兆候となる物的証拠の方に目を向ける．文化変動は多くの要素から生ずるもので，現れ方はさまざまである．内的な変化が新しい社会組織を生みだし，それに新しい権力の中心と新しい社会的階層序列が伴う，ということもあれば，これらの変化が近隣諸国の事件，外部からの侵入，あるいは交換・交易圏の拡大に伴う外界に関する知識の増大など，外的な影響から生まれることもある．

あきらかに 8 世紀のスカンディナヴィアではこのような変動が進行中であった．おもな原因はすでにキリスト教化していたヨーロッパ大陸部との接触であった．大陸では，ローマ文明にさかのぼる組織化の進んだ諸王国が力を増大させ，勢力を拡げようと試みていた．かれらの目は異教徒である北方人の国々に向けられた．そこは南のキリスト教諸国で渇望されていた商品の原産地であった．たとえば毛皮，セイウチの牙，琥珀である．北方が異教であった事実は，キリスト教会にとっても関心事であったから，伝道の企てが，政治的・商業的利害関心と手を携えて進んだのである．こうしてしだいにスカンディナヴィアは大陸の影響にさらされるようになった．その証拠はたとえば，当時のスカンディナヴィア人が製造し使用した宝飾品その他の飾り物に施された芸術様式の変化にみることができる．南方からの輸入品もまた，スカンディナヴィアが大陸の隣人たちといっそう密接に関わるようになったことを示している．ライン地方の土器・ガラスは，ことにユラン半島で出土量が増大している．鋳貨は，スカンディナヴィア人にはまったく知られていなかった交換形式であったが，これが少量ながら流通し始め，少しのあいだであったがスカンディナヴィアで鋳造されさえした．

考古学者は文化変動の時代というとき，こういったモノに目を向け，8 世紀のスカンディナヴィアには文化変動が起こったと考えているのである．こうしてヴァイキング時代の始まりは，8 世紀後半，ヴェンデル時代の生活様式から別の生活様式—別の文化—へ移行したことにはっきりとみとめられる．793 年のリンディスファーン襲撃はしたがって，それに先立つ 50 年間にわたって進行してきた過程—スカンディナヴィアのヨーロッパへの組み込み—が外に表れたものである．

最初のリンディスファーン攻撃のあと約 50 年間，ヴァイキングはブリテン諸島沿岸，およびヨーロッパ大陸の西海岸を襲撃し，その頻度はたえず増大していった．とくに修道院が襲われたのは，無防備で，献金やらその他の美しい物がいっぱいあって，分取り品にこと欠かなかったためである．スカンディナヴィアの墓から出土する装飾付きの金属製品から，ヴァイキングが何を奪っていったか推察される．この初期局面は純粋な海賊行為だったらしい．主としてノルウェーとデンマークからやってきたこれらの襲撃者は，西ヨーロッパの富裕な場所が簡単に略奪できることをすでに知っていたし，かれらの速くて海を渡れる船は電撃攻撃に役立った．

9 世紀後半，新しい型が現れた—ヴァイキングは海賊行為から植民へと転換した．いまやかれらの船は，植民者の群れと世帯道具その他の必需品を新天地へ，オークニー諸島，シェトランド諸島，アイスランド，グリーンランド，さらにのちには遠く北アメリカにさえ運んだ．この方面に進んだのは主としてノルウェー人であった．デンマーク人が注目したのはイングランドやフランスのもっと人口の多い国々であり，まず軍事遠征隊を送り，ついでそこに定着した．スウェーデン人はおもに東方に向かった．かれらは南西フィンランド，バルト海の南と東の沿岸地域，ついでロシアを越えてコンスタンチノーブル(現在のイスタンブール)，カスピ海，さらにバグダードへと旅した．それより数は少ないが，スウェーデン中央部の，西方への通路が開けているヴェステルイェートランドからはブリテン諸島に向かった人々もいた．

これらの人々がすべて今日ではヴァイキング (Viking) と

左 青銅製ボウルについていた飾り金具．エナメルがかけられている．西ノルウェー，ミュクレボースタのヴァイキング異教墓出土であるが，典型的なアイルランドの細工である．最初期のヴァイキング襲撃者がブリテン諸島や西ヨーロッパの修道院その他を襲って，スカンディナヴィアに持ち帰った略奪品の中には，このような美しい金属製品があったのだ．

36 ページ よろい張り造りの帆船がなければヴァイキング時代はありえなかったであろう．原寸大の復原ヴァイキング船を海に浮かべた実験は，急襲の敢行に必要な操作性を備えていることを実証した．

社会，王，戦争

上 ヴァイキングの襲撃者と軍勢の成功は，第1級の武器がなければ達成されなかった．9,10世紀ノルウェーの武器一式：鉄製の剣，槍の穂，斧の刃，およびヴァイキング時代唯一のヘルメット（イェルムンブー首長墓出土）．これらを乗せている木製の楯はゴクスタ船葬墓にあった64個の1つ．

呼ばれている．この名称の由来ははっきりしない．この用語が当時の史料に使われることはごくまれであり，使われる場合には，「ヴァイキングに」出かけた人々，すなわち家と故郷を離れて，通常の農場経営よりも海賊行為を選んだ人々，をさしている．ヴィーク (vik) はスカンディナヴィア諸語で小湾，入り江を意味する．「ヴァイキングに」という言葉は海賊が船出した場所に由来しているのかもしれないし，かれらが餌食に襲いかかる前に潜んでいた水域にかかわるのかもしれない．あるいはまたヴィークは，ヨーロッパ大陸とブリテン諸島の，ヴァイキングが訪れた交易地に関連しているかもしれない．これらの場所の多くは"wic"（交易定住地）と呼ばれていた—たとえばイングランドの今日のサウサンプトンに近いハムウィック (Hamwic)，北フランスのカントウィック (Quentovic)．8世紀のヨーロッパ北部では商業上の発展がめざましく，これらの町はその富のため海賊行為や植民地化の魅惑的な標的となった．おそらくもともとヴァイキングは，海賊としてにせよ平和な交易者としてにせよ，こうした場所を訪れた人々であった．スカンディナヴィアから来た人々は，当時のヨーロッパの著述者からはヴァイキングと呼ばれなかった．ヨーロッパ人はかれらをノースメン（「北の人」：Norsemen, Northmen）と呼んだが，ここから「ノース」(Norse：古スカンディナヴィア人）という言葉が生まれた．これは現在，よくヴァイキングと同じ意味で使われている．語源が何であるにせよ，ヴァイキングという言葉はスカンディナヴィア人全体の意味で用いられたことはなかった．この用語は19世紀のスカンディナヴィアに国民主義的な運動が

社会，王，戦争

興るにつれてようやく一般に使われるようになったのである．ヴァイキングが角のついたヘルメットをかぶって描かれるようになり始めたのはこの時代のことである．今日ではこれがヴァイキングの一般的なイメージとして，いかんともし難いほど定着してしまったが，歴史的事実としてはいかなる根拠もない．

ヴァイキング時代の初め，デンマーク人，ノルウェー人，スウェーデン人は皆だいたい同じ言語を話し，この言語はかれらにも，また北欧外の人からも，「デーン語」と呼ばれた．といってもデンマーク語のことではなく，現代の言語学者のいう「オールド・ノース」(古ノルド語) のことである．それは北海周辺で話されていたゲルマン語派で，アングロ・サクソン語や古高地ドイツ語と共通の祖先をもっていたが，当時すでにこれらから十分分離し，同時代人によって別個の言語であると考えられていた．ヴァイキング時代の進行するうちにスカンディナヴィア各地には，互いに区別がよりはっきりした，音声学上の偏差が発達した．これらの方言がのちに近代デンマーク語，アイスランド語，ノルウェー語，スウェーデン語の基礎となったが，当時スカンディナヴィア人ならだれでもこれらの方言を理解した．(いまでも北欧諸語は互いに理解しあえる．)

土葬墓出土人骨の人類学的調査によれば，ヴァイキングは平均すれば今日のスカンディナヴィア住民より少し小さい．一部の人々は一般人よりも背が高くがっしりとしており，健康全般の状態もよい．したがってこれらは社会的上層に属すると考えられる．一般人の骨は，劣悪な栄養と重労働のためあきらかな変形を起こしている．幼児死亡率はいまより高く，平均余命は短かった．もっとも個々人にとっては40～50歳生きることも珍しいことではなかった．それ以上の長寿はまれであった．遺骨からみるかぎり，もっとも多い病気はリューマチと関節炎であるが，虫歯の痕はほとんどない．現代社会でかくも人々を苦しめている虫歯がないのは，間違いなくヴァイキングが砂糖のない食事をしていたためである．

ヴァイキング遠征の絶頂期でさえ，住民の大部分は平和に故郷にとどまり，羊や牛の群れを世話し，わずかばかりの作物を育て，職人として働いていたに違いない．当時なぜかくも多くがスカンディナヴィアを離れて季節的な襲撃遠征に参加し，あるいは海外に植民したのかは，いぜんとして謎であるが，故国の人口過剰とか，耕地不足とか，さまざまな軍事的党派間の争いとかが原因として強調されてきた．おそらく9, 10世紀のヴァイキング大移動には，これらの要素全部が関係していた．

社会的階層序列

考古学上の証拠，ルーン碑文，および文字史料中にわずかばかり触れられていることからみて，ヴァイキング社会は高度に階層化されていた．とくに墓は，富者と貧者では副葬品の差が著しい．地域的な独立単位ごとにきびしい階層序列が

上　ゴットランドの絵画石に描かれた，船尾の帆に配置された乗組員たち．重なりあって舷側に結ばれている楯がかれらを守っている．「ヴァイキングに」出かけた男たちはこのように見えたであろう．

社会，王，戦争

右　デンマーク王スヴェン双叉髭王（1014年没）の銀貨．995年ころ鋳造．王の名を打刻したもっとも古いスカンディナヴィア貨幣の1つで，表面にはシンボリックな王の肖像がある．裏面の十字架を含め，これらの特徴はアングロ・サクソン貨幣の模倣である．

あった．首長もしくは王が頂点に立ち，貴族がこれを支え，必要なときには軍事力を供給した．貴族の下には小土地所有者がいた．かれらは農民と商人で自由人の階級をなし，また戦闘要員でもあった．これらすべての下に奴隷がいた．

すでにヴァイキング時代以前から，一握りの名門家族が地域の富を支配し，権力を集中しつつあった．地域的支配者は支配地域の軍事指導者，宗教的首長，統治者，紛争調停者でもあった．富は，主として土地所有，土地からの収穫物，および土地を借りて働く人々が現物で支払う租税の形をとったが，社会が発展し，権力がただ1つの支配家族に集中するようになると，王は都市からも収入を得るようになった．すなわち市（いち）の使用料・関税である．都市その他の王の土地には王の代官が駐在し，王のためのみならず自分自身のためにも大きな権力を振るった．

王が自分の権力を誇示できるもっともはっきりした方法に貨幣の発行があった．貨幣制度がスカンディナヴィアに確立するようになるのはようやく11世紀のことであるが，8, 9世紀に短期間とはいえデンマークのリーベとヘーゼビューで貨幣が鋳造された．この事実は，これら2つの初期ヴァイキング都市を王が支配していたと推測する十分な根拠になる．ウーロヴ・シェートコヌング（995年ころ-1021/2年）は中部スウェーデンの全体を支配した最初の王と認められているが，この王が貨幣を鋳造したスウェーデン最初の王でもあった，ということは特別に重要である．すなわちかれは995年ころから，自分の建設したシグトゥーナの町で，貨幣を打刻させた．ノルウェーで最初に貨幣が鋳造されたのは，ほぼ同じころ，オーラヴ・トリュグヴァソン王（994年ころ-1000年）によってである．11世紀に統合がさらに進み，王がますます強力になると，各国とも貨幣発行はあたりまえのことになった．

王権は世襲であったが，父から息子への円滑な継承が保証されていたわけではけっしてなかった．王家の一族は男子でありさえすればだれでも，継承権を主張できたのである．その結果しばしば王家の内紛が生じた．王家内確執は，ノルウェー初代の王とされるハーラル美髪王（870年ころ-940年ころ）の息子たちや孫たちのあいだでとくに強かった．ときには潜在的な王位請求権者たちはかなりの長期を亡命して過ごし，海外での戦闘で富を蓄え，兵を整え，故国に戻って力ずくで王位継承を実現しようとした．ときには妥協が成立し，2人の王が同時に君臨したり，あるいは国を地域的に分割して各人がそれぞれ自分の地域で単独王権を握ることもあった．これらは10世紀のノルウェーではよく起こったことである．

王と王妃は盛大に葬られた．遺体が埋葬された上に，ときとして基部で20m以上もの幅のある大きな墳丘が築かれた．いくつかのこうした墓が発掘され，非常に壮大な副葬品がでてきた．もっとも壮観な発見がいくつか南東ノルウェーでなされている．とくに知られているのがオスロ・フィヨルド沿岸のオーセベルとゴクスタである．20世紀の初めにオーセベルでなされた発掘で，王妃とみられる若い女性が発見されたが，かの女がそこに埋葬されたのは834年のことだった．このような精確さが可能なのは年輪年代測定法のおかげで，かの女の玄室を作るのに使われた木材はこの年の秋に伐採された木からとられたことがわかるのである．かの女の遺体は見事に彫刻を施された船の内部に安置され，ベッド，寝具類，あらゆる世帯道具など，かの女の日常生活上のすばらしい身の回りの物すべてが副葬されていた．かの女が生活上使った他のものも含まれている．たとえば，冬季移動用のソリ，夏季旅行用の車．玄室内ではかの女とならんで老女の死体があった．たぶん召使か奴隷であろう．

オーセベルの少し北，ボッレには，大きな古墳群がスカンディナヴィアで最大規模に集中している．伝承によればボッレはヴァイキング時代のノルウェー王家と関連がある．150年ほど前，古墳の1つが砂利採取のために破壊された．このときは船の遺物が記録されたほか，900年ころのものと考えられる立派な遺物数点が回収された．デンマークでは数基の大墳墓が調査されている．中部ユランのイェリングは10世紀のデンマーク王と関係のある場所であるが，ここで2基の墳丘が発掘調査されている．うち1つの木槨（木製玄室）は年輪年代測定法によって958/9年に日付けられ，おそらくここにはデンマーク最後の偉大な異教の支配者，ゴルム王が葬られていたが，のちに，キリスト教徒である息子ハーラル青歯王の手によって隣接する教会に埋葬しなおされた．ユラン半島，マメンの古墳は10世紀のものであるが，この木槨墓から大きな富と地位をさし示すすばらしい副葬品がみつかった．遺体と備品（そのなかには刺繡付の衣装と有名なマメン斧がある）が納められていた玄室の隅柱は，年輪年代測定したところ，隅の柱に使用されている木材は970/1年に伐採されたことがわかった．葬儀がなされたのはこの年代のすぐあとのはずである．

上　オーセベル墓で見つかったイチイ材のバケツ．真鍮の輪がついている．このバケツはもう1つのバケツの中に入れられ，船首に置かれた樽の中にあった．このタイプのバケツは輸入品である．

オーセベルの船葬墓

　南東ノルウェー，オスロ・フィヨルドに近いオーセベル古墳は，1904年に発掘された．ヴァイキング時代の墓でこれほどふんだんに副葬品をもつ墓はない．この墓は女性墓で，陪葬者を伴い，埋葬は834年である．この年代が確実なのは，近年の年輪年代測定により，玄室に使われているオーク材がこの年に伐採されたものとわかったからである．宝飾品は墓荒らしにあっていたが，残された人工物の量と質はただごとではなかった．

　玄室は優雅な船のマスト後方に置かれていた．船はおそらく死者に旅の手段を与えるものだったであろう．ほかにも車が1台，ソリが4台，馬が12頭以上載せられていた．長い旅をする気だったのだという印象は，テントや，1頭の牛，桶1杯のりんごを含む食料の備えをみると強められる．さらにベッド5台，収納箱，油ランプ，椅子1脚，壁掛タピストリー，台所道具・食事用具一式，農具があった．玄室内にはさまざまな身の回り用品に混ざって，織機の残骸と1組のタブレット織機があり，後者では組み紐が編みかけになっていた．オーセベルの副葬品がもつぜいたくな性質は被葬者である女性の地位を示すものである．家族はかの女の名誉のために，かくも豊かな富を浪費できたのである．あきらかにかの女は最高位の人物，たぶん女王であったに違いない．

上　ヴァイキング時代の容器その他の木製道具類はまれにしか残っていない．図はオーセベル副葬品の一部．その中には真鍮の輪を巻いたアイルランドのバケツ2個が含まれ，その大きい方には取っ手にホウロウ引きの飾り金具が2つついている．金具はブッダ風の姿勢をした人物の形をしている．

上端右　1904年のオーセベル船発掘を指揮したのはガブリエル・グスタフソン教授である．優美な装飾をもつ船尾の前に立っているのが見える．玄室はすでに取り外されている．船の安置されていた溝穴は青い粘土を塗り込められ，それが船と中身を乾燥させず，腐食から守った．しかし墳丘の土の重さで材木は押しつぶされ，多くの断片となっていた．それらは以来，慎重に復原されてきた．

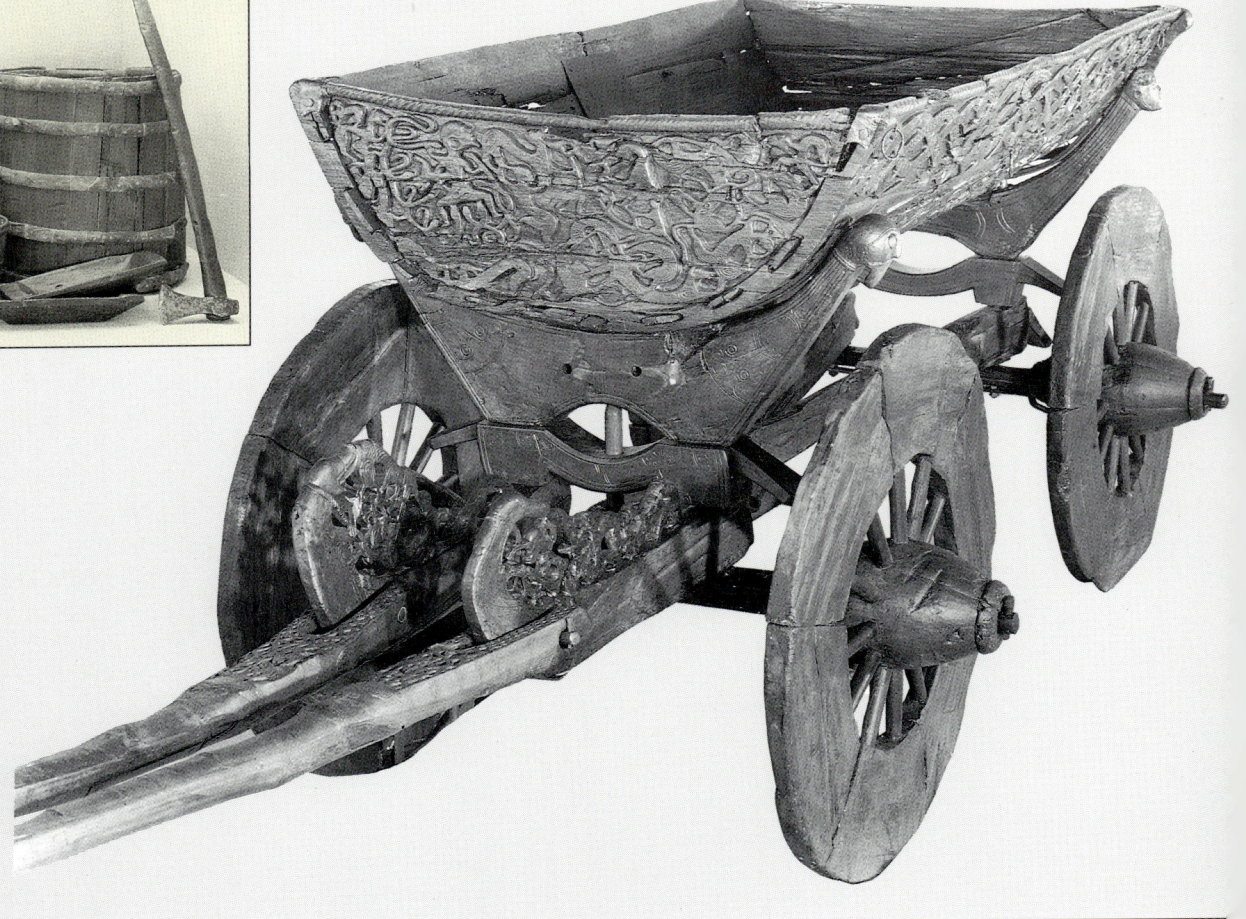

社会下層

王と貴族階級の下には自由人がいた．これは王の側近従士から奉公人にいたるあらゆる地位にわたって分岐しているグループで，ヴァイキング時代のスカンディナヴィアでもっとも大きな階級であった．その大部分は農民であった．かれらは，武器を所有，携行し，シングに出席して発言する権利をもっていた．シングというのは特定地域の自由人全員の集会で，定期的に（少なくとも年1回，しばしばそれ以上）開かれ，法を定め，土地争いを調停し，暴力行為や窃盗のような犯罪を裁いた．全員一致の得られない場合判決は多数決によった．シングの開かれた場所は多数知られている．もっとも有名なものはアイスランドのシングヴェットリルである．通例シングの場所は浅い溝に囲まれた，頂上の平らな低い丘であった．シング (thing) はスカンディナヴィアではよくある地名の構成要素で，このような集会地があったことを示している．スコットランドその他の西方ヴァイキング世界にも同様の地名があり，ヴァイキングがこの政体を海外入植地にもっていったことの証拠である．しかしスカンディナヴィアでは王権が強くなり，王は自分の権威を用いてシングの決定をくつがえしたり，操ったりできた．

自由人内部の地位や重要性を決めるものは主として富であり，富の現象形態は土地だった．あるものは広大な所領をもち，借地農がそれを借り受けて働いた．このような大所領の中心にあった農場あるいは荘園には，いまでも見ることのできるものがあり，たいていは大きな古墳が目印となっている．ヴァイキング時代の終わりころ，もっとも富裕な土地貴族の多くは，自分と家族を賛えるルーン碑文つきの記念碑を立てた．

社会の最下層階級は奴隷であった．奴隷についてはほとんど知られていない．しかしかれらが経済に欠くことのできない役割を果たしたことは，書かれた史料によってあきらかである．奴隷を考古学的な証拠によって確定することは難しい．副葬品がないかほとんどない墓は奴隷のものかもしれないが，しかしそもそもかれらに墓地へ埋葬される栄誉が許されたかどうかが疑わしい．死んだ奴隷は価値をもたなかったから，儀式なしに捨てられた可能性は高い．被葬者が2人いる2重墓のなかには，豊かに副葬品を供せられた遺体と何ももたない遺体の組み合わせの場合があり，これらは主人ないし女主人と，人身犠牲として殺された奴隷の墓かもしれない．10世紀にヴォルガ河畔で行われたあるヴァイキングの葬儀を誌したアラブ商人イブン・ファドラーンは，こうした事例を描いている：

> かれらのすることはこれである……もしかれ（死者）が富裕であればかれらはその富を集めて3分する─1つはかれの家族のため，1つはかれに衣装を着せるため，1つはナビドという飲み物のため．このナビドをかれらは，女奴隷が殺され，主人と一緒に焼かれるその日に飲む……首長が死んだ場合には，かれの家族はかれの女奴隷たち，男奴隷たちにたずねる．「かれとともに死にたいものはだれか．」するとかれらの1人が「わたしが」と言う．かの女がこれを口にしたらもう取消はできない……同意するのはたいてい女奴隷である……

北欧で生まれた奴隷に加えて，海外襲撃で獲得された捕虜が随時，補充された．あるものはヴァイキングの故国に連れて来られて強制労働力とされ，あるものは船に乗せられ東方の奴隷市場で売られた．奴隷はヴァイキングがバグダードのアッバース朝カリフ国となした商業の重要商品であり，奴隷

左 オーセベルの4輪車．4輪車は一般の運搬に使われたが，この4輪車は日常の車ではなく，その豪華な彫刻は儀式用の車にふさわしい．取り外しのできる車体を受け台が支えている．受け台の先端は，人の頭の形になっている．男が蛇に囲まれている場面が車体の前面を飾っている．この男は蛇の穴に投げ込まれて殺された伝説の英雄グンナルだともいわれる．

上 オーセベルの玄室から細い壁掛け用の帯状装飾が断片になって発見された．染められた羊毛を使ってさまざまな技術で織られている．図の場面は武装した人々の行進を表している．男も女も，徒歩の者も騎乗の者もおり，馬の曳く車が随行している．色彩豊かな掛けものはヴァイキング時代の富者の壁を飾ったものである．壁掛けについていまはいかに知られていないか，この見事な遺物がはっきりと思い知らせる．

上端 オーセベル船の船首に置かれていたベッドの復元．頭側の板は動物の頭の形に彫られている．もとは彩色されていた．他に4つのベッドが，羽根と羽毛を詰めた寝具ともども見つかっており，そのうち1つに，女性の遺体が安置されていた．ベッドのような家具はふつうの家には備えられていなかった．オーセベルのベッドは簡単に分解できる．旅行に使われたのかもしれない．

社会，王，戦争

を売って交換に得られた銀は莫大な量にのぼる．

スカンディナヴィア諸王国の成立

デンマーク，ノルウェー，スウェーデンが発展して，それぞれ1人の支配者のもとに統合された国々となったのはヴァイキング時代のことである．この過程を十分に証拠づけることはできない．書かれた記録は，当時の大陸の史書のあちこちに言及されていることだけだからである．8, 9世紀のデンマーク王については『フランク王国年代記』がときどき触れており，9世紀末に書かれたリンベルトの『アンスガール伝』からはさらに詳しい情報を得られる．ヴァイキング時代のスカンディナヴィアに関するもっとも時代の下る大陸の史料は，アダム・フォン・ブレーメンのハンブルク・ブレーメン大司教の歴史（『ハンブルク大司教教会事績』）である．これは11世紀の終わりに，情報提供者の目撃体験に基づいて書かれた．これらの作品はすべて，キリスト教の聖職者が異教の国々について書いたものであるから，著者側に偏見があると考えておかねばならないが，しかし全体としてみると，これらはかなり写実的な同時代記述のようである．これらの著述には地名と人名が含まれているが，人名のいくつかはのちのアイスランドのサガによって確認される．アイスランドのサガもある種の歴史史料であるが，書かれたのが主として13世紀，すなわちヴァイキング時代が終わってほとんど2世紀も経ってからなので，取扱いには注意を要する．それでもこれらの史料や，あきらかに王の命令による大記念碑の建立や土木工事などの物的な証拠からみて，3国すべてが遅くとも11世紀の終わりには別々の政治権力として成立していたことはあきらかである．

このうちもっともよく知られているのはデンマークである．ここではリーベの町の建設，カンハウエ運河の掘削，ダーネヴィアケの建造に，中央王権の最初の兆候をみることができる．おそらくこれら3つはいずれもアーガンチュール王がイニシアティブをとった．この王については8世紀前半に「野蛮なデンマーク人」を訪れたユトレヒトの司教，聖ウィリブロールドの伝記から知られる．少しのち，808年，ゴズフレズ王が，ダーネヴィアケ第2段階建造に関連して『フランク王国年代記』に取り上げられている．またかれは，初期のヴァイキング都市ヘーゼビュー（当時デンマーク，現ドイツ）に商人を定住させたとも述べられている．9世紀には他の王たちも言及されている．そのなかには850年代，ドイツ人宣教師アンスガールにヘーゼビューとリーベの教会建設を許可した共同統治王，大ホーリク，小ホーリクがいる．

つづく1世紀のあいだ王の名前はわからない．10世紀中ごろ，ゴルム王によって創設された新王朝が，中部ユランのイェリングを中心に興った．ゴルムについてはほとんど知られず，958/9年，息子ハーラル青歯王があとを継いだ．ハーラルはイェリングの教会墓地に大きなルーン石碑を立てた．その碑文は，かれが全デンマークとノルウェーをわがものとし，デンマーク人をキリスト教化した，と誇らしげに宣言している．その治世中ハーラルは，自分の王国を一連の要塞（ときにはデンマークの王の要塞と呼ばれる）によって防衛し，ラウニング・エンゲの橋など，大規模な土木工事を起こした．この橋はイェリングに通じる道路上に位置している．ハーラルは987年ころ，自分の息子スヴェン双叉髭王（1014没）によって廃された．スヴェンはのち1013年，イングランドを征服した．デンマークとイングランドに1042年まで君臨し，南ノルウェーをも支配した王統の最初がこのスヴェンである．

ノルウェーの統一

ノルウェーは長くぎざぎざした海岸線と，内陸交通をきわめて困難にしている高い山をもち，単一人物の支配が成立しにくい国であった．ヴァイキング時代の初めには，はるか北方のロフォーテン諸島からオスロ・フィヨルド両岸のヴェストフォル，エストフォルにいたるノルウェー沿岸部に，多数の首長国が点在していた．首長たちはおそろしく独立的な性格をもち，外的な上級支配に服することを好まず，協同よりも抗争をこととしていた．ロフォーテン諸島のボルで行われた8-9世紀の屋敷地発掘は，このような初期ノルウェー首長の1人が営んでいた生活のさまを，かいまみせてくれる．この屋敷に住んだ家族がその富と地位を，主として地域の豊かな漁場から得ていたことは間違いない．しかしライン地方のガラスや土器が出土していることから，ボルがただの漁業生活体ではなく，外界との結びつきをもった高い地位をもつ家族の住まい，すなわち北欧の首長の1つが占めていた本拠だったことがわかる．

これらの独立的な首長国を単一の王国に統合する運動は，血まみれの，長期の事業であり，完成に200年を要した．オーセベルとボッレの古墳群にある豊かな墓は，8, 9世紀の南東ノルウェーに王朝支配のあったことを証言するもので，またボッレがヴァイキング時代に王権の中心地の1つであったことは，詩やサガに触れられている．いかなる意味の統一であったにせよ，統一を成し遂げた最初の王はハーラル美髪王であった．かれは880年代にヴェストフォルと南西ノルウェーを統合したが，その結果多くの人々が迫害されたらしい．これが9世紀末にあのように多くの人々がスコットランドの島々やアイスランドに移住した理由だったのかもしれない．北ノルウェーはこの統合の外にとどまった．そこではトレンデラーグ地方のトロンヘイム近郊ラーデを本拠とするヤール家が独立に支配していた（ヤールはアングロ・サクソンのアール（伯）と同じく，本来は豪族の称号の1つである．ノルウェーにいくつもいたらしいヤール称号保持者のうち，ラーデのヤール一族は歴史上特別な役回りを演じ，王家に対抗してヤール家と呼ばれる）．すなわち北部ではヤール家が，他の首長たちに対する上級支配権を獲得した．その後の1世紀以上，北部と南部は対立をつづけ，ときには南部で主役を務めたのがデンマーク王だったこともある．トレンデラーグのヤールたちはあるときは南部の支配者を助け，あるときは助けなかった．サガは多くの戦いや，共倒れに終わった紛争について語っている．

10世紀末，ハーラル美髪王の曾孫にあたるオーラヴ・トリュグヴァソンが海外流浪生活（イングランドに対するヴァイキング攻撃に参加した）から戻ってきた．かれはトレンデラーグを本拠地とし，そこから西海岸全体に対する支配を固めた．しかしかれが1000年ころ，スウェーデンのウーロヴ・シェートコヌングとデンマークのスヴェン双叉髭王の連合軍を向こうに回したスヴォルドの海戦で戦死すると，ノルウェーはふたたび分裂し，北部はトレンデラーグのヤール家が，南部はデンマーク王とスウェーデン王が，15年間分割して支配した．キリスト教の導入はノルウェーの統一にとって重要な契機だった．オーラヴ・トリュグヴァソンはイングランド滞在中にキリスト教に改宗し，祖国に新しい信仰を強制しようとした（そしてアイスランドにキリスト教を導入するきっかけとなった）が，かれの死後には異教信仰が復活した．キリスト教の全面的受容を勝ち取るのは，かれの後継者オーラヴ・ハーラルソン（1015-30）の事業だった．このオーラヴ2世は1030年のスティックレスタの戦いで死んだのち，聖人に列せられた．これがノルウェーの聖オーラヴである．なおも動揺

社会，王，戦争

上　ロフォーテン諸島，ヴェストヴォーゲイ島，ボルの発掘によって，初期ヴァイキング時代の長さ80m以上ある首長の家の跡があきらかになった．それはこの航空写真の前景左手，低い丘の上に位置している．この家の主は金製品，西欧の土器やガラスを所有し，社会的な地位の高さを示している．しかし出土物の大部分は，生計の基礎を農業と漁業に置く家族の，家庭的性質のものである．

のときはつづくが，11世紀の終わりまでにはノルウェーは実質的に統一されたキリスト教国となった．

スウェーデンとフィンランドの発展

スウェーデンがヴァイキング時代に単一の支配者の下に統合されたことがそもそもあったかどうか，あきらかでない．黎明期の王朝に関する証拠の多くはヴァイキング時代以前のものである．すなわちウップランド地方のヴェンデル，ヴァルスヤーレ，ガムラ・ウップサーラのスヴェーア人の大古墳である．ガムラ・ウップサーラはヴァイキング時代の異教崇拝中心地として有名である．同様の大きな古墳はアーデルスエーのフーヴゴーデンにもあり，それらは高い地位を示す副葬品を伴っている．アーデルスエーはメーラレン湖中の島で，中世後期の王城跡もある．しかしヴァイキング時代そのものについては情報が乏しい．ときどき王が言及されることもある．たとえばリンベルトの『アンスガール伝』によれば，宣教師アンスガールがデンマークのヘーゼビューとリーベを訪問したあと，820年代にメーラレン湖のビョルケー島にあったビルカの町にかれを迎えいれたのはビョルン王であった．

しかし10世紀末になるまでは，スヴェーア人地域（スヴェーアランド）を越えて支配権を及ぼした王は知られていない．中部スウェーデンの東海岸から西海岸にいたる全体にわたって自己の権威を拡大したのはウーロヴ・シェートコヌング王である．デンマーク，ノルウェーの場合と同様，スウェーデンの統一にさいしてもキリスト教はあきらかに大きな役割を果たしたようである．ウーロヴはキリスト教徒で，エステルイェートランドのスカーラにスウェーデン最初の司教座を設立した．しかし国民全体を新しい信仰に改宗させる仕事は，11世紀後半のかれの後継者たちに残された．

フィンランドはさらに遅く，12世紀まで異教にとどまった．後世に書かれた史料には「王」なるものが語られているが，スウェーデン・ヴァイキングが優勢な地域—南西海岸とオーランド諸島—は，おそらく多数の小首長によって支配されていた．フィンランドはヴァイキング時代のずっとのちまで，いかなる意味でも統一されたことはない．

防衛施設

国家形成の過程は王朝内の争いや軍事衝突を伴い，ヴァイ

ゴットランド

　中世以後はスウェーデンの1州となるバルト海のゴットランド島は，ヴァイキング時代には事実上独立国であった．石灰質の土壌は農耕に適した肥沃な土地をもたらし，自給率は高かった．しかし工業原材料は，鉄鉱石，研ぎ石用のきめ細かい石，ビーズ用のガラスのカレット，それに琥珀と銀など，すべて外から輸入しなければならなかった．ゴットランドの文化は多くの点でスウェーデン本土とはっきり違っていた．たとえば石灰岩の平石に神話の場面や船，戦士などを描く絵画石は，ゴットランド以外には知られていない．女性の身につける島産の宝飾品も，島外のスカンディナヴィア産のそれとは型が異なっている．ゴットランドの宝飾品は質が高く，ヴァイキング時代に地中に隠された埋蔵宝のおびただしい量の銀とともに，島の富がいかに大きかったかの証拠である．しかしこの富がどのようにして獲得されたかは十分にはわからない．バルト海の真ん中という立地のおかげでゴットランドは中世後期に商業路の交差点になるのであるが，しかしヴァイキング時代にこの島が遠隔地貿易網をもっていた証拠はない．ゴットランドのもっとも緊密な交渉先は，西隣のエーランド島とバルト海南東沿岸部であったらしい．ゴットランドの島民が富裕になったのは，バルト海航路を行き来する商船をねらう海賊行為によってである，といわれている．もしそうだとすれば，かれらこそはまさしく，民衆伝承にいう掠奪的ヴァイキングだったわけである．

ゴットランドの考古学
ゴットランドには先ヴァイキング時代とヴァイキング時代の豊かな遺物・考古学遺跡がある．この島にあった砦の多くはもはや見ることができないが，なお約100個がよく保存されている．とくに有名なのは156 haを占めるトゥーシュブリエンの丘陵堡塁，西海岸のヴェステルガーン定住地を囲む塁壁である．記念に立てられた絵画石のいくつかはいまも野に立っているが，しかしそれよりはるかに多くがいまヴィスビューのゴットランド先史博物館にある．同博物館にはまた同島出土の金銀財貨も収蔵されている．

下　この太鼓型ブローチはゴットランドのある女性が，胸の中央部に飾りとしてつけていたものであろう．ヴァイキング時代の地元ゴットランド職人の手になる典型的な高級宝飾品である．このブローチは青銅の地に金と銀の飾りをつけている．金の箔が，線条細工と粒立て細工で人型模様と動物模様をなし，銀がリンゲリーケ様式の植物模様を作りだしている．この型のブローチはゴットランドに特有で，ゴットランドの文化がスカンディナヴィアの他の部分の文化とは違うことを際だたせている．

社会，王，戦争

キング時代は非常に不安定で不穏な時代であった．都市は繁栄するにつれて，海賊の攻撃に対する防御の必要も強まった．10世紀の末までには，ヴァイキングは都市防壁の建設にすっかり習熟していた．しかしそれ以前のスカンディナヴィアにあった防衛施設といえば，主として境界を区切りかつ防衛するため，あるいは緊急時に住民に避難場所を与えるために，作られたものであった．

線状防衛構築物でもっとも驚くべき例はダーネヴィアケである．ユラン半島の南部地峡を横断する，少しずつ違った時期に造営された総計30kmに及ぶ防壁連鎖の全体が，この名で呼ばれている．808年にデンマーク王ゴズフレズは，75年以上前にさかのぼるもとの土塁を拡張した．『フランク王国年代記』は，かれの建設した防衛線はバルト海から北海に及んでいると主張しているが，実際にはかれの拡張は，北海海岸のだいぶ手前で止まっていた．そこには広大な沼沢地帯があって，もとの墓壁もこの沼沢地には達していたのである．ゴズフレズの壁が途切れているのは，いわゆる「軍用道路」と交差しているところだけである．この道は先史時代の道路ないし家畜移動道で，牡牛道ともいわれ，ユラン半島を縦断し，よく防備を施された出入り口を通って墓壁を貫通していた．

ヴァイキング時代のダーネヴィアケ最終版は，それから160年ほどのち，ハーラル青歯王によって完成された．かれは初めの2つの壁とヘーゼビューの町を囲む新たに建設された防御施設とを，墓壁の東端に幅13m，表面が芝土で覆われ，上には木柵を置いた非常に強力な土壁を作ることによって，結び付けた．これら建設の初期段階においては，ダーネヴィアケはすべてもっぱら土と木材でできていた．石や煉瓦のようなより耐久性のある素材が採用されるのは12世紀になってからである．それにもかかわらずダーネヴィアケは耐久性のある遺跡だった．それは防御というその目的においてものの見事に役にたち，1864年のプロイセン・デンマーク戦争のときにはさらに防備を強化され，第2次世界大戦では対戦車障壁で防衛されさえした．

10世紀の防衛施設の大建設時代に先だつもう1つの存在は丘陵堡塁である．それはスウェーデンだけでも1,000件近く，起伏のある地域の岩山の頂きにあり，メーラレン地域にとくに多い．これらの遺跡は花崗岩の大きな丸石で作った簡単な壁からなっているので，考古学資料から年代を決めることは難しい．ヒントになるような記述史料はなく，少なくともいくつかの城砦はヴァイキング時代より古いかもしれない．しかし多くの堡塁には，それ以前にもヴァイキング時代にも使われた跡が残されており，あきらかにヴァイキングによって共同防衛のために使用もしくは再使用された．

スウェーデンの丘陵堡塁には，たとえばメーラレン湖の島アーデルスエーのステンビューボリのように，王権と関連をもっていたものがある．この島にはヴァイキング時代以前の大きな古墳もある．また，ストックホルム近郊イェルフェッラのゴーセボリのように，避難所と宗教的祭祀中心地の両方に用いられた可能性のあるものもある．ことに注目に値する例はメーラレン湖の北岸で湖中に突き出した半島に位置するルンサの砦である．それは内外2重の墓壁をもち，外壁はヴァイキング時代の湖岸線に沿って走り，内壁は建造物遺跡を囲んでいる．この砦はかなり長い期間にわたって人の住んだこともときにはあったかもしれないが，周辺農業住民の緊急避難所としても役立ったに違いない．付近の墓域には1基重要な墳墓があって，垂直に立てられた石（2mの高さに達する石もある）を船の形に並べた列石で識別される．この墳墓のまわりはそれよりも見劣りする墓群が囲んでおり，ルンサがなんらかの祭祀上の意義をもっていた証拠と考えられる．

下　銀貨（おもにアラブ，アングロ・サクソン，ドイツの）と宝飾品からなるヴァイキング時代の埋蔵宝約700件がゴットランドで発見されている．それらは，おそらくは海賊行為によって獲得された島民の富が，いかに豊かに蓄えられていたかを表している．10kgを超えるこの図の埋蔵宝は，青銅のボウルに入れられ，1140年ころ，ブルイェの農家の床下に埋められた．その中には3,000枚ほどのドイツ貨幣，腕輪その他のゴットランド産の宝飾品がある．全重量の半分以上は銀の棒状地金であるが，その多くはロシア産である．

左　ゴットランド島西岸の小さな商業中心地パーヴィーケンの再現図．外海から守られたラグーンの脇にある．ゴットランド西岸はこれ以外には天然の良港に恵まれていない．ここではビーズ作りや鉄細工などの工芸に必要な原材料が輸入され，また船が建造・修理された．

右　ゴットランド島の人々が記念碑を立て始めたのは5世紀のことである．石に彫刻した絵画石は，以来，ヴァイキング時代を通じて立てられつづけた．10世紀以前のスカンディナヴィアでは，ゴットランド以外には石の彫刻はみられない．絵画石に描かれた生き生きとした諸場面は，衣服のスタイル，武器，船の艤装のさまといったことに関する証拠となる．右図の例はゴットランド北部タンゲルゴーデ．

社会，王，戦争

メーラレン湖，ビョルケー島の町ビルカは，9世紀にはすでに繁栄した中心地となっていた．町の南端近くに丘陵堡塁 (Borg) があって，10世紀に町が防御壁に囲まれるようになるまでは，これが砦および避難所として機能したに違いない．ビルカの堡塁は丘の内陸に向かった側では土と石の壁で取り巻かれているが，丘の西端は湖に向かって切り立った岩の断崖によって自然に守られている．ヴァイキング時代のデンマークの町（現ドイツ領）ヘーゼビューを見下ろしている堡塁 (Hochburg) も，同様の役に立ったことであろう．この堡塁は町の北にある洪積土露頭の頂上にある．しかしデンマークでは土地は概して平らだから，このタイプの遺跡はまれである．

ゴットランド島には約100件の堡塁があるが，ここでも全部がヴァイキング時代のものというわけではない．最大の堡塁は東海岸に近いトゥーシュブリエンにある．ここの石灰岩の壁はスウェーデン全体でもっとも壮観な考古学遺跡である．壁は険しい傾斜の頂上を2kmめぐり，場所によっては高さ7m，幅24mに及ぶ．発掘によれば，この砦は4世紀に起源するが，その後10世紀初期にも再使用された．ゴットランドでもう1つ非常に興味深い防衛遺跡は，丘陵堡塁ではないが，島北部のティングステーデ・トレスク湖のビュールヴェルケットである．これはそれぞれが空洞の木造プラットフォームが連なって，全体で四角形の四辺をなして湖畔の浅い水中に立っているもので，一辺は170mである．それらはもともとは上に建物を支えていた．四角形の中央部は空いていて，構造物の全体が，重い木のくいを緊密に立てた柵で囲まれている．この史跡は水に漬かっていたおかげできわめて保存がよく，またスカンディナヴィアでは他に類例がない．建造法はバルト海の東と南のスラヴ人が使う建築技術に似ている．ゴットランドへの移住者によって建てられたのが初めかもしれない．その目的は完全にはわからないが，ティングステーデという地名は，これがヴァイキング時代に建てられ使われたときにはティング（集会）の場所の一部だったこと，したがって防衛施設専用ではなかったこと，を示唆している．

細長いエーランドの島には先ヴァイキング時代の堡塁が16あり，そのうち少なくとも2つ，イースマンストルブとエーケトルブは，ヴァイキング時代にも使用された．どちらも石灰岩の環状囲壁からなり，内部には建物群の跡がある．イースマンストルブは直径127m，壁は2.5mの高さまで残っている．壁には9カ所もの出入口が開いている．この数からすると，非常に安全な防衛施設だったとはいえないのではないかと思われるが，しかし建設の時代とのちのヴァイキング時代には避難所として使われたようである．

エーケトルブには鉄器時代から堡塁があったが，永続的な居住地としては700年ころに廃棄され，ときたま避難所として使われるだけだった．しかし1000年ころ再定住され，かつての石造建築物が木に建て直され，石の壁はさらに外側の防衛線で補われた．イースマンストルブとは違ってエーケトルブの壁は3カ所の入口しか開いておらず，はるかに強力な防衛施設であったとの印象を受ける．おそらくは島の南部を海からの攻撃に対して防衛する任務をもった守備隊の本部に使われた．最新の層からでた出土品は，ここが非常に富んだ，重要な交易中心地でもあったことを示している．その商業活動にもかかわらず，エーケトルブは防備されたヴァイキング時代の都市には発展しなかった．都市はまったく異なる性質の防衛施設をもっていた．

都市防衛施設

ヴァイキングの町は10世紀まで，ヘーゼビューやビルカのように，少し離れたところに丘陵堡塁をもっている点をのぞけば，無防備だった．10世紀まで町は無防備定住地であったということは，8, 9世紀の生活はかなり平穏で，都市的活動が外界からの脅威もなく営まれていたということである．10世紀に状況はあきらかに変わった．そのことを示しているのが囲壁建設の大運動である．たとえばヘーゼビューには大塁壁が造られ，これによってヘーゼビューはその外側のダーネヴィアケ防衛線と連結した．それはいまも見ることができ，ところによっては10mの高さに達する．それは初めは高さ3mに満たないかなり小さな土手で，頂上に木柵をもっていただけであったが，改造・改良を重ね，つぎつぎに大規模になった．最終的な高さにまで達したとき，防衛力を高める柵はおそらくもはや必要でなかった．この点でヘーゼビューの塁壁はほかの都市壁と違っていたようであるが，しかしその半円の形状はヴァイキング時代の都市環状防衛施設に共通のきわだった特徴である．

ヘーゼビューはハッデビュー・ノールという入り江の岸沿いに発展した．防衛施設のおもな目的は町を陸側に対して守ることであった．したがって半円壁は居住地域の全体を囲み，壁の両端はともにノールの水辺までつづいていたが，岸辺のものは全部，海からの攻撃にさらされていた．この危険に

上 ダーネヴィアケ．さまざまな時期に建設された土塁線の総体をいう．ユラン半島基部を横断し，ヴァイキング時代にはデンマークの南部国境をなした．それはまた発展しつつあったヘーゼビューの町を防衛した．土塁の各部分は木柵を備え，前面には濠があった．国境を縦断する交通は一箇所の出入口に限られていた．つまり本格的な防衛施設だったのである．

50-51ページ ユラン半島北東，デンマーク・ヴァイキングのフュアカト要塞．10世紀末，ハーラル青歯王時代に建設された一連の要塞の1つ．

ヴァイキング時代のスカンディナヴィア

ヴァイキング時代のデンマークと南部および中部スウェーデンには混合農業経済を営む小さな農村があった。ノルウェーでは農業と漁業を行う分散的な定住が大西洋岸とフィヨルドの谷に沿って延びていた。スカンディナヴィア最初の町はヴァイキング時代の初めに、商業と手工業の中心地として建設された。10世紀にはさらに多くの町が作られた。「その他」の集落は季節的な商業中心地で、ここで作られた商品は地元で消費された。丘陵堡塁は防衛拠点として役立った。しかし町が塁壁で守られるのは10世紀になってからである。

1000年以前の定住地
- 🔴 町
- 🟠 防禦施設をもつ町
- 🟡 その他の定住地

1000年以前に建設された堡塁
- 王の要塞
- その他の砦

- 橋
- 船舶陸上運搬路
- 海上封鎖
- シング（集会地）
- ダーネヴィアケ

🟩 1000年ころの定住可能地

軍用道路
- ── 確実な
- ─── 推定

縮尺 1:7,700,000
0　　200 km
0　　150 マイル

ダーネヴィアケの土塁がデンマークの南境を防衛していた。

縮尺 1:2,550,000

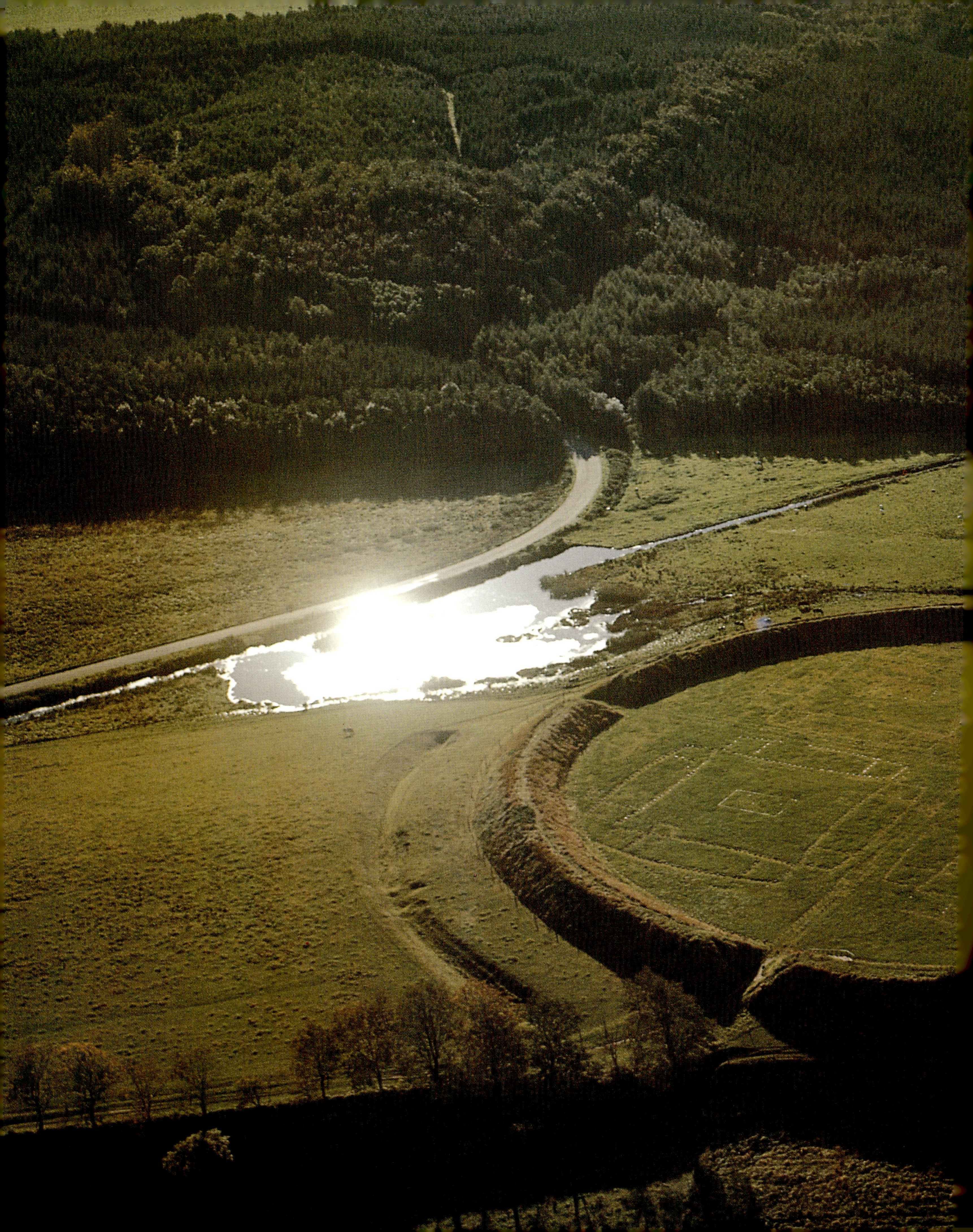

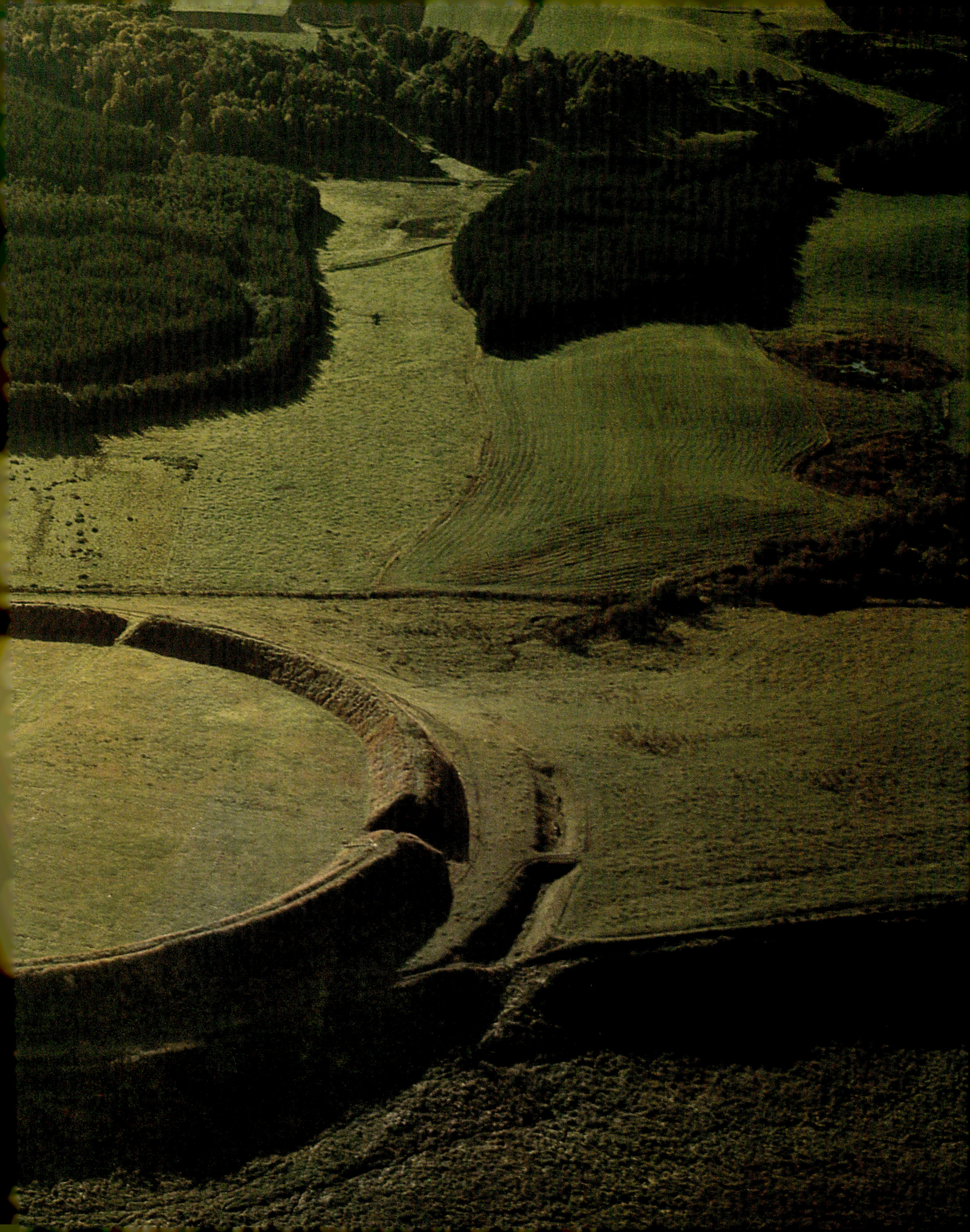

対してはある程度は措置がとられていた．すなわち東側から港への接近を防ぐため，水中防御柵が設けられていたのである．

同様な施設はビルカにも見ることができるが，ここの都市壁はヘーゼビューのそれよりもずっと薄く，柵による付加的な保護措置は終始必要だったに違いない．ビルカの壁は最終的に完成しなかった，という可能性も高い．現在見えているのは北の部分だけである．そこから堡塁（Borg）を結ぶべき長い延長は，建設されずじまいだったかもしれない．壁の現存部分は緩やかなカーブを描いている．そのことは壁がほぼ半円状の地域を囲もうとしていたことを示唆しており，壁の北端はメーラレンの湖岸まで続いていた．港は曲線を描く杭の列と閉鎖用の丸太で守られていた．

ユラン半島のオーフースの町は10世紀に建てられ，初めからしっかりした土と木の壁で囲われていたが，しかし同様の港湾防衛施設をもっていたかどうかはわからない．近代の港がヴァイキング時代の港の跡をすっかり消し去ってしまったからである．しかしオーフースの町の防衛施設の形状はヘーゼビュー，ビルカのそれにきわめて近く，ゴットランド島のヴェステルガーンを防衛していた半円壁もまた同様である．発掘の示すところによればヴェステルガーンの半円壁もまた10世紀に建てられた．最後に，最近デンマークのリーベで都市防衛施設が発見され，この町も10世紀に半円壁防衛システムで囲まれたことを示唆している．深さ1m，幅8mの溝の遺構，それと結びついた堤のかすかな跡が発掘された．溝を少したどってみると，曲線を描いている．

10世紀の都市防衛施設がデンマーク，スウェーデン，ゴットランドで類似性をもっていることは，興味ある問題である．それらの施設設計は非常に類似しているので，それらがみな1つの共通の設計図からとられたと考えたくなるほどである．しかし実際にはこれはありそうにない．むしろそれらは，繁栄している交易中心地が，攻撃から身を守ろうとする必要から生じた，自然発生的な対応であろう．攻撃は陸からも海からも，ヴァイキングの海賊によってもスラヴ人の侵入者によっても行われ，スラヴ人は1066年にヘーゼビューを破壊した．

共通設計に基づく防衛施設

ところがデンマークのある遺跡群は，共通の設計があったことを非常にはっきりと示している．デンマークのいわゆる「王の要塞」はすべて10世紀の後半に建てられ，ごく短期間使われたのちに廃棄され，2度と再利用されなかった．これらの要塞のうち3つ（ユラン半島のアガシュボー，フュアカト，シェラン島のトレレボー）が発掘され，それらの平面図と建物は細部にいたるまで復原可能である．第4の要塞（ノネバケン）はフューン島の現在の都市オーゼンセの下にあり，その痕跡はほぼすべて，遠い昔に消滅してしまった．第5番目が最近，スコーネ南岸の遺跡で発見されたが，ここもまたトレレボー（スウェーデン語名トレレボリ）と呼ばれている．この発見はじつはそれほど意外なこととは受け止められなかった．地名の一致のため学者たちは，ここにもかつてデンマークのトレレボーと同様な要塞が建てられていたのではないかと，かねて指摘していたからである．これらの要塞はすべて，径の長さには違いがあるが，平面図的には正確な円をなしている．内部空間は土と木材の塁壁によって囲まれ，さらに外側には溝がある．内部は円の正確な中心点で直角に交わる2本の道路によって4つに区分されている．4分された各区域には側面の湾曲した長い建物があった．平面図上の類似性，設計の正確さ，建設の技術，これらの点はヴァイキング時代の他のあらゆる防衛施設とは異なる特徴であり，これらの要塞が同一人物の設計仕様にしたがって建設されたことを強く示唆している．

これらの注目すべき要塞が何のために建てられたかは，最初に発見されたデンマークのトレレボーが1940年代に発掘されて以来の論議の的であった．初めの意見は，要塞は駐屯地として，かつ11世紀初めにスヴェン双叉髭王のもとにイングランドに侵攻した軍隊の集合地点として，建てられたというものであった．しかしこれらの要塞から出土した材木の年輪年代測定によって示された建設年代は980年ころであった．すなわちスヴェンの父で先代であるハーラル青歯王がデンマーク王位にあったときである．発掘によれば要塞の存続期間はほんのわずかである．おそらくはせいぜい20年以下，それよりずっと短いかもしれない．またもし要塞が，イングランドを海から攻撃する戦士たちの収容を意図していたとすれば，それらは海岸の，艦隊の集結する港近くに位置したはずである．ところが要塞は水路よりも陸路に隣接しており，わずかにリムフィヨルド沿いのアガシュボーのみが可航水路に近く立地している．要塞はすべて国の北と東に位置し，北海よりもバルト海を向いている．

したがって11世紀のイングランド征服にこれらの要塞が果たした役割は割り引いて考える必要がある．あらゆる証拠はこれらの要塞を築かせた人物がハーラル青歯王であることをさし示している．かれは王国を統合し，キリスト教化したばかりであったが，これに秩序を与え，守る必要があった．これらの要塞が軍事的な砦であったことは間違いないし，おそらく守備隊も駐屯した．しかしその居住者は軍事活動しかしなかったわけではない．砦の内部には金銀細工師や鍛冶師が住んでいた．建物のいくつかは納屋，家畜小屋に使われた．

したがってデンマークの要塞群は，王権にとって，周辺地方を支配して王の権威を確立するため武装兵力がすみやかに出撃する中心であった，というのがもっとも事実に近い説明であろう．これら武装兵力は農業人口から公租を現物で取り立てたであろう．要塞はまた王の蓄えた富が安全に保管される宝物蔵でもあり，またその富をかれと宮廷のために高価な装飾品に作り替える作業所空間でもあった．

戦争と武器

ヴァイキング時代には自由人ならだれでも武器携行の権利があった．自由人は王侯の召集に応じて集合することになっていた．いくつかの地域，とくに中部スウェーデンでは，地域住民は船に人員と武器を供給する義務をも負っていた．この目的で国は一定数の農場から構成される単位に分割され，要求のあったときには各単位が，完全艤装された船1隻を提供しなければならなかった．

ヴァイキングはふつうは徒歩で戦った．富裕なヴァイキングの墓には馬が陪葬されているので，騎乗の戦士もいたと思われるが，これが一般的でないことは確実である．ヴァイキングの軍船はおもに軍勢を陸の戦場へ運ぶために使われた．海戦は，叙述史料にいくつかの例が言及されてはいるが，少なかった．もっともよく知られている海戦は1000年ころのスヴォルドの戦いである．

西ヨーロッパでヴァイキングの戦った陸戦を伝えるイングランドやフランクの史料は，かれらの軍勢の強さと巧みさを証言している．ヴァイキングは敵を恐怖で震えあがらせ，北西ヨーロッパ全域を戦火のなかに投げ込んだ．このような破壊を加えた武器は剣，槍，戦斧だった．短い戦闘用のナイフと弓矢も用いられた．これら戦士が戦闘用に完全武装するとどういう格好になるかを教えてくれるのは，当時の彫刻され

右　実用と美：ヴァイキング時代の4本の剣，スウェーデン．柄は象眼装飾で豪華に飾られている．左から3つ目には片手で扱う両刃の剣で，そのもっとも美しいものはライン地方のフランク人鍛冶師の手で文様鍛接された（左端の例）．握りは木で仕上げられていたが，木部は地中で腐食し，現存しない．

社会，王，戦争

社会，王，戦争

た図像，たとえばゴットランド島の絵画石碑である．それ以上に多くを教えてくれるのはスカンディナヴィア諸国その他の墓である．その多くには被葬者である戦士の武器・甲冑が埋められている．

剣はあらゆる武器のなかでもっとも美しく，その戦闘威力のゆえに，またステータス・シンボルとしても，重んじられた．社会的地位が高い戦士ほどその剣は立派なものだった．剣の柄（つか）はしばしば豪華に飾られていた．しかし精巧に仕上げられた柄は所有者の権勢をさし示してはいたが，この武器のもっとも重要な部分は刃であった．ここにこそ所有者の命がかかっていたからである．70～80 cm の長さをもつ両刃の剣は，軽くしなやかで，強靭で鋭かった．一部はフランク帝国から輸入されたものであるが，柄はスカンディナヴィアで製作され据え付けられ，しばしばヴァイキングお好みの芸術様式で飾られた．フランクの刀工の仕事場としてもっとも知られているのはウールフベルフトのそれで，その名は多くの刃に象眼されている．

スカンディナヴィアの技術で製作された刃は，輸入された異国の剣に劣るものではなかった．これも文様鍛接と呼ばれる工法で作られた．それは成分構成の少しずつ異なる細長い鉄の帯を何本か溶接して 1 本の芯とし，その両側により固く，よりするどい鋼鉄の鋭利な切断用の刃が鍛接された．それから刃は磨き上げられ，縦溝（たてみぞ：円溝ともいう）が全長に沿って研ぎだされた．円溝の目的は，刃の強さを減らさずに軽くし，かつ刃の粘性を増すことである．1000 年も地中に埋められたあとで発掘された剣の刃は，多くはひどく腐食しているが，いくつかはいまなおその美しい表面の文様を見せている．

剣は，木の細長い帯で作った鞘（さや）に入れて携帯した．鞘は革で覆われ，羊毛で裏打ちされていた．羊毛脂（ラノリン）には変色やさびから刃を護る効果があった．最高級の剣は，口のまわりとこじりを青銅や金メッキした金具で飾った豪華な鞘に納められた．鞘の飾り金具は多くの墓から出土しているが，鞘本体の有機素材はたいてい消滅している．

両刃の剣は切りつけるのに使われ，いうまでもなくおそるべき傷を与える．ヘーゼビューその他で発掘された遺体には骨を切断されているものがあり，損傷の原因が想像される．短い片刃の戦闘用ナイフは，接近戦で突き刺すことを意図している．ヴァイキング戦士はときとして剣とナイフの両方を携行した．あらゆる刺突用武器のなかでもっとも有効なものは，薄くて先細の鉄の穂を付けた槍である．穂は 50 cm もの長さがあり，軸受を使って木製の柄（え）に取り付けられた．ある種の槍も，最高品質の剣と同じく，地位を示す武器であったに違いない．そうした槍の穂は鋭い切断用の刃と切っ先を文様鍛接し，軸受は銀か青銅の象眼を施している．しかし墓から出土した槍の大部分はより素朴で装飾のないものである—しかしそれでも十分役に立った．

一般のイメージでは戦斧がヴァイキングにおなじみであるが，全体としてみれば戦斧は剣や槍より武器として好まれたわけではなかったらしい．戦斧の出土は剣や槍より少なく，おもに西スカンディナヴィアでなされている．作り方はまったく単純である．鋭い切断用の刃が成形した鉄塊に鍛接され，それから基部を木製の柄（え）にはめ込み，かたく締めつけて固定する．たいていの戦斧には装飾がなく，仕事用の斧と区別できない．戦闘用の斧だと識別されるのは，墓から他の武器と一緒に出土するからである．ふつうの斧に比べてはる

下 ロンドンのテムズ川から出土した斧の刃と槍の穂．エセルレッド 2 世時代（979-1016）に戻ってきたヴァイキングの軍勢を思い起こさせて不気味である．斧はどんなものでもいつでも武器に用いることができたが，しかしこの図に見える引き伸ばされた「あご髭型の刃」をした斧は，もっぱらスカンディナヴィアの戦士が戦闘に用いるために発展した．

社会，王，戦争

上　斧はすべてが実用本位ばかりだったわけではない．この斧は儀礼用で，刃の両面に銀の象眼装飾が施されている．この斧はユラン半島，マメンの，970年ころに建てられた，身分の高い玄室墓に副葬されていた．ハーラル青歯王の王室作業所で制作された可能性が高い．この質の高い装飾から，ヴァイキング美術のマメン様式の名称が生まれた．

かに立派な斧もあり，儀式用もしくは威信のために作られたに違いない．これまでのところもっとも見事な斧は，ユラン半島マメンの王あるいは貴族の墓から出土した．これには入念な模様が銀で象眼されているが，この模様からマメン芸術様式という名称が生まれた．この斧が実戦に使われたことがあるとは考えがたい．おそらくは富，地位，権力のシンボルであった．

弓矢も戦いに用いられたが，しかしおそらくもっともふつうには狩猟に使われた．さまざまな形をした鉄の矢尻が大量に出土しているが，木の柄（え）はほとんどいつも消滅していた．木製の弓本体は出土がいっそうまれである．木で作られているために，土壌の条件がふつうであれば，すっかり分解しているのがつねである．しかしヘーゼビューの水に漬かった地中から完全な1例がみつかった．それは長さ192cmで，イチイ材で作られている．イチイは強靭かつ柔軟な木材で，中世を通じて弓作りに用いられた．

ヴァイキングは戦闘中，丸い楯をもったが，それは肩から腿までの身体を守った．楯は木製で，リンデン材が多かった．ときには革で覆われ，ふちは鉄の帯で強化されていた．さらに楯は飾り金具やシンボルで飾ることもできたし，ときには鮮やかに彩色された．中央部には鉄の突起物があって，楯をもつ手を守った．楯の木部はほとんど残っていない．しかし残った金属部品から大きさを計算することはできる．ゴクスタ船葬墓から見つかった楯は黒と黄に塗られ，直径1mであるが，これが標準サイズだったと考えてよいだろう．

もうひとつの防護手段はヘルメットとよろいで，ヴァイキングの少なくとも一部はこれを着用した．しかしこれらは墓からもその他の考古学遺跡からも発見がきわめて少ないので，一般的に着用されたとは考えられず，おそらくは社会の最高位にある人々の特権だったと思われる．ヴァイキング時代のヘルメットで保存されている実物はただ1例で，ノルウェーのイェルムンブーの墓から出土した．被葬者はあきらかに非常な有力者である．というのはかれは，ヘルメットのほかに鎖かたびら，銀と銅の象眼付の握りをもつ美しい剣をもっていたからである．ヘルメットも鎖かたびらも，発見当時ばらばらに破砕されていたが，ヘルメットは復元されて，いまオスロの古物収集博物館にある．ヘルメットは鉄製の円蓋型で，鼻と頬骨を保護する中央部前立と一種の面頬（めんぽお）をもっている．鎖かたびらのなかには，首を保護するために背中からかぶるものもあったが，それ以外はおそらく短い上着の形をしており，防護効果を高めるため，詰め物入りか，革製の短い袖なし胴着と重ね着した．

その他のヘルメットは図象資料から知られるだけである．ゴットランドの絵画石碑に描かれている戦士のヘルメットは一様に円錐形をしており，鼻当てをもっている．スウェーデン，シグトゥーナ出土のへら鹿の角に彫られた小さな人物像も鼻当てのついた円錐形ヘルメットをしている．このヘルメットは「環と点」模様で飾られている．これらのヘルメットがイェルムンブーの例のような鉄製かどうかを知るすべはない．革のような，鉄よりも頑丈さの点で劣る材料でできていたかもしれない．しかしはっきりしていることがある．それは，角のはえているヘルメットは1つもない，ということである．

以上のような装備はヴァイキングの軍勢のなかでも富んで強力な人々，あるいは王侯（とくにノルウェーの）の従士団あるいは親衛隊を構成した職業的戦士のものだったと思われる．飾り付きの柄とフランクの刃をもった見事な剣，ヘルメットに鎖かたびらの短衣，これらは，いざというときに君主のために義務を果たすべく軍務についた戦う大衆である農民，漁民には，まったく無縁のものだったろう．かれらは簡単な武装しかしていなかった．武器として役立てるべく身に帯びていたのは，おそらく仕事用の斧だけだったであろう．

デンマークの王の要塞

　10世紀のデンマークの要塞は,ヴァイキング時代末期デンマークの中央権力構造に関するもっとも鮮明な証拠である.要塞は現在5つ知られる.シェラン島のトレレボー,フューン島のノネバケン,ユラン半島のフュアカトとアガシュボー,および(1980年代末に発見されたばかりの)スコーネのトレレボリである.要塞について知られていることは大部分,詳しく発掘されたシェラン島のトレレボーとフュアカトから得られた.要塞は平面図上正確で整然としている.土と木材の円形墓壁に4カ所の出入口が等距離に開いている.軸となる道路が内部を4つの円弧すなわち4分円に分けている.トレレボーとフュアカトではこれら4分円のそれぞれに4つの長い建物が,四角形をなすように配置されている.アガシュボーでは各4分円に12の建物が置かれていたようである.トレレボーでは墓壁の外側(ただし外部防御地域内)に,さらに15棟の建物が墓壁に対して同心円状に並んでいた.建物はすべてオーク材で,道路の表面は材木で舗装されていた.

　堡塁の建設は相当の設計学的,土木工学的熟練を要したに違いない.たとえばフュアカトの堡塁を建設するのに土地がまず均され,拡張されねばならず,さらに墓壁を作るのに,10,000 m³の芝土と土壌を運ぶ必要があった.堡塁の平面図はみな同じなので,これらの作業を組織した権威は単一であるとしか考えられない.おそらくは王である.また配置の規則性を考慮して,これらが純軍事的機能をもっていた,と当初考えられたのも無理のないことである.すなわち建物は兵舎に違いなく,おそらくは11世紀初めにスヴェン双叉髭王がイングランド侵攻のため集めた軍勢のためだった,と論じられたのである.

　現在ではこの見解は受け入れられない.フュアカトで発掘された建物の示すところでは,ある建物は住居として用いられたが,ある建物は鍛冶師や宝飾細工師が働く工房であった.墓壁のすぐ外側にある墓地には女子供も埋葬されていた.さらに年輪年代測定によればトレレボーの建物に使われた材木は980年ころに伐採された.すなわちハーラル青歯王の時代である.フュアカトでも同様の結果がでた.そして建物には修繕の跡がないから,20年,30年を超えては使われなかった,ということになる.もし,現在考えられているように,これらの要塞が王権の租税徴収を行う行政中心地で,地域住民を支配する拠点であったとすれば,その短命とあわただしい廃棄は,10世紀終わりの政治変動がこれらを不要にした結果ということになろう.

左　シェラン島,トレレボーの西側からみた空中写真.平坦な半島の先端に位置し,ヴァイキング時代には湿地に囲まれていた.正円を描く土塁と4つの出入口がはっきりと見える.前面にはより薄い土塁があって,砦の外の空間を囲っている.コンクリートで印をつけられているのが建造物の柱穴で,建物の湾曲した形がわかる.手前に家屋の1つが原寸大に復原されているのが見える.

右　1980年代,フュアカトの建物の一つが復原され,遺跡の隣に建てられた.長い壁は弓型で,その結果屋根も湾曲している.外側の柱が傾斜して立てかけられ,壁の上端を支えている.トレレボーの復原家屋では,柱は垂直で,建物のまわりのベランダもしくは柱廊を構成している.しかしフュアカトの発掘から得られた証拠,およびトレレボーの考古学遺物の再解釈の結果,フュアカトの再構成が正しいということになった.家屋の内部は,中央に大広間,両側によリ小さな部屋の3部屋に分けられている.

社会，王，戦争

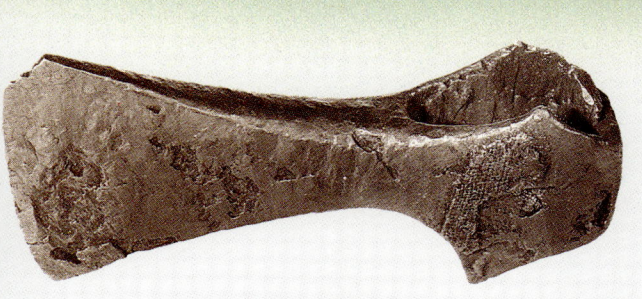

左 フュアカトの墓から出土した戦斧の頭部．戦斧はとくにノルウェーとデンマークのヴァイキングに好まれ，かれらの攻撃を被った西ヨーロッパの人々にとって，ヴァイキングの残忍さの象徴となった．

上端 この復原図は発掘の出土物をもとにフュアカトの王の要塞について芸術家が抱いた印象である．土塁の外面は木材のさねはぎ継ぎで張りめぐらされ，攻撃者が土塁を崩すのを妨げていた．四分円のうち1つはまだ発掘調査されていない．

上 フュアカト平面図の規則性—各四分円内に4つの長い家屋が均整のとれた形に配置され，道路は直角に交わり，外辺部は正確な円を描く—は，砦に紛れもない軍事的外貌を与えている．しかし最近の調査は，砦はたんなる兵舎ではなかったことを示している．建物は住居，仕事場，倉庫，馬小屋として用いられた．

日常生活

農業社会

ヴァイキングのほとんどは農民だった．西欧へ襲撃遠征にでかけた者も，商人として東へ西へと航海した者も，略奪物や利益を携えて自分の農場へ帰ってくるのがふつうだった．それほど重要だったのだから，農業について比較的わずかしか知られていないのは不思議なことである．最良の資料は，最大の可耕地を有するデンマークから得られる．近年デンマークでは，多くの農業村落が発掘され，栽培農業がやはり重要だったスウェーデン中部でもいくつかの農業集落が知られている．ノルウェーでは栽培農業は南部に限られ，農場についてはほとんどわからない．

ヴァイキング時代のスカンディナヴィアの農場で栽培されたもっとも重要な穀類は大麦，ライ麦，オート麦で，デンマークでは小麦も少し耕作された．スウェーデン中部のビルカには小麦のパンを出土する墓もいくつかあるが，ビルカ周辺で小麦が栽培されたことを示す積極的な証拠はないから，贅沢な食品として輸入されたのかもしれない．豆類，根菜類，キャベツも一般的な栽培作物であった．

デンマークの考古学的調査によって，作物が栽培された畑と用いられた農法について，若干の資料がもたらされた．リ

日常生活

上 ヴァイキング時代の農民が使った鉄の道具．ノルウェー出土．鎌の刃(中央)は収穫に使われ，男の墓にも女の墓にもごくふつうにみられる．大鎌の刃(上端)や犂(すき)の刃先(右)など他の道具は，だいたいにおいて男性の墓に限定されている．干し草とならんで木の葉は重要な冬の家畜飼料源であり，とくべつな広刃の「葉切りナイフ」が知られている(下)が，墓からはあまり出土しない．

左 ユラン半島北部，リンホルム・ホイエのこの畑は，11世紀のいつかあるとき，大量の砂が吹き寄せて埋まってしまった．この砂が除去されたとき，運命の嵐が起こる前の姿のままで畑が現れた．狭いみぞで区別された広い平行なうねを横切る足跡やわだちにいたるまで．しかしここで何が栽培されたかはわからない．

一べでは，ヴァイキング時代の町の下から，地表をただ引っ掻いただけの跡がみつかった．これによって，種をまく前に土を砕くアルドが使われたことがわかる．アルドというのは木製の原始的な鋤で，地表に溝を切りはするが土を掘り返さない．この道具は，ヴァイキング時代の末期に鉄の刃先がついたもっと重い鋤が導入されるまで広く使われた．1950年代にユラン半島北部のリンホルム・ホイエで珍しいものが出土した．11世紀末にこの場所をすっかり覆って居住不能にした風砂の厚い層を考古学者が取り除いたところ，その下に，やや曲がった長い畔溝(あぜみぞ)のあるヴァイキング時代の化石化した農地が，最後に鋤き入れされたときのままで，発見されたのである．

他の農具も農業地域では日常的に使われていたはずだが，あまりたくさん残っていない．穀物，牧草は鉄の鎌で刈り入れられ，草木は特別な道具(葉切りナイフ)で切り取られて飼料となった．干し草用の木製くまでと木製踏鋤がみつかっており，穀物を脱穀するための殻竿，殻を取り除くためのふるいも木でできていた．貯蔵のためには樽と篭が使われ，飼料用に栽培された干し草を畑から運ぶには荷車が使われたと思われる．

ヴァイキング時代のデンマーク村落は耕地に囲まれていたが，放牧地へ行く便利な場所にあった．家畜の飼育は農作物の栽培と同じくらい重要で，多くの村では牛の飼育が中心となっていた．豚と羊も飼われた．スカンディナヴィア半島では牧畜経営はいっそう重要性が高く，高地地方では移牧(家畜の季節的な移動)が行われた(いまもなお行われているところがある)．夏，牧草が育つと，高地の放牧地へ家畜の群れを連れていき，秋になると谷間の農場へ連れ帰るのである．厳しい冬のあいだは，牛は屋内に保護され，牛房で干し草を与えられ飼育される．干し草はこのために，夏のあいだ谷間の牧草地で育てられ，刈り入れられ，かいばとして備蓄されたのである．

デンマークで発掘されたもっとも有名な農業村落はユラン半島中部のセゼングとヴォーバセである．平面図・配置は同じでなくとも，その他の村々もこれら2つと多くの共通点をもっている．およそ6ないし7農場からなり，各農場は柵で囲まれた屋敷地内に，さまざまな規模の建物を8〜9棟ほどもっていた．いちばん大きい建物は居住用で，その一方の隅には牛小屋があり，最高50頭分もの牛房をもっていた．付属建物には納屋，鍛冶小屋があり，また低床式(屋内の床が外の地面より一段低くなっている)の小屋が散在していたが，ここには農場の奴隷あるいは労働者が住んでいた可能性がある．ふつう，農場屋敷地内には木材で裏打ちした井戸があった．1農場には1家族が住み，すべてが8世紀から10世紀まで非常に繁栄した印象を与える．セゼングでは中央に空き地があり，それぞれが柵で囲まれた建物はこの空き地のまわりに配置されていた．空き地には建物が建てられたことはなく，共有の「村の緑地」として機能していたにちがいない．ヴォーバセでは，農場は村の通りに沿って，4戸が北側に，3戸が南側に並んでいた．各農場の囲い柵には通用口があって，村の通りに通じていた．この全体的な敷地構成の違いからみて，2つの集落は異なる社会的機能をもっていたのではなかろうか．

これらの集落は現在の村と同じ場所ではなく，少し離れたところに位置している．ヴァイキング時代の300年間，集落はずっと同じ場所にあったのではなく，30年くらいごとに数百m離れた新しい場所に移動した．キリスト教が到来し，共同体の核として石造教会が建てられるようになって初めて，デンマークの農村は場所が固定した．それは人口が増加し，穀物生産により比重のかかった農業に変化しつつあった時期にあたる．そのとき築かれた村落は，現在までずっと同じ場所，たいてい穀物栽培にもっとも適した土地の近くにある．

スウェーデン中部のヴァイキング時代の農場は，現在そうであるように隣の農場から遠く離れ，そしてたぶんいまある農場と同じ場所にあった，とかつては考えられた．言いかえれば，同じ場所が農場として1,000年以上，継続して使われてきたというのである．しかしメーラレン地方のポッリスタとサンダでヴァイキング時代の村々が発掘され，これらの村が典型的なものだとすれば，先の仮説は成り立たないことがあきらかになった．デンマークの村落よりはずっと小規模ではあるが，居住建物と付属建物からなる単位農場がいくつか集

日常生活

まって村をなしており，これはデンマークの村の配置と類似している．メーラレンの谷の村々は，デンマークの村と同じく，ときどき移動したと思われる．したがって，いまの農場がある場所にかつての村があったのではないらしい．

ヴァイキング時代のノルウェーの農業社会はいまだによくわからない．ヴァイキング時代より以前の農場は南西部に数多くみつかっているが，ヴァイキング時代の農場はほとんどない．ノルウェーでは農場がほんとうに孤立・分散しており，そのため今日，発見が難しいのかもしれない．ノルウェーで発掘された数少ないヴァイキング時代の農場の1つが，ソグネ・フィヨルドの最奥部，イトレ・モーアの9, 10世紀の定住地である．これはデンマーク型の村ではなく，単一の孤立した農場である．農場は，ほぼ正方形の小さな建物数棟からなり，建物はひとつひとつ違う用途をもっていた．たとえば居住用建物，倉庫，あるいは家畜小屋である．建物の形，建築の方法もデンマークとは異なる．イトレ・モーアの建物はすべて数m四方の広さしかなく，石と芝土の厚い壁は，内側に木の板が張られていた．ノルウェーの広い山野でヴァイキング時代の遺跡を探し出すのは困難であるから，この国の農業を十分に解明するにはまだかなりの研究が必要である．

ヴァイキング時代のスカンディナヴィアのいくつかの地域，とくにノルウェーの沿岸部では，漁業が農業よりも経済的に重要でさえあった．多くの漁労用具が発見されており，網，釣り糸，銛のすべてが使われていた．北部水域ではアザラシ猟，セイウチ猟も行われた．セイウチの牙は，この時代のヨーロッパ中で珍重された．13世紀になってようやく，大量の象牙に取って代わられ始め，セイウチ牙の取引は没落した．セイウチの皮は長細く切って綯(よ)リ，ロープが作られた．

湖，河川では淡水魚がとれた．フィンランドではとくにサケが豊富で，川が魚で一杯になる産卵期には決まって北方へ漁の旅がなされた．魚，貝・甲殻類はヴァイキング時代の重要な食料であり，そのことは都市の堆積した生活廃棄物から無数に見つかる魚の骨，貝殻・甲羅からあきらかである．たとえばビルカでは，メーラレン湖とそこに流れ込む河川でも魚がとれたであろうが，しかし海からもかなりの距離を，おそらくは保存のために塩漬けにされ，樽詰めされて運ばれたことがあきらかである．

家屋

スカンディナヴィアのヴァイキングは建築におもに木を用いた．いくつかの地域，とくにノルウェーでは，石と芝土も用いられた．家屋自体の地上部分は残っていないため，ヴァイキングが暮らしていた建物のイメージを得るためには，発掘された考古学資料の解釈と復原に頼らなければならない．たとえば地面に残る柱穴跡（色と組成の違いでまわりの土壌から区別される）を手がかりに，考古学者は，材木を骨組みとする建造物の長さと配置を測る．

建造物の基本的な形はスカンディナヴィアのいたるところで同じである．つまり，長さがまちまちの長方形で，壁面はときとして湾曲している．デンマークのセゼングで発掘された建物は50m近くの長さがある．ノルウェー，ロフォーテン諸島のボルには83mの長さに達するものすらあった．しかし幅が5mを越えることは減多になかった．幅は屋根を支えるために使われた横木の寸法に規定されていたのである．横木を支えていたのは一対の支柱で，建物の長辺に沿って端から端まで2列になって支柱が並んでいた．その結果建物は，中央の中廊とその両側のより狭い側廊よりなる3つの部分に細長く分割された．しかし支柱が壁の中に引き込まれていることもあり，その場合には壁が屋根の梁の両端を支えていた．

左　鉄製の釣針，かえし（逆刺）付きのもり，石の魚網錘．ノルウェー出土．このもりは滝の近くで見つかった．鮭漁に使われたのであろう．

上 中部スウェーデンの川．沿岸漁業と淡水漁業はヴァイキング時代のスカンディナヴィアでは大いに食卓を賑わせた．漁獲物の取引さえあった．

この配置では内部空間には邪魔がなくなり，ヴァイキング時代の終わりころにはこの建て方が標準的になった．貴族の館はただ規模と調度の豪華さが違っているだけで，おそらくこうした農家とだいたい類似していたものと思われる．ボルでみつかった建物はその非常な長さからして首長の住居だったと思われる．王の館は，ユラン半島のライアの1つと，10世紀デンマークの王の要塞群にあるものとがそうであった可能性をもつだけで，それ以外には発掘されていない．

デンマークでは，落葉樹林帯でとれるオークが家屋の骨組みを作り，壁はハシバミと柳で作られた枝編み細工のパネルが，垂直な柱と柱のあいだの空間に張られた．すきま風や雨を通さないよう，編枝パネルに粘土と牛の糞をまぜたものが塗られた．この種の壁のすき間ふさぎは「荒打ちしっくい」（編枝塗壁）と呼ばれている．王の要塞にある建物はがっちりした木材の壁をしているが，このような壁は農家ではまだみつかっていない．大量のオーク材がいるので，おそらくふつうの農民には調達できなかったものと思われる．

最南部を別とすれば，ノルウェーとスウェーデンにはオークはほとんどない．したがって軟材（針葉樹）が建築に使われた．針葉樹からは長くまっすぐな，横にわたせる材木がとれた．材木は積み重ねられ，かどではV字型の切り込みを入れてしっかりと組み合わされた．建物の長さは利用できる木の幹の長さしだいだった．そこで家屋は，独立したいくつかの部屋の端と端が結びあわされて単一の1棟をなしていることが多い．しかし1つの農場が，それぞれが別の機能をもった小さな建物群からなっていることもあった．壁のいちばん下の材木はふつう，並べられた石の上に置かれた．この石の列を土台とすることで，丸太は湿った地面からくる腐敗に対して守られていた．土台は木の床（ゆか）も支えていることがあり，このように持ち上げられた床はある種の絶縁効果をもち，腐食を防いだ．農業地域では，建物のうち残っているのはこれらの土台石だけであることが多い．

家の生活

　ヴァイキング時代のスカンディナヴィアの家庭生活に関する知識の多くは，墓の副葬品に含まれている家財から得られたものである．しかしこうした発見物はしばしば富裕な個人の墓から出土したもので，大部分のふつうの家庭は—とくに非都市部では—ほとんど家財をもっていなかったらしい．衣服，玩具，台所用品から自分の家屋まで，人々がもっていたものは自分で作ったものであった．わずかに櫛，ブローチ，ネックレスといった鉄の道具や品物を巡回職人から手に入れたり，町で農産物と交換に購入したりした．香料，ワイン，絹などの輸入奢侈品を享受したのは，大部分，世界に通じている都市住民であった．

　男と女は家庭内であきらかに違った役割をもっていた．男は畑や農場で働き，魚をとり，獲物を狩った．女は食事の支度をし（穀物の粉挽き，パン焼き，酪農の仕事を含む），農場の羊からとった毛を糸に紡ぎ，織り機を動かし編物針をもって働いた．比較的裕福な家庭では，奉公人や奴隷がほとんどのよごれ仕事を引き受けた．男たちは船乗り，戦士，商人となってしばしば長期間家をあけ，残された女たちが家を守り，世帯の仕事を監督した．

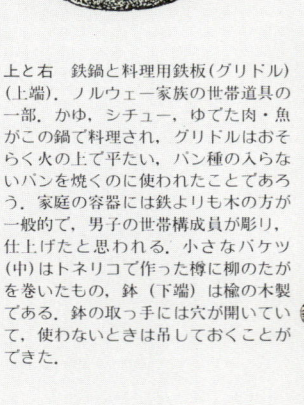

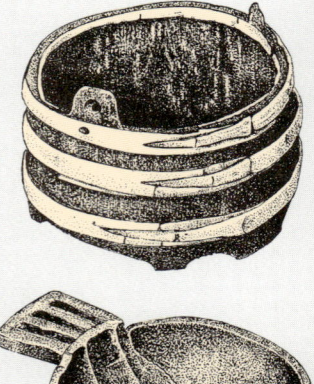

上と右　鉄鍋と料理用鉄板（グリドル）（上端）．ノルウェー家族の世帯道具の一部．かゆ，シチュー，ゆでた肉・魚がこの鍋で料理され，グリドルはおそらく火の上で平たい，パン種の入らないパンを焼くのに使われたことであろう．家庭の容器には鉄よりも木の方が一般的で，男子の世帯構成員が彫り，仕上げたと思われる．小さなバケツ（中）はトネリコで作った樽に柳のたがを巻いたもの，鉢（下端）は楡の木製である．鉢の取っ手には穴が開いていて，使わないときは吊しておくことができた．

左　ヴァイキング時代の家屋内部．ヘーゼビュー出土の家屋に基づき，デンマーク，オーフースのモースゴー博物館に復原されている．長い，開放炉が部屋の中心となっている．炉は熱源であり，光源であり，唯一の料理手段であった．鉄鍋が天井から鎖で吊り下げられている．せっけん石の鉢と，ひしゃくを添えた木の鉢とが，火のそばに置かれている．家具はきわめて少なく，壁際に盛った土のベンチの上に，羊皮をかけた椅子が1つあるきりである．大部分の人は地面に寝た．壁に立てかけてある2つの織機は女たちによって日常的に用いられた．大きい方の織機には，縦糸をぴんと張るため石の錘が付いており（左下），毛織の布を織るのに使われた．小さい方の織機はより上質の羊毛もしくは麻（南スカンディナヴィアでは亜麻が栽培された）を使って，もっと細い帯を作った．骨製のピン（下端右）は布を織っている際に糸を修正するのに使われた．完成品は鯨の骨で作った板の上でガラスの「のし」（下）でこすってしわを伸ばした．

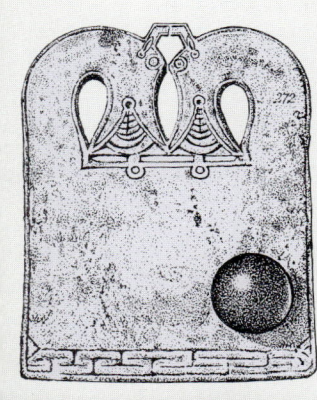

左　ヘーゼビュー出土の町家1軒が原寸大に復原され，デンマークのモースゴー博物館に建てられている．寸法は12×5m，壁は木組みに編枝しっくい塗り，わらぶき屋根の重みを支えるため外側に補強柱が設けられている．このヘーゼビューの家屋は870年ころに建てられ，両脇の2つの部屋と中央の居間からなり，脇部屋の1つにはパン焼きかまどがあった．

下　水平な丸太を隅で重ねるこのブロックハウス作りは，ヴァイキング時代のスカンディナヴィアで用いられたさまざまな木造建築法の1つである．

居住用建物はその一方の端が収穫物を収納する納屋として使われたり，細かく仕切られて牛房となっていた．家畜と同じ屋根の下で暮らすことは，住人にとって一種の暖房であった．いささかいやな匂いの集中暖房法である．また，家畜を牛泥棒から守るのにも役だった．牛は大切な財産だった．家の居住空間には床の中央に炉が据えられ，暖，灯り，調理機能はここから得られた．煙突はなく，炉からでた煙は屋根の切れ目から排出された．屋根は，それぞれの地方で手に入る材料によって，草，芝土あるいは木の板で覆われた．両壁の全長に沿って長いベンチがあった．これはたいてい，建物に作りつけである．ベンチは上が平らな土盛りで，前面は枝編み細工で補強されていた．家具は他にほとんどなく，ベンチがベッドにも，昼間座る場所にも使われた．紡糸，織布，かご作りなどの簡単な手作業はベンチの上で行われたが，特定の活動のための建物を別にもつ農場もあった．たとえば，セゼングでは鍛冶小屋が見つかっている．なくてはならない道具を作ったり直したりするために，多くの農場がこれと同じような施設をもっていたにちがいない．ヴァイキング時代のデンマークの村に特徴的な低床式の小屋も，織布，単純な陶芸などの作業場として使われていたのかもしれない．

都市の建物には収穫物貯蔵や家畜用の場所は必要でなく，したがって田舎の建物よりも全長が短い．都市の家屋に関する最良の資料はヘーゼビューから得られる．ここでは遺跡が水に漬かっていたために，基礎部分や木造建築物の壁の下部が保存され，5mほどの高さのある家1軒の切妻がすっかり残されていた例さえある．ヘーゼビューの家屋は長方形で，縦12m，幅5mほどの大きさである．壁は，垂直の柱と，柱と柱のあいだを埋める荒打ちしっくいでできていた．壁は外側から斜めに立てかけられた柱で補強されていた．部屋は3つあった．炉のあるもっとも大きい中央の部屋と，両脇の小さめの部屋2つである．小部屋2つは貯蔵に使われ，またこれらの家に住む都市の商人・職人の仕事場であった．

ヘーゼビューには，小部屋の1つに料理用オーブンのある家が1軒ある．しかしオーブンはヴァイキング時代のスカンディナヴィアでは一般的ではなく，台所設備が独立していることもまれだった．屋内の灯りはほとんどが中央の部屋の火に頼り，油のランプがそれを補ったかもしれない．しかし小窓が2つあって，いくらか自然光も入ったことだろう．前面に木を張った土のベンチは，炉の近くの壁に沿って作られていた．床は踏み固めた土だった．家屋の頑丈な木製のドアには錠をかけることができた．

家庭生活

家がヴァイキングの生活の中心だった．人々はここで暖をとり，食事をし，風雨を避けた．日々の仕事をし，くつろいで盤ゲームに興じ，いつくしみあい，神々やいにしえの英雄たちの冒険を語る詩人に耳を傾けたのも家の中だった．長い中央炉のまわりで生活が営まれたのである．小枝を燃やす火はめったに消えることはなかったが，付けなおす必要があるときには火打ち石をはがねに打ち合わせて点火した．毎日の食事の中心は肉と魚だった．家畜化された動物（牛，羊，豚，山羊，家禽）に猟の獲物や野鳥が加わった．肉も魚も夏と秋に薫製，乾燥あるいは塩漬けにされ，長い冬の何カ月かのために十分な備えがなされた．肉はたいてい，粗い手作りの土器かせっけん石の器に入れて残り火の火床に埋め込むか，あるいは鉄なべに入れて鉄の鎖で火の上に吊るされるかして，

娯楽

ダイスを使う賭けごと遊戯は太古以来行われてきた．そしてヴァイキングも例外ではなく，あきらかにこれを楽しみ，夢中になった．ヴァイキング時代の墓から出土したダイスはしばしば大きく，長方形をしている．このゲームを行うには運の要素と技の要素が必要だった．ゲーム用の盤やたくさんの駒が出土している．ノルウェーのゴクスタ船葬墓からは両面の盤が出土している．あるゲームは「陣取り」で，「ナイン・メンズ・モリス」や「スリー・イン・ア・ロー」に似ている．また「狐とガチョウ」に似た「詰めゲーム」もあった．ヴァイキング時代のスカンディナヴィア中で行われた軍事ゲームはフネヴァタヴルと呼ばれた．アイスランドのサガにはフネヴァタヴルについての言及が多く，それによればなかなかの熟練を要したらしい．しかしそれでもチェスの前には生き残れず，中世初期には取って代わられた．ヘブリディーズのルイス島で出土したチェスの駒はセイウチの牙を彫ったもので，スカンディナヴィア起源であるが，12世紀，すなわちこの地域の北欧時代の終わりころのものである．フネヴァタヴルのルールは記録されていないが，出土した遊具部品と後世のゲーム知識から推測すると，不均等な勢力と目標をもった2人のあいだで争われたらしい——小勢を率いる王が，王を隅に追い詰めようとするより大きな敵に攻撃された．

宴会は富裕階級の屋内の楽しみだった．それはたんに飲食の機会であっただけでなく，専門的なスカールド（詩人）の朗唱する詩や物語に耳を傾け，また音楽やダンスを楽しむ機会でもあった．しかし音楽やダンスについてはほとんど知られていない．楽器がめったに見つからないのは，木その他の壊れやすい素材で作られたからである．それでも琴，竪琴，簡単な横笛，パンパイプ，一種のヴァイオリンが奏でられたことは知られている．

屋外活動には力と技を競うものがあった．武器の習熟が重要だったので，剣術，槍投げ，弓矢の競技が発生したのは当然のことである．球技はプレイすることを楽しみ，また観客も楽しんだ．闘馬も人気のある観る競技だった．これは特別に選ばれた牡馬同士が，つながれた牝馬の姿と匂いに刺激され，闘う競技である．このゲームはアイスランドのサガによく登場するが，その理由は，この競技がしばしば対立する馬の持ち主間の争い，戦闘を引き起こすからである．もちろん気分転換は，たとえば横笛を吹いたり棒を削ったりして，私的に，単独でもはかることができた．

子供には子供用の玩具があった．木の武器やおもちゃの船が残っており，ごっこ遊びをする子供が目に浮かぶ．おとなの場合，娯楽と真面目にやっていることとの境界線のないことがよくあった．狩猟は食料獲得のためでもあるし，スポーツでもあった．しかし貴族は，どこでもそうであるように，スポーツにより多くの時間をさくことができた．鷹狩りは貴族の特権だった．エッダとサガから，「水泳と盤ゲーム」がヤール（貴族）の学ぶべきスポーツであったことが知られる．

右　ゲームの駒は，盤のさまざまなタイプに応じて，いろいろな材料で，あらゆる形と大きさに，底が平らなものも脚付きのものも，作られた．ヴァイキング時代の墓からは，「王」を含む駒が揃いて見つかっている．ガラス，骨，石でできた図の諸例は，スウェーデンの町ルンド出土．

下　ヴァイキング時代の楽器はわずかしか残っていない．吹管が末端にあるたて笛はその1種で，図はスウェーデンのシグトゥーナ出土．現代のレコーダーに似ており，動物か鳥の長骨で作られている．指穴の数はまちまちである．

左　鷹狩りは貴族のスポーツだった．ダラム州のソックバーンで出土したこの10世紀の十字架の柄にはアングロ・スカンディナヴィア風の彫刻がされ，鷹狩りの絵かもしれないが，しかし蛇の下で手首に鳥を止まらせているこの騎乗者は異教の神オージンの姿だとの解釈もある．

日常生活

右上 この11世紀のスウェーデンのルーン石は「盤ゲーム（タヴル）をしている」2人の男を描いている．このゲームはヴァイキング時代にひろく愛好された9駒チェス（ナイン・メンズ・モリス），すなわちフネヴァタヴルであろう．木のフネヴァタヴル盤（右）は，ウェストミード州，バリンデリの先住アイルランド人定住地から見つかった．中央と四隅にしるしが付けられ，7×7の脚穴がある．装飾様式からみて，10世紀のダブリン作ではないか．フネヴァタヴルの駒ますの数はいろいろであるが，かならず奇数である．ゴクスタ船の盤は15×15で，同じ数の盤が10世紀のヨークからも出土している．

下 ヴァイキング時代の観るスポーツ，闘馬は，もっと古い時代の馬信仰に起源をもっていたであろう．スウェーデン，ウップランド，ヘッゲビューの石に描かれたこの闘う馬たちは民族移動時代に彫られたもので，頭に角が取り付けられているのがはっきり見える．馬は武装した男たちにけしかけられている．

日常生活

煮て調理された．沸騰した湯の中から肉を取りだすには鉄のかぎを用いた．とくに柔らかい骨付き肉を金ぐしに刺して焼くこともあった．

パンは大麦，ライ麦，豆類，および（まれに）小麦で作られた．粉は丸い回転石，挽き臼で手挽された．挽き臼はたくさん残っており，多くは，とくに南スカンディナヴィアでは，ドイツのライン地方から輸入された溶岩石で作られた．パンは発酵させず，平らな鉄板か石板にのせて火で焼き，厚めのパンケーキかグリドル（鉄板）ケーキを作った．野菜は近くの畑で栽培され，ベリー類やその他の果物が森で採取されたが，輸入されることすらあった．たとえばヘーゼビューのごみ穴でプラムの芯が発見されたが，中央ヨーロッパからもたらされたと考えられる．牛，羊，山羊の乳からはチーズが作られた．おそらくチーズは余った乳のおもな使いみちだった．食事を飲み下すため，大麦から作ったエールや発酵させた蜂蜜と水で作ったミード（蜂蜜酒）を大量に飲んだ．「ビョール」も飲まれた．これはたぶん，発酵させた果液で作った強いリキュールだろう．

酒杯はふつう木か土器でできていた．角（つの）の酒杯も使われた．輸入されたガラスの酒器は社会の上層でのみ使われた．皿，はち，スプーン，しゃもじは木製で，腐食したり，あるいはまた壊れた木製品はちょうどよい燃料として火にくべられたため，ほとんど残っていない．しかしいくつかが水に漬かった土中に保存されて残った．たいていは手彫りで，おそらくはだれか世帯の者が作ったが，なかには旋盤をかけられた器もあり，専業化した木工職人も家庭用品を作っていたのかもしれない．

王侯の墳墓から出土した副葬品をみると，社会的上層の館の多くにはテーブル，ひじかけ付きの長椅子や椅子，そしておそらくベッドさえもが備えられていたと推測される．たとえば，ノルウェーのオーセベルに埋葬された9世紀の女王には，椅子1脚と複数のベッドが副葬されていた．壁掛けに使われたタペストリーの断片も出土している．しかし，ふつうの人々がそのような財産をもつことはめったになく，腰掛けと長持ちで間に合わせていた．貴重品（宝飾品，銀，衣類など）は長持ちに入れて錠と鍵で保管された．かれらは毛布か獣皮にくるまって，ベッドではなく作りつけのベンチで眠った．家内で地位の高い者ほど，炉の近くに陣取った．

たいていの家では，経糸におもりを吊した垂直織機が壁際に置かれていた．これは家内用の毛織物を織るため，またヴァイキング船の帆を作るためにも使われた．ヴァイキング時代の織機は木でできていたため，完全な形では1つも残っていない．しかし，垂直の糸（経糸）をぴんと張るために使われた焼粘土や石のおもりはたくさん残っている．木や枝角で作った小さな長方形の枠を使うタブレット（小型の卓上織機）織りも行われ，衣服を飾るための複雑な模様の帯，組みひも，リボンが織られた．布の裁断ばさみと，紡ぐまえに羊毛をすくための櫛は鉄でできていた．木製の紡錘を下に引っ張るはずみ車は石か陶器でできていたが，琥珀で作られる場合もあった．針とピンは鉄か骨で作られ，女たちはしばしばそれをブローチからつるした円筒形の小物入れに入れて持ち歩いた．丸パンの形をした小さなガラス製品が女性の墓で見つかるが，これはしわのばしに使われたのだろう．また，富裕な女性の墓でほとんど必ず出土する，鯨の骨でできた彫刻つきの板は，布のしわをのばしたり，ひだをつけるときの台として使われたと考えられている．

糸紡ぎ，機織り，裁縫は，ほとんどたえず女たちを拘束していたにちがいない．骨，枝角，ガラス，琥珀でできたゲームの駒がみつかっており，男の方が息抜きの時間が長かったわけだ．盤ゲームがよく行われた．そのなかには「フネヴァタヴル」という戦争ゲームがある．木の動物，舟，剣，こまが多くの場所で発見され，子供に簡単な玩具のあったことがわかる．

いろいろな人工物に描かれた男女の絵画表現は，男女を問わず長髪が好まれたことを示している．男はえりもとで髪をしっかりと丸く結ったり，あるいはまた刈り込ませたりしているが，女はときとして長く垂れた髪の房を頭の頂上でいささか入り組んだ形に整えた．発掘遺跡では櫛が大量に出土しており，人々は髪を大切に手入れし，気にかけたらしい．たぶん頭のシラミを駆除する意味があった．男はふつう，きちんと手入れしたあご髭，口髭をもっていた．男はズボンと長いチュニック（上衣）を着用し，上にマントをはおった．女は足首まである羊毛や亜麻布の服を重ね着した．男のマントは，頭がリングになっているピン1本か円形のブローチを用いて肩のところで留められた．女の服は，両肩に1つずつ，のど元に1つの，ブローチで留められた．ブローチはふつう卵形であるが，地方ごとに様式は異なっていた．

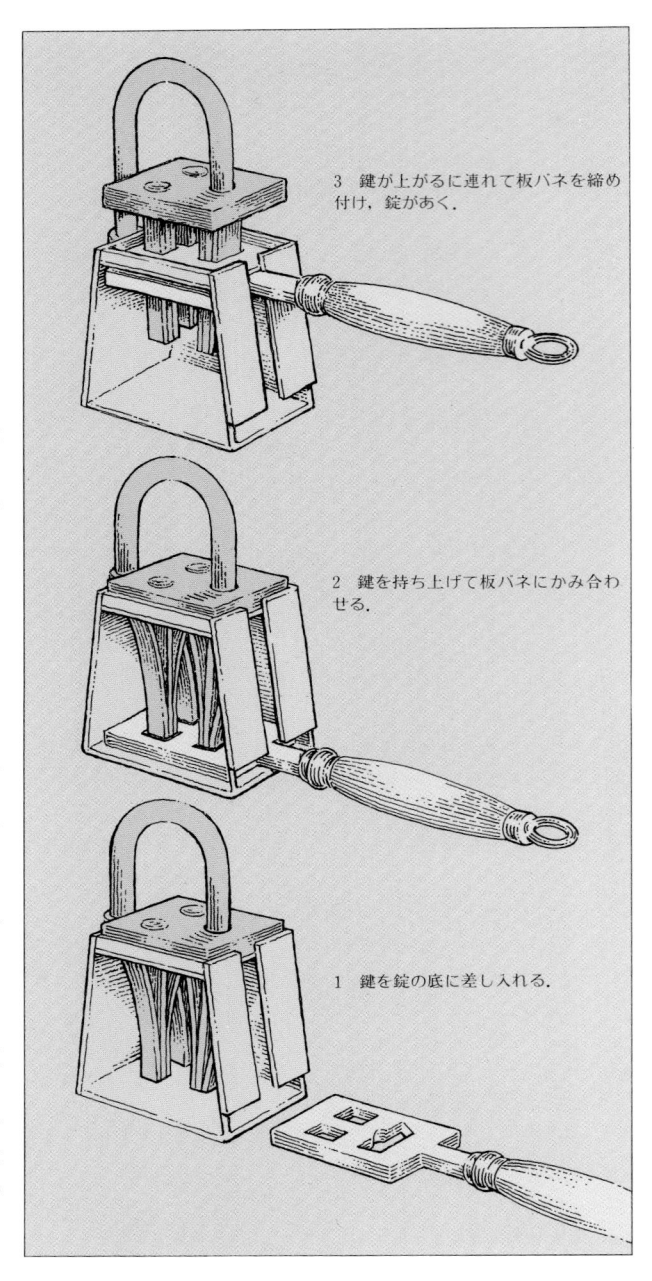

左　T字型の鍵穴をもつ箱型南京錠．独特な形のスライド式鍵で板バネ構造を締め付けて作動する．この透かし図は錠を開ける仕組みを示す．この型の錠と鍵は11, 12世紀のスカンディナヴィアによくみられ，そこからイングランド，アイスランド，グリーンランドにももたらされた．

3　鍵が上がるに連れて板バネを締め付け，錠があく．

2　鍵を持ち上げて板バネにかみ合わせる．

1　鍵を錠の底に差し入れる．

衣装

　社会的な差異は，ヴァイキング時代のきわめて多くの生活面に現れているが，個々の男女が着る衣装の種類にも違いがあった．衣服のスタイルと裁ち方，素材，衣服を留めるブローチやピンの品質，これらは着ている人の富と地位を雄弁に物語るものだった．衣装の金属アクセサリーはヴァイキング時代の墓地や居住地から大量に発見されているが，布地が残されていることはずっと少ない．青銅の鋳物ブローチの裏側に衣服の模様が残されていることがあり（これは製造工程の一部である），布についても少々はわかる．しかしいままでのところ最良の資料は，ヘーゼビュー港の泥土中に残されていた，廃棄された衣類束である．パッキングの材料とされたか，船にタールを塗るときに使われたものだろう．これはヴァイキング時代の衣類のさまざまなタイプと品質，仕立方法について，貴重な情報源となった．当時のファッションの変化は緩慢であったから，この出土物から再構成されるスタイルは，ヴァイキング時代全体を代表していると思われる．

上　男の外套を留めるには青銅のブローチとピンを付けた，ときには銀製で，大きく，凝ったデザインをしている．図のデンマーク出土の青銅ブローチはごく小さい．髪を整え，口髭をたらした3人のヴァイキングの男たちの頭が飾りとなっている．

右　対照的な男性衣装．(上) 最上層の男性が上等のウーステッド糸で作ったニーレングスの袋状ズボンの上に，染めなしの麻のオーバーシャツを着ているところ．四角い毛織の外套は右肩で留められている．もう1人の富裕な男は麻のシャツの上に毛皮で縁どりした仕立てのよい上着をベルトで締めている．布帯（巻き脚絆）がズボンの膝より下を縛っている(中央)．奴隷や奉公人の衣装は毛織の粗布でできていた．ゆるめなのは労働向きにデザインされていたからである（下）．

右　卵型ブローチは2つ1組で，婦人の衣装に欠かせないものであり，ヴァイキング時代に発見されるブローチの中でもっとも一般的なものである．その多くは質のあまりよくない青銅製で，デザインも単純である．しかし一部は（この図の1組のように）金メッキされ，複雑な動物模様で飾られている．どちらも下端に突起があり，穴が開いている．ビーズの鎖をここに通して2つのブローチのあいだに下げることができる．三つ葉模様のブローチは外衣を留めるのに用いられた．

下　男も女も皮の靴を履いた．ローカットで，形状はスリッパ様である．男はくるぶしまで，もしくはふくらはぎのところまでの高さがあるブーツも履いた．前か脇でひもを結んだ．ふつうの素材は牛皮であるが，極上のブーツには山羊皮が用いられた．

右　地位の高い婦人の衣装 (上) が3個のブローチで留められている．美しくひだの入った，長袖で足首までの長さがある麻のチュニックが，首のところでブローチ1個で留められる．一方そろいのブローチ1組が，ぴったりしたふくらはぎまである毛織のピナフォアドレス（袖なしラップ式ドレス）の肩ひもを留めている．富裕な女性の外出着は暖かく，風雨に耐えられる（下）．この女性は長袖の高級毛織の外套を着ているが，羽毛がキルティングされていることもある．色合わせのよい，ときには金糸を織り込んだブレードの縁どりが，首まわりと身体の前を下まで縫い付けられることが多い．

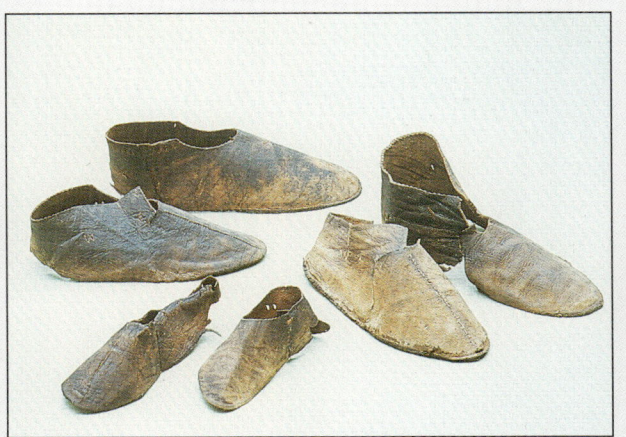

日常生活

埋葬慣習

スカンディナヴィア人は，ヴァイキング時代の大部分，自分たちの伝統的な信仰を保持した．かれらは異教の神々を崇拝し，死者を異教の儀礼にしたがって葬った．おそらく宗教的な目的のために死者と一緒に葬られた品々は，今日かれらがどのように生きたかについて，はかり知れぬほど重要な情報源となっている．ヴァイキングには2つの埋葬形態があった．土葬と火葬である．死体は埋めるか焼かれるとき，ふだん着ていた服を着せられたようであり，死者がこの世で使っていた身の回りの物や生活用品が添えられるのがふつうであった．ときには死体は舟もしくは車に入れて埋められた．ここから，なんらかの乗り物が死者を来世に運ぶために必要と信じられていたという想定が導かれる．馬を副葬することも（ほとんどはデンマーク，およびスウェーデンのビルカで出土）同じことを示しているのかもしれない．しかし，舟や車を伴う埋葬が富裕な人々に限られていたことはあきらかであるから，たんに死者の地位の高さ，重要性を強調する方法だったかもしれない．

ノルウェーと中東部スウェーデンの農業社会では，ヴァイキング時代の終わりまで火葬がもっとも一般的な埋葬様式だった．火葬墓はその上に塚が築かれ，ヴァイキング時代の農場に近いところに集っており，たいてい岩肌の露出部にある．そうした場所は耕作に向かないので，墓が近代の農業によって破壊されることがなく，いまでもはっきりと目にすることができる．農場建物そのものについては発掘がない（ごく最近スウェーデンで始まったが，ノルウェーではまだほとんどその例がない）ので，ヴァイキング時代の農場がどこにあったか示してくれるのはこうした墓だけである．したがって墳墓は，とくにスウェーデン中東部のメーラレン地方で，人口中心地を正確に特定し人口を推定するのに役だってきた．それによると人口はヴァイキング時代に50%増えたらしい．

たいていの場合，火葬する死体は服を着せられ，誇示のためか実用のためか，宝飾品・止め金で飾られ，積み薪の上で焼かれた．焼かれた骨と溶けた宝飾品がそのあと集められたが，処置方法はさまざまで，宗教的儀礼が違っていたことを示している．たとえばスウェーデン中部ではふつう，焼け残った遺物が火葬の積み薪の灰と炭からていねいに選り分けられ，土の壺に入れて，地面に掘った穴に埋められた．フィンランドのいくつかの地方では，遺物は地面に散らばったままである．そして，埋められるにしろ散らばったままに置かれるにしろ，火葬遺物は土の塚で覆われるか，あるいはたんなる石列によって，目印がなされた．石の配列の仕方は，地方によってさまざまであるが，ここにもいろいろな宗教的習慣が表れている．たとえばユラン半島北部のリンホルム・ホイエやその他の場所では，石が船の形に並べられて目印となっている墓が多い．中部スウェーデンで墓の目印になっているのは円形の塚や三角形に並んだ石列である．三角形はときとして側面がくぼんでいる．

オーランド諸島では埋葬様式にあきらかにスウェーデン・ヴァイキングの影響があり，火葬跡が塚で覆われている．ところがフィンランド本土では異なる伝統，慣行の融合がみられる．南西部では船葬墓が一般的であるが，火葬遺物の上に塚は築かれず，焼かれた遺物はただ地表に散らばっているだけである．内陸に入ると火葬と土葬両方あるが，どちらも石と土を積んだケルンで覆われている．南西フィンランドでは11世紀に土葬が広がった．これはキリスト教の習慣が入って

上　これらの墳丘は，スウェーデンのヴァイキング時代の町ビルカを囲んで分布する墓地の1つをなしている．ヴァイキング時代のスカンディナヴィアでは，地域的にも社会的にも埋葬慣習に差異があり，火葬もあれば土葬もあった．ビルカには約3千の墓があると見積もられ，そのうち1,100基ほどが発掘されている．その多くには豊かな副葬品があり，この町に住んだ人々の暮らしと活動がわかる．

70-71ページ　船葬墓はヴァイキング時代のもっとも立派な墓に属する．船型列石（石を船の形に立て並べたもの）は，そのシンボリックな代替物だったのかもしれない．写真の列石はユラン半島北部リンホルム・ホイエの墓地の一部．石の外郭線は火葬墓を囲んでおり，船型のほかに円，四角，三角もある．

ヴァイキング時代のスカンディナヴィアの墓

キリスト教以前のスカンディナヴィアでは火葬も土葬も行われていた。火葬はノルウェー、スウェーデンの大部分およびフィンランドで優勢で、土葬は南スウェーデン、デンマーク、ゴットランドで支配的だった。土葬と違って火葬墓は、通例その上に塚もしくは石積みが作られているので、今日の考古学者にとって識別が容易である。塚は円形だったり、方形だったり、三角だったりし、船型列石に囲まれていることもある。ある地域では火葬された骨が土製の容器に入れられ、ある地域ではただ地面に散らかされたままである。町や集落では、墓は居住中心地からやや離れた墓地に集められていた。非都市部では墓は農家の近くに置かれるのがふつうであった。富者や有力者の墓には大きな墳丘が築かれ、そのあるものでは遺骸が船もしくは舟に安置された。東ノルウェーのオーセベルやゴクスタ、中部スウェーデンのヴェンデルやヴァルスヤーデがそうである。しかし船葬墓は最上位の階級に限定されていたわけではなく、とくに沿岸部ノルウェーではふつうのことであった。土葬された婦人の遺骸が馬車や荷車の車体内に置かれていることもある。これはおそらく死後の世界には旅をしなければ行けないという信仰を示している。

ヴァイキング時代以前の墓出土
- 王、または貴族の墓
- 船葬墓

ヴァイキング時代の墓出土
- 王、または貴族の墓
- 船葬墓

船葬墓地域

750-1000年のおもな葬法
- 土葬
- 火葬

縮尺 1:7,700,000

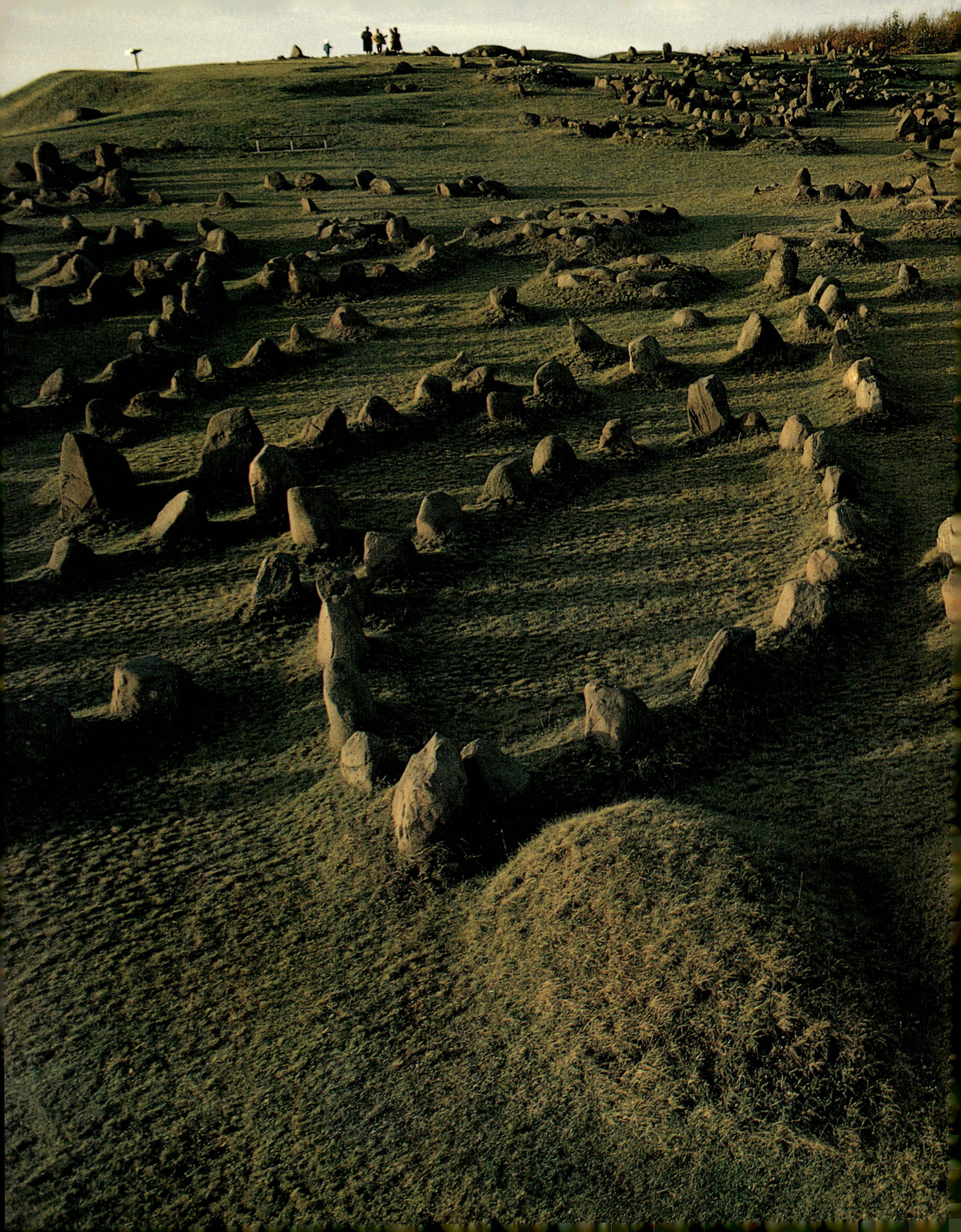

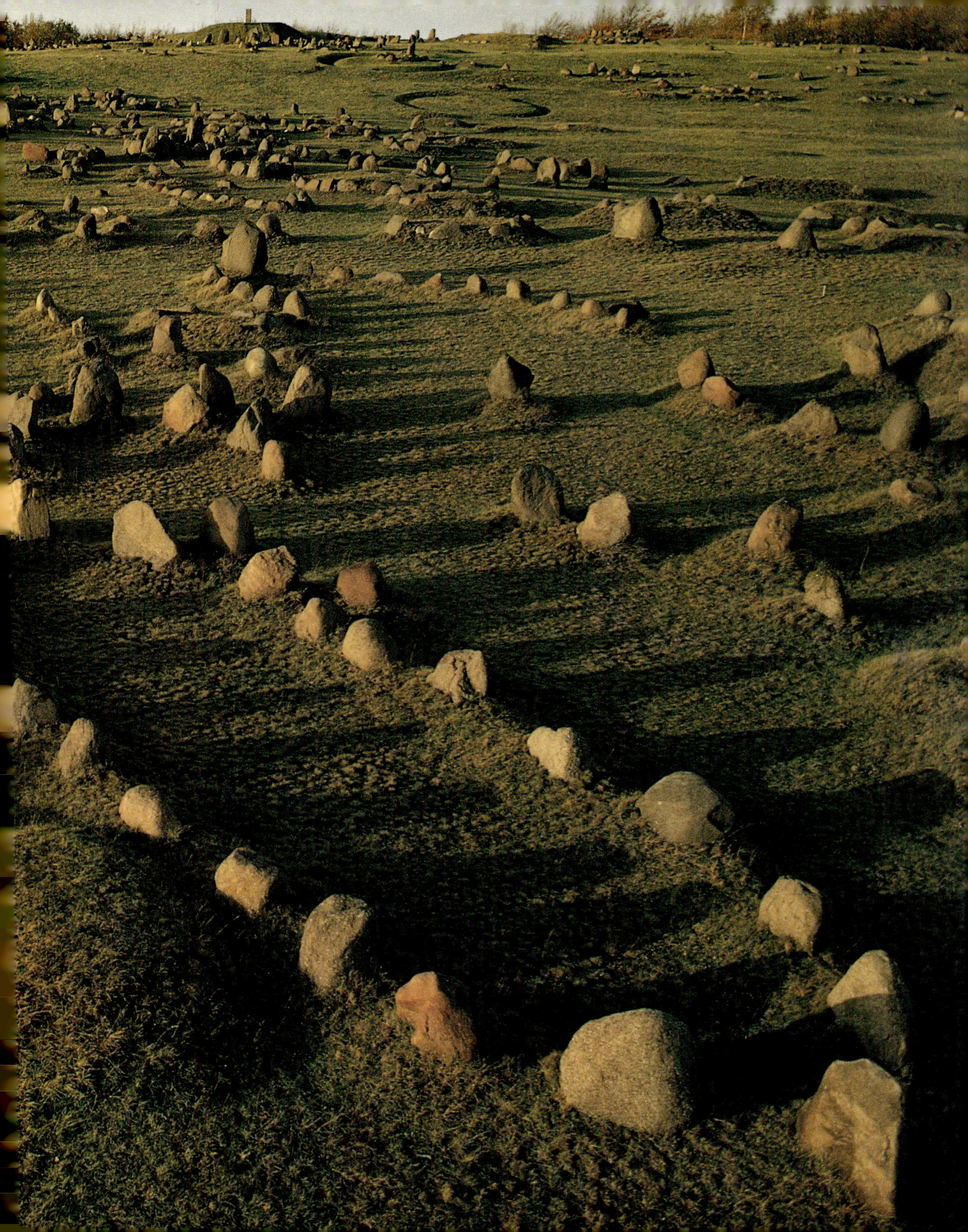

日常生活

左 デンマーク，シェラン島のリスビュー谷を越すには石で舗装された道があって，ヴァイキング時代末期の旅人を助けた．川そのものを渡るには木造構築物があったことが，発掘の結果あきらかになった．その下から車輪が1つと簡単な木のソリが1つ発見された．

きたことを示すものかもしれないが，しかしフィンランドの墓ではこのあとさらに1世紀間，副葬品が埋められつづけた．これは異教の習慣である．

ヴァイキング時代，遺体の焼却はノルウェー，デンマーク，スウェーデンの都市でも一般的であった．都市の墓地は定住地に近く，きわめて大量の墓を包含している場合もある．たとえばビルカでは，この町が存在していた200年間に少なくとも3,000基の墓があり（これらのすべてが火葬墓というわけではない），ヘーゼビューでは7,000基に達するかもしれない．ノルウェー南東部のカウパングのような他のヴァイキング時代の居住地にも，同じように大きな墓地が周囲にある．デンマークのリーベも墓地に囲まれていたのではないかと考えられているが，これまでみつかった墓はほんのわずかである．

土葬慣行には解答の難しい多くの問題がある．キリスト教が導入されるとどこでも少しずつ土葬が火葬に取って代わっていくものであるが，スカンディナヴィア諸国には，すでにヴァイキング時代の初めに土葬を取り入れていた人々がいたことが知られている．ユラン半島南部では土葬の方が優勢であったが，この場合はキリスト教化された南の国々の影響を受けた結果だったかもしれない．しかし他の地域の土葬慣行はいっそう説明が難しい．たとえば，バルト海に浮かぶゴットランド島の人々が，このもともとはまったく自分のものではなかった習慣に転換したのはなぜか．この問題はおそらく解かれることがないであろう．これら土葬の2大中心地域以外でも土葬は行われたが，その場合には社会の上層か外国人に限られた習慣だった，というのが考古学資料の示すところである．外国人の土葬慣行がもっともはっきりしているのは，ヴァイキング時代の都市である．かれらは自分たちの独自の儀礼や信仰を維持していた．土葬墓に関する最良の資料のい

右 木のソリはヴァイキング時代の冬季運輸の重要な方法だった．もっとも大きなソリは家畜で曳くように作られていた．ノルウェーのオーセベル船葬墓には4台もソリが収容されていた．うち3台は美しく彫刻され（写真の優雅な例を含む），4台目は素朴な日常使われる型である．

くつかはビルカとヘーゼビューの町から得られる．ビルカでは外国の商人はおもに東方から，つまりロシアやもっと遠いところからやってきた．ビルカで不幸にも客死した場合，かれらは故郷の習慣にしたがって葬られた．かれらはたいてい，町を見下ろす砦に近い自分たちの専用墓地に埋葬された．

19世紀のビルカの発掘によって，いわゆる「木槨（もっかく）墓」型の墓が多数出土した．地面に穴が掘られ，内側に板材が張られる．そして，正装した遺体がその室内に安置され，まわりに日頃使っていた物が置かれる．このような墓にはときには馬が入れられていたし，人身犠牲もあった．同様に豪華な木槨墓はヘーゼビューでも出土している．地下の部屋に遺体を埋葬する習慣はユラン半島全域でかなり一般的で，とくに10世紀にはそうである．木槨墓はヴァイキング時代のスカンディナヴィアでもっとも注目される土葬であるが，しかしほかの形態の土葬もある．遺体は棺に入れられたり，地面に掘った穴に落としこまれたり，あるいは白樺の皮の被いにくるんで埋められたこともあったようである．遺体とその副葬品は焼かれないので，一緒に埋められた金属製品はしばしば良好な状態で保存されている．

上に述べたような墓には普通の男女の遺骸もある．そして農業社会に属していようと商人社会に属していようと貧富の差があった．王，貴族を葬った大墳墓の出土物の驚くべき豊かさについては，本書の前の部分ですでに述べた．10世紀の終わりには，豊かな副葬品を伴う埋葬習慣はデンマークではすでに消滅し，ほかの地域でも（フィンランドは別として）しだいに廃れつつあった．これがキリスト教の異教に対する最終的勝利の結果であることは間違いない．このときよりのち，東西方向に向く墓に副葬品なしで土葬する慣行がスカンディナヴィア中で支配的になる．死についてのみならず日常の生についても情報源であった墓は，もはやその意味では使えなくなったのである．

旅と交通

ヴァイキング時代のスカンディナヴィアでは交通はもちろん水路によった．水路はノルウェーとスウェーデンの長い海岸線に沿い，無数の沿岸島嶼を縫って走っていた．沿岸の天然港は安全な停泊地となり，海上交通を容易にした．湖と河川の水系を利用すれば内陸の奥深い定住地にも達することができた．広大な通り抜けられない森林，沼沢，山岳地帯は，スカンディナヴィアの多くの地域で，陸上交通に無数の障害を作りだしていた．それでもヴァイキングたちは必要なときには陸上を旅したし，冬期，とりわけ北方では陸上移動は楽になった．冬には湿地帯の地面はかたく凍り，そり，スキー，スケートを使うことができたからである．

そりにはいくつかの異なる型があった．いちばん簡単で軽いのがスキーそりである．スキーにのせられた軽い本体でできており，手でひく．たとえばスウェーデン，ノルウェー，フィンランドの北部でわなにかけられた動物の毛皮など，軽量のコンパクトな荷物を運ぶために使われたにちがいない．もっとかさばるものの運搬にはもっと重いそりが用いられた．これを曳くには荷曳用家畜（馬か牡牛）が使われ，そのひづめには凍った地面で踏ん張れるように鉄の氷くぎかスパイク底が打ちつけられた．こうした頑丈なそりの実物がオーセベルとゴクスタの船葬墓で見つかっている．

スキーは北スカンディナヴィアでは早くも青銅器時代に使われていた．フィンランドだけで，先史時代全体で少なくとも100例が知られており，そのうち約30例がヴァイキング時代に属する．最大2mあったスキーの製作には松材が用いられた．この木材に含まれている天然樹脂が下側の摩擦を減らし，雪面をより滑らかに走ることができたからである．スケートは馬，牛，へら鹿の長骨製で，骨の両面を平らにし，足に固定した．現在のスケートには似ておらず，むしろ足のすぐ裏へ取り付けられたごく短いスキーといった観である．このスケートで氷の上を進むには，先端に鉄の金具をつけたストックを1本か2本使った．

冬以外の季節には，たいていの人は徒歩で旅をし，馬に乗ったのは富裕な重要人物だけだった．上流階級の墓では，あぶみ，拍車，馬勒などの馬具はおなじみの副葬品である．革製の馬勒は腐食して金具しか残っていないが，この金具のおかげで馬勒が置かれていた場所がわかる．金具は凝った装飾を施され，金メッキされた青銅であることが多い．馬に車体をつなぐために使われたと思われる木製の「鞍の前弓」の飾りも出土している．オーセベルの墓で発見された車はとくに見事であるが，デンマークではもっと日常的な車の例が知ら

日常生活

左　冬季の氷上用の骨製スケートはありふれた出土物である．図はルンド出土．馬か牛の中足骨製で，皮ひもで足に結ぶ．スケーターは前へ進むため図のような杖を1，2本使う．ときには杖に鉄の先端が付いていた．

れている．10世紀のデンマークでは，富裕な女性の場合，車輪をはずした車の本体に入れて埋葬することは一般的な慣行だった．

陸の旅を容易にするため道が整備された．ユラン半島を縦断する軍用道路はもっともよく残っている例である．この道は分水界に沿ってもっとも標高の高いところを通っており，現代の「幹線」あるいはハイウェーと呼べるものに近い．もっともほとんどの部分は舗装されていない．道の表面の舗装は沼沢地のような通行が困難な地域でのみなされ，ほとんどいつも木が使われた．もっとも簡単な舗装は，表面を安定させるために木の枝や低木を敷いたものだった．他の例では，木の幹や，場合によっては加工された材木をびっしりと敷きつめることもあった．

スカンディナヴィアのどこでも，旅行者は地表を横切って流れる大小無数の河川を克服しなければならなかった．ヴァイキング時代の終わりまで，渡渉のもっとも通常の形態は，浅瀬を渉るか，堤道を作るかだった．ヴァイキング時代末期にいたるまで，河川をまたぐ架橋がなされたとは思われない．ユラン半島中部，イェリングの王権中心地から南へ約10km，980年ころ建てられたラウニング・エンゲ橋は驚くべき建造物である．全長700m，幅5m，5トンの荷重に耐えられる．千本以上のオーク材の支柱が橋の基礎部分に使われており，上部構造の建設に使われた木材は数え切れない．この時代に建てられた橋としてはまったく異例である．この建造に動員された富と人的資源の総量を考えると，この橋は特別な目的のために，おそらくはハーラル青歯王によって王権中心地へ交通を強化するため，建設されたと思われる．

11世紀のスウェーデンには他の種類の橋があった．たいていは橋の建設を記録したルーン石碑がある．ほとんどは息子か夫の思い出に女性が建てたものか，スウェーデン中部のテービュにあるヤルラバンキの「橋」の場合のように，豪族が地元での威信を高めようとして建てたものである．これらの橋は，現在なら橋ではなくて堤道と呼ばれるべきもので，小川や沼地を横切って石で小高くし，表面に砂か砂利を敷いて濡れずに通れるようにした通り道である．おもしろいことに，ヴァイキング時代の末にキリスト教が導入されたあと，こうした「橋」の数は増加する．もっと早い時代の橋の多くがまだ発見されていないのかもしれないが，キリスト教が組織されるとともに司祭とその教区民のあいだでより円滑な交通の必要が生じたのではなかろうか．

船と造船

水上交通・輸送が頼りであったから，ヴァイキングは熟練した船大工，すばらしい船乗りとなった．かれらの船は，細長く，喫水の浅い軍船から，風や波にもまれても耐えられるもっとがっしりした船までさまざまある．後者は移住者と荷物を西に向かって，北大西洋の島々へ運んだ．また，それよりもさらに丈夫な貨物輸送用の商船さえあった．さまざまな漁船，渡し舟，内陸水系用の船も建造された．水路と陸路で旅の早さ，快適さがまったく違うことが，1070年代にスウェーデンについて書いたドイツの聖職者アダム・フォン・ブレーメンによって簡潔に述べられている．南スウェーデンのスコーネからメーラレン湖畔のシグトゥーナまで帆走すれば5日であるが，陸路では1カ月かかる，とかれは記録している．

大きさには関係なく，ヴァイキング船にはいろいろな共通する特徴がある．船はみな「よろい張り」工法であった．つまり，船体は，条板（厚板）を重ねて鉄鋲で繋ぎあわせ，すきまに詰め物をして防水された．詰め物はふつう家畜の毛だった．船体は，船の背骨になる長くて深い竜骨（キール）を中心に建造された．その上にマストの基礎を支える内竜骨（ケルソン）が据えられた．船首と船尾は優美な曲線を描き，格式のもっとも高い船はへさきに獰猛な竜の頭か渦巻きをつけ，そこへ取り付けられた金属製の飾りがきらめいていた．舵は大きなオールの形をしており，船尾の右舷に取り付けられ，舵取リが舵柄を握って操作した．

推進には帆とオールが用いられ，同時に使われることもあった．ヴァイキングのすぐれていたのはこの2つのやり方を海を渡るに適した船体と組み合わせたことである．帆走船の船体はオールのみで進む船よりも船腹が広く，側面が高くなければならない．この問題は，船に強度，安定性，柔軟性を与える竜骨の採用によって解決された．これに加えて，船が航行中に檣座（しょうざ）にはめたり抜きとったり（立てたり倒したり）できる帆柱を発明したことによって，きまぐれ

な風に左右されることが少なくなった．帆はヴァイキング時代の直前に，ヨーロッパのもっと南から伝わった．広い正方形もしくは長方形の帆をもつ船が7,8世紀のゴットランドの絵画石に描かれているが，これらの帆がヴァイキング船の帆と違うと考える理由はない．しかし帆の現物は1つも残っていない．

さまざまなヴァイキング船の資料は偶然の発見から得られる．すなわち船葬墓の船，難破船，あるいは港へ沈められて防衛線の一部となった船などである．たとえばデンマーク，シェラン島，ロスキレ・フィヨルドのスクレレウでは，11世紀初めにフィヨルドの一部を封鎖するため5隻の船が沈められた．そのうちの2隻は軍船で，ヘーゼビュー港内でみつかった難破船であるもう1隻とあわせ，軍船についての貴重な情報源である．3隻とも喫水が浅く，縦長で（スクレレウの残骸の1つは30 mある），幅が狭く，帆を上げる装置を備えている．さらに重要なのは，漕ぎ手が18組まで座れる座席がはっきりとあることである．これらの船が基本的には漕船だったことはあきらかで，それに自由に上げ下ろしできる帆がついていたのである．櫂は船足を速めることができたが，さらに接岸・停泊のような微妙な動きをするときの船の操作性を高めた．これらはヴァイキングが，西ヨーロッパの修道院を急襲するのに用いたタイプの船だった．

スクレレウの封鎖には貨物用の商船2隻も沈められていた．大きい方は全長16.5 m，船材は松で，約40トンの荷を運ぶことができる．スカンディナヴィアの商業中心地から西欧の市場へ，毛皮その他の商品を運んだことであろう．同様の商船はほかにも残骸が，西スウェーデンのエスケシェール，南西ノルウェーのカウパングに近いコールスタ，およびヘーゼビューの港内でみつかっている．これらの船はみな，軍船よりも全長に比して幅が広く，商品を収容する船倉をもち，推進力として櫂よりも帆が使われた．速さが問題なのではなく，難破したり浸水せずに海を渡ることのできる，耐波能力のある船こそほんとうに必要なのであった．櫂が必要だったのは，入港し，桟橋につける必要のあるときだけであった．たとえば，エスケシェール船はわずか1対のオールしか用意していなかった．

これらの船は，スカンディナヴィアの岸をとりまく海路および西方の外海を航海するために造られた．東へ向かい，ロシアの河川に沿ってコンスタンチノープルやカスピ海まで出かけた戦士と商人は，そのような頑丈な船よりも小さく軽い船，急流や岩その他の障害を避けて水面から引き上げ，担いだり，運搬陸路（特別に建設された，木材で内張りした浅い切り通し）を曳いたりできる船を必要とした．

ヴァイキングに使われた大部分の船は長距離を移動する軍船や商船ではなく，さまざまな型の小さな舟で，本来は漁に使ったり，また人や物，地方のニュースや噂を集落から集落へ運ぶことを意図したものである．岸に沿って海を行く船もあったが，たいていは内陸の川・湖からなる水系を行き来していた．こうした舟に関する資料は驚くほど少ないが，スクレレウで小さな漁業用小型帆船もしくは渡し舟が，わりあいよい保存状態でみつかっている．ゴクスタの墳墓から出土した船は小さな漕ぎ舟を3艘乗せており，そのうち1艘は「フェーリング」（4本オールの船）である．これは全長が6.5 mしかなかった．残骸の破片なら，小さな舟はノルウェー，デンマーク，スウェーデンの船葬墓でもみつかっている．そのうちの1つ，中部スウェーデンのヴァルスヤーデの墓地から出土した5対のオールがある漕ぎ舟は，復原され，実地に試された．

他にもこうした船の復原が行われ，ヴァイキング船がいかにして建造されたか，追い風をうけて走るため，また上手回しに（向い風に対してジグザグに）進むため，どのような艤装を施されていたか，専門家が多くのことを発見する助けになった．たとえば，スクレレウでみつかった船の数隻は，微細な点についてまで復原され，多方面にわたる航海試験が行われた．1980年代末には，ゴットランド島，ティングステーデ・トレスク出土の船のレプリカが建造された．この種の船はロシアの河川を航海したと思われるのであるが，このレプリカでトルコのイスタンブール（かつてのコンスタンチノープル）まで，帆走したり，漕いだり，陸上を曳いたりして行き着くことに成功した．3カ月の旅だった．

ヴァイキング時代の造船所はまだ残念ながら発見されていないが，船の修理が行われた場所ならいくつか，考古学上の発掘によってみつかっている．そうした場所の1つであるゴットランド島のバーヴィーケンでは，修理中の船を格納する「乾ドック」の跡が発見され，無数の船用の鋲や道具類も出土した．とくに興味深い遺跡が，デンマーク，ファルスター島のフリブレザ川で調査された．ここでは船材の破片がたくさん出土しているので，船の解体所だったと思われる．古い船から出た木材はおそらく他の船の継ぎあてに再利用された．この場所はバルト海南岸に近いデンマークの最東端にあたり，スラヴからの影響を示す痕跡がいろいろとある地域である．フリブレザでみられるスラヴの影響としては，たとえば，板を張り合わせるために，ふつうスカンディナヴィア人の造船職人が好む鉄の引っかけ釘よりも，スラヴ人が好んで使った方法である木製のほぞ（合わせ釘）が使われている．同じくスカンディナヴィアとスラヴの造船技術が組み合わされている小さな船がヘーゼビューで出土しているが，これはバルト海東部で建造されたのであろう．

下　銀と銅の象眼をもつ一揃いのあぶみ．立派な装備を伴った騎乗者の墓から出土した．デンマーク，ラングラン島のノーア・ロンゲルセ．馬具一般はヴァイキング時代のスカンディナヴィアの墓に珍しくないが，あぶみと拍車は少なく，高い地位を示す品で，たいていヴァイキング時代後半のものである．

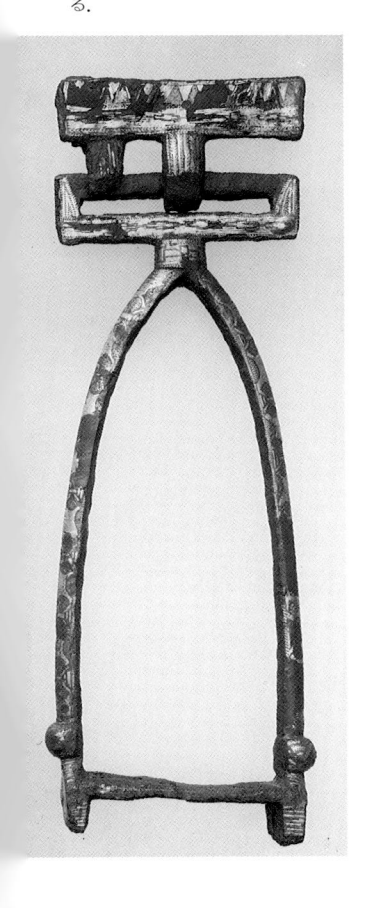

ヴァイキング船

ヴァイキングは船をたんなる日常の運輸手段とは考えていなかった．ヴァイキング時代の宗教儀式に船の果たした役割にその重要さが表れている．社会的な地位の高い人々はしばしば自分の船と一緒に葬られた．19世紀にスカンディナヴィアの大墳墓がいくつか発掘されて初めて，ヴァイキング船の壮麗さと完全さが，われわれの目に見えるようになった．ノルウェー，オーセベルの9世紀の墓から出現した見事な船（右図）は，基本的には王室回遊船で，沿岸と内陸水系向けに設計されている．造船技術の完璧さにかけては，やはりノルウェーのゴクスタの墳墓から発見された，9世紀の船よりすぐれた船はない．ゴクスタ船はおそらく，初期のヴァイキングが西方の新しい土地に向けて海を渡るのに用いたタイプの船であった．

ヴァイキング時代の船といってもいろいろとあることは，1957年にデンマークのスクレレウでロスキレ湾の底から一群の実用船が発見されて，あきらかになった．それらの船は11世紀に，封鎖のため，意図的に沈められたものである．形の違いから，2隻は軍船で，他は貨物船，漁船，渡し船に，機能上特化していたことがわかる．細部がよく保存されていたので，スクレレウ船がどのように建造されたかがわかり，使われている木材の種類，造船の諸段階（次ページ上の絵参照），どんな木工技術を用いたか，を知ることができた．またマストがどのように支えられるか，帆はどのような形と大きさをしているか（右上のスクレレウ3号船の絵参照），推測が可能となった．スクレレウ船3隻を原寸大に復原して行われた最近の試験航海によって，これらの船がオールと帆のそれぞれによっていかにうまく操作できるかが示された．

上　スクレレウ3号船のように商船に特化している船はヴァイキング軍船より深く，梁（横げた）が広い．貨物用の空間を広くするためである．両端に甲板があるのは見張り（前）と舵取り（後ろ）のためである．乗組員を保護するものはほとんど何もないが，貨物には獣皮がかぶせられたことであろう．

下　壮麗な装飾をもつこの船は，9世紀の身分高い女性を埋葬したオーセベル墳丘墓から出土した．それはもともと大洋を航海することを意図していない．しかしそれにもかかわらず，ヴァイキング造船術について貴重な証拠となった．あらゆるヴァイキング船に共通している顕著な特徴は，船首と船尾におなじ高さの湾曲したへさきをもつ，シンメトリックな船体形状である．軽い喫水は，荷を積んだときでさえ，船が岸辺近くまで，また浅い川を内陸深くまで，進むことを可能にし，深い竜骨と急角度の底材は，風に向かって上手回し（ジグザグ）に進む場合に横からの水流の衝撃を軽減した．軍船には両舷側の全長にわたって，オール穴が等間隔に開いていた．商船はオールを船尾にしかもっていない．

1　帆
2　マスト
3　取りつけ環
4　支索
5　船尾
6　側舵
7　オール穴
8　索留め
9　オール・帆桁置き
10　マスト支え

上　9世紀のゴクスタ船はオスロ近郊ビュグデイのヴァイキング船博物館に収蔵されている．同博物館にはオーセベル船もある．ゴクスタ船の方が装飾は少ないが，仕上げはすばらしく，発見時の保存状態もよりすぐれていた．その航海適性は，1880年の発掘のすぐあと，複製品がノルウェーから北大西洋の荒波を越えてアメリカへ渡ったことで証明された．

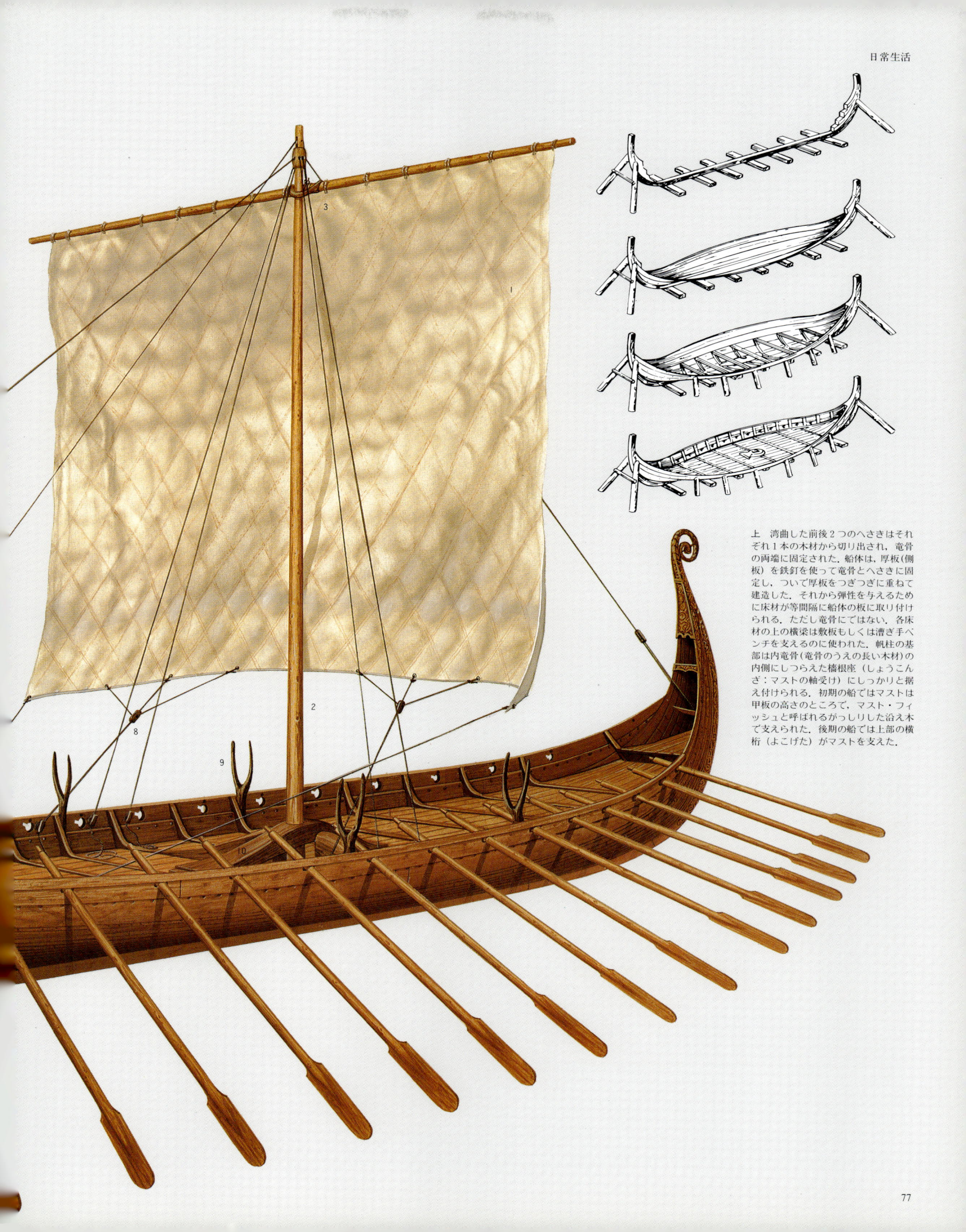

日常生活

上　湾曲した前後2つのへさきはそれぞれ1本の木材から切り出され、竜骨の両端に固定された。船体は、厚板（側板）を鉄釘を使って竜骨とへさきに固定し、ついで厚板をつぎつぎに重ねて建造した。それから弾性を与えるために床材が等間隔に船体の板に取り付けられる。ただし竜骨にてはない。各床材の上の横梁は敷板もしくは漕ぎ手ベンチを支えるのに使われた。帆柱の基部は内竜骨（竜骨のうえの長い木材）の内側にしつらえた檣根座（しょうこんざ：マストの軸受け）にしっかりと据え付けられる。初期の船ではマストは甲板の高さのところで、マスト・フィッシュと呼ばれるがっしりした沿え木で支えられた。後期の船では上部の横桁（よこげた）がマストを支えた。

都市，交易，手工業

交易と都市的成長

ヴァイキングは200年以上にわたり，その航海術と大洋に耐える船を使って北ヨーロッパの遠隔地交易路を支配した．特定の地方でのみ手に入る原材料品，つまり毛皮，羽根と羽毛，材木とタール，鉄鉱石，刃物を研ぐ砥石用の片岩，家庭の調理用容器にするせっけん石，塩漬け魚，アザラシの皮革，セイウチの牙，バルト海の沿岸に打ち上げられる琥珀，これらはみな西欧で大きな需要があった．毛皮，蜂蜜，蠟，牙，奴隷（西欧で捕えられたものもいた）はビザンツ帝国および東方に輸出された．これらの商品を外国の市場へ運ぶ仕組みは複雑であった．すなわち原料品はその産地で集められ，海岸へ運ばれ，それから商船に積み込むため積み荷にまとめなければならない．さらに，ほかの商品がさらに遠くから販売用に輸入された．そのうちもっとも重要だったものに銀がある．輸入品にはこのほか東方からの絹，香辛料，装身具，西欧・中欧からのワイン，ガラス製品，土器，武器がある．

商人としてのヴァイキングというイメージは，戦士，侵略者，海賊としてのイメージほどロマンチックではない．しかしヴァイキング時代，交易・通商を通してこそ，スカンディナヴィアに多くの重要な革新と変化がもたらされたのであった．たとえばよく組織された交易システムが，集会地や荷積みの場所を中心とする内陸交通路を伴って発展した結果，初期の都市的な成長に刺激が与えられた．それ以前には，ほとんどの人が小さな農業中心の集落に暮らしていたのである．

スカンディナヴィアの最初の都市は，人々が比較的密に集まっている場所であって，かれらは交易や商品の製造（といってもおもに地元の市場向け）で生活していた．そこでは農業はあまり重要でなかった．これらの場所のなかには，交通路の結節点に位置していたことが原因で，自然発生的に成長した所もあろうが，たいていは王や大土地所有者によって計画的に建設されたようである．そこにはあきらかに，その都市へ持ち込まれ，持ち出される商品に関税を課すことで収入を得ようとする意図が働いていた．8世紀の初め以前には，スカンディナヴィア最初の都市的成長を示す徴候はほとんどない．ただし，ヘリエー，あるいはグズメ近くのルネボーなどいくつかの場所では商業，手工業が盛んだったが，祭祀中心地としての役割と結び付いていたことであろう．都市的萌芽がないのは，このときまで大規模な商業がなかったためかもしれないが，町を建設するだけの力と権威をもった支配者がいなかったことも示しているかもしれない．したがって700年ころ以前のスカンディナヴィアに町があったとはとてもいえない．この時期以後，都市はたしかに存在し，しだいにそ

ユラン半島の浜辺に打ち上げられた琥珀の塊．ヴァイキング時代におけるスカンディナヴィアの主要な輸出品は原料商品である．それには北極圏のセイウチの牙やバルト海の琥珀といったエキゾチックな奢侈品が含まれていた．琥珀は多くビーズに使われたがお守りにもなった．これらはスカンディナヴィア内外の都市の工房で製作され，リーベにもダブリンにも工房があった．

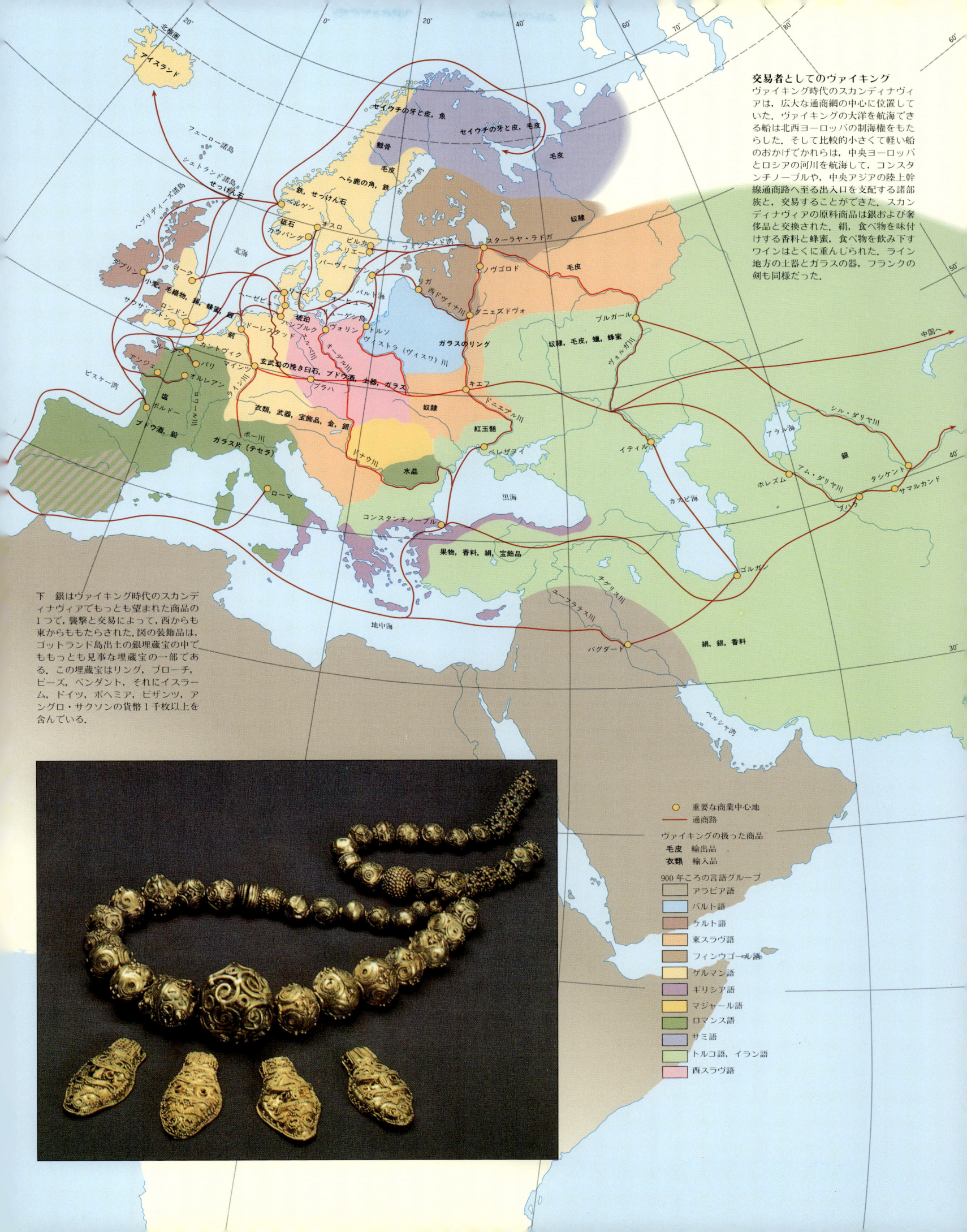

交易者としてのヴァイキング

ヴァイキング時代のスカンディナヴィアは，広大な通商網の中心に位置していた．ヴァイキングの大洋を航海できる船は北西ヨーロッパの制海権をもたらした．そして比較的小さくて軽い船のおかげでかれらは，中央ヨーロッパとロシアの河川を航海して，コンスタンチノープルや，中央アジアの陸上幹線通商路へ至る出入口を支配する諸部族と，交易することができた．スカンディナヴィアの原料商品は銀および奢侈品と交換された．絹，食べ物を味付けする香料と蜂蜜，食べ物を飲み下すワインはとくに重んじられた．ライン地方の土器とガラスの器，フランクの剣も同様だった．

下　銀はヴァイキング時代のスカンディナヴィアでもっとも望まれた商品の1つで，襲撃と交易によって，西からも東からももたらされた．図の装飾品は，ゴットランド島出土の銀埋蔵宝の中でももっとも見事な埋蔵宝の一部である．この埋蔵宝はリング，ブローチ，ビーズ，ペンダント，それにイスラーム，ドイツ，ボヘミア，ビザンツ，アングロ・サクソンの貨幣1千枚以上を含んでいる．

○　重要な商業中心地
—　通商路

ヴァイキングの扱った商品
毛皮　輸出品
衣類　輸入品

900年ころの言語グループ
- アラビア語
- バルト語
- ケルト語
- 東スラヴ語
- フィン=ウゴール語
- ゲルマン語
- ギリシア語
- マジャール語
- ロマンス語
- サミ語
- トルコ，イラン語
- 西スラヴ語

都市，交易，手工業

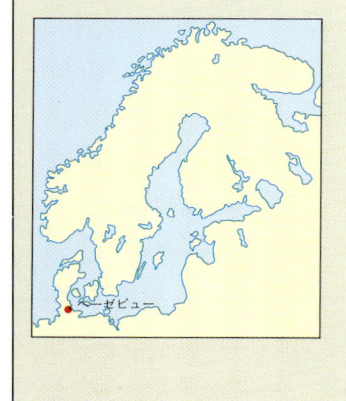

ヘーゼビュー

考古学者がヘーゼビュー遺跡を調査し始めたのは20世紀初めのことであるが，これまでヴァイキング時代の市域の5%が発掘されたにすぎない．それでも調査面積は，ヴァイキング時代の他のどの同種定住地でなされたよりもはるかに広い．ヘーゼビューの材木で舗装された街路の見取図はきわめて詳細に復原可能である．この繁栄した商業中心地の住民が住宅，仕事場，倉庫に用いた建物の基礎平面図についても同様である．この商業中心地の国際的性格は，ヴァイキング世界中，およびその外側（あるものははるか東方バグダード）からもたらされた工芸品の出土に映しだされている．港湾部でなされた発掘の結果，ヴァイキング時代の海運の性格や，突堤・港湾防御施設の建築に関するわれわれの知識は非常に増大した．

右 ヘーゼビューのこの空中写真—いまは気持ちのよい田園—のきわだった特徴は円弧を描く土塁で，いまは木々に覆われている．全長1,300mで，部分的にもとの高さ10mが保たれている．東の方（図の右側）には浅い入り江ハッデビ・ノールがある．図の上端には，ヘーゼビューをバルト海に結んでいるシュライ湾の青い水が見える．塁壁北端の先に見える濃い森の部分は，町を見下ろしていた丘陵堡塁の跡である．森のはずれにあるあかるい建物はヴァイキング博物館．

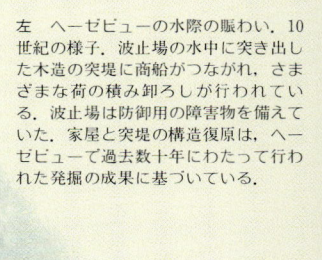

左 ヘーゼビューの水際の賑わい．10世紀の様子．波止場の水中に突き出した木造の突堤に商船がつながれ，さまざまな荷の積み卸ろしが行われている．波止場は防御用の障害物を備えていた．家屋と突堤の構造復原は，ヘーゼビューで過去数十年にわたって行われた発掘の成果に基づいている．

都市, 交易, 手工業

の数は増え, 規模も大きくなっていった.

8, 9世紀にヴァイキングによって築かれた都市は, 今日われわれの考えるような都市ではない. 石造りの大きな公共建築物はなく, どうやって治められていたのかもほとんどわからない. 都市は木造の建物群が集まってできていた. 個々の建物群は柵で囲まれた敷地内に建てられた母屋と付属建物からなる独立した世帯であった. 住人のおもな収入源が手工業であることを除けば, これらの集落は村とほとんど違わない. これらの初期的な都市について知られていることはほとんど, 近年の考古学的発掘の対象となった, とくに3つの遺跡, ユラン半島のヘーゼビューとリーベ, 中部スウェーデンのビルカ, から得られる. 3カ所とも9世紀に書かれたアンスガールの伝記に名が挙がっている. 「北方の使徒」アンスガールは北方の野蛮人を改宗させようと, 北ドイツのかれの修道院コルヴィーから2度旅立った. 1度目は820年代, 2度目は850年代である.

ユラン半島の交易中心地

ドイツ語でハイタブと呼ばれるヘーゼビューの遺跡は, 現在のドイツ都市シュレスヴィヒの少し南にある. いまは平坦な土地が広がっているだけであるが, ただ大きな半円形の塁壁があって, かつて都市のあった場所を示している. 考古学者がヘーゼビューの位置を知ったのは19世紀の末であった. 808年の史料にヘーゼビューについて言及があり, デンマーク王ゴズフレズが一群の商人をそこに住まわせたという. このことから歴史家は, ヘーゼビューが9世紀初頭に建設されたと考えてきた. しかし, ヴァイキング時代に町の中心となる場所の南に, 8世紀中ごろの小さな集落が発掘された. この時期には, その性格は少なくとも部分的には農業的であり, 長い農場建築物がいくつかあって, そこでは牛が飼われていた. 9世紀までにこの集落は, 学者たちのいうところの「中央集落」に取って代わられた. この集落は, この遺跡を貫流してハッデビ・ノール(シュライ湾南端の入り江)へと注ぐ小川のまわりに集まっている. 10世紀にヘーゼビューは非常に堅固な塁壁に囲まれた. この塁壁は町をダーネヴィアケに連結した. ヘーゼビューの広さは最大で塁壁内24 ha, 人口は約1,500人, 同時代の北ヨーロッパの交易地の中では最大であったが, しかし長い歴史をもつ地中海諸都市の規模には及ぶべくもない. 950年ころにヘーゼビューを訪れたアラブ人商人アル・タルトゥーシはこの地と住民の習慣を生き生きと描写している.

> [それは]世界の大洋のさいはてにある大きな町である. 町は都市内に真水の井戸をもっている. そこの住民はシリウスを信仰しているが, わずかにキリスト教徒もおり, 教会がある. ……町には財産, 財宝がほとんどない. 住人のおもな食べ物は魚で, 豊富にある. 人々はしばしば新生児を育てないで海に棄てる.

ヘーゼビューは低地にあり, 土に水分が多いため, 木材, 皮, 織物といった有機物質が驚くほど良好な保存状態で残っていた. 家屋の基礎の跡がはっきりとたどられる. ヘーゼビューは組織性の高い町だったようである. 溝と木の柵で囲まれた敷地のなかに, 2, 3の部屋をもつ長方形の家屋が配置されていた. 長方形の敷地の狭い方の辺は木で舗装された通りに面していた. たびたび水浸しになる場所ではこのような舗装は欠かせない. 川は運河化され, 木の板で内張りされた. 流れのところどころに短い階段が堤から水面に延びており, その先端は洗濯ができる小さな壇になっていた. 豊富な飲料

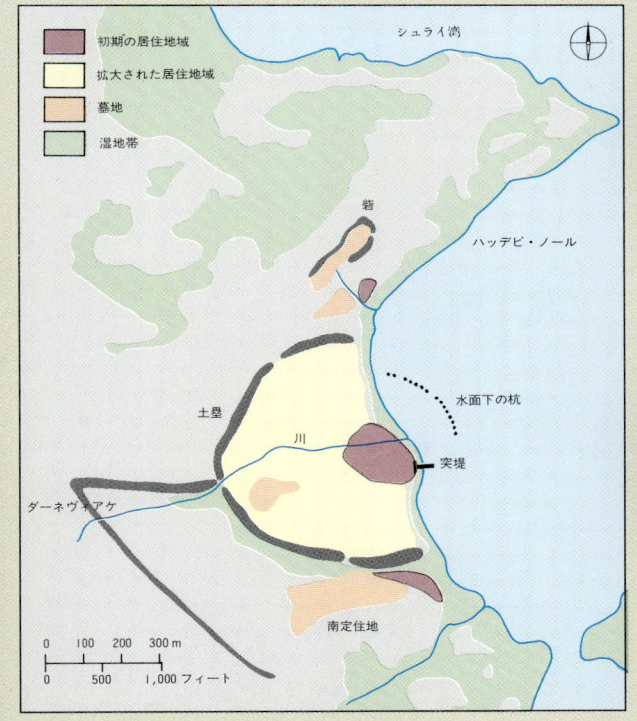

上 10世紀の定住平面図. 8世紀中ごろの最初の定住は南定住地に限定されていたが, 9世紀の初めには居住中心はハッデビ・ノールに注ぐ川の河口周辺に移っていた. 防衛施設は丘陵堡塁だけだった. 10世紀に半円壁がいくつかの段階に分けて建設され, 最終的には高さ少なくとも10 m, 面積24 haを囲むまでに達した.

上 825年ころヘーゼビューで鋳造された銀貨. フリースラントの貨幣を模している. 上の貨幣には船首・船尾を高く反らせた船が描かれ, 帆はマストの頂上に巻き上げられている. 下の貨幣に描かれているのは家の切妻である. 屋根はおそらく板葺きで, 頂華(先端の装飾)として動物の頭が載っている. 家の両側にある斜線はヘーゼビュー出土の家によくあるタイプの壁支えであろう. この貨幣に穴が開いているのはのちにペンダントとして使われたためである.

都市，交易，手工業

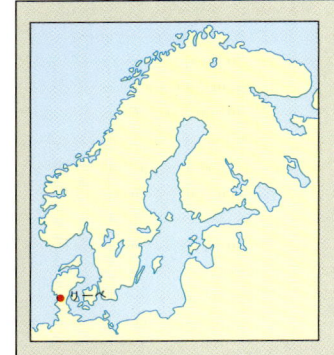

リーベ

　リーベはヴァイキング時代のスカンディナヴィアでもっとも古い町の1つである．この町はユラン半島西側のほぼ中間に位置し，北海から約5km内陸に入ったリーベオーの川沿い，外海から守られたところにある．8世紀の早い時期にここに発生したときは小さな季節的な商業中心地で，職人がその商品を製造して売る仮小屋があるだけであったが，非常に立地条件がよかったので，北海に沿って拡がる商業関係が展開し，やがて永続的な定住地へと発展した．リーベからは多数の銀貨（スケアタス，シャット貨）が出土しているが，鋳造もここでなされたものと思われる．このことは8世紀におけるリーベの商業中心地としての重要性を示すもので，この役割はつぎの200年間つづいた．もっとも早い時期以来，西ヨーロッパとブリテン諸島から商品がここにやってきて，リーベの肥沃な後背地の生産物と交換された．生産物の中心は牛の皮革であろう（最初期の定住地の工房と工房のあいだには，牛の糞が深く堆積していた）．ユラン半島沿岸に打ち上げられる琥珀も，高く売れる商品であったことだろう．

　リーベの経済にとって，手工業も初めから，きわめて重要な部門であった．ヴァイキング時代のこの町の手工業地域内からくずが発掘され，8, 9世紀の生産方法に関する貴重な情報源となった．職人は，風よけで守られただけの，穴を掘った，簡単なかまどの上に身をかがめて野外で働いた．ここでかれらはあらゆるデザインの青銅の宝飾品や飾り金具を鋳造し，ガラスのビーズを何千と作った．琥珀はビーズやペンダントに加工され，赤鹿の枝角から櫛が作られた．角の櫛はヴァイキングの男女からいつも需要が多かった．

下　ヴァイキング時代のリーベはリーベオー川（当時はいまとは流れが異なる）の北岸，まわりの湿地より少し高い小さな砂の半島にあった．1989年に発掘された半円壁は，10世紀に，北と東に対する防衛を強化するために建設されたようである．それはおそらく約10 haの定住地域を囲んでいた．のちに町の中心は南岸に移り，中世の町リーベはここで発展した．

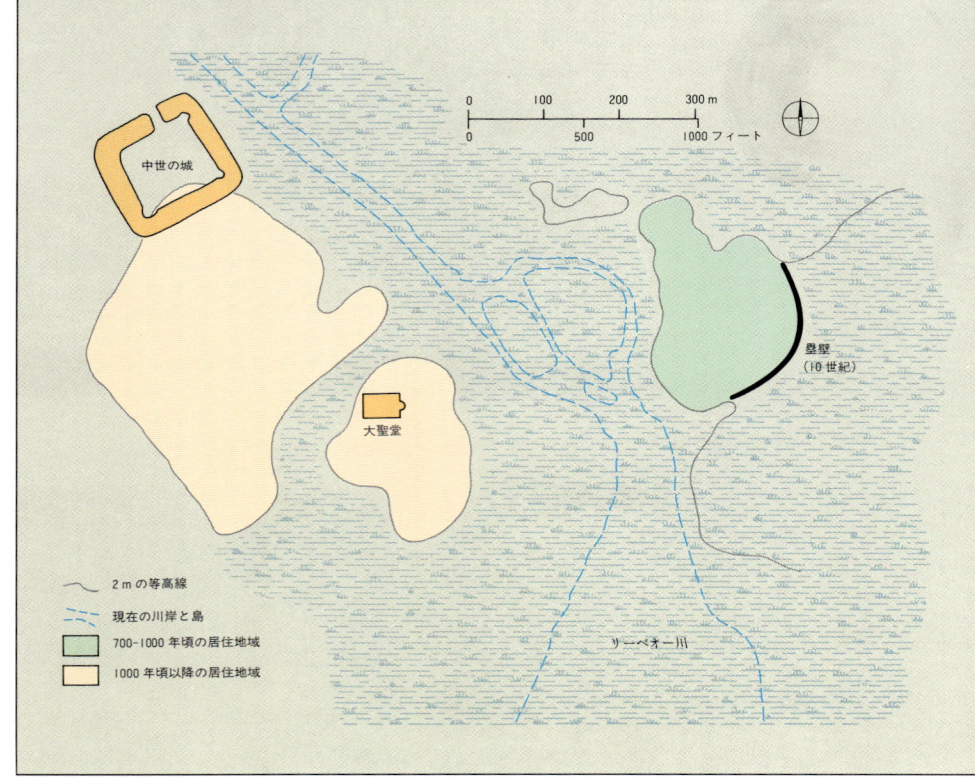

右　リーベの仕事場からは手工業の方法を解明する遺物がかなり発掘されている．ビーズ作りは重要な工芸だった．原料ガラス（割れたガラス製品の破片の再利用，またはイタリアから輸入されたガラス片）が溶かされ，一定の長さに延ばされ，柔らかくして細い鉄の棒に巻つける．ビーズは丸型か円筒形かに形を仕上げられ，棒からはずされる．リーベのビーズ作り工房で見つかった作業くずには，砕けたビーズ，捨てられた彩色ガラスの棒（その一部は束ねられたり，ねじられたりしたため他の色のガラスの跡が付いている），溶けたガラスが作業過程で下に落ちて固まったしずく，などがある．

都市，交易，手工業

水を木で裏打ちされた井戸から得ることができた．港湾部では木の桟橋が岸から，商船が商品の荷卸のために係留できる深さのところまで架けられた．これらの桟橋は，ヴァイキング時代の他の町にみられる港湾設備ともども，ヴァイキング船がかつて考えられていたのとは違い，必ずしも浜に引き上げねばならなかったわけではないことを，十分に証明している．

ヘーゼビューからは保存状態の良い人工物が多数出土しており，住民の手工業・商業活動について詳細に知ることができる．ヘーゼビューに接する後背地に地方的な商業網があったことはあきらかで，櫛や装飾品など簡単なものが作られ，東のコーゼルなどの農業集落の住民を相手に必要な食料と交換された．しかし 9，10 世紀に東欧と西欧のあいだに発達した，たえず拡大する交易に対して，ヘーゼビューが中心に位置していたことも，十分な証拠のあることである．

銀や絹などの商品がバルト海を横断する商船によって，東方からヘーゼビューへともたらされた．ここでワインや，もっと実用的な，回転砥石に使われる溶岩石など西欧の商品と交換された．ヘーゼビューと北海を結ぶ水路はなかった．そのため商品は，ヘーゼビューと西海岸のあいだを陸路，運搬されたに違いない．もっとも可能性の高い経路はダーネヴィアケに沿うもので，ヘーゼビューとこの防衛施設をつなぐ塁壁の建設は，ヘーゼビューの増大する交易・富となんらかの意味で関連していたであろう．ヘーゼビューはあきらかに攻撃目標としてたえず魅力を増していった．アイスランド・サガは多くの激しい攻撃を伝えているが，そのクライマックスは 1066 年のスラヴ人勢力による完全な破壊である．すぐ近くの都市シュレスヴィヒで最近，中世の中心部だったところで発掘が行われた．このとき出土した材木の年輪分析によると，シュレスヴィヒの建設は 1071 年にはすでに始まっている．以前から歴史家が推測しているように，シュレスヴィヒはヴァイキング時代のヘーゼビューに代わるものだったのだろうか．

いまのヘーゼビューは誰も住んでいない遺跡であるが，これとは正反対にユラン半島西岸のリーベはいま近代的で活気にあふれた都市である．8 世紀最初の 10 年間にリーベ川の北岸に出現した小さな商業中心地は成長し，それにつづく 300 年間，ユラン半島西岸の主要な港町となった．大聖堂，中世都市および現代都市の中心は南岸に位置している．長いあいだ考古学者たちは，アンスガールが 854 年に訪れた都市は同じ場所にあったに違いないと信じていたが，大聖堂周辺で発掘があいついで行われたにもかかわらず，ヴァイキング時代の痕跡をみつけることができなかった．ヴァイキングのリーベは神話だったのか？ アンスガールはリーベを訪れなかったのか？ この疑問は川の北岸で発掘が始まった 1970 年代に劇的に解かれることになった．発掘はそれ以来，ほとんど途切れることなく続いている．現在では，リーベが 9 世紀にはすでに非常に繁栄した町だったことがわかっているが，その中心はリーベ川の北岸にあり，この区域はヴァイキング時代の終わりに中心から周辺へと没落してしまったのである．言いかえると，ヴァイキング時代の都市は棄てられ，別の場所の新しい町がこれに取って代わったのである．この移動はヘーゼビューからシュレスヴィヒへの移動ほどはっきりしていないが，その重要さに変わりはない．

リーベは陸路と水路の交差する地点にある．リーベオー川はこの都市を北海とつなぎ，そしてこの都市はユラン半島を北から南へ縦断する陸路上にある．したがってリーベは交易をコントロールするには理想的な位置にあった．700 年ころには河岸に成立していた小さな村は，農場が 2，3 あったにす

上 ユラン半島の西部低地地方を北海に向けて流れるリーベオー川南岸に位置する中世の大聖堂の塔は，いまもリーベの町にそびえている．リーベは 948 年に司教座となった．8，9 世紀のヴァイキング時代の町は北岸の林のなかにあった．町の中心が川を越えて大聖堂周辺地域に移ったとき，もとの町は廃棄されたか，郊外になった．

都市，交易，手工業

ぎない．その後の10年間，その村は新しい定住者たちを引き寄せた．仮小屋や作業場が建てられ，土地は区画に分けられ，隣人は互いに溝と塀で隔てられた．当初，この地域は季節的にのみ，おそらくは夏の何カ月か市（いち）が立つ時期にのみ，居住された．職人がやってきて，自分たちの商品（ガラスのビーズ，宝飾品，櫛）を作って売った．農民は家畜を連れてきた．農業村落から商業中心地への転換は突然で，しかもよく組織されていたので，背後で舵を取った権力があったはずだと考えたくなる．当時，自分の国に商業中心地を置けば利益になると考えたデンマーク王がいたのだろうか？　この時代に作られた，「シャット貨」（スケアタス）と呼ばれる小さな銀貨が約300枚見つかっており，このこともこの町が王のコントロール下にあったことを示している．この発見個数はスカンディナヴィアの他のどこよりもずっと多く，そのうちのいくつかはリーベ自体で鋳造されたらしい．さきに述べたように，こうした王がいたとすればもっともありそうなのはアーガンチュールである．

8世紀初めの商業中心地リーベはあきらかにスカンディナヴィア・西欧間の交換が盛んに行われた場所だった．ライン地方産の土器やガラスの酒器が出土しており，ワインがドイツ中・南部から輸入されていたことを教えてくれる．同じ地域から回転砥石も一緒に輸入された．砥石はノルウェーからもたらされ，さらに西方へ再輸出された．もっと南のドイツ人に売るため，牛が市（いち）に連れてこられた．恒久的な定住地が市の場所から南東に百mほどのところにでき始め，そこには支柱のある大きな家屋がいくつかと，より小さな小屋多数，通りが1つ，それに井戸があった．市（いち）の監督者はここに住んでいたかもしれない．ここを中心としてそのまわりにのちの恒久的な都市が発展したのではないだろうか．

9世紀半ばにはリーベの名声と重要性が高まっていたからこそ，アンスガールは訪れる気になったに違いない．そのころには約12haの区域を囲む溝が町の境界をなしていたようである．この溝は防衛のためには狭く浅すぎ，おそらくは税関境界かその他の法的な線引きであった．本当の防衛構造物−はるかに立派な濠と土塁−がこの溝に取って代わったのはようやく10世紀になってからである．つまりこれ以前のリーベは攻撃に対してまるで無防備だったに違いない．

10世紀のリーベの歴史は，それ以前よりも知られていない．防衛施設は部分的に発掘されているが，通りやそれに面する建物の配置の発掘はまだこれからである．それでも文書史料から，948年にリーベの最初の司教が任命されたことが知られている．これが川の北岸から南側へ，すなわちいま大聖堂が建っている場所の周辺へ町の中心地域が移ったきっかけであったかもしれない．その新しい場所に移ったリーベは，中世を通じて，ユラン半島西岸でもっとも重要な教会上・商業上の中心だった．8世紀から現在までずっと連続して居住されている都市というのも，スカンディナヴィアではこの町ただ1つである．

スウェーデンのヴァイキング都市

829年アンスガールは，「スヴェーア人の地」にキリスト教を伝えて欲しいとの招きに応じ，中部スウェーデンのビルカに向けて旅立った．旅は危険に満ちていた．あるところでアンスガールの船は海賊に襲われた．海賊はかれの所持していたすべてのもの（教会の調度品，書物）を奪い，アンスガールと従者たちは船から降ろされた．それでもアンスガール一行はビルカに行き着き，そこで王ビョルンとヘリゲイルに歓待された．ヘリゲイルはこの町における王の代理人で，アンスガールの伝記作者リンベルトはプラエフェクトゥス（代官）と呼んでいる．当初，改宗の試みはある程度成功し，ヘリゲイルが洗礼を受けた．約18カ月後，アンスガールは1人の司教と何人かの司祭を残してドイツへ戻った．かれは850年代にビルカをふたたび訪れ，このとき教会を建てる許しを得，聖職者たちの住居を建てる土地を与えられた．メーラレン湖のビョルケー島にあったビルカが，アンスガールの最初の訪問時すでに繁栄した町であったことは考古学上の発掘によって知られる．ビルカは8世紀の半ばころに建設され，200年以上存続した．その後この場所は廃棄され，その商業上・政治上の機能はシグトゥーナに移った．シグトゥーナの町は10世紀の末，ビルカから少し離れたメーラレン湖の北岸に建設された．

現在，ビョルケー島に町はない．ここは緑の美しい島で，春になると草は一面に花を咲かせ，白樺の木とビャクシンの茂みが点々とする．しかし，かつての繁栄の痕跡はいまも残っている．湖岸近くの，岩の高台には砦（ボリ）の塁壁があり，またべつの塁壁が北岸から走っている．3,000個以上の土まんじゅうがヴァイキング時代の墓の場所を教えてくれる．そのうちの1,000基以上は19世紀に発掘され，ヴァイキング時代のビルカに関する知識のほとんどは，最近までこの発掘によっていた．

墓からは，ビルカがもっとも豊かだったのは9世紀末から10世紀であったこと，最大で900人もの住民がおり，外国人も多数含まれていたことがわかる．外国人はおそらく，バルト海の東の国々からきた商人であった．このことは東方タイプの衣装付属品や魔除けなどの副葬品に示される．ビザンツや東方の銀や絹が，北スカンディナヴィアの原料商品，とくに毛皮と羽毛と引き替えに輸入された．西ヨーロッパの富裕な貴族のあいだでもこれらの北スカンディナヴィア産商品は需要があった．おそらくこれらはビルカと密接に連携していたヘーゼビューを経由して，西ヨーロッパへ船で運ばれた．ビルカには櫛などの小物を作り，青銅の装飾品を鋳造する職人も住んでいた．ヘーゼビューと同じように，これらの商品のほとんどは農産物と交換に隣接する周辺地域へ分配されたと思われる．というのは，ビョルケー島には町が必要とする食物のすべてを自給するに十分な広さがなかったからである．ある種の食料−小麦や果物など−はもっと遠隔地からも輸入された可能性がある．

ビルカが放棄された理由ははっきりしない．ヘーゼビューのように外からの襲撃で荒廃したのではないらしい．地理的な状況が衰退に大きな意味をもったかもしれない．ヴァイキング時代のビルカには，氷河の残した砂礫層（エスカー）の南北に走る尾根伝いの陸路によって北からも，また水路でも，接近できた．当時のメーラレンは現在のような湖ではなく，バルト海の入り海であった．船でいく道は，いまセーデルテリエの町がある南東部からビルカに達する，長く狭い入り江を通っていた．この入り江は狭い地峡によってメーラレン湖から切り離され，そのためにビルカをめざす船は特別に造られた運搬陸路を曳いて越す必要があった．船はかなり小型で，かつ喫水が浅かったので，このように人力で運ぶことができたのである．ビルカが建設されたころ，水位は今よりも約5m高かった．しかし土地はたえず隆起して，10世紀末にはこの運搬陸路を使って船を運ぶことは難しくなってしまった．しかも同時に，船は大きくかつ重くなった．そのため，現在のストックホルムがある海峡を通ってメーラレン湖に入る別のルートを見つけなければならなくなったのである．この水路をとった船は無数の島や岩礁のあいだを通る，曲りくねった狭い水路を縫うようにして進まなければならなかった．

都市，交易，手工業

上　南ノルウェー，カウパングの9世紀の交易中心地跡を示す空中写真．フィヨルドの奥に位置し，無数の小島が外海の荒波から守っている．守られた港（前景中央）は，いまでは沈泥でふさがれている．遺跡のまわりには，副葬品豊かな多くの墳丘墓があり，いまは木に覆われている．町がどこにあったかを示すものはいまは何もないが，港の右手の牧草地で行われた発掘によって，建物と突堤の跡と，手工業と交易の盛んであった証拠があきらかになった．

この航路はもはや直接にはビョルケー島にはいかず，その北にあるフューリス川の河口，つまり新しい町シグトゥーナのある所へ向かった．こうしてビルカはその生命線と経済上の重要性を失ったのである．

商業中心地

都市よりも広く存在し，ときに誤って都市と呼ばれているのが，エンポリウムすなわち商業中心地である．ここでは手工業生産や交易が行われるが，永続的な住民や都市的な機構はなかった．（8世紀初めのリーベにみられた，一時的な小屋や作業場を有する集落はこのような中心地であったかもしれない．）こうした商業地についてのきわめて優れた記述史料が9世紀のアングロ・サクソン史料にある．それはノルウェーの商人オウッタルがウェセックスのアルフレッド大王をイングランドの宮廷に訪れた次第を述べている．かれは旅の話をして主人役の王を楽しませ，アルフレッドは慎重にもそれを書き留めさせた．そのおかげでオウッタルがノルウェーの遠い北からヘーゼビューまで航海し，セイウチの牙や皮などの高価な積み荷を運んだことが，知られるのである．かれはこの旅の途中，この古英語の資料で「スキーリンゲスヘアル」と呼ばれている港に立ち寄った．そこは船で5日分，ヘーゼビューの北にあった．

「スキーリンゲスヘアル」はオウッタルの叙述と考古学上の出土物の両方に基づいて，ノルウェー南東部沿岸，ヴェストフォルのカウパングと同定された．カウパング（Kaupang）という地名自体も重要である．それはさまざまに変形して，

都市，交易，手工業

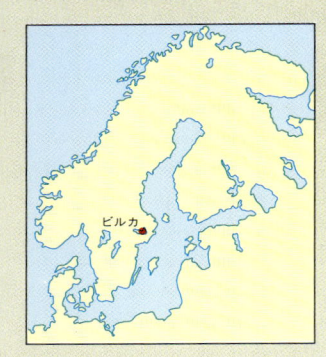

ビルカ

ビルカの町はメーラレン湖のビョルケー島にあった．しかしこの町自体については1990年にいわゆる「黒土地域」で新しい調査が始まるまで，ほとんど知られなかった．黒土というのは，2世紀にわたる人間活動から生じた，有機残留物を含んで黒くなった土のことである．この黒土地域では19世紀の後半という早い時期に，重要な考古学的な作業が行われたのであるが，まもなく，町を囲んで東側（ヘムランデン）と南側にある墓地の墓の方が，より魅力的な調査地域だということになったのである．このときビルカの推定3,000基の墓のうち，3分の1以上が発掘され，その成果はしばしばめざましいものであった．これらの墓の副葬品は考古学者にとってはかり知れない価値をもつ情報源となり，ヴァイキング時代の編年法を確立し，ビルカの町が商業関係をもっていた国々を推定し，さらに1千年前にこの町の住民が着ていた衣服を再構成できるようになった．しかし考古学者がビルカの建造物について何かを知るようになったのは，ようやく1990年代の初めからのことである．

町は，両側に溝のある通路で隔てられた区画に分けられていた．各区画には，面積約5×8mの木造の建物1，2戸と若干の付属建物—仕事場や店—があった．建物のフレームは木材で，壁は編枝塗壁だった．屋根はふつう木か藁ぶきだったが，ときには芝土が使われた．これらの区画内の出土物から，ビルカ住民の一部は手工業者—宝飾細工師と金属細工師—だったと考えられる．あるものは，衣服のトリミングに使う，狐やリスの皮まで備えていた．商人はきわめて多かった．このことは出土した大量のアラブ貨幣や銀塊から示される．

下 ヴァイキング時代のスカンディナヴィアではガラスのビーズは女性のお好みの衣装飾りであったが，ガラスは異国からもたらされる材料だった．写真のガラス製ゲーム駒はビルカの墓から出土したもので，おそらくはロシア産である．なかに1つある人の形をした駒はゲームの「王」かもしれないが，王より熊に似ている．

下 1872年にビルカの市街地域で出土した銀貨，宝飾品，銀の切断片の大埋蔵宝．ヴァイキング時代のスカンディナヴィアでは支払いは銀の重量でなされた．2kgを越えるこの埋蔵宝は，富裕な個人（たぶん東方からきた商人）の蓄財に違いない．450枚の貨幣は1枚を除いてアラビア貨幣で，718年から977年のあいだにイスラーム世界各地で鋳造された．1枚だけの非アラビア貨は，948年から959年のあいだにコンスタンチノーブルで鋳造された．埋蔵宝の残りの大部分は銀の腕輪であるが，小さなペンダントやイヤリングもある．この埋蔵宝は10世紀の半ばまでつづいたビルカと東方の密接な関係をあきらかにしている．この時期以後，アラビア貨幣の供給は枯渇し始める．

上 スカンディナヴィアに知られる最初のキリスト表現は，この銀メッキした小さな線条細工の十字架像である．ビルカの10世紀の墓から出土した．キリストはズボンをはいて，十字架に縄でくくりつけられている．

右 10世紀のビルカ想像復原図．町の木造建物は防衛塁壁の内側に集まっている．この塁壁は，町の南端で町を見下ろす丘陵堡塁を囲む塁壁とつながっている．港もまた，湾口をまたぐ防柵で守られている．この絵の示しているように，大部分が木造の建物からなる町では火災が危険であった．町中心部の4軒の建物が燃えて，煙が上っている．

都市，交易，手工業

下　ビョルケー島北西部のヴァイキング時代の町ビルカは、最大面積13haほどであったが、10世紀に建てられた塁壁はわずか7haを囲んでいるのみである。ヴァイキングがこの地を占めていたとき、島はいまより狭かった。陸/海面の変動で海岸線が変わったからである。

右　現在の港がある海岸から、後景に見える木々のはずれにあるいまの村へと小道の走っているのが見える。この小道の両側に拡がる何もない牧草地が、ビルカの「黒土」跡である。さらに向こうの森はグレーンエー（「緑の島」）というが、これはヴァイキング時代には切り離された別の島だった。

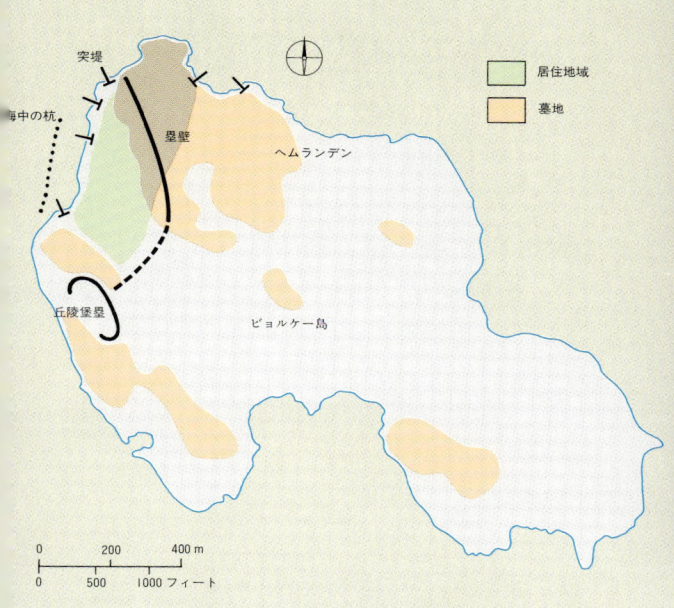

居住地域
墓地

突堤
海中の杭
塁壁
ヘムランデン
丘陵堡塁
ビョルケー島

都市，交易，手工業

ヴァイキング世界のいたるところに，そしてまたアングロ・サクソン時代のイングランドにみられる．スウェーデンではシェーピング (köping)（たとえばレッデシェーピンゲ Löddeköpinge），イングランドでは ceap（ロンドンのチープサイド Cheapside），あるいは ceping または cieping（チッピング・ソドベリ Chipping Sodbury）といった形で地名に現れる．この語の基本的な意味は市（マーケット）であり，実際にもノルウェーのカウパングは市だったと思われる．

現在，ヴェストフォルのカウパングという名称はある農場の名前である．その周辺の多くの墓丘はおもに9世紀のものであるが，しかし9世紀の居住地を示す目にみえる跡はない．いまは，島々と岩礁によって外海からよく守られたフィヨルドの岸辺に向かって牧草地が緩やかに傾斜している．ここで小規模な発掘が行われ，6つの建造物群が海岸線にほぼ並行しているのがみつかった．鉄と青銅の鉱滓，るつぼ，ガラスのビーズ製造からでる作業屑，といった出土物は，建造物の少なくともいくつかは鉄の用具や簡単な宝飾品を作る作業場だったことを示している．しかし，家庭用の炉床と生活廃棄物がないので，どの建物にせよ人が恒常的に住んでいたかは疑わしい．船の修理場跡も発見された．これはおそらく，ノルウェーの西海岸沿いの骨の折れる航海のあいだに船を傷めたオウッタルのような航海者の必要に応えるものであった．木の桟橋が少なくとも2つ水中に延びており，桟橋を岸に固定するため，陸側の端は石の基礎の上に建てられていた．船を横付けに留めておくためのロープも1本，そこでみつかっている．

カウパングでの商業活動はリーベやヘーゼビュー，ビルカほどではなかったかもしれないが，広範囲で，多岐にわたっていたことは間違いない．ライン地方，ブリテン諸島，バルト海沿岸諸国の土器，それに商人の必携品である天秤，分銅が出土している．輸入品は地元の原料品，なかでも片岩，せっけん石と交換されたことだろう．片岩の砥石を積んだ難破船が，海岸沿いに15 kmほどの距離にあるコールスンで発見された．しかしながら，発掘が行われたのは遺跡のごく一部分だけではあるが，カウパングは夏だけ手工業生産と商業のために使われた季節的な露営地であった，というのが全体的な印象である．組織的に配置された通りと家屋というような，都市固有の特徴がここにはまったくみられない．カウパングは他の重要な点でもほんとうの町とは異なる．たとえば防衛施設が作られたことは一度もない．10世紀に防衛施設の必要性が切実になった時代にはカウパングはもう存在していなかったためであろう．そのあとを継いだ都市のないこともほんとうの町と異なる点である．900年ごろまでにカウパングは放棄されたが，その原因は海面水位の変化かもしれないし，あるいは南ノルウェーに対するデンマークの影響が減退するにつれてその重要性が薄れたためかもしれない（カウパングはあきらかに，ヘーゼビューを核とした商業ネットワークに結び付いていた）．

カウパングは特殊な例ではない．季節的な市場はデンマーク，シェラン島北岸のスクレ湾にもあり，あきらかにこの地が外海から守られているので良い港になったからである．ここには8世紀から12世紀まで断続的に利用された痕跡があるが，なんらかの建造物があったことを示すものは何もない．野外の炉床と粘土で内張りされた浅いくぼみが，この一時的な市場に残る遺物のすべてである．粘土で内張りされたくぼみは，市場が開かれているときに建てられた一時的な小屋かテントの床だったかもしれない．

そのような一時的な構造物の跡はそうと見分けるのが難しいほど微かなので，スカンディナヴィア沿岸の，外海から保護された地点にさらに何カ所，そのような商業中心地があったのか知る術もない．しかし，いくらか良好な保存状態の遺物を伴った遺跡が2カ所，スコーネのオーヒュースとレッデシェーピンゲにある．スコーネは現在スウェーデンの一部であるが，当時はデンマークに属していた．ヘリェ川の北岸にあるオーヒュースは8世紀前半，工芸，とくにビーズ製造をおもに行う季節的な市の中心として築かれた．小さな銀貨，すなわちリーベに多数出土している型のスケアタス（シャット）貨が何枚か発見され，ここが商業中心地としてもっていた重要性を証明しているが，しかし町が永続的な基礎のうえに組織されていた，と思わせるものはない．建物の跡はほんのわずかで，沈床式の小屋である．これは簡単にすぐ建てられ，おそらくは常時利用することを意図していない．

約50年後，オーヒュースのこの場所は放棄され，数百m下流の処女地に再建される．この集落はおおよそ10 haにわたっており，8世紀後半から9世紀初めまで存在したが，ふたたび放棄された．この場合もたぶん他の場所に移ったことであろう．この2つ目の集落は最初のものよりもかなりしっかりしており，多くの建造物をもち，経済的には青銅細工によく依存していた．バルト海南岸やライン地方の土器片がその商業的なつながりの広さを教えてくれる．しかしそれでも，オーヒュースが都市的特徴を備えたことはなかった．

同じことが西スコーネのレッデ川沿いのレッデシェーピンゲにもあてはまる．ここでは9世紀の沈床式の建物群が，円形の土手に取り囲まれた狭い区域に集まっている．発掘によって最終的にあきらかになったことは，これらの建物が使われたのは断続的であり，おそらくは毎年短期間だけか，あるいはもっと間隔をおいてだったということである．遺物によれば当時，交易が基幹的な活動だったと思われる．ここには西ヨーロッパ産とバルト地方産の品物がともに出土している．この場所は900年ころには放棄された．近くで永続的な定住が始まったが，それは村であって町ではなかった．

ゴットランド島のパーヴィーケンも季節的な商業中心地だったと思われる．発掘では恒常的に利用された大きな建物の痕跡はまったく出てこなかったが，交易と手工業活動を示す遺物はかなりある．アラブの貨幣と錘（おもり）は東方と接触があったことを示すもので，北イタリアから輸入され，ビーズ製造に使われた小さな四角いガラス片「テッセラ」も出土している．さらに船の修理場があり，ここで発見された漁具の数に留意すれば活気ある漁業中心地でもあった．ゴットランドにはスウェーデンおよび東バルト地方と商業関係をもっていた同様の場所は他にもあるが，パーヴィーケンほど豊富に証拠のあるところはない．パーヴィーケンの南，数kmのところに半円形の塁壁で囲まれた遺跡ヴェステルガーンがある．これは防御施設をもたないパーヴィーケンを守ろうとしたものだったかもしれない．しかしここの発掘はわずかしかなされておらず，この問題について確実なことはいえない．

季節的な市場中心地はフィンランドにもあったことが知られている．フィンランド南西内陸部，ヴァナヤヴェシ湖岸のハメーンリンナ（スウェーデン語名：タヴァステヒュース）で最近，建物，港，塁壁をもつ広さ約6 haの区域が発掘された．この遺跡は800年ころから13世紀末まで使われ，出土品の性格から，周辺地域の市場中心地として機能したことはあきらかである．ここがもっと広い地域との商業関係を展開した証拠はない．しかし沿海部の2つの市場中心地—トゥルク（スウェーデン語名：オーボー）とウーシカウブンキ（スウェーデン語名：ニースタード）—は，スウェーデンに近いため，より大きな商業ネットワークに結び付いていた．同様に，フィンランドとスウェーデンの中間にあるボスニア湾のオーラン

手工業と工芸

ヴァイキング時代，スカンディナヴィアの繁栄が進み，手工業製品に対する需要が増大した．手工業には実用品と装飾品（ブローチ，ビーズ，馬勒の飾り金具など）の両方が含まれる．都市および季節的な商業中心地は手工業にとってももっとも重要な中心地であった．増大する都市人口と周辺農業地帯の需要に応えて工芸地域が発展したのである．発掘によって，その他にも道具，武器，貴金属製品の生産拠点として機能した場所があきらかにされている．たとえば10世紀のデンマークの「王の要塞」内には工房があった．個別農場さえ，ゴットランド島のルンドビャーシュやフレイエルのように，世帯メンバーの一部は工芸職人だった．これら2つの農場工房は専門的に，ゴットランド女性に人気のあった動物頭のブローチ製造を行っていた．女性用装飾品でもっとも一般的な形は卵型（楕円形）ブローチであった．これはスカンディナヴィアの大部分の地域で大量に出土している．円形ブローチはフィンランドと中部スウェーデンでもっとも好まれた．青銅の宝飾品を鋳造するのに使われた粘土の鋳型は，多くの都市的集落で大量に見つかっている．若干の日用品，とくに鹿やへら鹿の角でできた櫛は，おそらく巡回職人によって製造された．かれらは中心地から中心地へと需要に応えて旅をしながら製作した．こう考えると，櫛の形と装飾がヴァイキング世界のいたるところで事実上同じである理由を説明できる．もっとも重要な手工業の一つは造船であったろうが，造船に関する考古学上の証拠は少ない．ところが船の修理所は多く知られている．たとえばカウパングやフリブレザ・オーに修理所があった．貨幣鋳造は1,000年以前にはごく少ししか建てられなかったが，11世紀，王権による中央集権化に伴い著しくその数を増した．

9-11 世紀の手工業中心地遺跡
生産物タイプ
卵形ブローチ
円形ブローチ
獣頭ブローチ
その他の金属細工
ガラス
琥珀
骨，角
土器
船
9，10 世紀のブローチ・タイプ別地域
卵形
円形
獣頭
造幣所所在地
1000 年以前
1000 年以後
縮尺 1：7,700,000
0
200 km
0
150 マイル
0°
8°
16°
24°
32°
70°
66°
62°
58°
54°
北極海
ノール・カップ（北岬）
センヤ島
ヴェステローレン諸島
ヒンネ島
ロフォーテン諸島
イナリ湖
トーネ川
北極圏
ケミ川
トーレ川
フーナヴァン川
ウーメ川
オウル湖
ピエリネン湖
ボスニア湾
ノルウェー海
トロンヘイム
ストゥールシェー湖
ナシ湖
パイヤンネ湖
サイマー湖
ラドガ湖
ソグネ・フィヨルド
グローマ川
ハーマル
ミョーサ湖
シルヤン湖
ハメーンリンナ
ハルダンゲル・フィヨルド
クラール川
ダール川
オーランド諸島
ピテイス
フィンランド湾
オスロ
メーラレン湖
シグトゥーナ
シェーエン
アンスベル
カウパング
ヒェルマレン湖
ビルカ
ヘリエ
ペイプス湖
ヴェーネン湖
イェータ川
ヴェッテン湖
スカーイェラク海峡
ロードビャーシュ
バーヴィーケン
ゴットランド島
フレイエル
アガシュボー
オルボー
カテガト海峡
西ドヴィナ川
ヒュアカト
ヴィボー
エーランド島
北海
オーフース
シェラン島
トレレボー
ロスキレ
ルンド
オーヒュース
バルト海
オーゼンセ
リーベ
リングステズ
フューン島
スラーイェルセ
ネマン川
ファルスター島
ロラン島
ボーンホルム島
ヘーゼビュー
リューゲン島
エルベ川
オーデル川
ヴィスワ川

木彫

　ヴァイキング時代の彫刻家が仕事をする天然素材は，木材であった．小刀はいつも手近にあったが，木彫の傑作を仕上げるには，さらに多くの木工道具——のみ，まるのみ，やすり——が必要だった．この時代の木工品はわずかしか残っていないが，残っているなかですぐれているものはまず，オーセベルの墓から出土したさまざまな9世紀初めの木製品である．多様性に富んだ彫刻を見ると，木工に取り組んだ当時の芸術家たちの技に驚かされる．

　オーセベル出土品の研究が示すところでは，これらは数人の熟練した彫刻家の専門的作品で，おそらくは王家に庇護された南東ノルウェーの単一の工房で製作された．異なる世代の彫刻家たちが一緒に働いたらしい．というのは彫刻のあるものは古い様式を示しているのに，別のあるものは9世紀のスカンディナヴィアでこれから採用される流行の先駆けをなし，様式上の革新を先取りしているからである．あるものは製作に抑制を示しているがこれはヴァイキング芸術では珍しいことである．他方，あるものは，片側から反対側が透けて見える重ね彫りの方法を用いた，手の込んだ浮彫りとなっている．表面はときにはすべすべに磨かれ，あるいは見事に細部仕上げされ，ときには金属の飾り鋲で装飾されたり，あるいはモチーフが彩色されてくっきりと描きだされたりしている．

　デザインの大部分は，様式化された動物や鳥によって織りなされる装飾だったようである．この種の装飾は船本体やソリにはっきりと見ることができる．儀礼用の車は一層複雑な図像学的な要素をもっているが，動物の頭をかたどった独特の5本の柱はさらに謎に満ちている．実用の役には立たないので一般には祭式上のものと理解されている．うち4本は玄室そのものに取り付けられており，したがって魔除けのような意味をもっていたのではないだろうか．

右　オーセベル船の玄室で発見された，動物の頭を高浮彫りにした柱．組になっている2本のうちの1本で，この1組のほかにもさらに2本あった．犬歯と目は金属板で覆われている．装飾は表面をすき間なく埋めているが，それがさらに無数の錫をかぶせた爪で飾られている．動物模様は長円形のはめ込み枠の基本デザインからはみ出し，のたうちまわって模様が捉えにくいほどであるが，しかし実際には動物模様はきちんと秩序だてられている．この特徴的な力にあふれた様式は新しく，船の本体に観察される古い様式に代わって登場した．

右　オーセベル船の船首は優美に渦を巻いて先端は蛇の頭となる．こうして船は真の「海蛇」となるのだ．船首も船尾も喫水線より上の側面には，少しずつ姿態を替えて絡み合うねじれた動物の透かし彫りが彫られている．これほどぜいたくに彫刻されている船はめったになかったことだろう．この船はおそらく，波静かな水域を行く，王家の回遊帆船であった．

都市，交易，手工業

ド諸島は，スウェーデン本土，エストニア，ゴットランドと盛んに交易した．しかしオーランド諸島にはヴァイキング時代に市場中心地があったにもかかわらず，本当の意味で町と呼べるものは近代初めまで成長しなかった．

ヴァイキングの手工業

農民，航海者，交易者，略奪者であったヴァイキングは，日常生活用品のみならず，美しい宝飾品，優雅でしかも実用的な武器，複雑な木彫，石彫を作りだす，練達した職人でもあった．かれらの技量の高さは，貴金属から鹿の枝角や骨にいたる多くのさまざまな素材を扱う手際にみることができる．出土品の多くは，これらの工芸が主として町と市場中心地で行われ，さまざまな技術が使われたことを物語っている．皮はなめされて靴，剣の鞘，ベルトその他に加工された．羊毛や亜麻は垂直型の織機で布に織られ，衣服に仕立てられた．木は彫られて無数の家庭用品，とくに什器その他の容器となり，また箱や長持ちが作られた．箱，長持ちにはたいてい錠が取り付けられ，飾り金具で飾られるとともに強化された．のちの時代とは違って土器はほとんど使われず，都市に窯業があったことが完全に証明できるのはヘーゼビューだけである．地方ではごく原始的な方法で土器が作られたかもしれない．多くの家で食べ物の調理に使われた容器はせっけん石製であった．せっけん石はノルウェーで切り出された．おそらく採石地では未加工のままで，石の塊が輸出され，輸出先で仕上げられた．

鉄細工

ヴァイキングにとって鉄はもっとも重要性が高く，道具や武器の製造や造船など，さまざまな目的に利用された．湖沼でとれる鉄鉱は往々にして品質がよいとはいえなかったが，それでも貴重な原料供給源であった．鉄鉱は地方の採取地近くで，簡単な分塊溶鉱炉で溶かされた．そうしてできた原料鉄は延べ棒にされて都市および農業地帯の中心地に運ばれ，そこで鍛冶職人が道具その他の品物を作った．ゴットランド島のメステルミュールの沼から木の道具箱がみつかり，鍛冶職人の用いたさまざまな道具がわかる．鍛冶職人の作る釘や鋲は，もっとも腕の立つヴァイキング職人が働いていた造船所や船の修理場で需要が高かった．

職人の中でもっとも高く評価されたのは武器職人で，かれらの作る強くて鋭い柔軟な剣，優雅しかしおそるべき槍が，ヴァイキングが戦いで成功を収めるかどうかを左右したのである．扱いにくい材料で非常に苦労して武器を作っていたかれらは，ヴァイキングの職人の中でもっとも高い地位にあり，その仕事，技術は十分に報われたに違いない．かれらは1人の主人のために働くことも多く，主人とその従者のために新しい武器を作り，あるいは古い武器を磨き直したり研いだりした．残念ながら，武器職人が使っていた作業場はまだ1カ所も見つかっていないので，どんな熟練と技術が使われたか，われわれの知識が得られるのは完成品そのものを通してである．

武器職人は自分が扱っている材料の特性を的確に理解しており，ある種の鉄は武器の芯に，またある種の鉄は刃にと，選んで用いた．しばしば，刃物とくに剣の柔軟性を高めるために，硬度の異なる細い帯鋼が合わせ鍛接された．この「文様鍛接法」がもっとも広く利用されたのはヴァイキング時代の前半である．

金，銀，青銅細工

金・銀は社会の上層に属する人々の宝飾品やその他の装飾

上 この人物を伴う場面はオーセベルの車体の長い側面の1つに彫刻されている（前面にもう1つある）．絵画的表現はヴァイキング美術では数少なく，これらの場面の意味はわからない．この場面は流れる髪と立派なネックレスをした，身分ある婦人を描いている．かの女は武装した男性が馬上の人物を攻撃するのを止めている．馬上の人物には猟犬が従っている．車体の残りの部分には，リボン状の動物が絡み合った装飾浮き彫りが彫られている．

左 オーセベルの車体を支える台の4つの先端には半ば写実的な人頭が彫られている．図はその1つ．立体的な彫刻も，人間の表現もヴァイキング美術ではまれである．目を見開いたこの仮面のような顔は，表情は険しいが，口髭が広がり，あご髭はよく手入れされ，髪はぴったりしたキャップで被われている．それぞれ異なるこれら4つの人頭の創作に，卓越した芸術家の生きた個性がみえる．しかしこれら作品の意味は，今日ではわからない．

品を作るために用いられた．金は銀よりも珍重され，稀少であり，大陸ヨーロッパで作られた宝飾品（およびおそらく貨幣も）を溶かして手に入れた．ヴァイキング時代以前の数世紀，ローマ帝国末期の金貨がスカンディナヴィア，とくにゴットランド島とユラン半島南部へ大量にもたらされた．その一部はヴァイキング時代の金細工師によって，首輪や腕輪，さらには線条細工と粒立て細工で巧みに装飾されたブローチを作るのに使われたことであろう．

銀は他の金属，とくに鉄に，象眼（はめ込み模様）をするのに使われた．マメンの斧はその例である．銀はブローチ，ペンダント，鎖にも使われたが，さまざまな標準重量の首輪と腕輪も作られた．これらは貨幣がほとんど使われていなかった時代，そのまま一種の通貨として使われた．首輪と腕輪が出土するのはたいてい，銀の埋蔵宝の一部としてである．多くは飾りのないプレーンなものだが，ひだをつけられたり，銀線を巧みにねじったものもある．切断された輪（切断銀）が無数に，広い地域にわたって出土しており，商業取り引きが銀の重量で支払われた証拠である．銀の切断片を量るのに使われた商人の秤は，スカンディナヴィアのヴァイキング時代の墓にしばしば出土している．

10世紀半ばまでスカンディナヴィアに入ってくる銀のほとんどは，中央アジアのトランスオクシアナの銀鉱で採掘された．当時この地域は，バグダードからインドとの境までのびるイスラーム教アラブ人に支配された大領域の一部であった．銀はスカンディナヴィアに通常は貨幣の形で運び込まれた．これらは銘に使われた書体からクーフ貨と呼ばれ（現イラクのクーファという都市にちなんで名付けられた），たいてい鋳つぶされた．銀の一部は，ロシアのヴォルガ地方から輸入されたベルミアの輪のように，既製の装飾品の形でスカンディナヴィアに入ってきた．ヴァイキング時代の終わりには，これらの供給は，中央ヨーロッパの鉱山で採掘された銀に取って代わられた．

社会の上層以外の各層では，男性も女性も価値のより劣る金属—通常は青銅—の装飾品で間にあわせなければならなかったが，美しく見せるために金メッキすることもあった．青銅鋳造の鋳型に使った粘土のかけらが多くの遺跡，とくにリーベ，ヘーゼビュー，ビルカで出土しており，青銅鍛治職人は主として都市住民だったらしい．かれらは手工業社会の重要な構成員であったに違いなく，青銅の装飾品だけでなく，ピンや針，鍵や錠付き物入れなど，日用品も作っていた．そして，社会の富裕な人々の求めに応じて，馬具の飾り金具とか，木の長持ちに付ける飾り板とかを供給した．しかしかれらの製品はあまり高品質ではなく，全体としてみればたぶん地元の消費者の需要に応えるために作られた．

製造方法を知る最良の資料はリーベから得られる．そこでは800年ころ以後の，青銅職人の作業場から大量の遺物が出土している．ここでは，そしておそらく他の場所でも，青銅職人は屋外で作業し，最悪の天候に対しても簡単な風よけで守られているだけだった．たいした設備は必要なかった．木炭を燃料とする小さな炉（ふつうはただの穴）で青銅塊やくずがるつぼで溶かされ，そのすぐ隣の炉床が鋳型を熱い状態に保ち，そこに溶けた青銅が注ぎ込まれるのである．青銅職人の持ち運びできる道具は，るつぼ，鋳型，完成品の見本，赤熱したるつぼをつかむ鉄，完成品が冷え，鋳型から取り出されたあとで手直しするためのみ，やすりであった．

るつぼは青銅を溶かす高熱に耐えられるよう，砂を混ぜた

上　オークの箱に入っていた道具類一式．ゴットランド島，メステルミュール出土．鉄工道具と大工道具の両方．この箱には原料，半完成品，完成品など全部で200点以上が入っていた．持ち主はあきらかに鉄と青銅を扱うことのできる鍛冶師で，溶接工でもあり，車大工でもあった．旅の職人が，大沼を渉るときに道具を紛失したのであろうか．

右　銀細工師は貨幣や銀のくずを溶解し，リングやブローチ，その他の種類の装飾品に仕立て直した．デンマーク，サイレーの埋蔵宝の一部であるこれらの品々にみられるように，細い棒をねじったり編んだりさえした首と腕用のリングが多数作られた．線条細工で飾られた円盤ブローチや，重量による支払いに用いられた切断銀にも注意．サイレー埋蔵宝は146枚の各種貨幣を含んでいた．その多くは中央アジア産のアラブ貨幣で，これらの貨幣から，埋蔵されたのは10世紀後半と思われる．

都市，交易，手工業

粘土で作られていた．るつぼの形は通例ほぼ円柱状で，鋏でつかめるように縁のあたりに小さな耳があった．青銅が液状になると，るつぼは燃えている炉の中から鋏で取り出される．溶けた金属を鋳型の先（湯口）から注ぎ込み，粘土に彫り込まれている複雑な線の文様すべてにいきわたらせ，さらに気泡ができるのを避けるためには，落ちついた，注意深い腕が必要だった．それから鋳型は炉床のそばに置かれて，ゆっくりと冷やされた．鋳型の中の金属が冷えて固まると鋳型は炉床から離され，壊されて中身が取り出された．新しく鋳造されたブローチや飾り板は余分なところをやすりで削り取って仕上げられ，この段階でさらに装飾を加えることができた．金メッキする場合には，この段階でなされた．

壊された鋳型の破片は，たいてい炉床のまわりの地面にただ捨てておかれた．発掘では，何千もの棄てられた破片がみつかっており，どうやって鋳型が作られたのかがわかる．ひな型（実際のブローチであることが多く，そうでない場合は特別に鉛で作られた型）を，用意された粘土の板に押しつけるか，粘土を型の上に薄く塗り付けるかして，もとになる型

装飾金属細工

　ヴァイキング時代の多様な金属装飾品，とくに女性のブローチは大量生産された．大量生産といっても1個の鋳型を繰り返し使用するのではなく，1つの親型から1回きり使用の粘土鋳型多数が作られたということである．鋳物の装飾品を手で仕上げるには，普通の粘土鋳型は壊さなければ取り出せなかったからである（下図参照）．

　このような使い方をする鋳型は新たに作った型からも，（こちらの方が多かったが）完成品からも，作ることができた．しかしヴァイキング時代後期には，鹿の角や場合によっては木を削って作った鋳型でなんども鋳造を繰り返して，金属装飾品が大量生産されたことが確認される．この方法はピュータ（錫の合金）鋳造に適用できた．融点が十分低いので，鋳型を壊さずにすんだからである．この方法による安価なブローチは，発展しつつあった諸都市で既製品として売られたことであろう．

　金銀を買う余裕のあるもっと富裕な顧客向けに仕事をした宝飾細工師は，別種の大量生産方式を用いた．金型を使って浮彫りの基本デザインを箔に押しつけ，そのあとで精巧きわまりない線条細工で飾ったのである．このような装飾品は，ヴァイキング時代の金属細工師の手になるもっとも技巧を凝らした作であって，中世の最高傑作と肩を並べることができる．

下　卵型ブローチはヴァイキング時代の宝飾品のなかでももっとも一般的なタイプであった．それは2つ1組になって，婦人の衣装の肩紐を留めるのに使われた．大部分は大量生産された．2つの部分に分けた粘土の鋳型に青銅を流し込んで型をとり，使用後の鋳型は壊された．デンマークのリーベの宝飾工房からはこうした壊された鋳型が出土している．

右　この金の円盤ブローチ（拡大図）はデンマーク，ホーネルンから出土した2つのうちの1つである．1000年ころ．2枚のプレートからなり，表側は押型に押し付けたあと，線条細工の飾りをつけられた様子になっている．植物模様は西ヨーロッパの様式に影響されている．

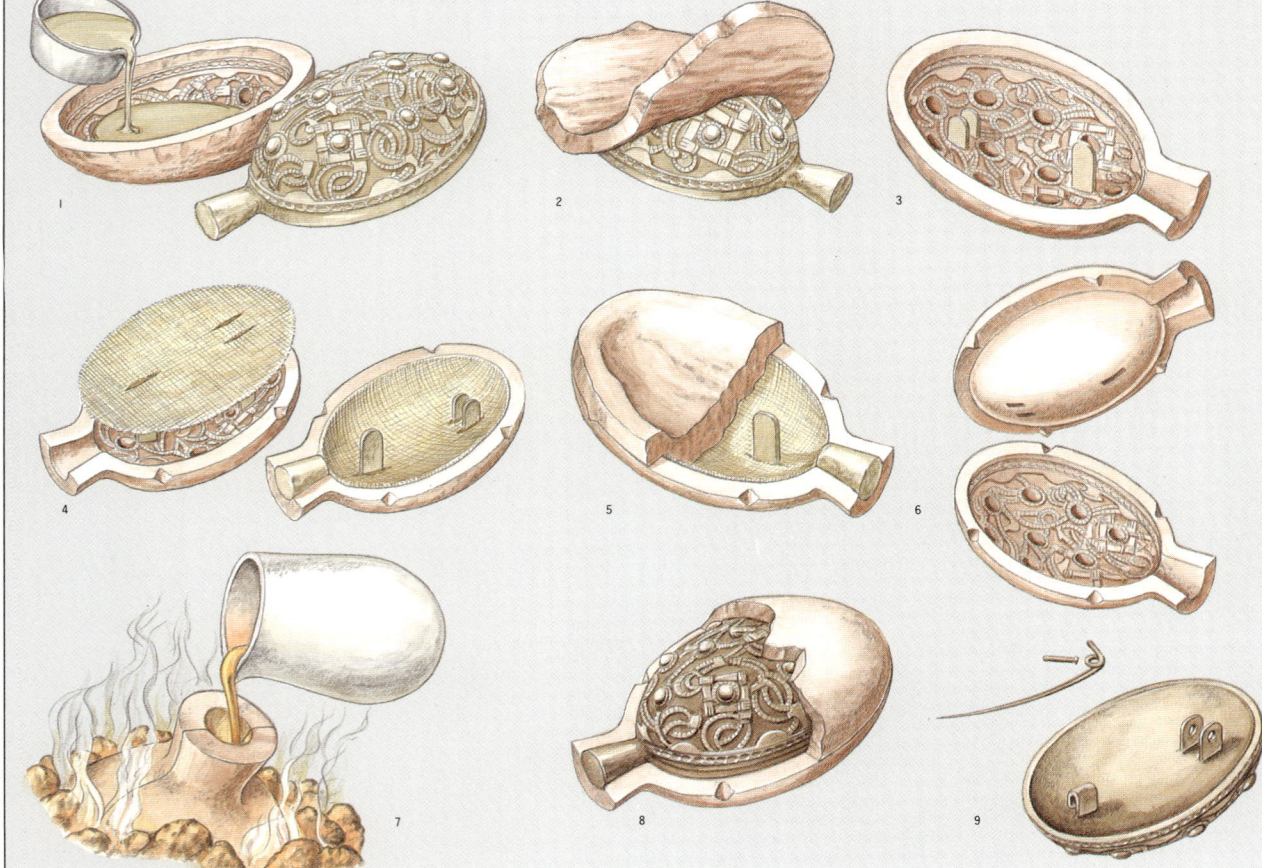

左　1組の卵型ブローチを作るにはそれぞれ2つの部分からなる2つの鋳型が要る．まず古いブローチ（またはあらたに蠟で作ったブローチ）に押し付けて作った親鋳型を使い，蠟のモデルを2個鋳造する（1）．それらに蠟をかぶせる（2）．蠟を溶かして外へ出し，それからピン留め具用の蠟製留め釘を取り付ける（3）．ついで蠟を染み込ませた布を鋳型に押し付け，完成ブローチの厚みを決める（4）．布の上から粘土を塗って裏側が作られる（5）．鋳型を熱して蠟を流し出し，それから布を取り除く．最後に2つの部分が合わされ（6），鋳型として使えるように閉じられる．溶かした金属が熱した鋳型の中に注ぎ込まれ（7），冷めたら鋳型は壊され（8），ブローチが取り出されて仕上げられる（9）．

p.95の下端左　宝飾師が右側のペンダントのような金の線条装飾製造に用いた押型（父型）．右側の製品はヘーゼビュー出土．

都市，交易，手工業

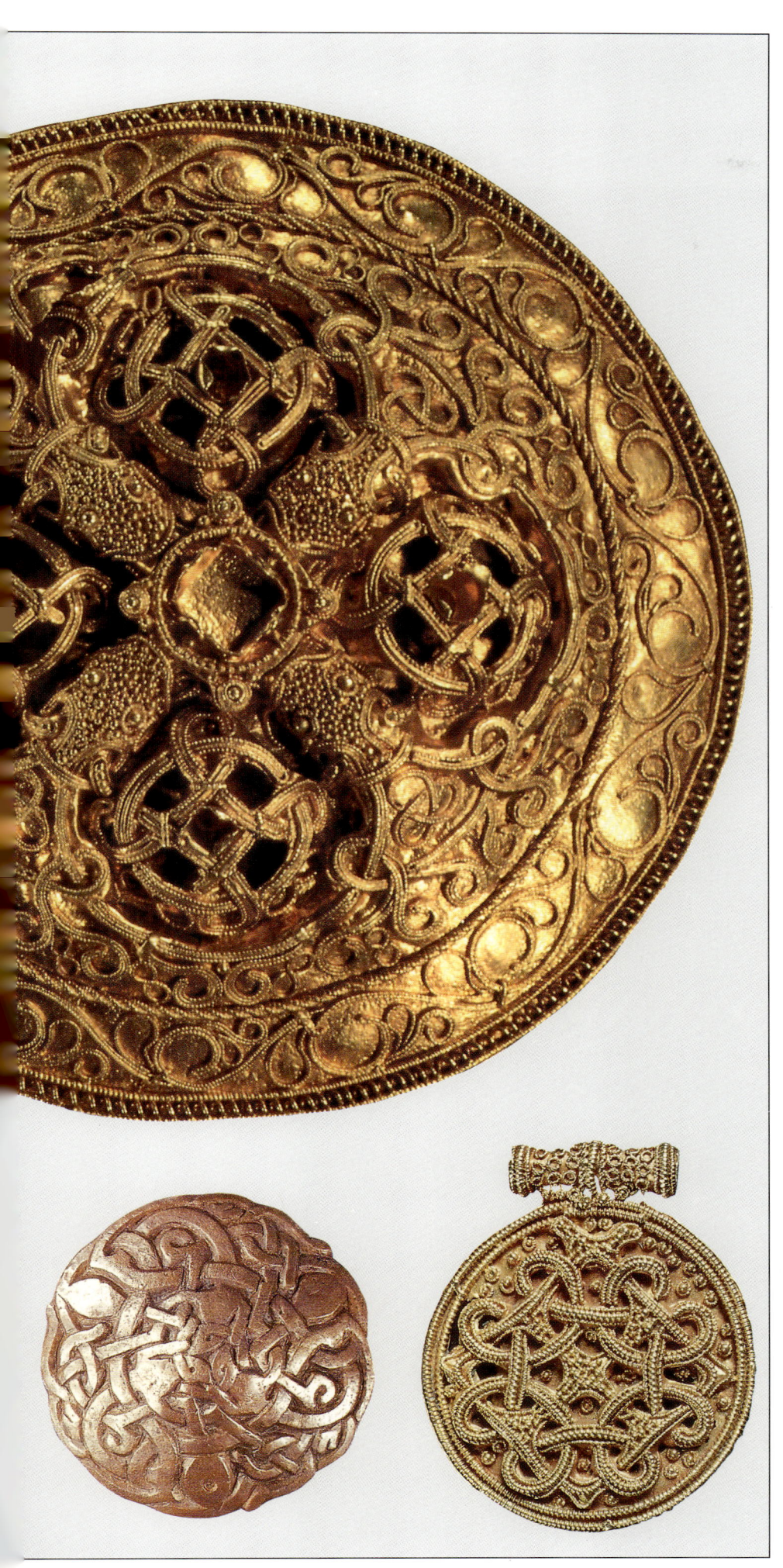

（ネガ）が作られた．つぎに，液状の蠟がそのネガのなかに流し込まれ，冷えて固まると取り外された．1つの原型（ネガ）から蠟てできた同じ型（ポジ）をたくさん作ることができた．蠟のポジのまわりに粘土を押しつけ，それを熱すれば鋳型の表側半分ができる．つまり，蠟が溶けたとき，蠟についていた模様が固くなった粘土に残されるのである．蠟をしみ込ませた毛織りの布切れを鋳型の空洞に詰め込み，そのうえにもう一度粘土を塗って背側の型を作る．全体がふたたび加熱され，蠟が溶けて流れたあと，鋳型の上半部と背側が分離されて布が取り除かれる．表側と背側をふたたび合わせ，しっかりと付けるために粘土と水を混ぜたものを薄く塗る．鋳型は炉床におかれて加熱したあとで，布の詰め物を取り除いたあとの空洞に，溶かされた青銅が注入される．こうすると，溶けた金属の熱のために鋳型が割れてしまうのを防ぐことができるのである．

　この方法を使って，1つの親鋳物から同じ形のものをたくさん作ることができた．もっとも一般的な青銅装飾品の1つは卵型ブローチで，9, 10世紀の上流階級の女性墓から何百もみつかっている．これらのブローチはたんに飾りとして身に付けられたのではなく，身分の高い女性に必要な衣服の一部分だった．ブローチは衣服を留めるために両肩に付けられていたのである．したがって通常は少なくとも2個，同じデザインのものが作られた．しかし同じ型のものが非常にたくさんみつかっていることからすると，これらのブローチは事実上，大量生産されていたらしい．ある青銅細工職人はある特定の型のものを作ることにとくに熟達していたことであろうが，リーベの作業場での出土品から考えると，かれらは注文を受ければ，実際には青銅を溶かして何でも作ることができたようである．

ビーズの製造

　ガラスのビーズも何千と作られた．この工芸の遺物はほとんど，リーベ，オーヒュース，バーヴィーケン，カウパングといった8, 9世紀の町と市場中心地から得られ，製造方法はつねに同じだった．もともとライン地方から輸入された酒器のガラス片がビーズを作る原料品（カレット）になった．そして，明るい色のついた，ときには金箔で被われたガラスの小さな四角片がさまざまな陰影，色調を出すために加えられた．このガラス片，つまり「テッセラ」は，おそらく北イタリアで教会のモザイクに用いるために作られたものである．これはこの時代に商品が，どんなに遠い距離を運ばれたかをはっきりとさし示すものである．青ガラスのカットされていない塊もビーズ製造のため輸入された．

　青銅職人と同じように，ビーズ職人もおそらく野外で作業した．かれらの設備・道具も単純だった．すなわち炉，ビーズの形を整える鉄の棒，たくさんの金属製小皿である．カレットは炉で溶かされ，溶けたガラスの小さな塊を鉄棒にからめる．ガラスが固まるまで鉄棒を少しだけくるくる回し，それから平たい台の上で転がして円筒状あるいは球状にする．そして鉄棒からはずし，固まらせるのである．この段階で色ガラスによって細線を加え，多彩色のビーズを作ることができた．モザイクのビーズを作るため，ガラス棒を何色も溶合させておいて薄く切る，より複雑な技術も用いられた．ビーズ作りの作業所は，炉床のまわりに落ちているくずでそれとわかる．さまざまな色の着いたガラスのしずくや細い糸が作業の過程で地上に落ちるのである．鉄棒も何本か発見されている．ゴットランドのバーヴィーケンでは，鉄棒の1つにまだビーズが付いたままだった．ガラスが鉄棒からはずされるまえに冷えて固まってしまったのかもしれない．

都市，交易，手工業

ビーズは他の材料で作られることもあった．特筆すべきは琥珀である．琥珀は松やにの化石化した塊で，オレンジ色，黄褐色をしている．バルト海や（ずっと少ないが）ユラン半島の北海海岸で拾うことができる．その多くは西ヨーロッパの市場へ送られたが，ヴァイキング時代の墓では，刻まれた琥珀のビーズがたくさんみつかっている．ゲームの駒やペンダント，お守りも琥珀を削って作られた．

櫛の製造

櫛はこれまでに発掘されたヴァイキング時代の町すべてで

左　ヴァイキング時代のネックレスとペンダント．ゴットランド出土．金，銀，彩色ガラスのビーズを含む．上端と下端は岩水晶に精妙なスラヴ風の銀の金具をつけた輸入ペンダント．中央の32個の「魚型」ペンダントでてきた手の込んだ首飾りは，ゴットランド特有の宝飾様式である．これは金メッキをした青銅に，黒金象眼した銀箔をあてたものである．

大量に出土しており，副葬品としても一般的である．櫛は社会のどの階級の人ももっていたに違いない．あるものはきわめて美しく装飾が施されているが（立派な櫛の中には青銅のはめ込み細工までされているものもある），あるものはまったく簡素な作りである．出土数からすると，ヴァイキングたちはいつも櫛を携帯し，よく使用し，またよく紛失したようである．

櫛作りは高度な技術をもった専業の職人で，かれらの商品を買う景気のよい市場がいつもあったに違いない．櫛製造は主として都市で行われ，櫛の原材料（南スカンディナヴィアでは赤鹿の角，それより北ではへら鹿の角）が，まるごとの櫛，櫛の破片および半完成品ともども出土している．

櫛はたくさんのさまざまな部品から作られたが，それには鹿の枝角のほとんど全部が使用された．長いまっすぐなところから，背の板になる部分を2枚とり，幾何学的な文様で装飾をつけ，背を少し湾曲させる．それからそれよりも薄い数枚の長方形の板の裏表それぞれに背板の1つが取り付けられ，最終的にやすりで削って歯に仕上げられる．使用された材料のいかんを問わず，ヴァイキング時代の櫛は型式，製造方法が驚くほど同じであり，西はダブリンから東はノヴゴロドまで，ヴァイキング世界のほぼ全域でほとんど同じ櫛が出土する．このことから，櫛職人は遍歴職人であり，需要があるところならどこへでも旅をし，自分たちの商品を作って売ったと考えられる．

美術様式

ヴァイキングは装飾を好んだ．かれらの作った物は，船や建物も含め，絶えず動きのある装飾がびっしり施されており，しばしば高度に様式化された動物の形をしている．かれらが好んだ非常に特徴のある美術様式は，ヴァイキング時代以前の様式から成長してきたものであるが，ヴァイキング時代に外国の影響が取り入れられ，きわめて独創的な，典型的にスカンディナヴィア的形態をした意匠が作り出された．ヨーロッパの影響が支配的になったのはキリスト教がやってきたあとであり，このとき西欧のロマネスク様式の美術，建築が，最後のヴァイキング諸様式に取って代わったのである．

ヴァイキングの美術に関するわれわれの情報のほとんどは墓の副葬品に基づいている．その結果われわれのイメージはかなり一面的である．墓のなかに現存しているものは主として金属か石だからである．木彫や装飾された織物がほんの数例だけ偶然保存されており，目を見張るような作品を作っていた芸術家・職人は宝飾職人だけではなかったことがわかる．研究と比較のため，ヴァイキング美術は専門家によっていくつかの様式に区分され，各様式の名称は，その特別な様式を特徴づけている特有なモチーフまたはモチーフ群をもつ品物が最初に見つかった場所にちなんでいる．ヴァイキングの美しくも荒々しい美術はそれ自体，観賞に堪えるすばらしいものであるが，同時にまたそれは考古学者にとっては，非常に有用な手段となる．しだいに発展していく諸様式は，考古学的な構造物や特徴の年代決定指標として用いることができるからである．

ブローア様式は，ゴットランド島のブローアの，ある墓にちなんで命名され，8世紀の後半から9世紀にわずかにかかる時期に製作・使用された品物の装飾に用いられている．すべての様式がそうなのであるが，ブローア様式は高度に様式化された動物のモチーフからなっており，それらの動物はリボン状になって植物の巻きつるとからまっているか，もっと丸い胴体をしている．新しいタイプでは小さな前肢を握り締めており，これは「握り獣」と呼ばれるモチーフである．だいたい800年から875年に流行したオーセベル様式にも「握り獣」がみられる．オーセベル様式という名称は834年のものとされるオーセベル船葬墓に由来している．ヴァイキング時代の木彫はほんのわずかしか残っていないが，そのほとんどはこの遺跡から出土している．それらは，いまは失われてしまった木彫という遺産がどんなに偉大なものであったか，片鱗を伝えている．

ノルウェー，ボッレの墳丘墓から出土した，金メッキされた青銅製の馬具用飾り金具がボッレ様式という名称の由来であるが，この様式は850年以後の100年間，装身具を飾るために使われた．以前の様式よりも形式化のいっそう進んだ幾何学的な様式で，その特徴的なモチーフの1つをなしているのは円と四角の連鎖で，リング・チェーンと呼ばれる．この様式はスカンディナヴィアの外でもみられる．本来のボッレ様式およびその変形された様式は，アイスランドからロシアにいたるヴァイキングの海外定住地で出土した品物を飾っている．

同じことはあと4つのヴァイキング美術様式についてもあてはまる．ただし，スカンディナヴィア以外でみつかったものは低質で，地方的に変形していることが多い．10世紀前半のイェリング様式の名称は，デンマーク，イェリングの北側の墳丘墓（年輪年代測定によれば958/9年）から出土した銀の酒杯にちなんでいる．その特徴は，互いにからみ合い，重なり合う，S字に曲がった帯状の動物である．年輪年代法で970/1年とされるマメンの墓（これもデンマーク）で発掘された斧が，10世紀後半のマメン様式を代表するものである．マメン様式の特徴は，半ば写実的な動物が，からみ合う植物の巻きつるでほとんど隠れてしまっているところにあるが，この点はリンゲリーケ様式と似ている．リンゲリーケ様式はその大部分が石に描かれ，この石彫の記念碑に使われた赤みがかった砂岩を産出する南東ノルウェーの地域名にちなんで名付けられた．

ヴァイキング時代最後の様式であるウルネス様式は1050年ごろに始まり，12世紀までヴァイキング世界全域で使われた．その名はノルウェーのソグネ・フィヨルド沿岸，ウルネスの11世紀の樽板式教会に由来する．その壮大な木彫もまた，ヴァイキングの工芸職人の高い技術をいまに思い起こさせるものである．その中心的モチーフを構成しているのは蛇のような生き物と戦っている優雅な四足動物である．

上　櫛作りは熟練を要する工芸だった．発掘されたヴァイキングの町々には専門的な仕事場の跡が発見されている．製造方法は規格化され，歯が片側にだけついているその形はヴァイキング世界中で同じだった．もっとも一般的な素材は鹿の角で，その天然の強靱さのゆえに好まれた．背板と歯板は鉄の鋲で留められた．

ヴァイキング美術

　ヴァイキング時代のスカンディナヴィア美術はなによりも装飾であった．その模様の基礎は様式化されたさまざまな動物だったが，しかしリボン状連鎖や植物モチーフが流行した時期もあった．ヴァイキング美術は西ヨーロッパの影響を受けやすかったが，外国のアイデアは選択的に借用され，スカンディナヴィア人の好みに作り替えられた．その発展には本質的な連続性が観察される．芸術的革新の時期があってもそれは短く，そのあとには長く保守主義の時期がつづくのである．こうした変化の時期の1つが8世紀にあり（「ブローア様式」），これが「オーセベル様式」をもって始まる狭義のヴァイキング美術の基礎となった．変化のもう1つは10世紀のいわゆる「マメン様式」の案出である．これにはハーラル青歯王とイェリングのデンマーク宮廷の保護があったものと思われる．

　ヴァイキング美術は現在，あいつぐ6つの様式に区分するのが慣例となっている．オーセベル，ボッレ，イェリング，マメン，リンゲリーケ，ウルネスの諸様式である．しかしある1つの新しい様式が流行しても，古い様式にただちに取って代わるわけではなかった．それに大量生産される装飾品の多くは芸術的発展の主要な潮流にはなりにくかった．末期ヴァイキング時代には石の彫刻が導入されたが，これは大きな革新であった．それ以前にはゴットランドに絵画石があっただけである．それ以外にはヴァイキング時代のスカンディナヴィアには絵画的情景表現はほとんど残っていない．ただしオーセベルの壁掛はその重要な例外である．

左端　金メッキした青銅の馬具飾り．ゴットランド，ブローア出土，8世紀末．この島固有の動物美術と，西ヨーロッパから導入された他の動物や鳥，とくにきわだった「握り獣」の混交が観察できる．ブローア・モチーフはオーセベルの彫刻に用いられており（たとえば船体に一左図），9世紀のオーセベル様式の基礎となっている．

上　ペンダント．940年ころに埋められたスウェーデンの埋蔵宝の一部．形はボッレ様式の「握り獣」．頭は仮面のようで，身体はブレッツェル型，前肢を握り締めている．「握り獣」はおそらくアングロ・サクソン起源で，8世紀にスカンディナヴィア美術に導入され，長く人気を保った．もっともボッレ様式では幾何学的なリボンが絡み合うモチーフの方がはるかに好まれた．

都市，交易，手工業

下右　960年代にハーラル王によってイェリングに立てられた記念碑は、当時のデンマークでは珍しい石碑だった．すぐにそれは模倣され，その1つの面に描かれている蛇に絡みつかれているライオンという新しいモチーフも模倣された．デザイン中，ただ1つのモチーフが優越するこの新しい傾向は，「マメンの斧」の装飾にちなんで名付けられたマメン様式の特徴である．この様式は10世紀後半に流行し，さらに生い茂った植物の様式に発展した例を，ドイツの「バンベルクの小箱」のアイボリー・パネル（右図）にみることができる．

下　ヴァイキング美術の最終段階は，ノルウェー，ウルネスの樽板式教会を飾る壮麗な木彫りから名付けられたウルネス様式である．ふたたび様式化された動物がもっとも重要なモチーフとなり，これが多環状パターンの外見をもつ優雅なデザインの基礎をなしている．デンマーク，リンホルム・ホイエ出土のこの小さな銀製ブローチは，この様式による金属細工の美しい例であるが，こうした透かし細工のブローチはスカンディナヴィアのみにみられる．この様式は11世紀の半ばに始まり，12世紀にヨーロッパのロマネスク装飾様式がスカンディナヴィアに拡がるまでつづいた．

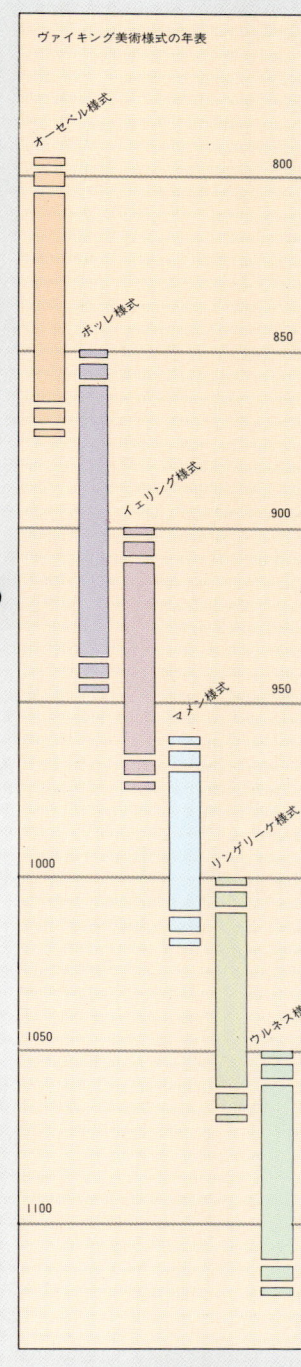

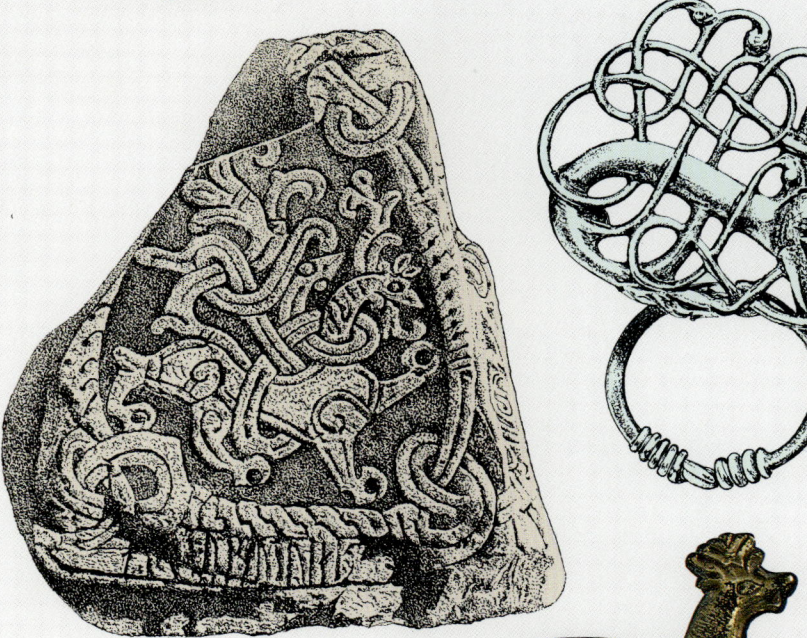

ヴァイキング美術様式の年表

オーセベリ様式	800
	850
ボッレ様式	
イェリング様式	900
	950
マメン様式	1000
リングリーケ様式	1050
ウルネス様式	1100

左　イェリング様式の名は，デンマーク，イェリング北側古墳の王の玄室から出土した銀のコップに描かれた，S字型の動物にちなんでいる．これら帯状の動物はもつれあい，透かし絡み模様となっている．左上はデンマーク，マメン出土の鞍の前弓であるが，その全体にわたってこの模様がみられる．前弓の両端は口をあけた動物の頭で，いずれも口のなかには「掴り獣」がある．馬の手綱は中央の穴を通る．イェリング様式は10世紀後半に流行し，先行するボッレ様式およびつぎのマメン様式の両方と，部分的に重複している．

左　ノルウェー，ヘッゲンの風見．おそらくはヴァイキング船のへさきに付いていた．この面にはライオン風の動物2頭が描かれ，イェリング石（上中央）の系統に属するが，たてがみと尻尾がリングリーケ様式のびっしりと群生した巻きつるとなっている．これが流行したのは11世紀前半で，典型例は南東ノルウェー，ヴァングの石である（右）．この例では動物は植物モチーフより重要でない．西ヨーロッパ起源の葉状模様は，末期ヴァイキング時代美術のこの一時期に支配的であった．

99

学問と宗教

口誦伝承

　書籍文化の中で育った人には，文学や学問が本なしに成り立つとは考えにくい．しかしヴァイキングは，キリスト教の影響下に入るまで本をもたなかったにもかかわらず，文学をもち，ある種の学問さえも身につけていたのである．アリ・ソルギルスソン（1067-1148年）は12世紀の初めに『アイスランド人の書』（アイスランドの歴史）を書き，250年ほど前に起こった出来事を叙述する必要があった．指針となるべき書かれた記録はなかったので，かれの言うところによると，「司教イースレイヴの息子でありわたしの養父であるテイトと，わたしの父の兄弟ソルケル・ゲッリスソン，それにスノッリ・ゴジの娘スリーズから聞いた話」から資料を得たのだった．「テイトはわたしが知るなかでもっとも博識な人物だった．ソルケルの記憶は遠い過去に及んだ．スリーズはよく知っていただけでなく，全面的に信頼できる人物であった」．つまりかれが利用したのは，世代から世代へと口づてに語りつがれてきた目撃者の証言，口碑だったのだ．

　13世紀の初めアイスランド人スノッリ・ストゥルルソンも，人々の記憶に依拠してノルウェー諸王の歴史を書いた．この作品の序文にかれは書いている．「(900年ころの)ハーラル王の宮廷には詩人たちがいた．人々はかれらの詩や，以後代々ノルウェーを支配してきた王に仕えた宮廷詩人の詩を，今でも知っている．支配者自身やその息子たちの前で吟じられた詩の内容は，もっとも信頼できる．かれらの功績や戦いについてそこで語られていることはほんとうのことと受け取ってよい．なぜならば，詩人が吟じている当の相手をいちばん讃えるのは詩人のつねではあるが，だれもが（その当事者が）嘘偽りだとわかっている冒険談をあえて本人の前で語るものはいない．それは侮辱であって称賛ではない」．

　王の広間で朗唱される詩に登場する民族の偉大な人物たちの歴史（物語）に関する知識は，教養あるヴァイキングの学問の一種である．スカールドという職業的宮廷詩人の詠む歌は，精緻な韻，リズム，頭韻法を伴う，たいへん複雑な形式をもっていた．文と文は混ざりあい，日常会話の慣用からかけ離れた，特殊化した言葉づかいが用いられた．詩人はしばしば北欧の異教神の冒険や特性に触れているが，つまり聴衆はそれを理解するものと期待されていたのである．詩を理解するのは難しく，詩を詠むのはさらに難しい．宮廷詩人には長い修行が要り，かなりの知識を記憶していなければならないのであるが，聴衆にも同じ必要があった．

　学問にはもう1つ，法の分野があった．ヴァイキングは法に多大な尊敬を払った．ただし現在ふつうに考えられている法の捉え方とは異なっている．法は地域的な集会（シング）で定められ，運営され，年長の有力者が記憶した．法は社会を管理し，法を施行するために政治的権力や権威が存在する場合でも，強者の野心を抑制した．アイスランドのサガを信頼できるとすれば，法的な手続きは複雑で厳密だった．民事訴訟でも刑事訴訟でも（実際には両者の区別があったわけではない），裁判方法は該当する慣習法の厳密な厳守に基づいていた．もし告訴の形式が間違っていたり，陪審員の選出が不適切だったり，該当しない法廷に提訴されたりすれば，敗訴になった．したがって法律問題で成功するには知識が必要だったが，その知識は読むことによってではなく聞くことで，年長の法律家に師事することで，過去の判例の詳細を記憶することで，法廷の実際を観察することで，得られた．

左　デンマークのオーフースにあるルーン石をおどろおどろしい仮面が飾っている．碑文にはこうある．「グンウールヴとエーゴットとアースラークとロルヴが，かれらの仲間フールの想い出にこの石を立てた．かれは死んだ……王たちが戦ったときに」．

ルーン文字

　本をもっていなかったにもかかわらず，異教徒ヴァイキングは文字をもたなかったわけではない．かれらはルーンと呼ばれる字母からなる文字を使用した．ルーン・アルファベットの使い手は万能の呪術的な力をもっていた，と考えるのが現在の流行となっているが，とんでもないことである．ルーンはただのアルファベットで，さまざまな目的に用いることができた．記憶のため，法的な目的のため，実際的な目的のために．呪術はヴァイキングがルーンに託した機能の1つにすぎなかったし，かれらがそれをとくに重要視していたわけでもない．ルーン文字はヴァイキング固有の文字でもない．初期ルーンはヨーロッパのさまざまな地域にみられる―イン

学問と宗教

ヤルラバンキの堤道

ヤルラバンキの堤道は長い,盛りあがった道路で,ストックホルム北方15kmほどのところで,テービュとヴァレントゥーナのあいだの粘土質の平坦な土地を横切っている.その名称は,11世紀にこれを建設したこの地方の土地所有者(豪族)の名からきている.このことがわかるのは,ヤルラバンキが自分のその地での重要性と事績を誉め讃える一連のルーン石碑をも立てているからである.現存している4つの石が,かれの「橋」について述べている.堤道の両端に1対ずつ立っていたらしく,北端に2つが残っている.それらには関連しあった碑文がある.「ヤルラバンキはこれらの石をみずからの存命中に立てさせ,この堤道を自分の魂のために作った.かれはひとりでテービュ全体を所有した.神よかれの魂を救いたまえ」.他の石から,かれが地域の全体を所有したこと,集会地を作ったこと,小道を切り開いたことが知られる.かれはあきらかに,自分の個人的な名声と,近隣の道路システムを改善して旅人を助けたキリスト教的善行とを,熱心に記録したのである.

右下 この写真は,北端から堤道を見渡している.北端には2つのルーン石が,当時の位置のままに6.5mあいだを開けて,道の両側面に配されている.堤道沿いにさらにいくつかの立石が見えるが,これらには何も刻まれていない.かつてはほかにももっと小さな石があって,全long延にわたって道の目印になっていた.堤道は石に砂と砂利を覆ってきている.深さは1/3mほど.

■ ルーン石碑
▲ 碑のない石
‑‑‑ ヤルラバンキの堤道

下 ヤルラバンキの石はキリスト教の記念碑であり,それにふさわしく中央に十字架が配されている.「長枝」ルーンによる碑文が2匹の蛇の胴体に彫られている.文章は2つに分かれ,どちらも蛇の頭から始まり,円弧を描いて尾へつづく.

上 1930年代に行われた考古学調査に基づくヤルラバンキの堤道の平面図.全長約150m.調査が行われた当時,ストックホルムからヴァレントゥーナへの道はまだこの堤道の線にほぼ重なっていたが,いまでは近代的な道路がこれに代わっている.

グランド,低地地方,ドイツ,中央ヨーロッパそれからスカンディナヴィアと拡大したヴァイキング世界.しかしルーン文字がもっとも長く生き残り,もっとも多くの例を残しているのは北欧である.ルーン文字はヴァイキング時代のはるか以前にこの地に現れ,キリスト教とローマ文字の伝来以後も,じつに近代初頭まで使われつづけたのだった.

スカンディナヴィアのルーン文字はまた,特有の,非常に単純化された字体に発展した.ルーン字母は曲線ではなく直線でできていた.これはふつう,木に彫るために発達したと考えられている.直線は,表面の固い素材に彫りこみやすかったからだ.まもなく,ルーン文字はそのほかの素材—骨,金属,石—にも彫られるようになった.かつてはルーン・アルファベットは24文字だったが,ヴァイキング時代が始まったときには16字になっていた.これでは北欧語の音を全部表現するには数が十分でなかったため,綴り方はたいへん特異なものになった.ヴァイキング時代のルーン碑文が判読しにくいのは,このためである.

ヴァイキングの書いたルーンのなかでもっとも印象的な例はルーン石の碑文である.表面に文章を彫り込まれた直立した石か丸石が単独で立っていることもあるし,またはなにかの儀礼目的に一連の石が配列され,その1つかそれ以上に碑文があることもある.テクストのほとんどは追悼の目的をもっているようであるが,最近の研究者たちは,あるものには法的な含意があるかもしれないと考えている.典型的には,ルーン碑文は重要人物の(ときにははるかに故郷を離れての)死を記録して広く世間に知らしめるもので,したがって相続人が財産を継ぐことをあきらかにしている.しばしば死者が所有していた土地について詳しく言及され,かれの親族の名前が挙げられ,どういう関係かが明示されている.このような記述の一例が,スウェーデン,スコーネのヘッレスタド石にみられる.「アースガウトは,兄弟エッラの想い出にこの石を立てた.かれはトーキの従士だった.いまこの石は塚の上に立つべし」.

しかしこれよりも複雑で,人物の事績,その死の状況,重要な人々との関係,所有地の範囲などなどを詳述しているルーン碑文もある.たとえば,スウェーデン,ヴェステルイェートランド,ダールムのルーン石碑はいう.「トーキとその兄弟たちは,かれらの兄弟たちの想い出にこの石を立てた.兄弟の1人は西方で,もう1人は東方で死んだ」.おなじくヴェステルイェートランドのラーダ石は謎めいた内容をもっている.「ソルケルは,かれの息子グンナの想い出にこの石を立てた.グンナは王たちが戦いを交えたときに死んだ」.ここにある「王たち」がだれかはわからない.

ときには,とくに後期になると,ルーンの墓碑が詩になっていることがある.スウェーデン,セーデルマンランド,グリップスホルムの石碑は,ある悲惨なヴァイキング遠征を記録している一群の石の1つである.この遠征はセルクランドと呼ばれる土地(皮膚の黒い人々の住む土地.おそらくはアラビア圏)へ向かい,冒険的な多くの若者たちの死で終わった.

> トラは,イングヴァルの兄弟にしてかれの息子ハラルド
> の想い出にこの石を立てた.
>
> > かれらは男らしく黄金を求めて遠征した
> > 東方では鷲を養った
> > 南方でかれらは死んだ.そこはセルクランド

ルーン石には「ソールよ,このルーンを清めたまえ」といった文章で終わり,異教であることを明示しているものもある.しかしルーン石慣行はキリスト教時代にもつづいており,なかにはキリスト教の神への訴えと思われるものもある.ス

ルーン文字

　スカンディナヴィアのルーン・アルファベットは固有の語順をもち，その名称は最初の6文字を取ってフサルク (futhark：th は1文字) と呼ばれる．ヴァイキング時代には2つの主要な型があったが，2つのアルファベットは峻別されず，一方のフサルクの形がときに他方に入り込んだ．2つの型は長枝ルーン (デンマーク・ルーンともいう) と短枝ルーン (スウェーデン゠ノルウェー・ルーン，あるいは共通ルーンともいう) と呼ばれる．ルーン文字はペンで書くよりも木や石に彫り込むことを意図したものであったから，原則として直線で，すなわち垂直の棒1本と，1本ないし数本の斜めの棒もしくは弓形で構成されていた．大文字と小文字の区別はなかった．短枝ルーンは長枝ルーンより単純で，手紙，所有マーク，落書きなど，どちらかというと非公式な碑銘のために発展したのかもしれない．

　初期フサルクは不十分だった．というのは字母の数が言語の音価すべてを表すだけそろっていなかったからである．字母の配分も適切ではなかった．たとえば母音 a を表すのに2つの異なる字母があるのに，o と e というよく使う母音に字母が割り当てられていなかった．子音では d, g, p に独自の字母がなく，t, k, b が代用された．したがってルーンの綴りは厳密ではなく，音価を近似的に表しているだけだった．綴りも一貫していなかった．ルーンの彫り手が違えば同じ単語が違ったふうに表されたのである．その結果，ルーンの文章は解釈がしばしば難しい．ヴァイキング時代の終わりころにはこの欠陥が自覚され，不足をうめるために新しいルーンの字母がいくつか作られた．

右上端　長枝フサルクと短枝フサルクの様式化した書体．この2つのタイプで形が違うのは，h,n,a,s,t,b,m である．長枝ルーン (上段) はデンマークではふつうに使われ，その他の地域でもときおり (記念碑にはしばしば) 使われた．短枝ルーン (下段) はノルウェーとスウェーデン，およびその植民地で一般的に使われた．2つの書き文字の混合はマン島のルーン記念碑文の特徴となっているようである．これら2つの型はともに「短い (字母数の少ない) フサルク」として知られ，ヴァイキング時代に先行する1世紀のうちに，24文字をもつ古いフサルクから発展したものである．2種類のルーン・アルファベットはヴァイキング時代の全期間を通して使用されたが，キリスト教が北欧世界に浸透するにつれ，しだいにローマ字に駆逐された．

右　ブレーキンゲ (現スウェーデン，かつてはデンマーク) のビョルケトルブにあるこの隊形を組んだ石群は，もとの位置のままに立っている．そのうち2つの石には碑文はない．高さが4mある3つ目の石にはルーン碑文がある．用語からみてたいへん古く，おそらく7世紀よりあとではない．ルーンの字体は古風である．碑文は完全には解読できていないが，「力のルーン」について語っていて，この記念碑を壊す者に呪いをかけている．この石列の目的はわからない．

下　イングランド，リンカーン出土の櫛ケース．鹿の角製．はっきりはしないが10 ないし 11 世紀のものとされる．長枝ルーンの銘文をもつ．kamb:koþan:kiari:þorfastr (「ソルファストはよい櫛を作った」).

学問と宗教

コーネのヴァッレベルガ石もそうである．「スヴェンとソルゴットは，マンニとスヴェニの想い出にこの記念碑を作った．神よ，かれらの魂を救いたまえ，かれらはロンドンに眠る」．

ある王が南ユランのヘーゼビューに立てたように，君主が，自分に仕えて戦死した従士の追憶のために石碑を立てることもあった．「スヴェン王はスカルジの想い出にこの石を立てた．かれは王の従士で，かつては西方に遠征した．しかしいまヘーゼビューに死んだ」．これは，11世紀，デンマーク王スヴェンがヘーゼビューを包囲し，占領軍の手から奪回したときの出来事を記録している．相続人なり主君なりが石碑を立ててくれそうもないと思った場合，自分で立てることもあった．スウェーデン，ウップランドのヴェスビュの石碑がそうである．「アリはこの石を，みずからの名誉のために立てさせた．かれはイングランドでクヌーズのデーンゲルトを受けとった．神よ，かれの魂を救いたまえ」．ヴァイキングのイングランド襲撃に加わることがキリスト教的であるとはいいがたいが，アリはそれを自分の人生のなかで記録するに値することだと考えていたのだ．歴史家にとってこの石碑は，デンマーク王クヌーズ（クヌート）に率いられたヴァイキング軍団がスウェーデン人の傭兵を戦列に擁していたことの，重要な証拠である．

ルーン石碑に記念されるのは男性が圧倒的であるものの，もちろんかれらの独占物というわけではない．ノルウェーでもっとも壮麗なルーン石碑はハーデランのデュンナ石である．それは背が高く，すらっとした石柱で，東方の3博士，幼児キリスト，クリスマスの星の彫刻で飾られている．その碑文は，旅人の難儀を助けるために橋を作ったキリスト教的博愛行為を記録している．「スリューリークの娘グンヴォルは，かの女の娘アストリーズの想い出に橋を作った．かの女はハーデランきっての，手わざにたけた娘だった」．

石以外のものに刻まれた銘文もあるが，これは往々にして，所有を主張する，なんの変哲もない文章である．ノルウェー（正確な場所はわからない）出土のケルト風の箱の例：「ランヴェイグがこの箱を所有する」．ノルウェー，トロムスのセンヤ島に出土したヴァイキングの埋蔵宝にあった銀の首輪には，いっそう興味深い詩文の銘がある．

> わたしたちはフリースラントの若者を訪ねた
> わたしたちは戦利品を分割した

ルーン碑銘文はスカンディナヴィアのなかでもある地域には多く，ほかの地域では少ない．なぜそうなのかはわからない．相対的な人口密度の大小を意味するものかもしれないが，社会的あるいは政治的な事情を反映している，というのもありそうなことである．社会のある階級は，ルーン石碑を立てる条件が他の階級より整っていたかもしれない．この場合，ある地域にはこのようなぜいたくにつぎ込める蓄えがより多くあったことになる．1300年以前のルーン碑銘文は，スウェーデンだけで約2,500点を数える．デンマークではずっと少なく，おそらく350点ほどである．ノルウェーでは，現在発掘中の末期ヴァイキング時代の諸都市を別とすれば，もっと少ない．ヴァイキングは移住先でも碑文を残していることがある．西ロシア，ドイツ北岸，オークニー，シェトランドやヘブリディーズの島々，アイルランドとマン島，イングランドとスコットランド本土の特定の諸地域である．しかし，驚くべき違いであるが，アイスランドもノルマンディーもヴァイキングが移住したのに，どちらにもルーン碑文は存在していないようである．アイリッシュ海のマン島は特殊な例である．小さな島であるにもかかわらず，30点ものルーン石碑が残っており，碑文に現れる人名は，北欧人とケルト語を母語とする人々の混血を示している．ここでもルーン石は，他の資料からは得がたい歴史情報を保存している．

上 3m近い高さをもつこの優美なルーン石は，ノルウェー，ハーデランのデュンナで発見された．表面にはキリスト教の象徴がある．上は，クリスマスの星の下に騎行する東方の3博士．下は横倒しに描かれているキリスト生誕の場面．そのドには馬がひざまずいている．アストリズという少女を追悼するルーン碑文が石のヘリに沿って彫られている．下から上に読む．

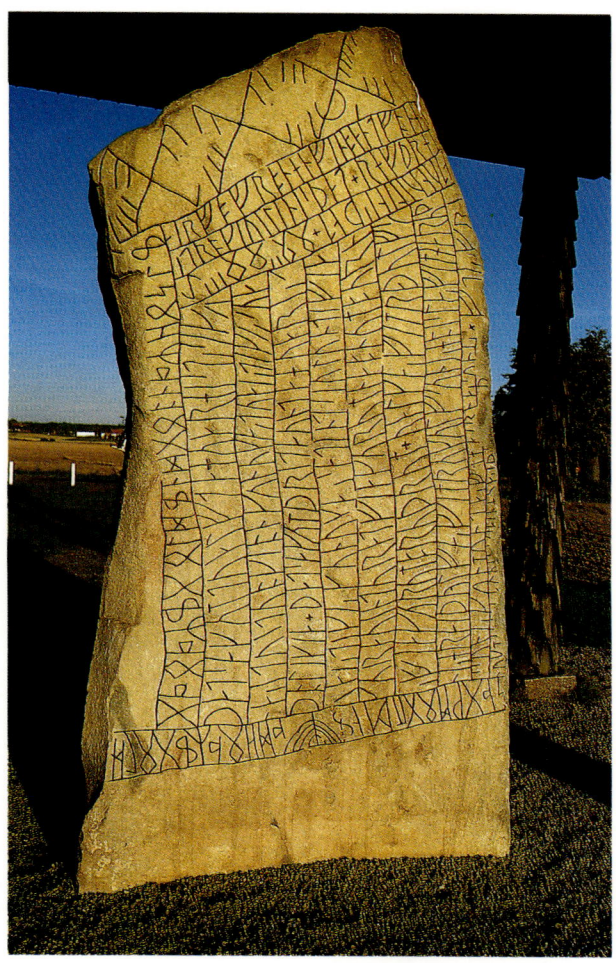

エステルイェートランドのレーク石は，スウェーデンのルーン石の中でももっとも感銘を与えるものの1つである．その碑文は知られているかぎり最長で，利用可能なあらゆるスペースにびっしりと詰まっている．ヴァーリンが死んだ息子ヴェーモドを追憶して誌したこの碑文は，短枝ルーンで彫られ，初期ヴァイキング時代の文芸資料として計り知れない価値をもつ．それは8行詩や，失われた詩や伝説への込み入った暗示を含んでいる．

ルーン文字は本質的には実用的なものだった．ヴァイキングは木切れの一片くらいどこでも見つけることができたし，いつでもベルトにナイフをさしていたからである．字形は覚えやすく，彫りやすかった．しかしこの文字は長めの文章を書くのにはほとんど用いられなかった．もっともときには棒や直立した石に詩が彫られ，最長は8行に及んでいる．スウェーデン，エーランド島のカルレヴィでは，あるデンマーク人指導者の記念碑に詩が残されているが，この詩は複雑なドローットクヴァット（「宮廷韻律」）と呼ばれる，スカールドが好んで用いた形式によっている．

アイスランド・サガ

アイスランド語のサガ（saga）ということばには「歴史」という意味が含まれているが，今日「サガ」と呼ばれている作品のすべてが歴史を内容としているわけではない．しかし，ヴァイキング時代のスカンディナヴィアに関して現存する歴史記述の大部分は，散文叙述の2大タイプ，「王のサガ」と「アイスランド人のサガ」から得られる．これらはおもに13世紀，つまりヴァイキング時代が終わって2世紀近くたったのちに書かれたものなので，その史料としての信頼性については注意深い吟味が必要である．

「王のサガ」は，スカンディナヴィアの初期の支配者たちに関する純伝説的な物語に始まり，ノルウェー全土の最初の王，ハーラル美髪王の生涯へとつづく．かれの治世は，伝統的な編年によれば870年に始まった．これにつづくのが，ヴァイ

学問と宗教

左 スノッリ・ストゥルルソンによって1230年ころに書かれた『ヘイムスクリングラ』（「世界の輪」）中の「ハーラル美髪王のサガ」の1ページ。14世紀初めのアイスランドの写本。伝説的な時代から1177年までのノルウェー諸王を扱ったこの散文体年代記は、「王のサガ」の代表作で、スカールド詩をふんだんに引用している。序文の中でスノッリはこれらの詩が、とくに「もし韻律の規則が守られていて、そしてそれらが賢明に解釈されれば」、歴史史料として重要なものだと述べている。

キング時代の終わりおよびそれ以後に及ぶノルウェー王列伝である．ハーラルには息子がたくさんあった．その後のノルウェー王国史の大部分は、王家のいろいろな系統のあいだの王位争いで占められ、王族外の強力な一族が国土の大部分を支配した混乱の時代がときたま挿入される．ラーデ（現トロンヘイム郊外）の「強者」ヤール・ハーコンはそのような有力者の例である．中世初期ノルウェーの地方集会を牛耳っていた強力な自由農民や貴族との紛争がたびたびあった．ノルウェーの統治者と、スカンディナヴィア隣接諸国の君主との関係についても、サガはいくぶんか伝えている．記述に歴史的な権威を与えるためにスカールド詩がよく引用されているものの、サガの叙述は挿話の積み重ねで、個人の逸話が多く、とくにアイスランド人のノルウェー宮廷での活躍が多い．

「アイスランド人のサガ」の方は、アイスランドの初期（870-930年）の入植者とその後2、3世代の子孫についての話である．物語は、初期の定住の特徴、おそるべき環境下で生き抜く問題、法の支配を確立しようとする試み、そして有力家族間の紛争を解決する伝統的な方法（血の復讐や賠償金の支払

右　このルーン石はエーランド島のカルレヴィにあり，1000年ころシッペという首長の想い出に立てられた．その碑文の最後の部分に残されたスカールド詩は複雑な「ドロートックヴァット」韻律（宮廷韻律）を用いている．これはヴァイキング時代に書かれたことが知られる唯一のスカールド詩である．

いなど）と「法の支配」との葛藤などに関するものである．「アイスランド人のサガ」は，物語の筋の中心を家族関係や婚姻同盟においているため，しばしば「家族のサガ」とも呼ばれる．小話から，たとえば『ニャールのサガ』のような大長編小説というべきものまで，長さはさまざまである．あるサガは，商人や冒険者として，またスカンディナヴィアの君主の宮廷詩人として，海外で活躍するアイスランド人を描いている．『エギル・スカッラグリームスソンのサガ』はその例である．あるものは『ギースリ・スールスソンのサガ』のように，アイスランドのアウトローの逃避行生活，生きるための闘いを描く．さらにまたあるものは，ある特定地域の初期の歴史にその内容を限定している．アイスランド西部のスナイフェルスネス半島を舞台とする『エイルの人々のサガ』はその例である．

「アイスランド人のサガ」は飾り気のない，単刀直入な文体で書かれている．サガのこの文体は，中世アイスランドの日常生活や労働状況についての詳細な言及とあいまって，真実らしさをかもし出している．そのため，読者はサガをヴァイキング時代の生活に関する歴史的に厳密な記述と思いがちである．しかし最近の見解では，サガは事実，あるいは地方の伝承に基づいていることがしばしばあるとはいえ，ヴァイキング時代以後の創作で粉飾された，歴史小説に近いものだとみなされている．

スカールド詩

上にみたように，スカールド（詩人）の詩は石や棒にルーン文字で彫り込まれることがときにはあったにしても，われわれが知っているスカールド詩のほとんどはまったく別の方法で伝えられている．キリスト教の伝来とともに，北欧人はローマ文字を使用するようになり，まもなく文章を北欧語（ノルド語）で書き留め始めた．現存する最古の写本は12世紀，ヴァイキング時代が終わったあとのものである．北欧人，とくにノルウェー人とアイスランド人が関心をもった題材のひとつは自分たちの国の歴史だった．さきに述べたようにそれこそが，もっとも重要な中世散文文学である「王のサガ」や「アイスランド人のサガ」の主題をなしたのだった．その資料とするためにサガの書き手が依拠したのは，歴史的題材を扱っているスカールド詩であった．アイスランド人スノッリ・ストゥルルソンは自分もこれに依拠したと述べている．

前にも触れたように，スカールド詩は公開で詠唱するために書かれ，朗唱と記憶によって後世へ伝えられた．その特異な形式である押韻と頭韻法が発展したのは，詩を覚えさせるため，個々の詩の形を吟唱者に覚えやすくするためだったに違いない．12，13世紀のサガの書き手は，かれらの散文作品に彩りを与え，話の筋に活気を与え，記述が本当であると主張するためにスカールド詩を引用した．このため詩が伝えられることになったのである．詩は理解が難しく，形式も複雑なため，後世の写字生たちはその内容を十分に理解しないまま詩節を書き留め，細かい間違いをよく犯した．散文作者のなかには，自分の作品に重みを与え，真実味をもたせるために，詩を少々捏造するものもあった．これらの部分を本物のヴァイキングの詩から引用されたものと区別しなければならない．これらすべての理由から，スカールド詩の原文字句の研究は問題に満ちている．

現存する詩のあるものは，アイスランド人が「ルーズな詩」（長い詩編の一部ではない詩）と呼んでいるもので，そのときの状況や出来事に言及した単詩節である．別の種類の詩は，複数の連が長い詩をおりなす形式をとり，しばしば王や軍事指導者を讃えて詠まれた．詩には形式上の技巧によって格式の違いがあった．あるものにはリフレインがあり，あるものにはない．詩を捧げるという行為にはあきらかに儀礼が含まれていた．どの指導者はリフレインを含む形式のドラーパ詩（drápa）にふさわしく，だれならリフレインをもたない形式のフロック詩（flokkr）ですませられるかの判断は重要だったに違いない．

スカールドが自分の選んだ指導者を前に，どのようにして自作の詩を朗誦したかについては，残念ながら同時代の記録は存在せず，後世の物語に頼らなければならない．これにはかなりの創作が含まれているだろう．あきらかに，偉大な王を称賛する詩は公開で詠唱されたにちがいない．内々に人を褒めても得にはならない．つまり詩は王の広間に満ちる喧噪と戦わねばならないわけで，したがって詩はふつう，静聴を求めることから始まった．そしてつづく一連の詩節は王の徳をあきらかにする．ふつうは勇武の人だとか勝利者だとかいうことである．王の気前のよさを讃えておくことも，詩人にとって賢いやり方だった．結局のところ詩人とは職業人であり，報酬を望んでいたからである．大作の詩は20以上もの詩節をもち，中央の詩節とリフレイン，それをはさんで対応する序と結びという3部構成をしていた．

しかしすべての詩が称賛を含んでいたわけではない．ほかの宮廷人に比べれば，スカールドはそのときどきのパトロンに依存するところが少なかった．かれは王の従士団に所属してはいたが，永遠の忠誠を尽くすメンバーではなかったからである．だからときには，王に苦言を呈するように頼まれることもあった．シグヴァット・ソールザルソンは11世紀のノルウェー王マグヌスの宮廷詩人だった．マグヌスの父オーラヴ・ハーラルソンはノルウェーをキリスト教化しようと試み，1030年，かれに叛旗をひるがえした豪族たちとトロンヘイム近くのスティックレスタで戦い，殺された．マグヌスは王位につくと，父に敵対した者たちに復讐を始めた．王はきわめて不人気になった．廷臣たちはマグヌスの愚行を諫める役にシグヴァットを選んだ．「率直な詩」と呼ばれる詩のなかでシグヴァットは，もしマグヌスが行動を改めなければ陥いるであろう危険を警告し，善き王のもつべき徳をあきらかにした．

スカールド詩は，作者の名前がわかっているという点で，そのほかの初期北欧文学の多くと異なっている．詩のひとつ

学問と宗教

ひとつがどのスカールドのものかわかっているのである．現存するものはおもに北欧西部のものであり，詩人はノルウェー人か，少しのちになるとアイスランド人であることが多い．デンマークの宮廷詩もいくらか残されている．スウェーデン人のスカールドもおそらく存在したことだろうが，その作品は知られていない．オークニーのヤールの宮廷のような，小さな宮廷にも詩人がいた．

エッダ

スカールド詩に用いられる難解でしばしば奇怪なことば，そしてその韻律の複雑さを考慮して，詩人にして歴史家であるスノッリ・ストゥルルソンは，おそらく1220年代，同じような詩を詠もうとする若い詩人のために手引書をまとめた．これが『散文エッダ』または『新エッダ』と呼ばれる著作で，中世アイスランドからいまに伝わるもっとも重要な作品の1つである．この書は3部からなる．第3部は「韻律一覧」と呼ばれ，詩のさまざまな様式を100例以上あげ，スノッリの注解と説明を添えている．第1部と第2部はスカールド詩の内容と用語に関するものである．そこでは詩に含まれている神話や英雄の出典説明がなされ，また詩のさまざまな登場人物を弁別定義するために使われている用語の解説がなされている．

スノッリはここでその知識の多くを，もう1つの種類の古い韻文編纂物，すなわち『詩エッダ』または『古エッダ』に依拠している．エッダ詩は作者不詳で，形式の点ではスカールド詩よりもたいていずっと素朴である．その大部分は「コーデックス・レギウス」(王室写本)という1冊の写本に保存されている．この写本はかつてコペンハーゲンの王立図書館所蔵だったが，現在はアイスランドのレイキャヴィークにある．同じタイプの詩がいくつか，2, 3の他の写本にも見られる．王室写本が書かれたのは13世紀だが，そこに含まれている題材の成立は広い時代にわたり，あきらかにさまざまな国に起源している．いくつかはヴァイキング時代に成立したことがほとんど確実である．詩はさまざまなテーマについて詠まれている．あるものは神話詩で，北欧の異教の神々の物語，世界の始まりと終わりについて述べ，また先祖伝来の知恵を列挙している．他のものは英雄詩で，大陸ヨーロッパの初期ゲルマン諸族の偉大な王や戦士の名高い活躍を語る．

初期北欧の異教神話と信仰に関するわれわれの知識は，その多くがエッダ詩ならびにスノッリによるその再話から得たもので，そこには神々の名前，かれらの相互関係，敵対勢力とのかれらの闘争，が含まれる．しかしこの知識を利用するには注意が必要である．この資料は文芸資料であって，科学的なものではないからである．いくつかの詩はキリスト教の伝来以降に書かれたかもしれない．また異教神話は北欧全土で同じ内容であったと前提すべきでもない．

神話と伝説

北欧神話のなかでも，この世の初めと終わりの物語はもっとも力強い．あたりまえのことだが，そのどちらも精密とい

上　北アイスランド，スカガフィヨルズのドラングエイ島は『グレッティルのサガ』の重要なエピソードの舞台である．主人公の「豪勇」グレッティルは殺人を犯して追放され，最後の手段として離れ島ドラングエイに逃げ込む．そこは全面が断崖の天然の要塞だった．ここでかれは，夏の放牧に放されていた羊のほか，海鳥やその卵で暮らすことができる．他に攻撃の方法がなくなったかれの敵は，ついには呪術によってかれを殺そうと謀る．

学問と宗教

右 ノルウェー．スティックレスタの戦い (1030年) で死んだ聖オーラヴ．14世紀アイスランド人の印象．フラート島本 (Flateyjarbók) より．聖オーラヴの生涯に捧げられたこのサガは13世紀初めに書かれた．文頭の頭文字がこの細密画の枠になっている．ページの縁どり彩飾は，もっと前のノルウェード，オーラヴ・トリュグヴァソンの伝説上の冒険を描いたもので，かれが猪と女海魔を殺しているところが描かれている．

異教の神々

　スカンディナヴィアの異教の神々は2つのグループに分れている．ほとんどは北欧神族アースに属するが，ヴァンという小さいながら重要で，実際に有力なグループもある．この2つのグループは，その属性も行動様式も大きく異なっている．2つの神族の区別はヴァイキング時代以前にさかのぼるらしい．これらの神々は互いに争う2つの種族であったが，長い対立の時代を経て合意に達し，互いに人質を交換した，とのちの北欧神話には描かれている．これは，富と豊穣と肉体の歓びの神々であるヴァン神族がアース神族と一緒に暮らしている事実の解釈をしているのである．

　ニョルズと，その息子と娘（フレイとフレイヤ）はヴァン神族である．ニョルズは航海と商業，お金と財産の神で，その子どもたちは豊穣と性愛の神だった．フレイとフレイヤは近親相姦の関係にあったが，アース神族のあいだではそれは許されないことだった．ヴァン神族，なかでもフレイヤはセイズ習俗にかかわりがあった．セイズは呪術の一種で，これによって術者は他人を操ったり，特殊な知識を得ることができた．しかし同時に女々しさをもたらし，この条件はほとんどのヴァイキング男性にとって受け入れがたかった．

　大きい方のグループであるアースには，北欧の神々のなかでももっともよく知られている神々，とくにオージンとソールという2人の偉大な神がいる．2人は対照的な性格をしている．オージンは多くの属性をもち，そのいくつかは邪悪であるという，複雑な神である．力強いが不実で，呪術に精通している．しばしば姿を変えて人間たちの問題に介入する．偉大な戦士を助けるので一種の戦いの神であるが，しばしば戦士たちを裏切り，死に至らしめる．のちの物語のなかでは，かれは職業的な戦士の神として描かれている．かれの有名な武器は恐るべき槍グングニルで，8本脚の馬スレイプニルに乗る．かれはヴァルホル（ヴァルハラ）の館に住み，最期の日ラグナロクに備えて，戦死した高名な戦士たちをそこに集めている．

　ソールはもっと単純で，あまり頭がよいとはいえず，むしろ庶民の神である．かれの肉体は力にあふれ，強力な鎚ミョッルニルを手に巨人や怪物と戦い，神々の砦アースガルズを守る．かれはいくつかの冒険でロキ神を供にしている．ロキはあいまいな神で，機知に富んだいたずら好きの仲間として登場することもあるが，邪悪で不実な存在としても現れ，かれの行動によって，ついにはラグナロクにおいて神々の支配が終焉することになる．美しく，だれからも好かれる神バルドルの殺害を仕組んだのもロキだった．

　あまり知られていない神のなかに戦士の神チュールがいる．かれについては，有名な神話が1つ残っているだけである．かれが片腕なのは，神々の罠にかかった狼フェンリルが逃げ出そうとして，かれの腕を噛みちぎったためだというのである．もう1人あまり知られていない神にヘイムダッルがいる．かれはアースガルズへ入る道を守り，ラグナロクの大いなる日の始まりに角笛を鳴らして知らせることになる．また，オージンの妻フリッグ，バルドルの妻ナンナ，ソールの妻シヴなど，大勢の女神たちの名前が知られているが，現存する神話のなかで大きな役割を果たしている女神はフレイヤだけである．

学問と宗教

左　この男根つきの像はおそらく豊饒の神フレイを描いている。ウップサーラ神殿のフレイ像は巨大な勃起したペニスで表されていた（と，ブレーメンのアダムはいう）。豊饒の神フレイは農民の守護者であり，とくに肥沃な土地はかれにちなんだ地名をもっている。たとえばフレイスアクルは「フレイの麦畑」。この小さなブロンズ像（高さ6.9cm）はスウェーデン，セーデルマンランドのレリンゲ出土。

左　スウェーデン出土の10世紀の鋳銀製ペンダント。角杯を差し出す女性像を表す。かの女はおそらくヴァルキュリャ（ワルキューレ，「死者の選択者」の意）で，死んだ戦士をオージンの広間ヴァルホルへと迎え入れている。この超自然的な女性たちは戦死した男たちのなかからもっとも偉大な戦士たちを選び出す任にあたった。ラグナロクで巨人たちとの大戦を行うため，オージンの軍勢にはかれらが必要となるのである。

左　北アイスランド出土のこのブロンズ小像（高さ6.7cm）は，おそらくミョッルニル鎚を握るソール神を表している。ソールはこれを使って，神々を滅ぼそうとする巨人や怪物から神々を守るので，この鎚は神々のもっとも重要な宝の1つである。それは鍛冶師として名高い種族である侏儒（ドヴェルグ）の1人が作った。ソールはこれを飛び道具としても打撃用武器としても用いる。それはおそらく雷を象徴している。

上　8世紀の絵画石の一部であるこの絵は，8本足の馬に乗る男を描いている。ゴットランド島，チェングヴィーデ。この馬はおそらくオージンの馬スレイプニルを表す。古詩に「最高の軍馬」と謳われるスレイプニルは，牝馬に姿を変えていたロキ神と巨人の種馬との交わりから生まれた。

右　この戦士像のヘルメットには猪の像が載っている。フレイ神が所有するグッリンブルスティ（「金の剛毛」）という猪は，ソールの鎚を作ったのと同じ侏儒が製作した。それはどんな馬よりも早く駆けることができ，その剛毛のきらめきで闇夜を照らした。このヘルメットの猪はフレイに守られた戦士を示しているのであろう。高貴な戦士を表す古北欧語の1つにイョヴルがあるが，その字義は「野猪」である。

109

学問と宗教

左　北欧神話に登場する伝説の宝はしばしば侏儒（ドヴェルグ）の作品とされている．ここに描かれているのは鍛冶仕事をする侏儒．12世紀の洗礼盤の一部．ゴットランド島．

うわけではない．初めには何もなく，うつろがあった．しかしそのうつろのあったのは，氷と霧の領域ニヴルヘイムと，熱と閃光の領域ムスペッルのあいだであった．大いなるうつろには川が流れ込み，凍りついて十重二十重に折り重なった．熱の領域と寒気の領域とがふれあう所では氷が溶け，霜の巨人ユミルとなった．この世の霜の巨人はすべてユミルの子孫である．それから，塩からい霜の氷を舐める牝牛アウズフムラが生まれた．舐めつづけるうちに，塊のなかから人の形をしたものが現れた．これがブーリで，大いなる神々のほとんどはその子孫である．オージン，ヴィーリ，ヴェーの神々はユミルを殺し，その身体から大地を，海を，空を，雲を創った．この世界にはさまざまな種類の生きものが住んだ．神々自身，人間，ドヴェルグ（侏儒），アールヴ（妖精），あらゆる種類の巨人が．

ラグナロク，すなわち最期の日に，神々と決着をつけることになる凶悪な怪物も数多くいた．もっとも有名なのはフェンリル狼と，ヨルムンガンドとも呼ばれる世界蛇（ミズガルズオルム）である．これらの怪物は，時の大部分においては危険ではない．フェンリルは縛られて鎖で岩に繋がれ，ヨルムンガンドは海の底にいたからである．ラグナロクがやってくると，かれらは軛から逃れ，闇の軍勢，つまりよこしまな神ロキと炎の魔物と巨人からなる暗黒のものどもに加わるであろう．これらが神々に襲いかかるであろう．神々は勇敢に防戦したのち滅ぶであろう．そして世界は炎で焼きつくされるであろう．神々はこのことを予見しており，実際にオージンは過去の戦闘で倒れた英雄たちからよりすぐった偉大な戦士の軍勢をヴァルホルというかれの大きな館に集めていた．しかし戦う前から，この抵抗がむなしいものであること，そしてかれとそのすべての血族は破滅すべく運命づけられていることを，オージンは知っている．これは戦士の種族にふさわしい神話である．この種族にあっては殺戮と背信が日常茶飯事であり，偉大な人物は不可避だとわかっている運命に抗うことによってその偉大さを示す．

北欧神話の人類創造は素朴である．3人の神，オージン，ヘーニル，ローズルが浜辺を歩いていると，2本の丸太を見つけた．流木であろう．かれらはこれを拾って，人の形を与えた．1つは男の，1つは女の．それからそれぞれの神が人間の特徴を与えた．息吹きと生命，知恵と身体の動き，それから話し，聞き，見る力である．人間はすべてこの2人の子孫である，とスノッリはいう．しかし，人間は社会的な動物である．「リーグススーラ（リーグのうた）」というこの世に社会的な差異がいかにして生まれたかを説明する詩が残っている．偉大な神ヘイムダッルはそのときはリーグと名乗り，世界を行脚していた．かれは貧しい夫婦，中くらいの夫婦，富める夫婦の家を順次，訪ねた．それぞれの家で，かれは夫婦と食事を共にし，3夜滞在し，寝所を共にした．9カ月後，それぞれの家の妻に子が生まれた．貧しい妻からは奴隷階級が生まれ，2番目の妻からは自由な労働階級が生まれ，富める妻からは貴族階級と王族が生じた．したがってこの神話によれば，社会的人間の先祖はヘイムダッルである．

神々自身に関する神話も多い．もっとも力強い話のひとつは，愛される神バルドルについて語る．邪悪な神ロキは妬み，バルドルを殺そうと企んだ．バルドルはどんな素材で作られた武器によっても傷つけられることはなかったが，ヤドリギだけは例外だった．ヤドリギは取るに足らない存在だったので，バルドルを傷つけないとする誓いに加えられていなかったのだ．ロキはこのことを知って，盲目の神ホズがヤドリギの矢でバルドルを射るようにしむけた．こうしてかれは殺された．神々はバルドルを死者の女神ヘルの住まいから連れもどそうとしたが失敗し，かれはかの地に留まるが，ある版ではラグナロクのあとに戻ってくるという．これは比較宗教学ではおなじみの「死ぬ神」神話である．

おなじみの神話タイプにもう1つ，豊饒の神が大地と結ばれ，土地を豊かにする「聖なる結婚」がある．北欧の伝説では，巨人の娘ゲルズに対するフレイ神の恋物語にこのテーマが描かれている．フレイはオージンの大いなる玉座フリズスキャールヴに座っているとき，初めてかの女を目にした．この玉座からは全世界を見通すことができるのである．かれはかの女に夢中になり，眠ることも飲むこともできなかった．そして求婚するために従者スキールニルを送った．スキールニルは報酬として，フレイの有名なひとりでに戦う剣を受け取ることになった．使者は巨人がうろつく北方へと危険な旅をして，女巨人にすばらしい贈り物をさしだした．彼女がそれを拒否すると，かれは脅しにでて，ついにフレイの花嫁になる約束をとりつけた．だから，この物語はハッピーエンドなのだが，その結果フレイは剣を失い，ラグナロクのときに神々を守るためにそれを振るえないであろう．

これらの神話を詩にした詩人たちにとって，もっとも重大な関心事は，すばらしい詩を作る霊感を与える飲み物，「詩の蜂蜜酒」だった．これはもともと2人の侏儒フィヤラルとガラルによって醸造された．かれらは巨人クヴァシルを殺害し，その血と蜂蜜を混ぜあわせて，蜂蜜酒を造った．この飲物はのちに巨人スットゥングが所有するところとなり，巨人はそれを3つの釜に分けておいた．オージンは蜂蜜酒を欲しくてたまらず，スットゥングの娘グンロズを誘惑してこれを盗んだ．グンロズはそれぞれの釜から一口ずつ飲むことを許したのだが，オージンは中味全部を飲み干し，鷲の姿になって逃げ去った．スットゥングも鷲の姿でかれを追ったが，オージンはなんとかアースガルズ（神々の領域）にたどり着き，神々が用意しておいた手桶と壺のなかに蜂蜜酒を吐き出した．ここから，オージンはお気に入りたちに酒を分けることができるのだ．

下　スウェーデン，ウップランドのアルトゥーナ教会に立つルーン石の1場面．「世界蛇」を釣るソールの伝説を描いている．ソールは鎚をふりかざしているが，かれの左足はボートの底板を踏み抜いている．牡牛の頭を餌にした針に蛇がまず食いつき，すさまじい闘いが起こる．

上　ゴットランド，アードレの絵画石は謎めいた場面に満ち，その1つは「エッダ」にも語られている「鍛冶師」ヴォルンド（ヴィーラント）の物語のエピソードを描いていると思われる．ヴォルンドは王に捕えられ，王の工房で働かされる．復讐のためかれは王の息子たちを殺し，娘を誘惑してのち，鳥の姿で逃亡する．工房（鎚とやっとこで示される）の右手に頭のない死体が2体あり，左手には，鳥のような形と女性の姿がある．

供犠，崇拝，信仰

これらの文芸作品に表れた神話と，ヴァイキングが実際に信仰し，日常生活のなかで規範としていたものとがどれだけ離れていたか，今日では知るすべがない．ヴァイキング自身は自分たちの異教的信仰の詳細を記録しなかったし，かれらと接触したキリスト教徒は，異教について書いたり，少しでも信用するのをためらった．かれらが異教について述べる場合にはつねに侮蔑的なことばをもってした．10世紀のイングランドの年代記作者エセルウェアルドは，アングロ・サクソン諸王の先祖ウォウゼンについて語り，つぎのように述べている．「不信心な北方人（すなわちデンマーク人，ノルウェー人，および［スウェーデン人］）は，大いなる誘惑にうち負かされ，今日でさえこれを神として崇拝している」．（ここでエセルウェアルドはウォウゼンをオージンと同一視している．）11世紀のイングランドの説教家アルフリクは訓話「にせの神々について」を書き，ジュピターは「ある国々ではソールと呼ばれている．それはデーン人がなによりも崇拝する神である」と指摘している．

詳細な情報がある唯一の異教神殿は中部スウェーデンのガムラ・ウップサーラ神殿で，11世紀のドイツの聖職者アダム・フォン・ブレーメンによって叙述されている．神殿の建物はいたるところに金箔が張りつけてあった，とかれはいう．神殿には3柱の神の偶像があった．もっとも強力な神ソールが中央に座し，オージンとフレイが両脇にいた．アダムはこれらの神のもつ異なる属性と特質を，スウェーデン人が信じていたところにしたがって説明している．ソールは大気を司り，雷と稲妻，嵐と大雨，好天と収穫を支配している．かれの像は笏を握っている．オージン（この名前は「激怒」を意味する，とアダムは正しく記述している）は戦争と勇気を支配し，その像は武装している．フレイは平和と肉体の悦びの神である．かれの偶像は巨大な男根をもっている．どの神にもそれに仕える神官たちがいて，人々は求める加護ごとにそれぞれの神に犠牲を捧げた．飢饉と疫病のときはソールに，勝利を求めるときにはオージンに，多産な結婚のためにはフレイに．

アダムによると，この神殿は全国的な祭祀の中心地だった．9年ごとに大祭がとり行われ，それにはスウェーデン諸州すべての人々が，洗礼を受けたキリスト教徒も含め，参加しなければならなかった．神々を鎮めるために雄性の犠牲が捧

シグルズ伝説

　北欧の伝説の基本的な内容をなす物語と人物は，中央ヨーロッパのゲルマン人の伝承から派生したものであるが，しかしそれらは，中世スカンディナヴィアの文芸にもっともよく保存されている．ドイツの作曲家リヒャルト・ワグナー(1813-83)はその楽劇とオペラの多く，とくにゲルマン民族の2人の偉大な英雄，ジークムントとジークフリート父子の冒険のため，霊感を北欧神話に求めた．シグルズ（ジークフリート）の物語は『韻文エッダ』のいくつかの詩に語られ，スノッリ・ストゥルルソンもまたこれをかれの『散文エッダ』のなかで要約している．現代の読者にもっとも入りやすいのは13世紀の散文物語『ヴォルスング王とその子孫のサガ』（『ヴォルスンガ・サガ』）である．

　シグルズは偉大な英雄シグムンドの死後に生まれた息子であった．かれは，呪術にすぐれた一族の出である鍛冶師レギンのもとに養育に出された．レギンはシグルズに自分の運命に不満をもつように仕向け，竜ファーヴニルの守る財宝を獲得して運命を切り開くように励ました．実際にはファーヴニルはレギンの兄で，かれらは財宝の所有をめぐって争っていたのである．レギンはシグルズのために，竜を殺す剣を作り始めた．しかしかれの作った初めの2本は，シグルズが試すと砕けた．そこでレギンはシグルズに3振り目の剣を，シグルズの父シグムンドの古い剣の破片から作った．この剣は鋭く，強靭で，完璧だった．

　レギンはシグルズをファーヴニルの潜む荒れ野に案内した．かれらはファーヴニルが水飲み場に這っていった跡を見つけた．跡は巨大でシグルズは不安になった．レギンはシグルズに，うろこで守られたこの怪物を殺す知恵を与える．穴を掘って隠れ，竜が水を飲みにきたときにその柔らかい下腹に剣を突き刺すのだ．シグルズはその通りにした．竜が死ぬとレギンは，かれが剣を作ったのだからといって，財宝の一部を要求した．レギンとシグルズは争ったが，最終的にはシグルズは，かれが竜の心臓を切り取り，それを焙ってレギンに食べさせるというレギンの要求に同意した．

　シグルズは心臓を串で焙った．肉汁がじゅうじゅうし始めるとシグルズは指で，できたかどうか試してみた．指は火傷し，シグルズは冷やそうと指を口に入れ，そのため心臓の血を少し飲んだ．するとたちまち近くの茂みで鳥たちのさえずり交わしている言葉がわかるようになった．鳥たちは，レギンがシグルズを裏切り，財宝を独り占めしようとしている，シグルズはレギンの首をはねてしまえばよいのにといっていた．シグルズはこの示唆にしたがった．それからファーヴニルの心臓の一部を食べ，自分の馬グラニにとび乗った．このすばらしい動物は，オージンの馬スレイプニルの血を引き，オージンの助言で選ばれたものだった．シグルズは竜の跡をその巣穴へたどり，黄金やその他財宝の山を見つけた．普通の馬なら2,3頭以上でようやく運べる財宝をすべて，難なくグラニの背に積むことができた．この宝には，だれであろうとこれを保持するものに災いをもたらす呪いのかけられていることをシグルズは知らなかった．

　馬に乗ってそこを去り，とある王の館へやってきたシグルズは，ブリュンヒルドに会って，恋に落ちる．2人は腕輪を交換し，互いの誠実を誓った．しばらく滞在したあとシグルズはさらなる冒険を求めてそこを去り，財宝をたずさえギューキ王の宮廷へとやってきた．王には3人の息子，グンナル，ヘグニ，グットルムと美しい娘グズルーンがいた．かれらの母グリームヒルドはシグルズから強い印象を受け，かれを一族に結びつけようとはかった．かの女の与えた魔法の薬でシグルズはブリュンヒルドを忘れ，グズルーンに恋をし，結婚した．シグルズとグンナル，ヘグニは同盟を結ぶため血盟義兄弟の誓約をなした．

　さてこんどはグンナルがブリュンヒルドを得んものと出発し，シグルズは助力を約束した．ブリュンヒルドは炎の障壁に囲まれた館に住み，かの女を求めて炎を乗り越えることのできた男とでなければ結婚しないと誓いを立てていた．グンナルには越えられないが，駿馬グラニをもつシグルズにはこれができる．そこでシグルズとグンナルは姿を取り替え，シグルズは友グンナルになりすましてブリュンヒルドを得た．2人は添い寝したが，シグルズは抜き身の剣をあいだに置いて純潔を守った．シグルズはブリュンヒルドから，かつて結婚の約束をしたときにかの女に与えた腕輪を取り，これをのちに自分の妻グズルーンに渡した．グンナルとブリュンヒルドは結婚し，ギューキの宮廷に住むことになった．ようやくこのときになってシグルズの記憶は戻り，ブリュンヒルドとの恋の約束を思いだした．

上　ノルウェー，ヒューレスタ教会の戸口はシグルズ物語の諸場面で飾られている．左から右へ．(1) シグルズ（英雄のシンボルとしてヘルメットをかぶっている）はレギンの剣を鉄敷に叩きつけて試す．場面は最初の剣が折れたところで，うしろではレギンが2振り目の製作に取りかかっている．(2) 助手にふいごを吹かせ，レギンは3振り目の剣の刃とする金属を鍛えている．これはシグムンドの名剣グラムの金属片から作られた．かつてこの剣はけっして壊れぬ剣だったが，戦闘中にオージンが槍をその前に構えて折った．(3) シグルズは竜のファーヴニルの毒から盾で身を守り，レギンの助言をいれて竜の腹を下から突き刺す．(4) 剣を抱いてレギンは眠りこみ，一方シグルズは串に刺したファーヴニルの心臓を火で焙っている．かれはちょうど手に火傷を負ったところで，痛みを鎮めるために血に舐める．すると竜の血がのどに入り，かれはあたりの鳥たちの話がわかることに気がつく．(5) シグルズは鳥たちの助言を聞き，レギンを殺す．文字に書かれた版（『エッダ』と『ヴォルスンガ・サガ』）では，シグルズはかれの首をはねたというが，ここでは違った行動をとっており，たんに2つに斬る．(6) シグルズの名馬グラニが背にファーヴニルの財宝を乗せて運んでいる．シグルズに助言した鳥のうち2羽が茂みにとまっている．

右　スウェーデンのルーン石のきわめて多くがそうであるように，ウップランドのドレヴレにあるこの例でも，碑文は蛇の上に刻まれている．彫刻者はこの蛇を竜のファーヴニルに見立て，その腹部を突き刺すシグルズを石の上部に彫っている．

学問と宗教

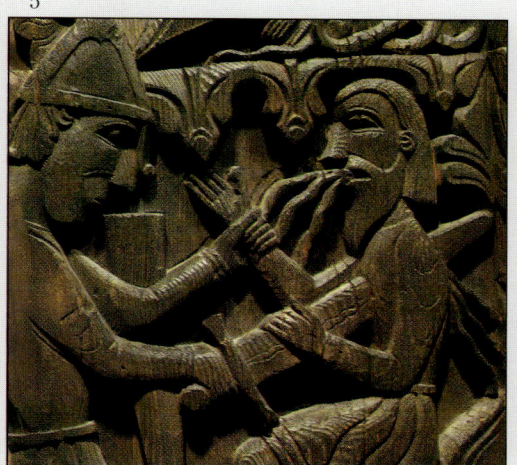

グズルーンとブリュンヒルドはどちらの夫がすぐれているかで争った．ブリュンヒルドは夫が，かの女のために炎の輪をくぐり抜けたのだからもっとも偉大であると自慢した．そこでグズルーンはブリュンヒルドに対してなされたあざむき—かの女をかち得たのはグンナルに変装したシグルズだったこと—を暴露し，その証拠としてシグルズが自分にくれたブリュンヒルド自身の腕輪を示した．ブリュンヒルドは激怒し，復讐の謀りごとをめぐらす．かの女はグンナルに，かの女をかち得たのはシグルズだったと知っていることを告げ，シグルズとかの女は炎の内側で添い寝をしたことをあかし，しかも2人を剣が隔てていたことをいわずに，グンナルの嫉妬を掻き立てた．そうしてグンナルに，シグルズ謀殺をけしかけた．グンナルは，シグルズが死ねばかれの財宝と，かれが振るっている権力を継承できると説いて，ホグニを陰謀に引き入れた．しかしシグルズはかれらと血盟義兄弟であったから，直接シグルズを殺すことはできない．3番目の弟グットルムはシグルズと盟約関係になく，高い礼遇と引き換えに殺害実行に同意した．グットルムは2度，シグルズがまだ寝ている部屋へとやってきたが，シグルズのかれを見る鋭い目を怖れて実行できない．3度目にグットルムが近付いたときシグルズは寝込んでおり，グットルムは剣を抜き，シグルズに突き刺した．シグルズは飛び起き，自分の剣を取ってグットルムに投げ付け，かれを2つにした．シグルズの傍らに眠っていたグズルーンは血に浸かって目をさまし，死に逝くシグルズを見て腕に抱く．かの女が泣くのを聴いてブリュンヒルドは高笑いした．

ブリュンヒルドはいまやシグルズを欠いた兄弟たちが戦闘力を大いに弱化させたと嘲笑う．かの女はグンナルに，2人が添い寝したときシグルズが剣をあいだに置いてグンナルとの信義を守ったことをあかした．かの女は自分の財宝をもってこさせると，それをすべてお付きの者たちに分け与え，みずからを刺した．瀕死のなかでブリュンヒルドは，シグルズと並んで，抜き身の剣をあいだに置いて，火葬の薪の山で焼かれるように乞うた．これは叶えられた．そして呪われた財宝はグンナルとホグニに残り，次なる邪悪なる行為の成し遂げられるのを待つのであった．

げられ，犬，馬，人間も含まれていた．それらの身体は種類かまわず神殿近くの聖なる森で木に吊り下げられた．アダムは「キリスト教徒のある人物」からの証言を引用しているが，この人物は72体のさまざまな種類の生き物が森のなかで吊るされているのを目撃したという．つまり，アダムの記述は目撃者証言によっており，スウェーデンではこの異教崇拝が北欧の他の国々よりものちまでつづいていたらしい．しかしアダムが聖書の神殿の叙述から影響を受けた，ということもありうる．

異教信仰に関係ある場所については，地名学資料が補助的な情報を与えてくれる．たとえばデンマーク，フューン島のオーゼンセ (Odense) は「オージンのヴィー（聖域）」である．ノルウェーにいくつかあるトーショヴ (Torshov) という地名は「ソールの神殿」の意味である．しかし，異教の祭祀と信仰についての詳細はほとんどが後世の北欧の資料によらなければならず，これらは十分慎重に取り扱われねばならない．ノルウェー諸王の歴史『ヘイムスクリングラ』の初めのほうでスノッリ・ストゥルルソンは，オージンが北欧の人々のために定めた慣習について述べている．「オージンはつぎのように定めた．すべての死者は火葬され，そのすべての財産とともに火葬の薪の上に置かれるべし．かれはまたつぎのようにも言った．ヴァルホルに赴くものは薪の上に置かれたすべての財産をもっていくべし．また本人がかつて地中に埋めたものは自由に使える．灰は海に運ぶか地に埋めるべし．地位の高いものには記念に塚が建てられるべし．……冬の初めには実り多き年を願って，冬至には再生を願って犠牲を捧ぐべし，3つ目は夏に，勝利のために犠牲を捧ぐべし」．

別のところでスノッリは，キリスト教徒だったノルウェーのホーコン善王（934-960年）を悩ませたある供犠祭の話を語っている．毎年秋に行われるこの祭宴は，伝統的に王が主宰することになっていた．王はまた，定められた食べ物である馬肉を食べなければならなかった．しかし，ホーコンはこの役割とキリスト教徒としての信仰を両立させることができなかった．忠実なキリスト教徒は馬肉を食べなかったのだ．王は友人とともに離れたところで食事をとりたいと思ったが，大広間に入って名誉の場所である高座に座ることを強いられた．オージンに乾杯する代わりに，かれは角杯の上に十字を切った．かれの支持者が，王はソールの鎚の印を切ったのだと言い逃れしたので，どうにか疑惑を免れることができた．要するにホーコンの厄日であり，政治的支持を獲得するための高い代償だったのである．つぎの冬，トレンデラーグで供犠大祭が行われたとき，土地の農民はむりやりホーコンを参加させ，異教の食べ物である馬の肝臓を食べさせ，杯のうえに十字を切らずに酒を飲ませた．

近代の研究者たちは，サガのなかで華麗に，おそらくは想像をまじえて描かれている大祭の重要性を割り引き，その代わりにより地域的な祭祀を強調しようとしている．ゲルマン諸族が全体にそうであったように，北欧人にははっきりした聖職者の階級はなかった．司祭は世俗の指導者，すなわち家長あるいは地域社会の長でもあった．この点で「アイスランド人のサガ」はとくに重要である．ただしここでも，それらがのちに書かれたものであり，キリスト教が背景にあるため，その情報は信頼できないかもしれない．しかしそれらを考慮に入れてもなお，サガは，ヴァイキングの異教信仰が1年のサイクルや世俗の社会秩序と密接に結びついていたことを，強く示唆している．地域の指導者は「ゴジ」と呼ばれた．これはもともと「司祭」を意味する言葉であるが，少なくともアイスランドでは，世俗の地位をも表している．この言葉は，デンマークのあるルーン碑文にもみられるが，そこでは地位の称号（おそらく宗教的）をさしている．

13世紀に書かれた『エイルの人々のサガ』はそのような地方的なゴジの1人を描いている．後世に書かれたものである

にもかかわらず，それは口碑で伝えられてきたおそらくほんとうの証言を多数含んでいる．サガは，ノルウェーの豪族でモストラルスケッグとあだ名された，ソール神の熱心な崇拝者，ソーロールヴについて語る（かれの名はソール神に因んでいる）．かれは9世紀末，つまりハーラル美髪王が古くからの自由農民家族を征服して，南ノルウェーを王権の支配下に置こうとしていた時代の人物だった．政治的展開に不満をもったソーロールヴが「親しい友」ソールに伺いをたてると，ソールは移住を勧めた．そこで，ソーロールヴは世帯の一同を集め，「神殿」（おそらくは家屋敷の大広間）を解体した．はり材が船に積み込まれ，一家はアイスランドへと出帆した．

船が島に近づくと，広間の名誉ある高座を支えていた柱が海中に投じられた．これらの柱はソーロールヴの家長としての権威と，おそらくはソールの司祭としての権威をも表していた．ソールの像（あるいはその名前かシンボルであったかもしれない）が柱の1本に彫られていた．サガによると，「アイスランドの，ソールが上陸せよと命じたところに入植することを，ソーロールヴは誓った」．こうして柱が西海岸のある岬に打ち寄せられると，ソーロールヴはその地をソールスネス（「ソール岬」）と名づけ（現在もその名である），ここに土地占取を宣言し，神殿を建てた．この神殿についてのサガの描写はキリスト教の教会のようで疑わしく，いまでは全体としては受け入れられていないが，教会とははっきり違う細部も含んでいる．「床の中央に，祭壇のような柱があった．それ

上端　ガムラ・ウップサーラの異教神殿再構成図．1555年出版のオラーウス・マグヌス『北方諸民族の歴史』より．この絵は，1070年代に書かれたブレーメンのアダムの記述にもとづいている．アダムは，屋根を取り巻く黄金の鎖，隣りに接する常緑の樹，人間を溺れさせて生けにえにした聖なる泉について，述べている．

上　ソール神のシンボルはその鎚である．このせっけん石製鋳型はデンマーク，ユラン半島のトレンゴーエン出土．この土地の鍛冶職人は10世紀の顧客に，ソールの鎚でもキリスト教の十字架でもお好みで選ばせていたわけである．

学問と宗教

キリスト教の伝播

異教のスカンディナヴィア人をキリスト教に改宗させようとした最初の試みは、8世紀のフランクの伝道師によるユラン半島にするものであった。アンスガールは9世紀の中ごろ、ユラン半島と中部スウェーデンを訪れ、ヘーゼビューとビルカ教会を建てた。この伝道の旅について書かれた史料がある。しかしかれの努力の結果は長くつづかなかったようだ。デンマーク人が正式にキリスト教徒となるのは11世紀のち、イェリングを王権中心地とするハーラル青歯王の治世下だった。ノルウェー人の場合、多くの者が西ヨーロッパで初めてキリスト教と接触した。ノルウェーの亡命王はしばしば政治的な理由から西ヨーロッパで改宗し、新しい信仰をノルウェーに導入しようとしたが、この初期の試みの成果はまちまちだった。とくに抵抗の中心となったのはトレンデラーグのラーデだった。アングロ・サクソンの伝道師は10世紀のノルウェーで活動したが、キリスト教がノルウェーの国教になったのは、オーラヴ・ハーラルソン（聖オーラヴ）がスティックレスタの戦い（1030年）で死んだあとのことだった。11世紀の終わりにノルウェーからアイスランドとグリーンランドへ拡がった。スウェーデンはキリスト教化がもっとも遅く、その改宗は11世紀もだいぶ経つまで完成しなかった。

には重さ20オンスの亜環状の輪が置いてあり、誓いはすべてそれにかけてなされねばならなかった。すべての法的集会で司祭はこの輪を腕につけていなければならなかった」(その他の資料から、聖なる輪にかけて宣誓することはヴァイキング社会ではとくに重要であったことが知られている)。「柱の上には供犠の鉢も置かれ、そのなかには供犠の「小枝」が置かれていた。……小枝は、フラウトと呼ばれた血、すなわち神々に捧げられた獣から搾った血を、鉢からふりまくのに使われた」。サガ作者は、この地域のもつさらにまたもうひとつの聖性について述べている。近くに神聖視されている山があり、これを「かれ（ソーロールヴ）はヘルガフェル（「聖なる山」）と名づけた。かれも、その岬に住むかれの家族も、死んだら皆があの山に入ってゆくのだとかれは信じていた」。ソーロールヴは高座の柱に象徴されているソールが流れついた岬の先端に法集会の会場を定めたのであるが、このことは、宗教と社会的編成のあいだに緊密なつながりがあったことを確証している。

キリスト教改宗

9世紀初め、北欧は北西ヨーロッパに残された異教最後の砦の1つだった。ヴァイキングは、海賊、植民者、交易者として海外を旅するうちに、さまざまなかたちでキリスト教と接触した。たとえば、ロシアの河川をぬけて黒海への長い旅をしたヴァイキングは、取引をするため、あるいはギリシア皇帝の親衛隊に仕えるため、コンスタンチノーブルを訪れ、東方キリスト教会と出会った。サガによると、キリスト教国で取引するヴァイキングは、顧客との関係を容易にするため、ときとしてみせかけにキリスト教を受けいれることをためらわなかった。

海外に定住したヴァイキングはその地域の宗教から影響を受け、その結果、信仰の混合が生じたようである。アイスランドに最初期に入植したひとりに、ヘブリディーズ諸島で育ち、少年時代に食べることもままならなかったため「やせっぽち」とあだ名されたヘルギ・エイヴィンダルソンがいた。かれの「信仰はごちゃまぜになっていた。かれはキリストを信じていたが、航海のときや困難な状況ではソールに祈った」という。マン島には、キリスト教の十字架平石（平らな石を彫って十字架をかたどったもの）に、北欧語で10世紀のルーン碑文が刻まれているが、そのいくつかには、異教の北欧神話から取った場面を追加に彫刻したものがあり、信仰の混淆を強く示している。アイルランドのキラロウには、ソルグリームというヴァイキングを追悼した石の十字架の破片に、ルーン文字と古ケルト語アルファベットであるオガム文字の両方で彫った碑文がある。もっとも驚くべきは、ヴァイキングの侵略者はイースト・アングリアのアングロ・サクソン人のキリスト教徒王エドムンドを870年に殺したにもかかわらず、その世紀の終わりごろには、その地に定住したデンマーク人が聖エドムンドを記念する貨幣を鋳造していたことである。

多くの状況証拠からみて、西方の指導者のなかにはヴァイキングを自分の側に引き寄せるため、外交手段としてキリスト教を用いるものもいたことがあきらかである。892/3年にイングランドのアルフレッド大王がしたことがこれである。『アングロ・サクソン年代記』によると、当時2つのヴァイキング部隊が南イングランドで作戦中だった。小さい方の部隊はキングズミルトンに駐留し、大きい方はアップルドーアを本拠にしていた。両地点ともケントにある。両者の合流を阻止しようとしていたアルフレッドとこの地方の代官エセルレドは、小さい方の侵略者集団の指導者であったハーステインの息子2人の洗礼親となり、そのうえハーステインに金を与え、誓約と人質を取って拘束しようとした。しかしうまくいかなかった。年代記作者は憤然として書いているが、ハー

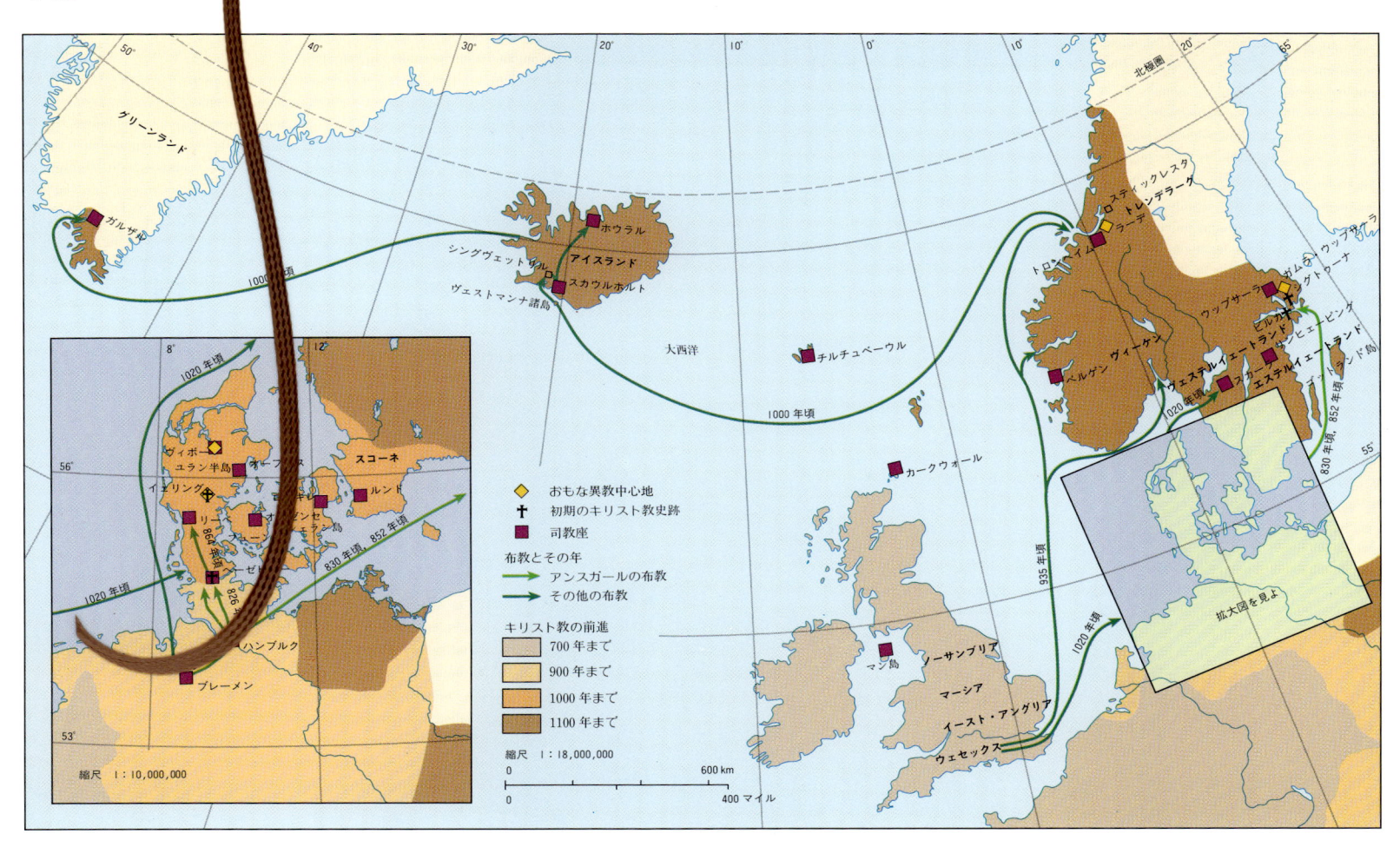

学問と宗教

左　自分の王国ノルウェーの異教を暴力的に抑圧したオーラヴ・ハーラルソン王(1015-30年)は、スティックレスタで戦死し、それはのちに殉教とみなされた。まもなくかれの墓があるニダロス(トロンヘイム)には巡礼者が群がるようになった。現在トロンヘイムの大聖堂に所蔵されている、14世紀に描かれたこの木のパネルには、斧で象徴された聖王が描かれ、その死とそれにつづいて聖人に祭られる諸場面がそれを囲んでいる。

右　スウェーデンのキリスト教改宗過程は、デザインに十字架を用い、碑文中にキリスト教的な心情を伴っているルーン記念碑の分布によってある程度示される。この追悼碑は、土地所有主張を兼ね、ウップランド、ノーラの岩の表面に刻まれている。文章は1本足のけもののリボン状の胴体に収められている。けものは中央にある十字架の上でバランスをとりながら、蛇と戦っている。この優美な構図は11世紀末の古典的ウルネス様式のデザインをなしている。

ステインはなおもアルフレッドの王国や、エセルレッドが管轄していた地方さえも荒らしまわった。1世紀以上ののち、エセルレッド不用意王はもう少しうまくやった。994年かれは、デンマーク王スヴェン双叉髭王と同盟してイングランド王国に攻撃を開始していたアンラーヴ(オーラヴ・トリュグヴァソン、のちのノルウェー王)と和議を結んだ。エセルレッドはアンラーヴに貢物を与えたが、同時にアンラーヴが堅信礼の秘跡をうけるさいの名親となった。「そして」と年代記作者はつづける。「アンラーヴは、決して敵対的な意図をもってイングランドに戻ってこないと約束した—そのうえなんと、かれは約束を守った」。

さらに効果をあげたのは、924年から939年のあいだイングランド王だったアセルスタンの外交戦略である。アイスランドの『ハーラル美髪王のサガ』によると、アセルスタンはハーラル王の息子であるホーコン少年を自分の宮廷で養育した。この伝承はイギリスの資料に見られるアセルスタンの人物像とも矛盾しない。ホーコンが北欧の叙述資料のなかで「アセルスタンの養子」とあだ名されているのはこのためである。アセルスタンは少年をキリスト教徒として育て、ハーラル美髪王が死ぬと、ホーコンがその異母兄のエイリーク血斧王を向こうにまわしてノルウェー王位を請求するのを助けた。ホーコンは935年ごろエイリークを追い出し、ノルウェーをキリスト教に改宗させようとしたが、どんな改革も自分たちの権利を侵害する試みだと恐れ、疑惑をいだいていたノルウェー自由農民の反対にぶつかり、そのため結局は失敗した。かれは960年の戦いで受けた傷がもとで死んだが、そののちに作られた弔頌歌は異教風である。しかし10世紀にノルウェーの司教となったもののなかにはときおりアングロ・サクソン系の名前が見られ(たとえば、グラストンベリのシゲフリドゥス)、このころイングランドの教会による真剣な伝道努力があったものと思われる。

これ以降キリスト教はノルウェーの宗教と政治に大きな役割を果たすことになるが、ホーコンのすぐあとの後継者たちはとくにキリスト教に傾倒したわけではなかった。たとえば10世紀終わりころノルウェーを支配したラーデのヤール・「強者」ホーコンは異教を信奉していたことで悪名高い。995年、オーラヴ・トリュグヴァソンがホーコンに取って代わった。かれはきわめてカリスマ的な指導者で、ノルウェーを支配していた5年のあいだ、ノルウェーにキリスト教を熱心に再導入しようとした、と伝承は語っている。かれは若いうちに、海外で長く流浪の生活を送っていたあいだに改宗した(しかし改宗がどこで行われたかについては食い違った叙述がいくつかある)。そしてさきにみたように、イングランドで秘跡をうけた。しかし、オーラヴがどの程度真剣なキリスト教徒だったのか、あるいはキリスト教をどの程度ノルウェー自由農民を王権の支配下に組み込むための政治的強制手段として利用したのかは、解釈の問題である。たしかに、神殿を燃やし、異教徒の傑出した指導者に肉体的攻撃を加えるかれの方法は、キリスト教への態度が肉体派的であったことを示している。西暦1000年にかれが戦死したのち—少なくとも北欧の一部の著述者によれば—もう一度キリスト教に対する反動があった。

新しい宗教はオーラヴ・ハーラルソン王の治世下(1015-30年)に勝利した。この王がのちにノルウェーの守護聖人、聖

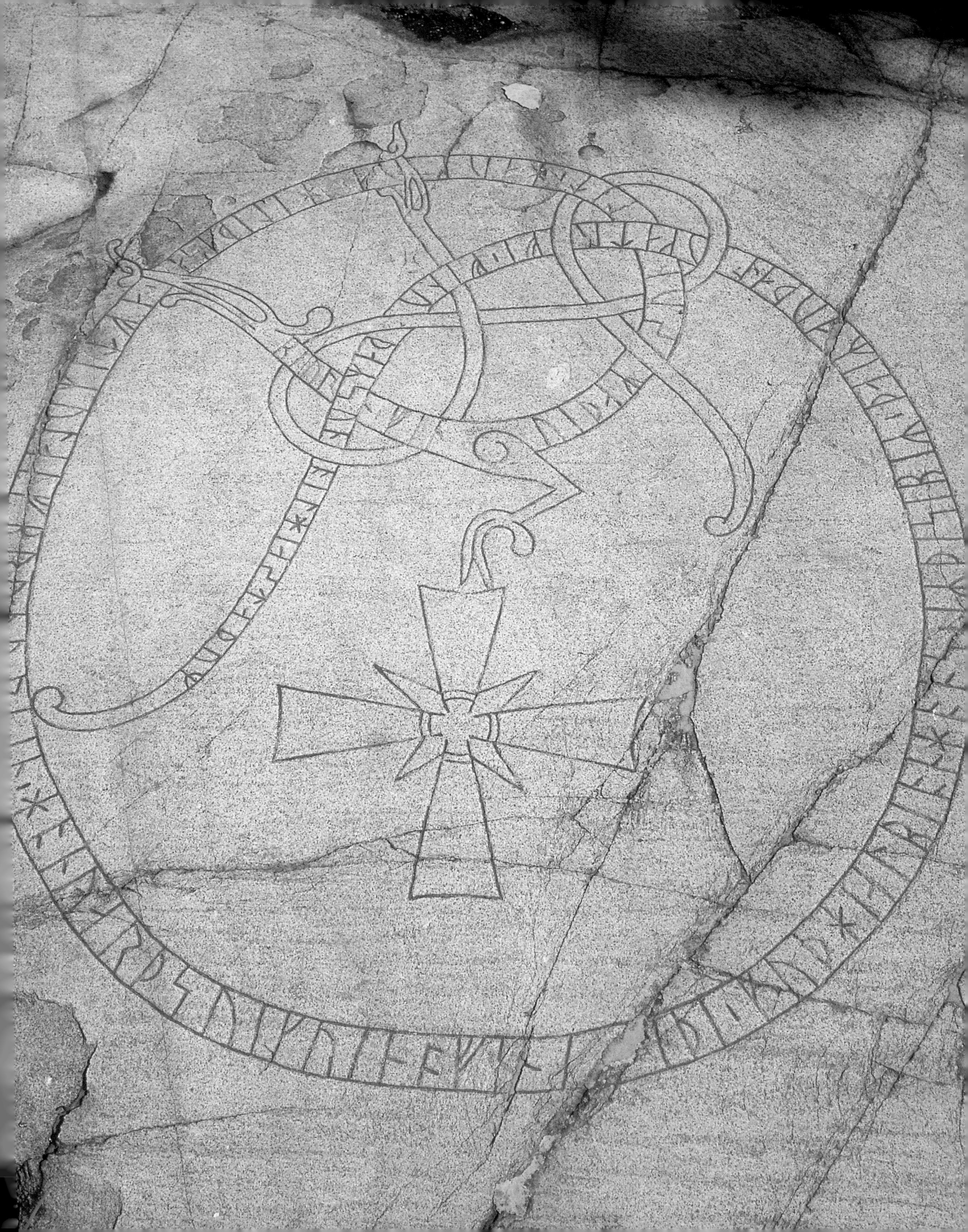

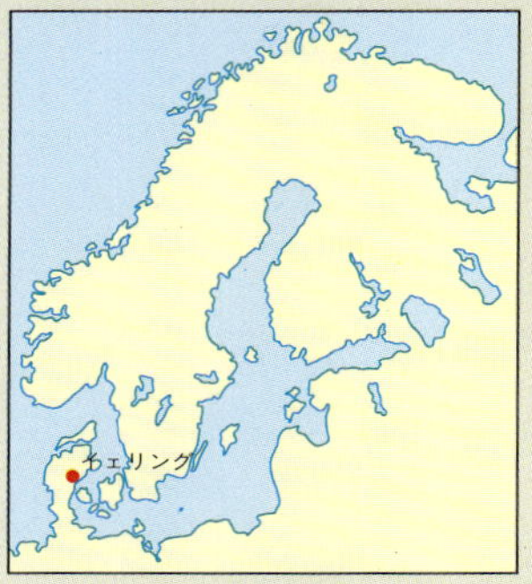

学問と宗教

イェリング

　東ユランの商業の町イェリングに2基の大墳丘がそびえている．それらはヴァイキング時代のスカンディナヴィアでもっとも印象的な記念物に属し，2つのあいだには中世の石造教会が建っている．北側の墳丘はデンマーク最大の古墳であるが，年輪年代測定によって958年ころとされたその墓室は，空(から)だった．南側の塚はいっそう目的がわからない．そこが墓であったことはなく，おそらくは記念建造物だった．2つの塚の中間に2つのルーン石がある．小さい方のルーン石にはつぎの碑文がある：「王ゴルム，かれの妻にしてデンマークの飾りたるチューラの想い出にこれらの記念をなす」．大きい石の碑文にいう．「王ハーラル，父ゴルムと母チューラのため，これらの記念物を建てさせた．このハーラルが全デンマークとノルウェーをわがものとし，デーン人をキリスト教徒とした」．この石はあきらかに，960年ころにキリスト教徒になったハーラル青歯王によって立てられた．改宗後ハーラルが，異教徒である父ゴルムの遺体を北の塚から，自分の建てた教会墓地に移した，という説明がもっともあたっていそうである．

下　中世の教会を囲む現在の墓地の両側に，イェリングの2つの大きな塚がある．2つの塚の頂点を結ぶ線上の正確な中点に，2つのルーン石がある．1つはゴルムが，もう1つはハーラルが立てたものである．南側の塚の下には，さらに古い石の配列跡がある．

上　この銀杯は北側の塚の玄室から出土した数少ない遺物の1つである．精巧に動物の装飾がほどこされている品質の高いものであり，ゴルムとともに埋められたに違いない副葬品がどんなにすばらしかったかをしのばせる．

右上　イェリングの2つのルーン石は10世紀のデンマーク王朝に関する重要な情報源である．左側はゴルムが自分の王妃のために立てた小さな記念碑である．右側はハーラルが両親を―そして自分自身を―讃えるために立てた丸石である．その表面(3面)全部が入念に彫刻されている．

右　イェリングのこの風景写真に見える2つの塚のうち手前にゴルムの玄室がある．教会のすぐ向こう側にルーン石が見えている．

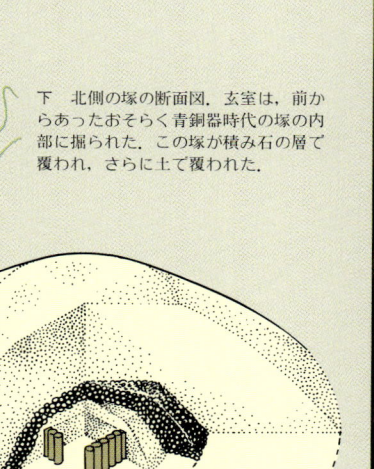

下　北側の塚の断面図．玄室は，前からあったおそらく青銅器時代の塚の内部に掘られた．この塚が積み石の層で覆われ，さらに土で覆われた．

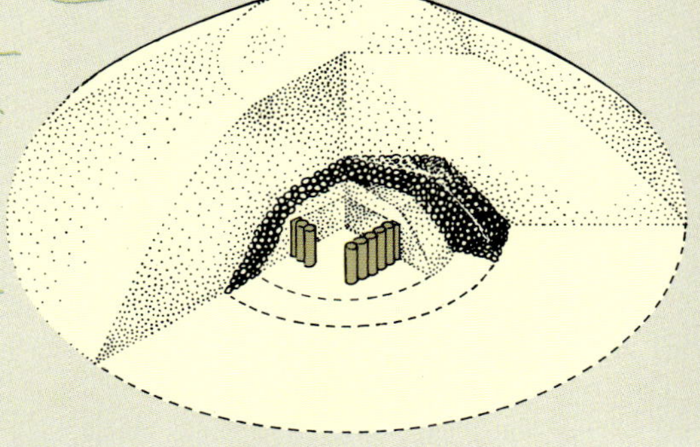

オーラヴとなる．かれがトロンヘイム北のスティックレスタで戦死したのちに書かれた多くのサガは，ノルウェーの異教徒になされた精力的で，しばしば無慈悲な攻撃について伝えている．そのうちの1つによると，「オーラヴ王は異教徒の小王たちと会合した．……かれらがキリスト教を受け入れるつもりがないことを悟ると，ある朝，王は9人の小王を捕えさせた．王はある者の目を潰し，またある者は別の身体毀損にし，ある者は追放した．オーラヴ王は自分の王国の人々すべてにキリスト教徒になるよう強制し，殺されるか，国を離れるか，洗礼を受けるかの選択を迫った」という．より重要なのは，1024年ころにホルダランで開かれた大集会のあと，ノルウェーの諸法典にキリスト教を採用させることができた事実と，アングロ・サクソン人の伝道司教たちがノルウェーとその近隣諸国で活動するよう励ました事実である．シガフリド，グリムキル，ルドルフ，ベルナルドの名前が伝わっている．オーラヴの戦死は殉教と解釈されるようになり，かれの墓があるニダロス（トロンヘイム）には巡礼者がつめかけた．

アイスランドへのキリスト教化についてはもっと信頼のおける記述がある．歴史家アリ・ソルギルスソンの『アイスランド人の書』である．さきに述べたように，アリは改宗の時代にまでさかのぼる口碑伝承を資料としていた．オーラヴ・トリュグヴァソンが激情的な聖職者サングブランドに改宗の使命を与えて送り込み，アイスランドをキリスト教化しようとしたありさまを，アリは伝えている．アイスランド人はおそらく，ノルウェー王がアイスランドに権力を伸長させようとしていることに腹を立て，社会の指導者の一部は新しい教えを受け入れたが，大部分のものは心を動かされなかった．敵対的なアイスランド人と悶着を起こし，サングブランドは消沈してアイスランドを離れた．オーラヴ王は激怒し，自分の宮廷にやってきたアイスランド人たちに無差別報復をすると脅した．

2人の有力なアイスランド人がこの圧力に応え，シングヴェットリルの年次集会でキリスト教擁護の論陣を張ることを請け負った．これによって議論が生じ，キリスト教徒と異教徒は合意に達することができず，それぞれが異なる宗教，したがって異なる法をもたざるを得ない，というところまできた．ここにいたって，集会の議長である「法の語り手」が仲裁に入った．かれは1つの国に2つの法体系はありえない，そうなれば無政府状態がひき起こされるであろうと説いて，自分は異教徒であったにもかかわらず，形式上は全員がキリスト教徒になること，しかし異教徒はその古い習慣のいくつかを保持し，非公式に神々に犠牲を捧げることが許される，との妥協案を提出した．これは受け入れられた．しかしまもなく異教に対する譲歩は廃止された．最初のアイスランド人司教イースレイヴは，最初の改宗者たちの1人の息子だった．かれのあとはその息子が継ぎ，司教座を南アイスランドのスカウルホルトに定めた．のちに2つ目の司教座が北部のホウラルに設置され，ヨウンが叙任された．

キリスト教はグリーンランドへも同様に伝わった．グリーンランドの入植地を建設した「赤毛の」エイリークの息子レイヴによって，11世紀初めに導入されたのである．レイヴはノルウェーで改宗し，グリーンランドに戻ってきたとき，新しい信仰を教える司祭を連れていた．古い異教に固執する父と意見の対立があったが，レイヴの側が優位を確立した．グリーンランド南部のガルザルに司教座が置かれた．15世紀のある教皇はこの司教座の地を「世界の果てに」あると述べている．

ドイツの伝道者たち

東スカンディナヴィア諸国民，つまりデンマーク人とスウェーデン人の改宗は，以上とは異なる経緯をたどった．ここで重要な推進力となったのは南の隣人フランク帝国と，とく

学問と宗教

にユラン半島の付け根にあるハンブルク＝ブレーメン大司教座であった．キリスト教を北方へ拡大する努力は8世紀におそるおそる行われたが，なんらかの成果が得られたのはようやく9世紀，「北欧の使徒」と呼ばれたアンスガールの活動によってである．

ウェストファーレン（ドイツ），コルヴィー修道院の修道士だったアンスガールについては，かれの同僚であり後継者でもあるリンベルトが書いたラテン語による同時代の伝記がある．追放されたデンマーク王ハーラル・クラークが，826年ラインラントのインゲルハイムで洗礼を受けた．このあとアンスガールは，ハーラルに同行してキリスト教を説く機会を与えられた．この最初の任務で唯一の成果は小さな学校を建てたことで，その場所はおそらくユラン南部のヘーゼビューだった．2回目の機会は829年に来た．このときアンスガールは，スウェーデンへのいっそう冒険的な伝道を行うよう命ぜられた．かれがメーラレン湖の有力な交易都市ビルカを訪れたのはこのときである．そこにかれは伝道の拠点を置き，この地方の代官ヘリゲイルを改宗させ，チャペルを建てた．

831年遅くアンスガールは皇帝の宮廷に帰還し，ハンブルクの初代大司教となった（845年にハンブルクがヴァイキングによって破壊されたのち，ブレーメンに移る）．教皇はデンマーク人とスウェーデン人をキリスト教に改宗させる事業をアンスガールに委託した．ガウトベルトという司教がスウェーデンに派遣されたが，のちに「異教徒の狂信によって」追い出された．850年代，アンスガールは北欧に戻り，ヘーゼビューに教会を建て，そこにすでに存在していた小さなキリスト教社会のために聖職者として働き，852年にはふたたびスウェーデンに赴いた．王ならびに，ビルカとウップサーラの地域的な法的共同体はアンスガールに，ビルカで教えを説き教会を建てる許可を与えた．854年に行われたデンマークへの最後の旅は，ヘーゼビュー教会の力を増大させ，2つ目の教会がリーベに建てられた．しかし，アンスガールの伝道の効果は長くはつづかなかった．9世紀の終わりには，スウェーデンとデンマークは異教に戻った．

政治的な理由がデンマーク人をふたたびキリスト教徒とした．10世紀前半にドイツ皇帝がデンマークの南国境に加えた圧力のせいである．この時代のデンマークの歴史についてはよくわからず，しばしば後世の史料に頼らざるをえない．それによると，930年代にハンブルク＝ブレーメン大司教ウンニはデンマーク王に対して伝道を行った．しかし王はゴルムという頑固な異教徒だった．かれの息子であり継承者でもあるハーラル青歯王の治世，つまり960年ごろまで，デンマーク人は正式にキリスト教徒にはならなかった．ある版によると，伝道師ポッポは炎による神明裁判に耐えてキリスト教の力の方が偉大であることを証明し，ハーラルはそれをみて改宗した．ハーラルが，イェリングにある2つのルーン石のうち，大きい方の碑文で自慢しているのはこの改宗のことである．ヘーゼビュー，リーベ（ここにオーディンカルが11世紀前半の40年間聖職者として勤めた），オーフースに司教座が置かれた．その後，ハーラルの息子であり後継者であるスヴェン双叉髭王の治世の最初の数年に衰退はあったものの，デンマークは少なくとも名目上はキリスト教国であり，さらにロスキレとルンドに司教座が置かれた．スヴェンはスコーネの教会にアングロ・サクソン人司教ゴーテバルドを派遣するという教会寄りの活動さえも行った．スヴェンの息子でイングランドの王でもあったクヌート（在位1018-35年）の時代には，デンマークの教会はアングロ・サクソン人伝道師の応援をさらに受けた．スコーネのベルナルド，シェランのゲルブランド，フューンのレギンベルトの司教たちである．その後のデンマーク教会はイングランドと北ドイツの両者の影響を受けた．

スウェーデンでは，改宗の過程はデンマークより遅く，また長くかかった．理由の1つは，住民の分裂状態のためである．南方のエステルイェートランドとヴェステルイェートランドの人々は，ヨーロッパ本土から来るキリスト教化の影響を受けていたが，メーラレン湖周辺の中部スウェーデンに住んでいたスヴェーア人は根強い異教徒だった．10世紀の王たちは個々に，かれらの国でキリスト教を伝道することを許可した．ウーロヴ・シェートコヌング王（在位990-1021/2）は洗礼を受け，エステルイェートランドのスカーラにスウェーデン最初の司教座を設立してキリスト教の拡大を促進させた．

代々の君主たちはキリスト教の事業を推し進め，この宗教はしだいに国内各地に及んだ．司教座がウップサーラに設立され，ヴァイキング時代の終わりにはリンシェーピングにも設立された．この拡大の様子は，ルーン記念石の碑文でたどることができる．すなわちキリスト教的な心情が碑文に現われるのは南スウェーデンでは11世紀の初めであるが，もっと中央部になるとかなりのちのことになり，ここでは異教の表現形式が長いあいだ墨守されていたようである．実際11世紀後半になっても，キリスト教の司教がおびえ，自分の司教座に居住したがらないときがあった．ガムラ・ウップサーラの異教大神殿は，スウェーデン史上の「キリスト教」時代になっても，かなり長いあいだ維持されていたらしく，新しい信仰に対抗する中心だったようである．

上　デンマークのハーラル青歯王がイェリングに立てた大ルーン石の第1面には，かれの両親－とかれ自身－を讃えるルーン碑文の大部分がある．文章は他の2面のいちばん下を取りまいてつづいている．うち1面にはキリストの磔が（前ページ参照），もう1面には蛇と絡み合うライオンに似たけものの図が，描かれている（99ページ）．

第3部　海外のヴァイキング
THE VIKINGS OVERSEAS

西ヨーロッパ

最初のイングランド侵攻：793-865年

　793年：この年，不吉な前兆がノーサンブリア全域に出現し，人々を震えあがらせた．それは大きな旋風と稲妻だった．そして火を吹く龍が空中を飛ぶのが見えた．これらの兆候にすぐ大飢饉がつづき，同年のその後まもない6月8日，異教徒の暴威が，掠奪と殺戮をもって，リンディスファーンの神の教会をむごたらしくも破壊した．

　『アングロ・サクソン年代記』のこれらのことばをもって，ヴァイキングは初めて英国史の年表に登場する．かれらはこののち3世紀以上にわたってこの国の運命を支配し，アングロ・サクソン諸王国を破滅の淵にまで追いやることになる．スカンディナヴィア人がイングランドの山河に残した刻印は深く，その痕跡はいまも残っている．

　リンディスファーンの修道院襲撃が現存する史料に記録された最初の襲撃であるが，イングランドとスカンディナヴィアの接触はそのはるか以前からあったようである．7世紀や8世紀のプレ・ヴァイキング時代にすら，イングランドとスカンディナヴィアの美術様式には一定の類似性があり，北海を越えたある程度の交渉があったことを疑いもなく示している．当時イングランドは多くの王国や分国に分かれていたが，そのいくつかは実際に遠くスカンディナヴィアからやってきた人々によって建国されたのかもしれないのである．このことをもっとも劇的に示している遺跡がイースト・アングリアにある．すなわちサットン・フーの巨大な7世紀の船葬墓から出土した遺物の一部，とくにヘルメットと盾は，ウップランドのヴァルスヤーデやヴェンデルの墓地など，同じ時代のスウェーデンの遺跡から出土したものとほとんど同じである．サットン・フーの戦士とその一族がスカンディナヴィア人であるというわけではおそらくないが，物や象徴を使用することを通じて，スカンディナヴィアの文化的伝統に対する連帯意識をもっていたことは間違いないようである．その背後には，スカンディナヴィア諸国の異教信仰との一体感があったのではないか．サットン・フーの墓が造営されたのは，イングランドでキリスト教が強力な足場を手に入れつつあった時代である．そしてヘルメットなどのスウェーデンの品物は，貴族権力の，あるいはもしかしたら王の権力のおそらく象徴として使われ，より古い異教的な生き方との連帯を示す意図的な反キリスト教表現だったと思われる．スウェーデンでは異教が11世紀まで健在だったことを忘れてはならない．

　イングランドに以前の宗教を生かしつづけようとするこの試みは失敗し，最初のヴァイキング襲撃が起こった8世紀の末には，この国がすっかりキリスト教化されてゆうに100年以上経っていた．スカンディナヴィアとのかつての一体感は，たとえ忘れ去られてはいなかったとしても，維持されていなかったことも間違いない．実際，『アングロ・サクソン年代記』など当時のアングロ・サクソン語で書かれた史料は，デンマーク，ノルウェー，スウェーデンそれぞれの出身によってスカンディナヴィア人を区別していない．かれらはみな，ふつう「デネ」（「デーン人」）とされるか，もっと単純に異教徒と表現されている．

　リンディスファーン襲撃の前後にはいくつか意味のはっきりしない記事があるが，ヴァイキング活動に関連しているのではあるまいか．たとえばイングランド中部から南部にかけて当時最強王国の1つであったマーシアの王オッファは，792年，どこのだれとも特定せずに，「異教の戦士」の脅威に対して南海岸を防衛するよう命令している．『アングロ・サクソン年代記』789年の項目は，ウェセックス王ベオルフトリクの治世（786-802）にスカンディナヴィア人を乗せた3隻の船が南西部のポートランドに着いたことを伝えている．これらの北欧人は交易者だったのではないか．王国役人が1人殺害され

左　リンディスファーン修道院の9世紀の墓石に描かれた，武器を振りかざす戦士たち．彫刻者は，793年の破滅的なヴァイキング襲撃を忘れないようにと意図したのであろうか．裏側に描かれた図像は最後の審判を表しているらしい．つまり教会は，イングランド最初のヴァイキング襲撃を天罰と受け取ったのである．

右　サットン・フー出土の6世紀のヘルメット．スウェーデン産であろう．スカンディナヴィアのイングランドとの結びつきは，ヴァイキングの暴力が初めて西ヨーロッパへと噴き出した8世紀末より前に存在していたことがわかる．

西ヨーロッパ

123

西ヨーロッパ

左 「オッファの堤」．この種のものとしてヨーロッパでもっとも印象的な構築物．マーシアのオッファ王（757-96）のとき，ウェールズ人に対する境界線として構築された堤と溝．しかしこれに匹敵するユラン半島基部を横断する防衛土塁ダーネヴィアケの第1段階は，おそらく1世代以上も早く作られた．

下 ヴァイキングの略奪品．青銅に金メッキしたこの飾り金具は聖書の表紙から引き剥がされ，ペンダントにされた．十字の形と，からみ合う様式化された動物をびっしり描いているのは，8世紀のアングロ・サクソンの装飾である．西ノルウェー，ビョルケの女性墓から出土．

たといわれているが，これは計画的な暴力というよりはむしろ誤解の結果だったであろう．リンディスファーンの襲撃者同様ポートランドのヴァイキングはノルウェー人だったと思われ，ブリテン諸島に対する初期の襲撃の多くにはノルウェー人の姿が目につく．しかしこの初期でさえ，ヴァイキング船の乗組員を構成した戦士たちが，出自からいえば2カ国以上にわたっていた可能性があり，このことが北方からやってきた迫害者の正体について，アングロ・サクソン側の混乱を助長したであろう．

ヴァイキングの恐ろしい襲撃の知らせが広がったとき，アングロ・サクソン人は恐怖と衝撃をあらわにした．リンディスファーン島の聖クスベルト（カスバート）ゆかりの教会が破壊されたあとまもなく，皇帝シャルルマーニュのアーヘン宮廷で高官だった著名な聖職者アルクウィンは，ノーサンブリア王に手紙を書いた．「われわれがいま異教の種族から蒙っているほどの恐怖が，かつてブリテンに現れたことはありませんでした．また海からこのような来襲がなされようとも思われませんでした．ご覧ください，聖クスベルトの教会は神のしもべの血に染まり，礼拝祭器は奪いさられ，ブリテンでどこよりも尊い場所が異教徒どものえじきとなっております」．リンディスファーン襲撃の翌794年，ノーサンブリアのもう1つの修道院，モンクウェアマスもしくはジャロウが（年代記の版によって異なる），ヴァイキング侵略者に火をかけられた．教会の神聖さに対するこの冒瀆こそが，ヴァイキングの他のあらゆる残虐性にもまして，犠牲者であるキリスト教徒にあれほどの恐怖を与えたのだった．アングロ・サクソン年代記の作者の多くは，異教徒ヴァイキングを，人々が犯した罪に対する神の審判と見なした．その後につづく苦しい戦

いのあいだ、預言者エレミアの予言がくりかえし聞かれた。「災いが、北からこの地の全住民の上に、降りかかる」。

793年の最初の暴力のあと、30年以上イングランドは事実上平穏だった。ヴァイキングの船団はこの間アイルランドに攻撃を集中していたのである。しかしこれは短い休息期間でしかなかった。830年代にはスカンディナヴィア人はふたたびイングランドに関心をもち、以後もちつづけた。前年の夏フリースラント沿岸（現在のオランダ）を襲撃して首尾よくすごしたデーン人の大勢力が、835年にテムズ川の河口島シェピーに上陸し、そこから周辺地域を掠奪した。ののち850年まで、イングランド南岸は一連の攻撃によって荒廃した。このときロンドン、ケントのロチェスターも攻撃された。ドーセットとサウサンプトンではヴァイキングと激戦が交わされた。リンゼイ王国の東海岸や、はるか北のノーサンブリアも襲撃された。

850年、ヴァイキングがイングランドに加える衝撃はいっそう重大な転換を迎えた。これ以前の襲撃船団は純粋に季節的な現象で、夏のあいだは機会があれば掠奪し、冬を越すにはスカンディナヴィアに帰っていた。襲撃者たちはまた高い機動性を保ち、その成功の一部はロングシップの敏捷性と、浅い喫水能力によっていた。これによって河川沿いに内陸深くを奇襲し、組織的反撃が始まる前に掠奪品をもって退却できた。しかし850年、ヴァイキングの一隊がイングランドで初めて、テムズ河口のサネット島で越冬したのである。この年以来11世紀もだいぶ経つまで、イングランドにスカンディナヴィア人のいなくなることはなかった。初めの15年間はふつうの襲撃がつづいたが、865年に「デーンゲルド」の支払いが史料に初出する。「デーンゲルド」とは、スカンディナヴィア人がアングロ・サクソン人に要求した、これを支払えば住民は攻撃を免れるという保護料を表す用語である。ヴァイキングはゆすりの方が戦闘より危険は少なく、有利でさえあることに気づいたのである。世界のさまざまな文化のもとで結ばれてきたさまざまなこの種の合意と同じく、この平和協定も守られた数と同じくらい破られた。865年の「デーンゲルド」はこの点で典型的である。ケント人が支払いの約束をしたあと、『アングロ・サクソン年代記』によれば「その平和協定と金の約束に隠れて、軍勢は夜間内陸で盗みを働き、全ケント東部を掠奪した」。

翌866年、かつてこの国で見たことのないほどのヴァイキングの大軍勢がイングランドに到着した。『アングロ・サクソン年代記』はこの軍勢をただ「ミケル・ヘレ」と呼んでいる。この表現はわかりにくいが、ふつうは「大軍勢」と訳されている。カロリング帝国で何年か戦っていたデーン人の大軍が、永続的な定住地という新しい目標を求めてイングランドにやって来たのだ。「大軍勢」の到来は、ヴァイキングとイングランドの関係の転換点を、そしてスカンディナヴィア人の侵略の第2局面としばしば呼ばれる時期の始まり、つまり単発的な攻撃から会戦を行う軍勢への転換を、画している。

イングランドとヨーロッパ大陸のヴァイキング軍

初期のヴァイキング襲撃に関する同時代の史料はほぼすべて、個々の王国あるいは国家の「公的」な歴史として書かれ、

下　『アングロ・サクソン年代記』862-74年の記事。この一連の年代記（出来事の年次記載）は9世紀の末に初めて編纂されたらしいが、それ以前の史料も含まれている。アングロ・サクソン＝イングランドにおけるヴァイキングの活動を知る第一次史料である。

西ヨーロッパ

ヴァイキングの西ヨーロッパ侵攻：8～9世紀

8世紀最後の10年，スカンディナヴィアからやってきた侵入者がブリテン，アイルランド，カロリング帝国の目標に襲いかかったが，その残虐さは慄然とするような，類例のないものであった．イングランド北東海岸のリンディスファーンは793年に，ヘブリディーズの小島アイオウナは795年に，フリースラント沿岸は799年に攻撃を受けた．まもなくヴァイキングには，富裕な修道院と宗教施設が格好の略奪源であることがわかり，これらの場所は攻撃の矢面に立った．9世紀の最初の数十年，もっともひどい被害を受けたのはアイルランドとフリースラントであったが，835年をすぎるとヴァイキング艦隊はもっと南に向かい，イングランド南岸とフランスのセーヌ，ロワールの河口地帯を略奪した．同世紀の中ごろからヴァイキングの軍勢はイングランドでもフランスでも越冬するようになり，襲撃は高度な組織性をもって計画されるようになった．軍団はヨーロッパを縦断し，またイングランドとフランスのあいだを往復した．かれらの経路は破壊の定期ルートとなった．スペインにまで冒険の手を延ばす侵略者もいた．859年には「豪胆の」ビョルンとハースティンはジブラルタル海峡を通って地中海へと船隊を乗り入れ，2年間を北アフリカ，南フランス，イタリアの略奪に明け暮れ，862年にロワールの根拠地へ戻った．しかしスペインのアラブ人の抵抗は組織的かつ効果的だったので，862年以後のヴァイキング遠征がジブラルタルを通って地中海に入ることをためらわせた．862年以後の襲撃はほとんど，フランスと中央ヨーロッパに限定された．

しかも大半がスカンディナヴィア人の攻撃目標となった人々によって書かれた．これらの史料に表れる描写は，現実とは微妙に違っているであろう．ヴァイキングの兵力を述べるとき，アングロ・サクソンの史料はいつも船舶数によって数え，200隻から300隻という数も珍しくない．この数は非常に問題である．というのは，数字は実際の数を記録しようとする多少とも正確な試みの結果かもしれないし，あるいはアングロ・サクソン軍の敗北を小さく見せるための乱暴な誇張かもしれないからである（はるかに兵力のまさる敵に敗北した方が，自尊心が傷つかない）．また，さまざまな年代記の記事が首尾一貫していると考えるべき理由はない．

船の純然たる容量の点でも，また貨物や補給物資，馬や非戦闘員がどのくらいのスペースをとるかを考えても，1隻につき何人の武装戦士が乗っていたか，定かではない．船の大きさもあきらかにまちまちであった．さらに微妙な思い込みは，アングロ・サクソン史料の用語法からも生まれる．『年代記』が「ヘレ」（ふつう軍隊あるいは軍勢と訳される）というとき，これはある厳密な大きさを表そうとしているのかもしれないのであるが，しかし書き手がいかなる数を念頭に置いているのか，われわれはまったく知らないのである．「軍隊」がこの語の現在の概念とは大きく異なっているであろうことは，7世紀ウェセックスの『イネ王の法典』を見ればわかる．ここでは35名以上の武装兵力はすべて，「ヘレ」と述べられているのである．さらにこれらの文書が，スカンディナヴィア人の出身地域の違いを考慮に入れていないことは前述した．こうしてわれわれの情報は，数の確実でない，構成も分類していない，たんに殺戮と破壊をこととする「ヴァイキング」の群れを描いているのである．

考古学者も歴史学者もヴァイキングがもつ軍事力の性質について，多くの点でいまだに確かではない．確かなことは，書かれた史料に描かれている画一的な襲撃者・征服者の群れというイメージの下に，出身地域，組織，指揮者および動機のきわめて多様な男たち（そしておそらく女たち）が隠されている，ということである．当初の襲撃はおそらく，機会があれば襲撃しようと狙っていた数隻の乗組員たちによって行われた．船長たちは友人や従者を連れた小首長で，似たようなタイプの他の小首長と組んで4，5隻の小船隊をなしていたかもしれない．あるいは襲撃者たちは，共同して1隻の船を準備し，獲物を分け合って農業収入を補うような戦士的農民と小豪族の連合であったかもしれない．実際同じような襲撃はスカンディナヴィアの内部でもしばしば起こり，隣接地域を攻撃しあっていたことがルーン碑文から知られる．これら初期の襲撃船団の参加者構成はおそらく年ごとに変わり，おなじみの標的を狙って再三やってくるヴァイキングがいる一方で，世襲財産を相続したり，あるいはたんに身を固めてあとは故郷にとどまる方を選ぶものもいたのである．戦闘で失われた戦士は，新しい参加者で補充された．9世紀初期・中期の船団には特別に編成あるいは調整された機構があったと考えるべき根拠はなく，この点は865年以降にイングランドで戦ったヴァイキングとは著しい対照をなしている．

船の数について，865年に記録上のあきらかな変化が起こった．それ以前は最大で23隻の小船団について述べられていたが（おそらくこれは正確な数である），865年以降は80から350隻という，大きくて端数のない数が記録されている．後者の数字は早い時期の数を10倍したものか，「大」船団の漠然とした概数だったかもしれない．しかし船団の規模に関しては，アングロ・サクソンとフランクの史料のあいだに注目すべき相関関係があり，ヴァイキングの船団が少なくとも数十隻からなっていたことを示している．1隻の戦闘員はこれまで30人と見積もられており，9世紀後半の大きめの軍勢の総兵力は，数千人にも達することになる．しかし家族や馬を運ぶ必要が考慮されるべきで，戦闘員の数はかならずしも千人を超えなかった．この数値の妥当性は，最近算出された，ヴァイキングの冬季キャンプなど野戦宿営地の人口収容能力が約千人だった，という計算によって支持される．このような小さな兵力では一国全体を恐怖に陥れるには十分でないと思われるかもしれないが，しかし戦闘は甲冑に身を固めた，戦闘経験を積んだスカンディナヴィア人の職業的戦士と，にわかづくりのアングロ・サクソン農民防衛軍のあいだで行われるのがつねだった．さらにスカンディナヴィア人側には奇襲と機動力という利点がある一方，脅えたアングロ・サクソン人の多くは，あきらかにこの異教の敵軍を悪魔の手先と見ていた．メキシコのアステカ文明が，似たような状況のもとで，はるかに小規模なスペインの兵力によって破壊されたことを思い出すとよい．

865年以降イングランドで作戦を展開していた「大軍勢」その他のヴァイキング軍には，あきらかにそれ以前よりもはるかに高いレベルの組織と集中化した統制があった．これらの軍勢が作戦行動をどのように組織していたか正確にはわからないが，『アングロ・サクソン年代記』には不思議な記事がいくつかあって，「大軍勢」の行動に必要な要素だったに違いない兵站上のネットワークの存在を暗示している．たとえば866年にイースト・アングリア人はデーン人と和平を結び，かれらに馬を供給しており，896年にはもう1つの軍勢が，奇怪なことに船とその必要物資一式の補給を受けている．『聖ベルティニアヌス年代記』などヨーロッパの史料によれば，「デーンゲルド」の支払いが，食物，ワイン，糧食を含むよう詳細に指示されていることがある．「大軍勢」はいくつかの場合，アングロ・サクソン人のさまざまな不平分子によって積極的に支援されており，『アングロ・サクソン年代記』の「大きな内紛」に言及しているくだりには，このウェセックスびいきの年代記がどうしても書かずにはおられなかったよりも，はるかに大きい水準の政治的騒乱が隠されているかもしれない．さらに驚くべきことに，史料は「大軍勢」とウェセックス王家そのものとの，ある程度の外交的接触に関する証拠も含んでいる．すなわちアルフレッド大王（在位871-99）とエアルドルマン（高位の貴族）エセルレッドとが，「大軍勢」の指揮者ハースティンの2人の息子の（洗礼時の）代父役を務めたというのであるが，その機会に交渉が行われたことはあきらかである．かくしてヴァイキングの大きめの軍勢は，移動しながらの暴力・強奪と，分別ある外交・協力関係の効果的な組合せによって維持されていたようである．

ヴァイキングの軍勢に実際に加わっていたのはどういう人々であったか．政治的闘争，国家的支配と権力集中の増大，9世紀末スカンディナヴィア本土内部の社会構造の変化，これらがあわさって，土地をもたない，あるいは当面財産を相続する望みのない多数の若者や，（かれらを指揮すべき）王位を狙う亡命者を数多く産み出したはずである．大きな軍勢がスカンディナヴィアの諸王国にとってさし迫った脅威と考えられたことは間違いない．亡命者が多年にわたる海外遠征ののち，大きな私兵を募るのに十分な銀を獲得して帰国すると，大規模な戦争がそれにつづいたものである．ヴァイキングの有名な指揮者オーラヴ・トリュグヴァソンとオーラヴ・ハーラルソンは，どちらもこのようにしてノルウェーの王座を狙ったのである．この時期に初めて個々のスカンディナヴィア人指揮者の名が軍勢と関連して記録されているのは，偶然ではない．これらの名は古英語の綴りでゆがめられているが，大陸ヨーロッパやアラブの史料にすら登場するのと同一の，

西ヨーロッパ

レプトンの冬営地

　850年以後，イングランドやフランクで戦うヴァイキングは，越冬基地を設置したとされるが，その遺跡は1つも知られていなかった．ところが考古学者たちがイングランド，ダービーシャー，レプトンの美しいアングロ・サクソン教会を発掘していたところ，思いがけず，堂々たる溝と土塁が発見された．溝と土塁は元来は，川岸を背にD字型に走り，教会を中心とする防備された囲い地を構成していた．教会のまわりにはヴァイキングの墓が発見され，また873-74年ころの特徴をもつ貨幣が出土したが，この年はまさに，『アングロ・サクソン年代記』によると，レプトンがヴァイキング越冬基地とされた年である．土塁の西にはかつてアングロ・サクソンの墓地付属礼拝所があったが，これがからにされ，平らにされて，少なくとも249人の集団墓に再使用された．かれらの骨は壁のまわりに積み上げられ，中心には非常に高い地位の男性ヴァイキングの墓があった．礼拝所はそのあと低い塚で覆われた．集団墓遺体のほとんどすべては男性で，身体的特質が土地の人の型ではなかった．レプトンで越冬したヴァイキング軍のメンバーであると考えられる．かれらの死因は戦傷ではなかった．つまりこの年軍勢を病気が襲ったらしい．レプトン冬営地は冬営地として他に類例がなく，そしてウェセックスと戦ったヴァイキングの数少ない記念碑である．

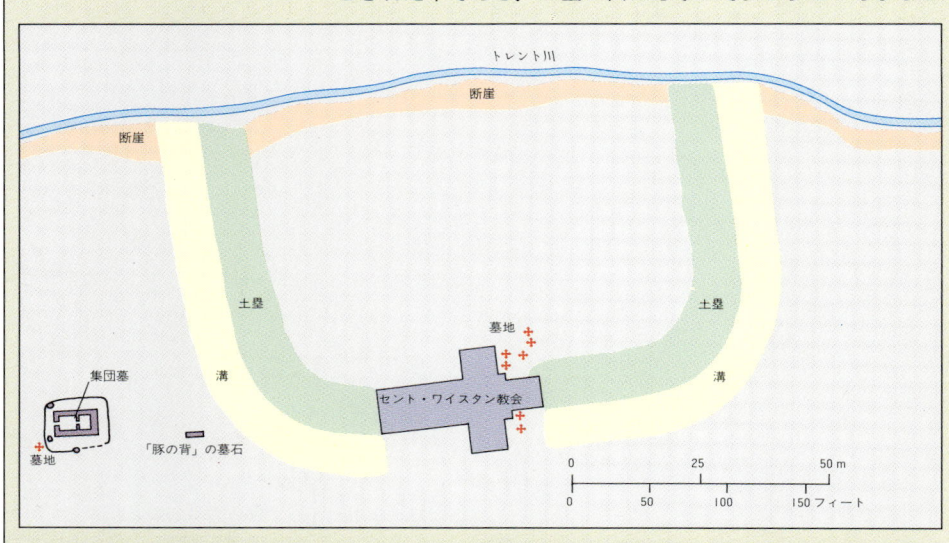

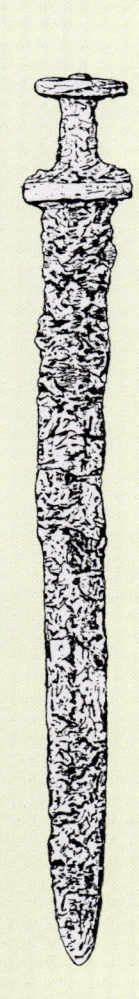

左　レプトンの冬営地はトレント川上流の断崖の上に建設され，その跡は現在学校が占めている．ここで1974年から1988年の毎夏，発掘が行われた．平面図（左上）からあきらかなように，ヴァイキングの建設したD字形の囲い込地は自然地形をうまく利用したもので，トレント川の断崖に守られ，またセント・ワイスタン教会を取り込んで防備された出入口としている．集団墓のある墳丘は冬営地の壁外ではよく目立っていたであろう．

上　教会に近いヴァイキング墓のなかには，臀部に大きな打撃を受けて死んだ35歳から40歳の男の墓がある．武器と装具を添えられ，墓を覆って石が積まれていた．出土物には剣（上左），さや，2本のナイフ，凝ったベルト一式が含まれていた．異教徒らしくかれはソールのハンマーのネックレスを付け，一緒に埋められていた小袋には野猪の牙，小がらすの足の骨が入っていた．おそらく呪術的なお守りであろう．

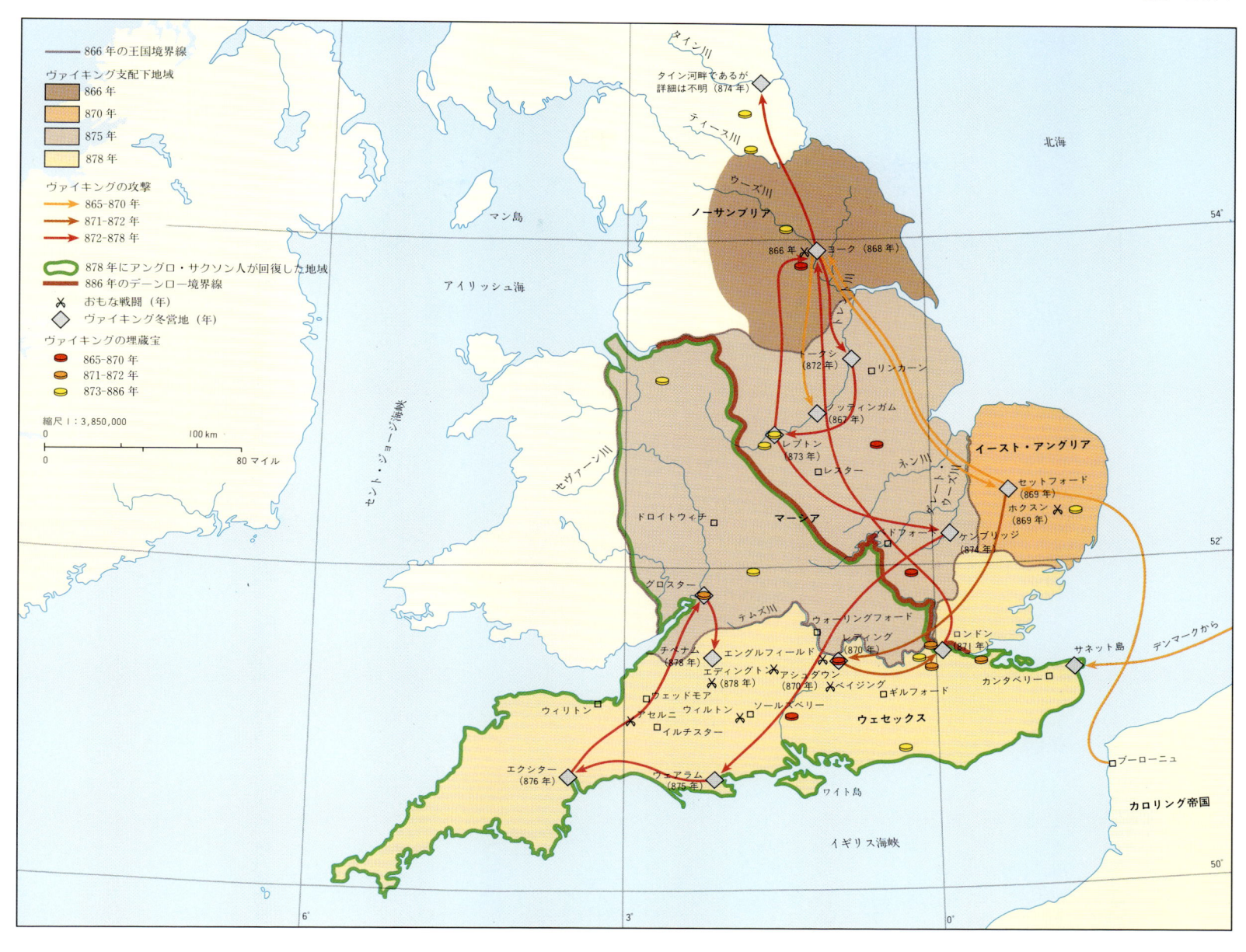

ヴァイキングのイングランド戦役：865-885年

865年、スカンディナヴィア人の大軍（「大軍勢」）がイングランドで越冬し、ヴァイキングの戦いに新局面を開いた．つづく30年間は戦いの途切れることがほとんどなく、この間スカンディナヴィア人はイングランドの多くの部分を支配した．866年まず最初にノーサンブリアがかれらの手に落ちた．古いローマ都市ヨークは基地となり、ここからヴァイキングは、他のアングロ・サクソン諸王国に対する一連の戦役を展開した．初めにイースト・アングリアが、ついでマーシアが蹂躙（じゅうりん）され、878年は南の王国ウェセックスの番だった．しかしアルフレッド大王は兵力を再結集し、エディングトンの戦いでヴァイキングを打ち破り、そののち、同年のうちに、ウェッドモア条約を結んでかれらを撤退させることに成功した．885年にヴァイキングの指揮者グズルムはウェセックスに対して攻撃を再開したが、危機はふたたび克服され、878年の条約が再確認された．イングランドの北部と東部はヴァイキングの支配に任され、この地域はデーンローと呼ばれるようになった．

歴戦の戦士だということはわかる．ハーステイン（英語史料ではヘーステン），ハールヴダン（ヘアルフデネ）やグズルムといった人物がそうである．名を挙げられている指揮者の行動にしたがって諸部隊の動きを地図に描けば、少なくとも「大軍勢」内での個々の統率単位の跡をたどることができる．離脱してスカンディナヴィアに帰国した軍勢の構成員は、もちろんヨーロッパで手に入れた豊かな掠奪品のニュースをもたらし、これによって自分たちに代わる戦士の安定供給を確かなものにした．軍勢はあきらかに、日常生活からまったく切り離されて行動していたのではない．『アングロ・サクソン年代記』には、軍隊が作戦に出ているあいだ、ヴァイキング支配地内の要塞に残されたデーン人の妻子に関する記事がいくつかある．このことは、873年から874年にかけて「大軍勢」が占拠したレプトンの冬営地の遺跡で、発掘された骨の20％までもが女性のものだったという事実によって支持される．これらの女性は男性とは異なった形質人類学上の型をしているという仮説は、この女性たちが現地アングロ・サクソン人であり、ヴァイキングの宿営について歩き、ヴァイキングの軍勢のなかから相手を選んだ、ということを興味深く示唆している．これはアングロ・サクソン人とスカンディナヴィア人の協同関係の性格に、新しい一面を加えるものである．

9世紀末には、指揮者、出身地、目的の異なる、いくつかの

ヴァイキングの軍勢が西ヨーロッパで作戦を展開し、金、土地、政治的権力、あるいはこれらの組合せのために戦っていた．これらの軍勢は指揮構造すらまったく異なっていたらしい．ロワール川で戦っていたある軍勢は、フランク人の使者に向かって、自分たちは指揮者をもたず、共同的に決定をなすのだといっているが、他方スウェーデンに遠征したあるデーン人の軍勢は、クジで戦略を決めたと記録されている．ヴァイキングの軍勢はときには互いに戦ったり、一時的な協定を結んで統合した．また軍勢のあいだでつねに戦士の出入りがあったことは確実である．したがって、書かれた史料からは異教の殺戮者という一面的なイメージが得られるが、実際にはヴァイキングの諸軍勢には権力構造や同盟関係の複雑で変化する関係があり、イングランドや大陸ヨーロッパの住民とのあいだにも、いくつかのレベルで相互作用があったとみるべきである．

大軍勢と定住：866-892年のイングランド

866年の「大軍勢」のイースト・アングリア上陸は、ヴァイキングとウェセックス王国の長く苦しい戦争の始まりだった．この間の混乱と社会的不安定は、考古学上の証拠にも現れている．大量の貨幣埋蔵宝が発見されているが、これらの貨幣は、ヴァイキングの攻撃から守ろうとして埋められたの

西ヨーロッパ

であろう．貨幣埋蔵宝は正確に年代を測り，埋蔵の意味を解釈するのが難しいことで悪名高い．人が貴重品を隠す理由はさまざまであるし，他方，埋蔵物からその持ち主を特定する手がかりはほとんどない．しかし，これほど多くの埋蔵宝がその後回収されなかった事実は，埋蔵した人々の過酷な運命を暗示している．『アングロ・サクソン年代記』はこのころの記録が全年代を通してもっとも詳細であるが，それでもなお戦役を正確にたどることはできない．西サクソン（ウェスト・サクソンつまりウェセックス）の宮廷史という性格を考慮すれば，『年代記』の記述が南イングランドの出来事に集中しているのは驚くべきことではないが，年代記に特定の地域が欠けているのは，まるで違った理由によるものかもしれない．9世紀末の西サクソン人の王国は，マーシアとイースト・アングリアという隣接するアングロ・サクソン人の諸王国へ勢力拡大をはかっていた．東サクソン人および南サクソン人の領土とケント王国はすでに820年代にウェセックスに吸収されており，その10年後にはコーンウォールもこれに加えられた．「大軍勢」の到来した866年に戴冠したエセルレッド1世の治世には，西サクソン人はすでにその目を北と東に向けつつあった．したがって対ヴァイキング戦はたんに民族的防衛の意味合いでなされたのではなかった．多くの場合ウェセックス軍がアングロ・サクソン人の独立した生き残りのために戦ったことは間違いないが，しかしまたほかのアングロ・サクソン諸王国に対する領土拡張主義的戦争の意味でも戦ったのである．このことは，アルフレッドとその子孫に与えられている通説上の英雄的名声を低下させるかもしれないが，イースト・アングリア人とノーサンブリア人がスカンディナヴィア人と進んで同盟を結んだことや，南から抑えつけられるよりはデーン人による支配を選んだことの，理由を説明する役には立つ．

866年にイースト・アングリア人と和平を結んだヴァイキングの軍勢は，翌年北へ移動し，古いローマの都市ヨークを包囲した．市壁の内外で激しく戦ったのち，ノーサンブリア人は壊滅的な敗北を喫した．アングロ・サクソン側の指揮者は全員戦死し，ヴァイキングは傀儡王を置いた．こののち数十年にわたり，ヴァイキングの軍勢はノーサンブリア（ハンバー川河口からスコットランド低地地方に及ぶ）に安全な基地を確保し，ここからブリテン島の他の地域に攻撃をしかけるのである．868年のマーシアへの攻撃が失敗に終わると，翌年ヴァイキングはノーサンブリアの地盤をかため，870年イースト・アングリア人に対する大戦役に乗り出した．アングル人の王エドムンドは殺害され，瞬くまにイースト・アングリア全域がデーン人の手に落ちた．

ヴァイキングの軍勢はひとつところに落ち着かず，夏季になると国中を戦いつつ移動し，冬になると防備された宿営地を建設して過ごした．かれらはいまやイングランドの北部と東部を支配し，中央のマーシアと南部のウェセックスのみが残っていた．871年ヴァイキングの軍勢は戦闘を開始した．すでに5年の戦いが経過していたが，これがウェスト・サクソン人に対する最後のひと押しになるものと期待していたに違いない．デーン人はその兵力をいくつかに分け，国王エセルレッド，その弟アルフレッド，およびエアルドルマンのエセルウルフが指揮するウェセックス軍の諸部隊に対した．デーン人とサクソン人は初夏に5回会戦したが，なかには戦いと戦いのあいだが数日しかあいていないものもあった．双方ともに大きな損害をこうむった．ヴァイキングのヤール（アール）9人と，「王」（実際はおそらく亡命した軍事指揮者であろう）の1人が殺された．一方アングロ・サクソン側は5人の伯（アール）とエセルウルフを含む多くの傑出した指導者，およ

び軍隊とともに戦っていた司教1人すらも失った．4月15日エセルレッド王が死去し，アルフレッドがウェスト・サクソン人の王位を継いだ．即位から数カ月のうちにアルフレッドの軍は9回もヴァイキングと対戦した．この年の終わりに疲弊した両軍は一時的な和平を結び，翌年スカンディナヴィア人はロンドンへ引き上げた．

872年から874年にかけてヴァイキングは目標を変えた．今度はその目をマーシアに向け，3年の戦闘でマーシアはヴァイキングの手に落ちた．875年，「大軍勢」はふたたび2分され，一方はハンバー川からスコットランド南部へと北上してピクトランドとストラスクライドのケルト人諸王国を攻撃し，他方はイングランド中央部の支配を守った．この後者の軍勢は876年ウェスト・サクソン人にうち破られ，かろうじてエクシターへ逃れた．しかしこのとき北のヴァイキングが始めたプロセスは，深刻な影響をもつことになる．「そしてその年へアルフデネ（ヴァイキングの指揮者）はノーサンブリア人の土地を分かち，耕作と自給を始めた」というのが，『アングロ・サクソン年代記』の気の重そうな観察である．初めてヴァイキングの軍勢がイングランドの大地に永住地を建設したのだ．877年には南のヴァイキング軍がこの例にならい，マーシアの土地を分配した．

ウェセックスは陣をかためたが，いまや単独だった．878年，グズルム率いる南のヴァイキング軍がこの地域も席巻した．アルフレッドとその部隊の生き残りは南西部のサマセットの沼沢地に散り散りになり，そこからデーン人に対する死に物狂いのゲリラ戦をつづけた．この年の前半，難を逃れたアングロ・サクソン人がエセルニのアルフレッドの宿営地にたえず流れ込み，ついにはウェセックス軍とマーシア軍の生き残りのすべてがアルフレッドの指揮下に統合されるに至っ

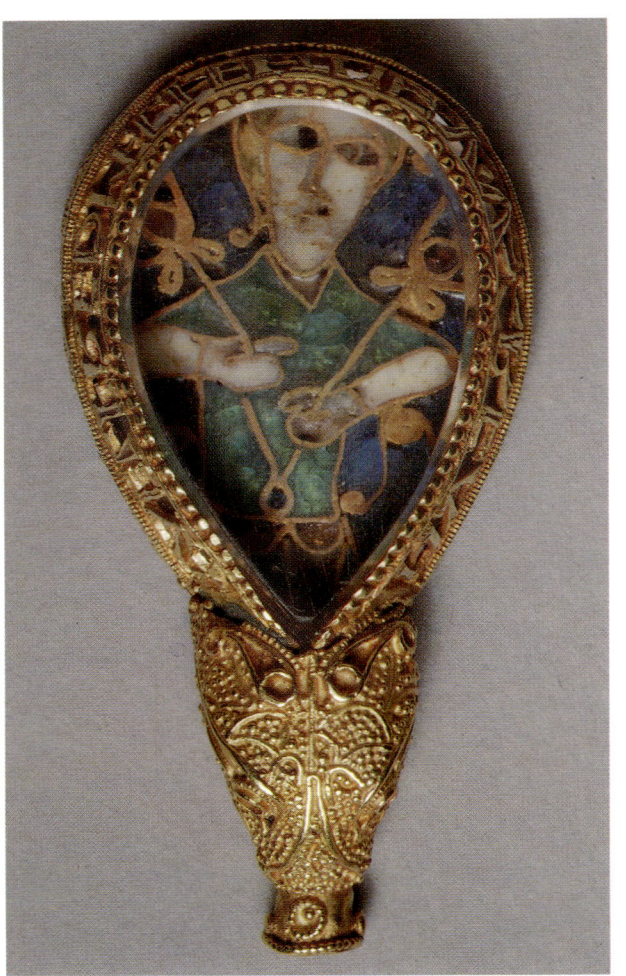

上端　このヴァイキングの銀貨にあるラテン語の銘はイースト・アングリア王聖エドムンドと読める．中央の大きなAは「アングローヌム」（「アングル人の」）のこと．デーン人は870年にエドムンドを殺したのであるが，すぐにかれを殉教者として崇拝するようになり，890年代には（エドムンド時代のデザインを模倣した）このタイプの貨幣が，あきらかにデーンロー（とくにイースト・アングリアで）鋳造され，10世紀初めまで発行されつづけた．

上　アルフレッド大王（871-99）はウェセックスをヴァイキングから救った有能な軍事指導者であり，また優れた学者でもあった．このペニー貨はおそらくは880年代にロンドンが奪回されたあとアルフレッドのために鋳造された．ただしロンドン奪回はもっと早くウェッドモアの和議のあと，878年だとする説もある．

左　870年代の生き残りを賭けた闘争，そしてデーン人との条約につづいてアルフレッドは，ウェセックスの宗教と学芸を復活させる計画を始めた．手の込んだこの宝飾品の円周には古英語の銘があり，「アルフレッドがわたしを作った」と読める．この宝飾品が作られた目的は知られていないが，写本を指す鞭（むち）の握りというのが1つの解釈である．アルフレッドは法王グレゴリー1世の『牧者の務め』を訳し，王国内のすべての司教へ1部ずつ，鞭と一緒に送った．この訳書の序文で王はイングランドで学芸が衰退したことを嘆いている．この宝飾品は王笏もしくは職杖の頭部ではないかとの説もある．宝飾品に描かれている人物は「識見」を表しているとも，「聖なる知恵」を具現化するものとしてのキリストを表しているとも解釈されている．アルフレッドが一時隠れ家としたサマセット沼沢地のエセルニ近くで発見された．

西ヨーロッパ

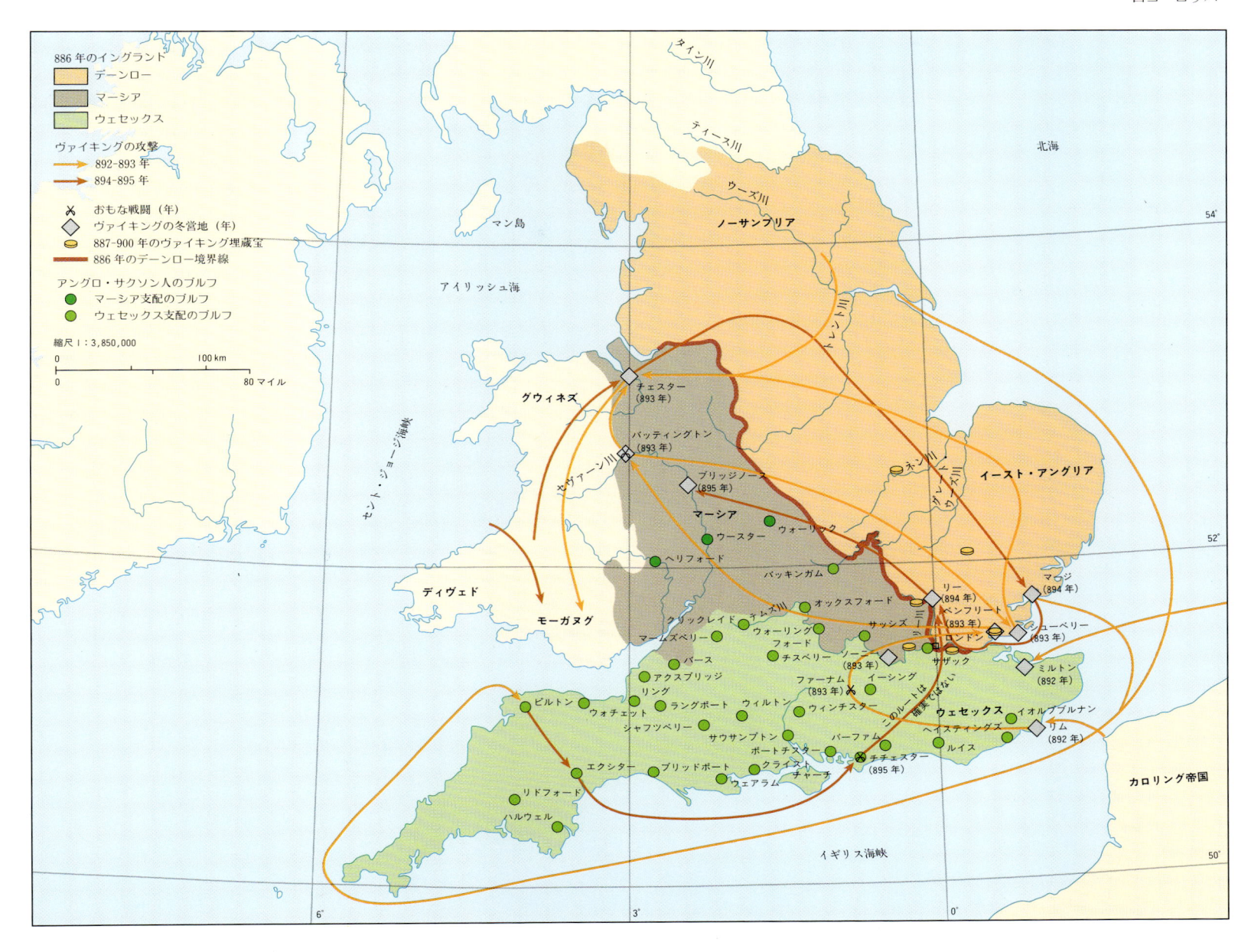

凡例:
- 886年のイングランド
  - デーンロー
  - マーシア
  - ウェセックス
- ヴァイキングの攻撃
  - 892-893年
  - 894-895年
- ✕ おもな戦闘（年）
- ◇ ヴァイキングの冬営地（年）
- 887-900年のヴァイキング埋蔵宝
- 886年のデーンロー境界線
- アングロ・サクソン人のブルフ
  - マーシア支配のブルフ
  - ウェセックス支配のブルフ

縮尺 1:3,850,000

ヴァイキングのイングランド戦役：892-895年

885年以後の比較的平和な時期に、南イングランド一帯に「ブルフ」すなわち要塞拠点の連鎖が建設された。それらは互いに32km（20マイル）すなわち1日の進軍行程内にあった。892年ハースティンの指揮下にヴァイキングがウェセックスに対する侵略を再開したとき、ブルフ網は防衛上大いに有効であることが立証された。つづく3年間、アングロ・サクソン軍とスカンディナヴィア人の軍勢は、敵を求めて国中を行ったり来たりしながら一連の小競り合いを演じた。894年、ヴァイキング軍はロンドン北方リー河畔に要塞宿営地を設けたが、アルフレッドはこの地で決定的にかれらを打ち破った。その結果、ヴァイキングはブリッジノースへ、ついでデーンローへ撤退した。

海峡を渡ったヴァイキングは885年まで戻ってこなかったが、この年グズルムがウェッドモアの和平を破ると、軍勢の半数はイングランドに渡り、残りはフランクにとどまった。ヴァイキングはケントのロチェスターに宿営し、その周辺地域を掠奪した。アルフレッドの反応は素早かった。みずからの支配をかため、兵を整えるための比較的平和な6年間があったからである。アングロ・サクソン人はヴァイキングと陸上で、そして数回は海上で戦った（デーン人は海上での戦闘には経験がより豊富だったため、海戦でのアングロ・サクソン側の勝利はかぎられていた）。886年にはこの脅威は収まった。878年に結ばれたもとの条約が更新されたが、幸いなことにその合意内容が後世の写本に残っている。アングロ・サクソン人とスカンディナヴィア人の境界線は「テムズ川をのぼ

た。復活祭の直後、アングロ・サクソン人は反撃し、エディングトンでデーン人と会戦した。ヴァイキングは決定的に敗北し、アルフレッドはサマセットのウェッドモアで、グズルムその他のスカンディナヴィア人指揮者たちの洗礼を含む儀式を行い、かれらと和平を結んだ。879年から885年のあいだはウェセックスは平和だった。グズルムの軍勢はイースト・アングリアへと撤退し、定住し耕作を開始した。880年に軍勢の大部分は、掠奪がより簡単なカロリング帝国に向けて海峡を渡っていった。

り、それからリー川をのぼり、リー川を水源までさかのぼり、その後ベドフォードまで直進し、そしてウーズ川をウォトリング街道までのぼる」と決められた。この境界の北と東の土地はヴァイキングの支配下に置かれ、デーンローとして知られるようになった。

アルフレッドは、デーンローの設立から899年に死去するまで、イングランドの半分であるウェセックスを支配した。もう半分であるデーンローのスカンディナヴィア人勢は、絶えざる北の脅威であった。生涯最後の10年、アルフレッドは、長いデーン人との戦争によって破壊されうち捨てられた、宗教、学問、文化の中心地をしだいに再建し、それらが永続的に生き残れるように、イングランド南部のいたるところに一連の要塞拠点を張り巡らせた。これらの「ブルフ」（要塞に囲まれた城市）は住民のための戦時避難場所、防御をほどこされた市場、および行政中心地の結合体だったらしい。ブルフは常駐の駐屯兵と、入念に計画された道路配置（ふつうは格子状）をもっていた。イングランド最初期の都市の多くは、その起源をこれらブルフにもっている。

デーン人の第2次攻撃：892-900年

ウェッドモア条約後にアルフレッド王の実施した軍事工学上、土木工学上の計画は、その治世の末期に全面的に試され

西ヨーロッパ

ることとなった．885年には大陸にとどまったデーン人の軍勢が，892年にフランク王国を発ってイングランドに戻ってきた．老練な戦士であるハースティンの指揮下，ヴァイキングは2つの軍勢に分かれてケントに到着し，砦を築き，建設中だった「ブルフ」1つを急襲した．翌年は諸事件が錯綜した．ヴァイキングはウェセックスの奥深く襲撃し，あらゆるところでアルフレッドの軍隊と小競り合いを起こしたが，激しい戦闘となることはほとんどなかった．ときにはイースト・アングリア人やノーサンブリア人がハースティンのデーン人軍勢の側に立って戦ったこともあったらしい．かれらはあきらかに，ウェセックスの覇権のもとでよりもデーンローの支配のもとで暮らす方を選んだのである．

スカンディナヴィア人もアングロ・サクソン人も多くの部隊を戦場に展開させていた．かれらは南イングランドを行ったり来たりしたが，たびたび互いに捕捉し損なった．アングロ・サクソン側に多くの過失があったにもかかわらず，「ブルフ」のネットワークは強固で，ヴァイキングの戦果はあがらなかった．ついにウェセックスの諸部隊はようやく全軍の足並みをそろえ，デーン人はウェールズとの国境近く，セヴァーン川岸でまんまと包囲された．激しい戦闘ののちスカンディナヴィア人は北に向かってチェスターまで敗走し，アングロ・サクソン軍が追跡した．もっと最近の戦争でおなじみの戦法を用いて，デーン人は安全なデーンローに逃げ込み，ノーサンブリア内を通ってイースト・アングリアへと入った．アングロ・サクソン軍が向きを変え，国境沿いに南東に向かっているあいだに，ハースティンの軍勢はエセックス地方（テムズ川河口北側）に集結した．同時に，海から南西部を攻撃していたヴァイキングの1分隊が，『年代記』の言葉を借りれば「帰路につき」，東に航海し，サセックス地方を掠奪した．ヴァイキングの2つの軍勢はリー河畔で合流し，そこに砦を築き，その砦からこの地域を悩ませた．

翌895年の大部分，スカンディナヴィア人は小競り合いを

上　ウェセックスの「ブルフ」は，鉄器時代やローマ時代の砦を再使用したものもあれば，ローマ都市の市壁を強化してその中に作ったものもあった．またオックスフォードシャーのウォーリングフォードのように，方形の土塁内の空間に新しい町を作ったものもたくさんあった．この空中写真はウォーリングフォードで，ブルフの方形土塁の輪郭がみえる．このアングロ・サクソンの土塁はデーン人に対して渡河点を支配するべくテムズ川に沿っている．川沿いに大通りの線もはっきりみえる．ブルフはアングロ・サクソン軍が対デーン人戦に採用したもっとも効果的な武器であった．これらのブルフを防衛するには全部でおそらく2万7千の兵が必要だった．ブルフはまた行政上，商業上の中心地としても役だった．

西ヨーロッパ

するだけで，ロンドンの北の根拠地にとどまっていた．しかしながら晩秋，アルフレッドは砦の建設や川の封鎖も含む複雑な包囲作戦を展開し，デーン人が自分たちの船に近寄れないようにした．ヴァイキングの軍勢は北へ逃走し，アングロ・サクソン軍はデーン人の全船舶を拿捕または破壊した．これは決定的な勝利だったらしい．ヴァイキングの軍勢は翌年には解散し，その構成員はデーンローの同胞に加わったり，イースト・アングリアやノーサンブリアに定住したりした．土地を買うて定住することのできなかった少数のものは，大陸で戦っているスカンディナヴィア人の軍勢に合流した．

9世紀の終わりころ，ウェセックスの権力はさらにかためられ，その力は「ブルフ」建設のいっそう野心的な計画によって増強された．デーンローはスカンディナヴィア人の手中に固守されており，なんとか1つのまとまりとして機能していたようではあるが，アングロ・サクソン人は境界線を越えて襲撃してくる大軍と戦う必要はなかったのである．アルフレッドは，強く統合されたアングロ・サクソン国家を遺産として残し，899年にこの世を去った．この国家は北と東の国土回復という長い道のりのために，兵力を集結しつつあった．

デーンロー

イングランドのヴァイキング軍の性格と機構を正確に知ることを困難にしているのと同じ問題が，スカンディナヴィア人のデーンロー定住を調べようとするときにも付きまと

上 デーンロー東部で鋳造された最初の貨幣には，アルフレッド王の貨幣を不器用に模したものがあり，重量も軽い．この例は，オックスフォードで鋳造されたアルフレッドのペニー銀貨をモデルにしている．

右 ノーサンブリアのリンディスファーン島修道院は，793年のヴァイキング襲撃で破壊し尽くされたわけではけっしてない．たとえば聖クスベルトの聖遺物が残ったし（現ダラム大聖堂蔵），『リンディスファーン福音書』が残った（現英国図書館蔵）．700年ごろリンディスファーンで書かれた，この壮麗な彩色福音書は，9世紀後半にデーン人の征服によって中断された「ノーサンブリアの黄金時代」がいかなる文化的達成をなしとげていたかを示している．

西ヨーロッパ

スカンディナヴィア人の痕跡：イングランド

スカンディナヴィア人のイングランド定住に関する考古学資料は文字史料と比べればはるかに少ないが，デーンロー植民の解明にいくぶんかは寄与している．ことに境界線が本来どのようになっていたかは，さまざまなタイプのスカンディナヴィア系の地名が北部と東部に著しく集中し，また西部にも集中地域がいくつか斑点のように分布していることにはっきりと示されている．「豚の背」出土地も分布の型は同じである．発掘されたヴァイキング時代の都市および非都市的定住の跡，それにスカンディナヴィア産の遺物を伴う墓については，非常に問題がある．考古学資料によって民族的帰属を判定することはとうてい確実とはいえないからである．しかしスカンディナヴィア産とはっきり識別できる遺物が大量には存在しない事実は，新来の入植者が先住アングロ・サクソン人の習慣，生活様式，埋葬慣行をすぐに採用したことを示している，といってほぼ間違いない．スカンディナヴィア人の定住密度，人数の問題はまだ大いに議論のあるところである．

う．876年に土地を分配して耕作を始めたヘアルフデネのヴァイキングたちは，9世紀後半にデーンローを占拠した人々ともちろん同一である．この人々の軍勢の構成員としての性格がよくわからないとすれば，征服地に実際に定住した人々についても同様によくわからない．主要な問題はスカンディナヴィア人定住の規模と密度，そしてデーンロー社会の構造を中心としている．デーンローが行政上，社会上どのように組織されていたのかわからないし，またこの地域のアングロ・サクソン人先住者と新参者の関係についてもその厳密な性格があきらかだとはいいがたい．

デーンローの創設は歴史史料に記録されている．しかしそれがアングロ・サクソン人の土地と住民に及ぼした影響の激しさは，9世紀後半から10世紀初頭までこの地域について文字史料がまったくないという事実そのことによって確認できる．『アングロ・サクソン年代記』がデーンロー内のヴァイキングの活動にときどき言及してはいるものの，この地域自体からの史料は現存しない．8世紀の尊者ベーダの時代以来，ノーサンブリアは修道院学問の中心だった．この識字伝統と，その伝統が意味をもっていた教会機構および行政機構の完全な途絶は，スカンディナヴィア人による占拠がいかに全面的であったかの雄弁な証言である．どの点からみても886年以降のデーンローは，歴史上のブラック・ホールである．

北欧語の要素を含んでいる地名の分布は，この見方を支持するものである．地名は，たとえば1085年にウィリアム征服王の命により作成された『ドゥームズデイ・ブック』（土地台帳）に記録されている．地名には多くの型があり，その各々がそれぞれの意味をもっている．おもなグループのなかには-byで終わる地名がある（例えばセルビーやダービーなど）．この接尾語はデンマークおよび南スウェーデンではふつう村落を表すが，ノルウェーでは個々の農場を意味し，特定の耕地を意味することさえある．またスカンディナヴィア人の人名を含んでいる地名（たとえばグリムスビー：「グリームの村」）や，地勢記述的な地名（スネーフェル：「雪山」）もある．より新しい-thorpで終わる型の地名（たとえばスウェインスソープ）は，最初に農業の行われた地域が人口過剰になったためおそらく周辺地域へ拡大した，2次的植民の段階を示しているものと思われる．地名の年代決定には問題がある．これらの一部はヴァイキング時代というよりは本来の中世に由来しているかもしれないからである．しかしその分布は衝撃的である．これらの地名を単一の地図に合成すると，その分布はまさにデーンロー領域として知られているものと重なる．たとえウェッドモア条約の合意内容が現存していなくとも，かなりの正確さをもってデーンローの境界線を引くことができたであろう．

地名証拠に含まれているこれ以上のレベルの情報は，解釈がいっそう難しい．まず，その地名をもつ定住地が新しく創設されたのか，前からあった場所に新しい名が付けられただけなのかがわからない．こうした地名のすべてがほんとうにヴァイキングによって付けられたのかも定かではない．なぜなら9世紀以前から英語は北欧語の要素を含んでいたらしく，また北欧語の影響は中世の，実際の民族的区別があいまいになってしまってからずっとのちにも間違いなく継続したからである．さらに公文書に記録される地名はふつう，定住地に居住している人々によってではなく（かれらはそれに名前をつける必要がない），徴税などのためにその地に言及する必要のある外部の人々によって決定される．北欧語系地名は異なる型ごとに地域的なまとまりを示しており，このことは定住の後期段階に起こった拡大と，土地の私的所有への転換を示唆しているのではないかと考えられる．しかしながら，この情報を確信をもってひとつの型に整理するにはまだたくさんの作業が必要であり，いまだにデーンロー研究のこの面は結論に達していない．

乏しいとはいえ文字史料は，イングランドのスカンディナヴィア人支配領域に多少の光を当ててくれる．『アングロ・サクソン年代記』は「ファイヴ・バラ」という，諸都市の緩やかな連合について言及しているが，これはダービー，スタムフォード，レスター，ノッティンガムおよびリンカーンのことで，これらの都市はすべてイングランド中央部にある．（年代記には「セヴン・バラ」について1つだけ言及があるが，これは「ファイヴ・バラ」に他の2都市を足したものかもしれないし，あるいはわれわれの知らないまったくべつの一群のことかもしれない．）これら5つの中心地はすべて防御壁をもち，ウェセックスの「ブルフ」と同様の役割を果たしていたようである．実際ウェセックスの「ブルフ」が，デーンローの都市のモデルとなったらしい．これらのバラのいくつか，とくにリンカーンの発掘は，計画的な道路に沿って設定された町の区画と割り当て地をもつ都市的集落について，ほんの一端であるが，明るみに出した．家屋と工房は，ここが局地的な交易網と，故国スカンディナヴィア，さらにビザンツ帝国や中東にまで拡がる遠隔地交易網をあわせもつ，盛んな商業集落だったことを示唆している．この交易が全国的なネットワークではなく，スカンディナヴィア人支配下地域を中心としていた事実は，スタムフォード土器と呼ばれる型の器など，ある種の工芸品の分布によって示される．スタムフォード土器はほとんどファイヴ・バラ地域でのみ出土し，ファイヴ・バラの政治的影響の範囲を正確に反映しているに違いない．この土器が地元で消費するために製作されたとすれば，出土がこの地域に限定されていることは，デーンローのウェセックスとの境界をさらに確認させるものである．

デーンロー南部のファイヴ・バラと対応してデーンロー北部にはヨーク王国があった．この地域は国境が流動的で，おそらくもともとはっきりとは決まっていなかった．史料上はファイヴ・バラよりもこの北の王国の方がずっとよく知られているが，その理由の一部はヨーク王国がスカンディナヴィアの故国，およびアイルランド・北大西洋のヴァイキング植民地とより密接に結びついていたためである．9世紀と10世紀の政治的動乱のなかでヨークの支配者はデーン人からノルウェー人に変わり，貿易および政治的つながりはアイリッシュ海，ダブリンとマン島のヴァイキング本拠地へと西に移った．この間にヨーク王国は数度にわたって（一時的ながら）アングロ・サクソン人の支配下に置かれたこともある．

分裂状態のこの時期を通して変わらない1つの要素がヨークの都市そのものである．それはヨーク渓谷の平野部を支配し，イングランドを南北に貫通する主要陸路をおさえていた．デーン人はこの町を占拠するとすぐに，これをふたたび城塞化した．この町は，防衛施設をもった商業中心地としては北ヨーロッパでも主要な1つであり，ここにはヴァイキング世界中から商人がやってきた．近年のカバゲート遺跡その他の発掘によって，狭苦しいふつうの勤労住民を収容していた割当て地家屋と仕事場があきらかにされた．この結果，史料に登場する国王や戦士の向こう側に，ヴァイキング時代の社会の日常生活が見えるようになったのである．

町の外の生活についてはずっと少ししか知られていない．デーンロー南部とヨーク王国の領域内からは，非都市的定住地はほんの一握りしか発掘されておらず，そのどれもスカンディナヴィア人のものだと確実にはいえないのである．北部でもっとも保存状態の良い非都市的定住地は，ヨークシャー州リブルヘッドで発掘された農場複合体である．ここでは囲われた耕地群の中央にノルウェーのそれに類似したロングハウスがあり，小さなパン焼き場と鍛冶小屋に隣接している．同様の遺跡が近くのブライアンツ・ギルとサイミ・フォールズ（いずれも同じくヨークシャー州）で調査された．これら3カ所の定住地ではすべて，農業をある程度の手工業で補う一種の混合経済が営まれていたようである．さらにリンディスファーン島のグリーン・シールで孤立した1群のロングハウスが発見されているが，これは793年の襲撃によって修道院が破壊され廃棄されたあとの時期のものである．住民の民族的出自を解明する手掛かりになるような人工物は発見されておらず，出土した家庭用品は中世初期ヨーロッパにありふれた型の日用品である．ハンバー川の北で調査された非都市的遺跡はそのほかにはウェアラム・パーシーの集落があるだけである．ここでは多数の小さな単位農場が，ヴァイキング時代後期に，ゆっくりと1個の有核村落構造に統合されたらしい．

デーンロー南部では数カ所の遺跡が発掘されているが，ここでもまた住民の民族的帰属はあきらかにされなかった．これらの遺跡のいくつかでは，中央に長い母屋と若干の付属建築物があり，防御された囲い地がそのまわりにある（たとえばリンカーン近くのゴルソー，ミッドランド南部のサルグレイヴなど）．しかしこれらがヴァイキングの攻撃からみずからの財産を守ろうとしたアングロ・サクソン人豪族のものか，あるいは新来のスカンディナヴィア人が建てた新しい居住地の跡なのかはあきらかではない．その持ち主がだれであれ，防塁をもつこれらの小さい居館は中世の荘園複合体の先駆と考えてほぼ間違いない．その設立は，土地分割と所有権のあり方に当時起こりつつあった大きな変化を反映しているであろう．小村落が散在しているウェアラム・パーシー型，およびもっと大きい複合体もまたデーンローで見つかっている．たとえばケンブリッジシャーのリトル・パクストンとセント・ニーオツ，およびノーサンプトンシャーのローンズがその例である．

ごくわずかな遺跡では居住者がだれか確定できるかもしれない．墓からの出土品があるからで，そのなかにはスカンディナヴィア型と認められる品物も含まれる．これらの墓に人工物が一緒に埋められている事実がそもそも，被葬者の異教徒であることを示しており，このため同時期のアングロ・サクソン人の墓と区別される．キリスト教徒の墓は副葬品を伴わないからである．こうした異教墓の数はかぎられており，ヴァイキングの移住者が，ほどなくキリスト教を受け入れたか，あるいは少なくとも墓制に関して土地の慣例にしたがったことを証明するものであろう．イングランドの，アングロ・サクソン人とスカンディナヴィア人が混住した地域では，ヴ

西ヨーロッパ

ヨーク

北イングランドの古いローマ都市ヨークは、ウーズ川とフォッス川の合流点に位置し、しかもイングランドを南北に縦断する主要陸路にも沿っている。866年に初めて「大軍勢」に占領されたこの町は、アングロ・サクソン人に奪い返されたことも短期的にはあったが、ほぼ1世紀間、北イングランドのスカンディナヴィア人側拠点として機能した。ヨーク(かれらはヨールヴィークと呼んだ)はときにはヴァイキングに直接統治されたが、ときにはアングロ・サクソン人の傀儡政権が統治した。定着したスカンディナヴィア人の数は多かったらしく、道路網を再編し(道路名は大部分、いまも北欧語である)、ローマの市壁を修復拡張し、水際に波止場を建設した。ヴァイキング時代のヨークからは何十という家と仕事場が発掘され、そこには市場町の賑わいと貿易中心地にふさわしい一切の物質文化が伴っていた。ヨークは、ドイツの土器、そこに入れられてくるワイン、ノルウェーの砥石、ビザンツの絹などの商品を輸入する主要地点であり、リンカーンなどデーンローの他の町と、スカンディナヴィアの故国からきた商人との連結点であった。考古学者ははるかに遠く紅海の産物を発見している。もっと手近なところでは、戦いの小休止にアングロ・サクソン人との取引もまた行われたらしい。造幣所が設立され、キリスト教と異教のシンボルを両方とも刻印した貨幣が発行された。宗教の二重性はこの地方の石の彫刻にもみることができる。中世の大聖堂近くで発見された数個の石の墓標には、スカンディナヴィア様式の入念な彫刻がある。またヴァイキング時代末の教会で、ヨーク市最古の現存教会でもあるセント・メアリー・ビショップヒルでは、ヴァイキングの墓がいくつか発見されている。

右 1970年代末から80年代初めに行われたカパゲイト通りの発掘の結果、ヴァイキングのヨークについて詳細な情報がもたらされた。カパゲイト通りに面したところから裏はフォッス川の水際まで、4区画の住宅割当て地が発掘された。9世紀末から11世紀にわたりアングロ・スカンディナヴィア人が占拠していた3つの時代を通じて、長方形の木造建物が重なりあい、ときには2列になって、短い方の辺をカパゲート通りに面して並んでいた。土の床と炉にはここに住んでいた職人の残したくずや完成品が散らばっていた。職人には皮革細工師、角の櫛作り、木工ろくろ師、金属鍛冶工がいた(右下)。ある建物には貨幣鋳造の跡があった。住宅地と通りの境界線はヴァイキング時代以来現在までほとんど変わらず、遺跡の全体がジョーヴィク・ヴァイキング・センターとして、そのもとの場所に保存されている。そこはヴァイキング時代の住居の後継者である現代の店舗の地下にあたる。この博物館では来訪者は再建された10世紀の街路(下)を進む乗り物で案内される。

西ヨーロッパ

ァイキング移住者の大部分がほぼ間違いなくキリスト教の教会墓地に埋葬され，したがって考古学的には識別できない．現存する墓には，武具など典型的な男性の装備を含む17基，女性の装飾品を含む3基の土葬墓があり，その他スカンディナヴィアの人工物を伴う若干の墓がある．これらの墓のほぼすべてはデーンローに限定され，その多くはヨーク王国内にある．墓はすべて土葬の単葬墓である（ただしときには最高8基までの小さなグループをなしている）．しかし注目すべき例外はレプトンの集団軍事墓と，ダービーシャー，イングルビーの特異な60基の墳丘墓群である．後者は，イングランドでヴァイキングの火葬墓がはっきり確認できる唯一の遺跡である．

文化交流

　スカンディナヴィア人入植者と先住者のあいだにどの程度の相互作用があったかを考えると，多くの魅惑的な可能性が提示され，たんに統合と同化が起こったのではなく，独自のアングロ・スカンディナヴィア文化の創出に帰着したとの結論が得られる．このことがもっとも鮮明に示されるのは宗教と信仰の分野である．上述した墓を除くと，ヴァイキング時代のイングランドには異教慣習と認められる例はほとんどない．しかしかなりの量の武器やその他馬具などの人工物が川から引き上げられている．とくにテムズ川の，ロンドン橋やオックスフォード付近で見つかっている．これらの遺物はたんに戦闘中落としたりなくしたものだという可能性もある．しかしいっそうありそうなことは，これらの埋蔵物は，デンマークや南スウェーデンの沼沢地で大量に発見されているものと同じ，意図的な神々への捧げものだったということである．この種のもので有名なのはイングランド北部，ハンバーサイドのスカーン遺跡である．ここでは少なくとも20頭分の馬，牛，羊，犬の骨が，金属細工や武器とともに，橋の基礎杭周辺で発見された．

　異教の痕跡が断片的であるのと対照的に，スカンディナヴィア人のキリスト教改宗についてはかなりの証拠が残っている．そのおもなものは石の彫刻である．最初の大規模なスカンディナヴィア人定住が始まったときには，すでにイングランドのアングロ・サクソン人地域では，彫刻された石の十字架と墓碑の伝統が盛んであった．ところが10世紀初頭以降，彫刻に新しい要素が現れる．新しい要素は十字架に現れ，装飾にスカンディナヴィアの美術様式が増加する．とくに印象的なのはスカンディナヴィア人が導入したと思われる新しい写実的な肖像で，たとえば北ヨークシャーのミドルトンで発見された，武器に囲まれた武装戦士像がそれである．これらはおそらくスカンディナヴィア人による地域支配を強化するため，軍事的卓越と権力を象徴する意図をもったものである．さらに写実的な例は，やはり北ヨークシャーのウェストンで出土した十字架の断片で，女性の首を掴む武装戦士を表している．なおこれはこの時代のヴァイキング世界で知られる，女性に対する唯一の暴力描写である．

　スカンディナヴィア人は石の彫刻を奥まった僧院から引きだして世俗的な環境に置き，政治的観念の表現や宣伝，さらに記念碑慣行のために使った．面白いことに表向きはキリスト教の記念碑に，異教の北欧神話の場面が組み込まれているものがある．たとえばカンブリアのゴズフォースにある大きな十字架の柱には，ラグナロク（あらゆる神も人も滅びる世界の終わり）の諸場面が示されている．これらの場面は悪魔とその手下たちに対するキリストの勝利を表そうとしたもので，ここでは悪魔たちは以前の宗教の神々と同一視されているのだ，とこれまではいわれてきた．しかしこれは決して

上　北ヨークシャー，ミドルトンの石の十字架に彫刻された印象的なヴァイキング戦士像．ヘルメットをかぶり，自分の武器（楯，剣，斧，槍）に囲まれている．10世紀の，キリスト教に改宗したばかりのデーンロー貴族がキリスト教の記念碑に追悼されているのであるが，威風堂々としており，地域住民に対するかれらの権威を強める意図があったと思われる．

確かなことではなく，記念碑は2重の役割を果たしていて，積極的な目的は異教の図像の方にあったのかもしれないのである．もう1つの型の石の記念物は，その特徴のある背の形から「豚の背」と呼ばれる．これはブリテン島にしかないので，ヴァイキングの植民地彫刻の例とみるべきであろう．「豚の背」はおそらく墓の蓋に使われ，多くは家の形をしており，屋根と壁がはっきりと描かれている．ある例では大きな熊が側面にいて，家の「切妻」を掴んでいる．ごくわずかなものには十字架のキリスト像が彫られているが，ほとんどの「豚の背」はキリスト教の図像を全然もたず，「豚の背」の宗教的な意図は（あったとしても）確かではない．

　他の考古学証拠や地名証拠とあわせ解釈すると，石の彫刻は，スカンディナヴィア人入植者が新しく獲得した土地にし

アングロ・スカンディナヴィア様式

　イングランド北部の石の彫刻は、アングロ・サクソンの先住者とスカンディナヴィア出身の入植者のあいだに生じた文化交流の証拠である。石彫の十字架とキリスト教の墓標を立てることは、先住者の、確立した伝統だった。これらは、キリスト教に改宗したヴァイキングの指導層の気を引いた。とくにヨークはアングロ・サクソン彫刻の活発な中心地であり、その工芸は、ヴァイキングの支配下に入ってからも、スカンディナヴィア芸術の諸要素を吸収して繁栄をつづけた。彫刻家たちはボッレ様式とイェリング様式から影響を受けた。新しい顧客がこれら9世紀末と10世紀初めのヴァイキング美術を好んだからである。かれらは、自分が彫刻に戦士貴族として描かれるのが好きだったし、また北欧神話のおなじみのエピソードを描かせたがった。石の記念碑の型はあまり変わらなかったが、ただ西方のケルトから天辺が環状になっている十字架が入ってきたのと、奇妙な「豚の背」（家の形をした墓石）の発明とが例外である。スカンディナヴィア人の好みとアングロ・サクソンの伝統が混淆して、10世紀の北イングランドに特有の芸術が興隆した。この芸術傾向は金属細工にもみられ、正当にも「アングロ・スカンディナヴィア」風と呼ばれている。同じような状況は、11世紀にデンマーク王クヌートが統治したときの南イングランドにも興った。このときにはスカンディナヴィアのリンゲリーケ様式が導入された。しかし後期ウルネス様式がノルマン・コンクェスト後のイングランドで愛好された理由はよくわからない。

右　カンブリアのゴズフォース教会墓地にいまも立つこの十字架には、北西イングランドに入植した10世紀のスカンディナヴィア人のキリスト教改宗が映し出されている。十字架先端のリングの形はケルト起源であるが、装飾モチーフにみられる輪の連鎖は北欧のボッレ様式の影響を受けている。図像は複雑で、キリストの十字架受難とラグナロク（北欧の異教神話に知られる神々の世界の終末）の物語が結び付けられている。

下　彫刻家は石灰岩の平石に彫ったこの作品を、完成前に廃棄した。この断片はヨークのカパゲートで出土し、10世紀中ごろに属する。2匹の絡み合う動物が、輪郭だけの身体で示されている。典型的な北欧のイェリング動物装飾様式。

西ヨーロッパ

上 この金メッキした青銅のブローチ(拡大写真)は、イングランド南西部、サマセットのピットニーで出土した。古典的な組打ちのモチーフが透かし細工にされている。11世紀半ばから12世紀初めにスカンディナヴィアで流行したウルネス様式のアングロ・スカンディナヴィア版の一例である。中心となるデザインは渦を巻いた帯状の動物で、身体は平板であるがへりにビーズを付けている。その首に蛇が食いついている。どちらの動物とも身体の末端は植物様の巻きひげになっている。外縁のほたて貝模様はロマネスクの影響を示唆し、したがって11世紀末であろう。

上右 北東イングランド、ダラム州ソックバーンには10世紀の彫刻群26個がある。この時期にアングロ・サクソン人の修道院墓地がヴァイキングに奪われた。新しいスカンディナヴィア人貴族は石にみずからが記念されることを望んだが、かれらの好みは、槍で武装しヘルメットをかぶったこの戦士にはっきりと示されている。ソックバーン彫刻の装飾図案は、この地域にみられる他の彫刻にも繰り返されている。これらはすべてティーズ川とリーヴン川の谷で営業した工房の産物である。

右 クヌート時代に南イングランドに導入されたリンゲリーケ様式は同時代のアングロ・サクソンの「ウィンチスター様式」と非常によく似ているので、アングロ・サクソン人の芸術家がこれから着想を得たとしても驚くべきことではない。グロスターシャーのウィンチコム修道院で書かれたらしい詩篇入り祈禱書では、頭文字がウィンチスター様式とリンゲリーケ様式の両方、さらにそれらの混合様式で飾られている。この文字"d"に図案化されている動物の頭は、セント・ポール寺院墓地の石(p.210)の動物にそっくりである。そのぴったりと絡み合う巻きひげも本物のリンゲリーケ様式の特徴である。

左 北ヨークシャー、イングルビー・アーンクリフ出土の見事な「豚の背」墓石。両端で大きな、口輪をはめられた獣が、屋根の湾曲した家型記念物の切妻の端にしがみついている。その形はキリスト教の聖遺物箱型の墓やその他の家型遺物箱に影響されたものと思われる。脇の奇妙なくぼみは信者が聖遺物にさわるための聖遺物箱の隙間を模したものであろう。「豚の背」は10世紀の北イングランドとくにヨークシャーとカンブリアの、スカンディナヴィア人入植地域に始まり、そこからこの慣習はスコットランドに拡がった。

西ヨーロッパ

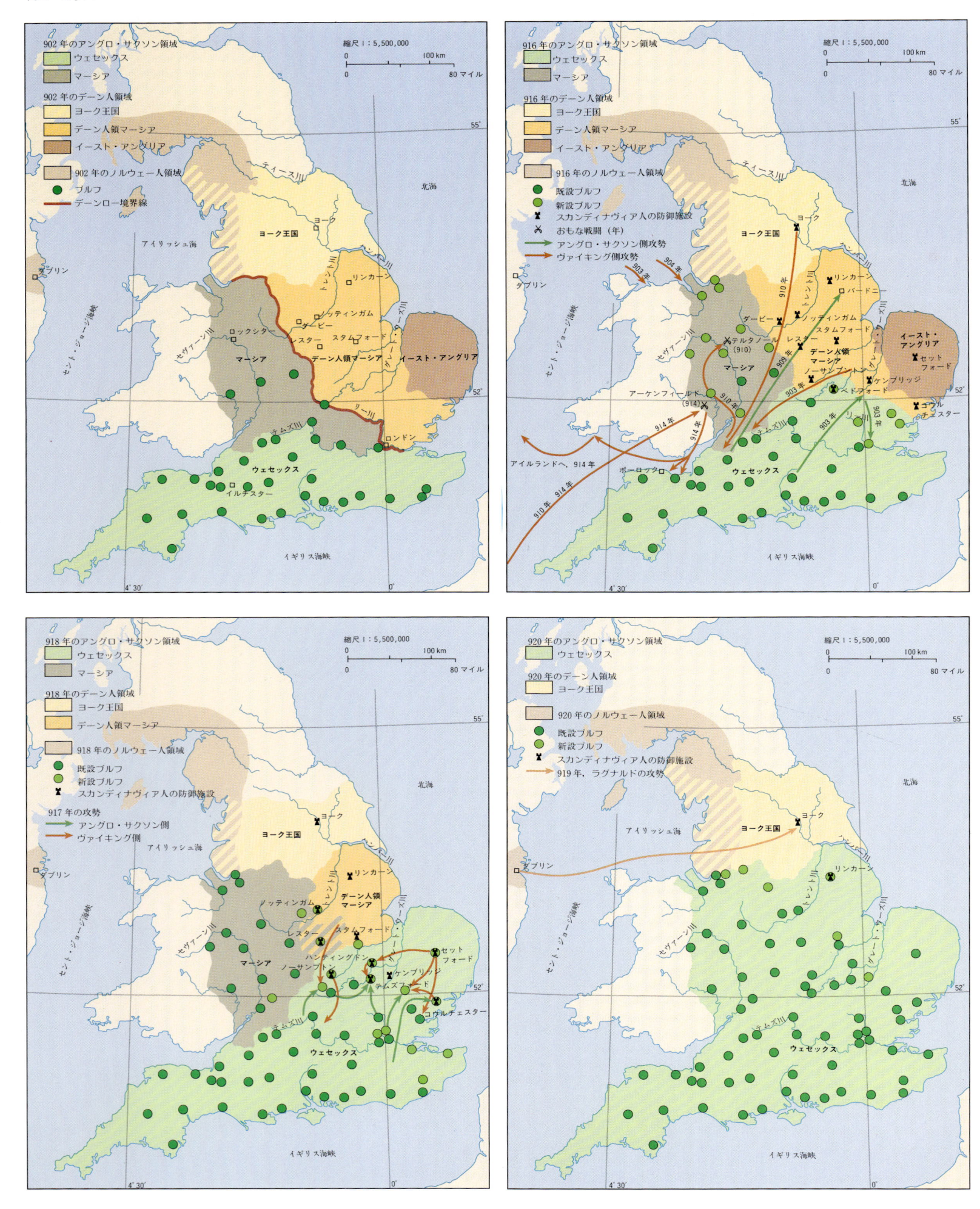

デーンローの奪回

902年から921年にかけて、アングロ・サクソン人の王国ウェセックスは一連の決定的な戦役を展開した。それは、デーンロー領域をアングロ・サクソン人の手に取り戻すこと、他のアングロ・サクソン人の王国である近隣諸国とりわけマーシアを犠牲にして自己の影響力を拡大すること、という二重の目的をもっていた。アルフレッド大王の後継者とマーシアの統治者はスカンディナヴィア人支配地域にたえまなく侵攻し、ヴァイキングの個々の軍勢を次から次へと孤立させ、無力化した。スカンディナヴィア人は「ブルフ」要塞網のため、有効な反撃ができなかった。北方諸地域が陥落するにつれ、ウェセックス王家は「ブルフ」をさらに建設し、そこに住民を多数入植させることによって、新たに獲得した土地に対する支配を固めた。この計画はマーシア内にも拡げられた。921年には無傷で残っていたのは、ダブリンのノルウェー人の王ラグナルドとの同盟によって救われたヨークのヴァイキング王国だけだった。中部地方ではマーシアが実際上消滅し、ウェセックスに吸収された。いまやウェセックスはハンバー河口以南の全イングランドを支配した。

っかりと速やかに定着し、明確な自己意識と目的をもってデーンローとヨーク王国を支配したことを示している。植民の規模はいまだ正確にはわからないが、あきらかにアングロ・サクソン人住民とスカンディナヴィア人住民はかなりの程度相互に影響しあったに違いない。イングランド北部と東部には、急速な文化的融合と変容が行われたことについて、無視できない証拠がある。

アングロ・サクソン人のデーンロー回復：902-954年

10世紀の初め、アングロ・サクソン人もスカンディナヴィア人も数十年にわたる戦争で疲れきっていた。しかしデーン人はデーンローの支配を固めているだけだったが、当時アルフレッドの息子エドワードが支配していたウェセックスはデーン人に対してゆっくりとした消耗戦を始め、たえず境界を越えて小規模な襲撃を敢行した。903年、906年、909年には大規模な戦闘が行われ、このときヴァイキングはウェセックスの王権に敵意をもつアングロ・サクソン人指導者たちと同盟を結んだが、エドワードの軍勢はしっかりと持ちこたえた。

アングロ・サクソン軍は「ブルフ」建設計画を増進することによって国境防衛を強化し、強力な退却線を確保した。そして前線がゆっくりと北へ押されるにつれて、奪還した領土を固めるためにつぎつぎに「ブルフ」を建設した。双方とも

右 905年ころランカシャーのリブル河畔に埋められたクウェアデイル埋蔵宝、ブリテンのみならず北欧を含めても、ヴァイキングの最大の財宝、7,500枚ほどの貨幣と、大量の切断銀からなる、総重量約40 kgの銀塊である。切断銀の中には「ヒベルノ・ノース」(アイルランドに定着して混血混合したノルウェー系ヴァイキングとその文化）起源のものが多く、この財宝の相当部分は、902年にヴァイキングがダブリンから追放されたあと、アイルランドから北イングランドに移されたものと思われる。しかし貨幣の多くはヨークのヴァイキング王国で鋳造されたばかりのものである。おそらくは、ヴァイキングのダブリン奪回に先だって、両王国の富が集められようとしていたのだ。

西ヨーロッパ

この時期は外部からの脅威に悩まされた．マーシア人はウェールズでケルト人の攻撃を撃退せねばならず，デーン勢にとっては，アイルランドに定住していたノルウェー・ヴァイキングの脅威が大きくなってきた．アイルランド人が902年にダブリンからヴァイキングを追い出すことに成功すると，ノルウェー・ヴァイキングの一部はノーサンブリア西部やミッドランド北東部に移住した．ノルウェー人はすぐに北イングランドの権力をデーン人と争うようになり，この内輪の争いが，前進するアングロ・サクソン軍に対するヴァイキングの防衛効率を弱体化させたことは間違いない．

ウェセックス王エドワードの姉妹エセルフレズとマーシアの指導者エセルレッドの婚姻を通して，マーシアはウエスト・サクソン王家と結ばれていたが，マーシアの国土回復過程はじつはウェセックスの拡大過程にほかならなかった．911年エセルレッドが死去すると，エドワードはテムズ谷周辺のマーシア領の支配権を握り，これを基地として利用し，916年までにエセックス地方全体を再征服した．しかしもっとも劇的な出来事はこの翌年に起きる．917年エドワードと，夫の死によりマーシアの支配を手にしたエセルフレズとは，決定的な戦闘を始める準備を整え，夏，同年早くにデーンローの国境を越えて掠奪を働いたデーン人部隊を求めて北へ進軍した．晩秋までにデーン人の諸部隊は連鎖反応的に崩壊し，ミッドランドとケンブリッジシャーの支配はアングロ・サクソン人のものとなった．イースト・アングリアのみがデーン人の支配下に残ったが，ここも918年には陥落した．

918年と919年に起きた2つの出来事は，同世紀のその後に起きる出来事のひな型となった．エセルフレズが死んで，マーシア人の後継者が立ったがすぐに廃され，ウェセックスとマーシアは最終的に統合された．その後まもなくデーン人のイングランド支配は重大な打撃を蒙った．ダブリンのラグナルドがヨークを急襲して，この都市を奪取したのである．デーンロー最後の領域は920年に陥落した．いまやアングロ・サクソンの支配と同義になったウェセックスの支配はハンバー川に達し，一方ヨーク王国はアイリッシュ海を越えてダブリンへと広がるヒベルノ・ノース支配圏の一部をなした．この支配圏にはノルウェー的・ケルト的な文化志向が伴っていたが，これは西へ北へ，北大西洋のヴァイキング植民地へと伸びていた．

アングロ・サクソン人の反撃の最終段階は，エドワードの息子アセルスタン（924年即位）の統治下に展開した．西の国境を強化したのち，アセルスタンは927年にヨーク王国に一斉攻撃を仕掛けた．スコットランドとウェールズのケルト人支配者たちと慎重な同盟を重ね，アセルスタンは現在のイングランド国境のはるか北まで拡がる，単一の連合王国を支配した．しかし937年，ダブリン・ヴァイキングとケルト人の大同盟軍によって，この連合王国は脅かされた．かれらはスカンディナヴィア人の支配を回復し，アングロ・サクソン軍をいま一度かつ最終的にうち破るべく北ヨーロッパから集結し，最後の決戦を共同して開始した．叙述史料に「ブルナンブルフ」と呼ばれている両軍会戦の地は確認されていない．衝突はすさまじく，戦いの全体を詩や物語に伝えたのちのケルト人作者たちは，ただ「あの大戦争」と記憶するだけで足りたほどである．死に物狂いの数時間ののちアングロ・サクソン軍が勝利し，この結果この世紀の終わりまで，アングロ・サクソン人の支配に対する敵対は影を潜めた．それでもアングロ・サクソン人の支配は北部では不安定なままで，939年にアセルスタンが死去すると，この地は一時的にダブリンの王たちに奪われた．かれらはふたたびヨーク王国を直接支配し，一連の傀儡王を押しつけた．しかしこのノルウェー人の王国は内乱のため崩壊し，954年にヨーク最後のヴァイキング王，「血斧の」エイリークがステインモアの戦闘で戦死した．

866年に「大軍勢」がイングランドに腰をすえてから1世紀近くたって，スカンディナヴィア人のイングランド征服はついに阻止された．この国の政治構造は完全に変わってしまった．9世紀にヴァイキングに対峙したアングロ・サクソン人の分裂した小王国群は姿を消し，国土回復の過程が，イングランドを今日われわれにおなじみの単一の王国へと統合させたのである．

フランクのヴァイキング

船の数は増える．ヴァイキングの流れは途切れることなく，増えつづける．キリスト教徒はいたるところで虐殺，焼きうち，掠奪の犠牲になっている．ヴァイキングは行く手にあるすべてを奪い取り，抵抗するものもない．ボルドー，ペリグー，リモージュ，アングレーム，トゥールーズが奪われ，アンジェ，トゥール，オルレアンは壊滅し，数しれない船隊がセーヌ川をさかのぼり，全土で悪が栄える．ルーアンは廃墟と化し，掠奪され燃やされた．パリ，ボーヴェ，モーは奪われ，ムランの強固な砦は打ち倒され，シャルトルは占領され，エヴルーとバイユーは掠奪され，あらゆる都市が包囲された．（ノワールムティエのエルメンタリウス，860年ころ）

フランク，フランク帝国，カロリング帝国という表現はすべて，ヨーロッパのうち，シャルルマーニュ（742?-814）を始祖とするカロリング朝の国王・皇帝に支配された領域の全体を表す．フランク帝国の領域はシャルルマーニュの息子ルイ敬虔王（778-840）の治世下に最大に達し，このときピレネ

左　イタリア，マッレス，聖ベネディクト修道院の祈禱室に描かれた9世紀初めのフレスコ画．髭をはやしたフランク貴族が剣を握っている．大陸ヨーロッパに侵攻した初期のヴァイキングは，フランクの軍司令官たちを分裂させていた内紛を利用した．

右　『クサンテン年代記』のこのページは，842年に西ヨーロッパで起きた出来事を記録しており，ヴァイキングのフリースラントとフランクに対する攻撃，およびかれらの指導者が1人死んだことも含まれている．ページの一番下の文章はローリクというかれらの王（rex eorum nomine RORIK）への言及で始まっている．

一山脈からフランス全土を通って現在の低地地方に至り，さらにドイツ北部にまで，そして南はイタリア半島まで拡がった．

フランクのヴァイキング襲撃は799年に初めて記録された．これにつづく9世紀最初の40年間は，無防備な標的に対する単発的な攻撃が行われた．襲撃のパターンはイングランドでなされたものと同じだったが，実際フランクにおけるヴァイキング災厄の歴史は，アングロ・サクソン諸王国での展開と密接に関係している．イングランドでヴァイキング活動が盛んだった時期はフランク人にとってはしばしば短い休息期間を意味し，逆もまた真であった．というのはしばしば同一のスカンディナヴィア人軍勢が，どうすればキリスト教西ヨーロッパの富を最大限に食いつくせるか，力の出し方を調整し，イギリス海峡の両側で戦ったのである．フランクでヴァイキングを食い止めようとする措置も，イングランド同様にとられた．たとえばシャルルマーニュは，河川のおもな橋を要塞化して侵攻船団に対する障害とするよう，命令を発した．

スカンディナヴィア人の来襲は，初め現在のベルギーとオランダにまたがるフリースラント（フリジア）に集中した．当時フリースラント沿岸の町カントヴィックとドーレスタットは北西ヨーロッパの重要な商業中心地で，船舶はここからイギリス海峡を渡ってブリテン島へ，また東へ向かってバルト海へと航行したものである．フリースラント商人はヴァイキング時代のずっと前から，バルト海でスカンディナヴィア人ともスラヴ人とも取引しており，ヘーゼビューその他のヴァイキングの町にはフリースラント商人のいたことが証明されている．

フリースラントの港がヴァイキング襲撃の主要目標となったのはその豊かさのために，ドーレスタットもカントヴィックも数回にわたって破壊された．とくにドーレスタットは攻撃の矢面に立った．襲撃を受け，町が再建されるとすぐにまた攻撃された．年代記によれば，この町は3年のうちに4回焼け落ちた．ヴァイキングは早くも826年には，一時的にではあるがフリースラントに定着した．この年ハーラルと呼ばれるスカンディナヴィア人指導者に土地が与えられたと記録されている．スヘルデ河口のワルヘレン島がヴァイキングの要塞基地となり，フリースラントは数回にわたって全土を蹂躙された．しかし838年ころから，スカンディナヴィア人の襲撃目標はもっと西に移り，大西洋岸に向けられた．

840年にルイ敬虔王が死ぬと，フランク帝国はその息子たち，ロタール，「ドイツ人王」ルートヴィヒ（ルイ2世），シャルル禿頭王のあいだで分割され，その後は，9世紀の早い時期に実現したような結束と力の頂点に達することはなかった．まもなく内乱が勃発し，帝国はさらに細分化した．フランク帝国の権力遺産の分け前を求める不満分子がたえず増加しつづけたからである．これらの不満分子にはルイ敬虔王のさまざまな子孫や数多くの独立した軍司令官がおり，自分固有の領域を切り取ろうと狙っていた．これらの雑多な要素がみな，独自の軍隊・従士団をもち，親子兄弟のあいだにもしばしば戦いが起こった．ヴァイキングがヨーロッパ大陸に初めて本格的に現れたとき，その指導者たちはこの不安定な情勢を利用することができた．ちょうどイングランドでアングロ・サクソン諸王国の寸断された状態を利用したのと同じである．

841年以降，ヴァイキングの2つの大船団がフランクで軍事行動を展開していた．1つはセーヌ川，1つはロワール川を根拠地にしていた．ほかにも独立したヴァイキングの首領が何人かいて，独自に活動したり，大きな作戦のためにより大きな船団に合流したりした．毎年夏になると機動力の高い急襲船団がフランクに向かう，という現象は9世紀半ば過ぎには終わった．その代わりに，ちょうどイングランドでそうだったように，会戦能力のある大軍勢が2つフランクで冬を越し，さらにもう1つの勢力がソンム川に宿営した．一例であるが，850年にローリク指揮下のデーン人の1船団が，北部沿岸を防衛する見返りとしてドーレスタットを割譲された．このローリクは，826年以降にフリースラントに定住したハーラルの兄弟である．このノルマンディー建設に類似した早期現象は，長くはつづかなかったが，つづいているあいだはのちのノルマンディーのヴァイキングと同じく，ドーレスタットのデーン人は不実であった．ローリクの息子ゴズフレスはつぎの10年，ラインからロワールまで侵略した．

しかしカロリング・フランクでは，帝国全体がスカンディナヴィア人にさんざん悩まされ，修道院と都市が広範囲にわたって破壊されたとはいえ，イングランドで起きたような，スカンディナヴィア人の諸部隊が共同歩調をとって全面征服を試みるということは一度もなかった．帝国の規模の大きさと権力構造の分断された性格を考えると，そのような試みが

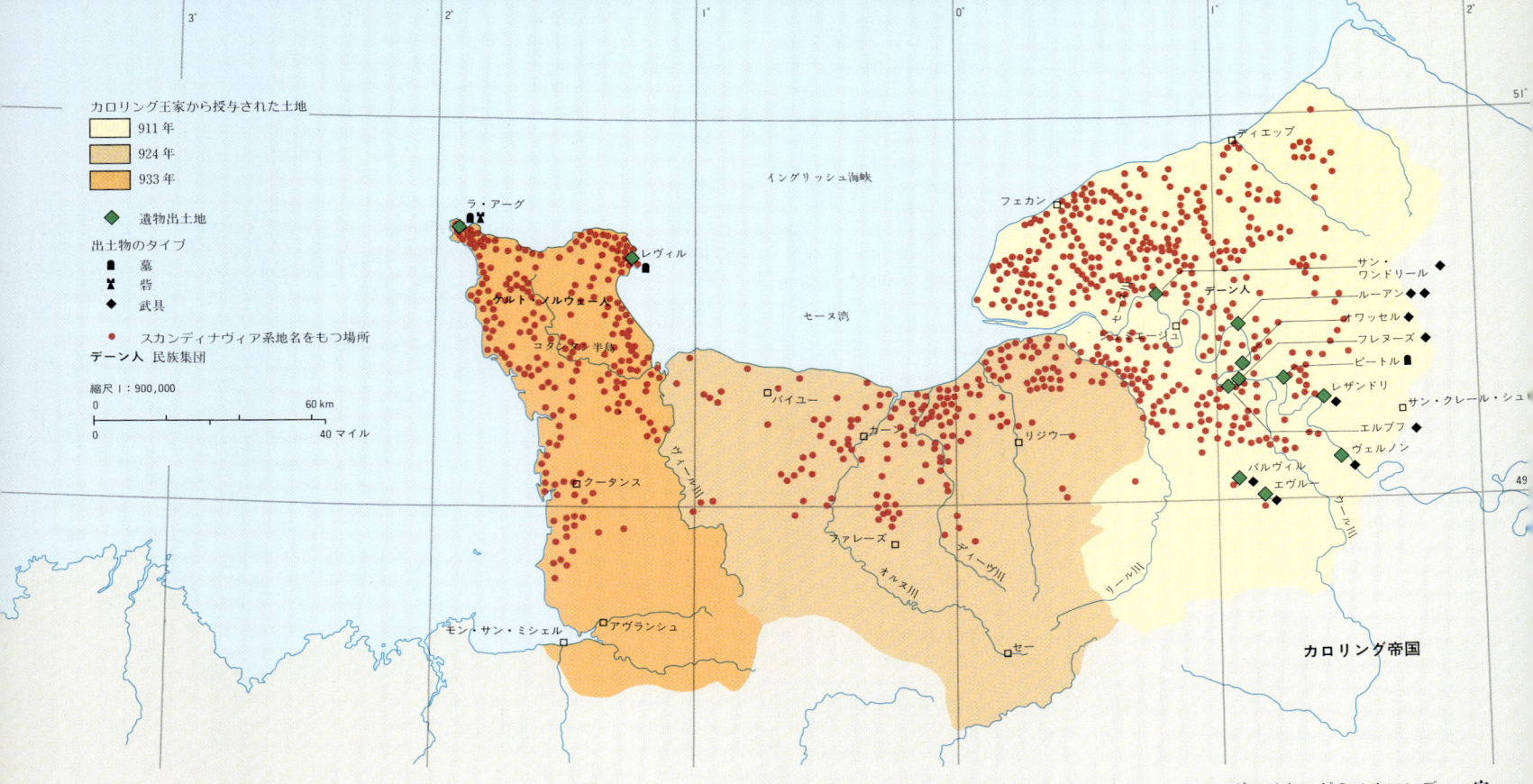

カロリング王家から授与された土地

- 911年
- 924年
- 933年

■ 遺物出土地

出土物のタイプ
- ■ 墓
- ✖ 砦
- ◆ 武具

● スカンディナヴィア系地名をもつ場所
デーン人 民族集団

縮尺 1 : 900,000

なされても成功したとは思えないが、しかしこの分断性自体のスカンディナヴィア人自身に及ぼした効果にも、全面征服を企てなかった理由がありそうである。たしかにフランク側の防衛が統一されていなかったことはヴァイキングの作戦を容易にした。しかしカロリング帝国内の多くの分国は、自分たちが内乱でしばしば互いに戦ったのと同じくらいには、スカンディナヴィア人の軍勢同士をけしかけて互いに戦わせることはできたのである。この状況のもとで完全征服を狙わず、ヴァイキングの主要勢力は自分たちの力を組織化し、侵略の計画性を高め、ヨーロッパを縦断して移動した。かれらの移動経路はほとんどシステム化され、破壊と略奪の正規ルートとなった。豊かな修道院、商業中心地、村落に対する単純な襲撃と、イングランドでおなじみのデーンゲルド支払いという保護料強要を組み合わせて、ヴァイキングの軍勢は巡回暴力の生活で快適に暮らせたのである。文字通りの意味で、フランクで行われたヴァイキングの作戦はイングランド攻撃の訓練所として、そしてときには基地として役立った。ウェセックスとの戦闘に加わった軍勢はすべて、ヨーロッパ大陸でかつて戦った経験をもっていたのである。

スカンディナヴィア人がフランクに与えた影響は考古学的にはわずかな痕跡しか残さず、資料はほぼすべて、北西部のノルマンディーとブルターニュに限られている。大陸ヨーロッパで行われたヴァイキング活動に関するもっとも明白な証拠は、じつはスカンディナヴィアに出土している。スカンディナヴィアでは多くのカロリング帝国の品々が埋蔵宝や墓から発見されているが、これらはほぼ間違いなく掠奪品として奪われたものか、巨額のデーンゲルドの一部だった。カロリング帝国の史料によれば、ヴァイキングが保護料の一部として受け取ったものは、銀19,500 kg以上、金300 kg以上になる。多くのフランク貨幣がスカンディナヴィアで発見されてはいるが、その量は記録されている巨額のデーンゲルドにはとうてい足りない。これは貨幣の多くが溶解され、銀製品として再鋳造されたためだと考えられる。しかしヴァイキングの軍勢は西欧で戦うのに金を使ってしまっただけのことかもしれない、との説もある。

9世紀の末を過ぎると、フランクのヴァイキング活動は基本的には終了した。890年代に「大軍勢」がその活動の中心をイングランドに移すと、スカンディナヴィア人の利害関心の西欧内における方向もそれに伴って移行した。大陸ヨーロッパでスカンディナヴィア人が居残りつづけたのは、10世紀初頭に北ネウストリア（のちにノルマンディー公国となる）に建設された入植地と、短命だったブルターニュのヴァイキング植民地だけだった。

ヴァイキングのノルマンディー定着

今日ノルマンディー地方に残るスカンディナヴィア系地名の分布は、この地方が911年以後すっかり占拠されたありさまを示している。植民は2つの中心からその周囲へと拡大したらしい。中心の1つは東部のセーヌ河口周辺で、主としてデンマーク系地名が集中している。もう1つはコタンタン半島北部で、ケルト語とノルウェー語の地名が混合している。

西ヨーロッパ

上　西ヨーロッパの大陸部には，ヴァイキングがいたことを証明する考古学遺物はわずかしかない．しかしこの1組の標準的な卵型ブローチは典型的にヴァイキングのものである．ノルマンディー，アンデル河畔ピートルのスカンディナヴィア人女性墓出土．10世紀初め．

左　この装飾豊かな8世紀の器は，フランクからスカンディナヴィアに持ち込まれた大量のカロリング銀細工の1つである．これは他のもっと小さい5つの酒杯とともに，ユラン半島のファイヨーの畑から出土した．

ロロとノルマンディー定着

ノルマンディーの初期の歴史はきわめて不鮮明で，断片的な後世の史料と，法律文書や財産特許状のような同時代のものではあるが間接的な史料を，組み合わせなければならない．10世紀初頭のフランクの支配者シャルル単純王（879-929）は，セーヌ川を根拠地としてはるか内陸までさかのぼって侵攻するヴァイキング勢の掠奪があまりに大規模なのに絶望したのであろう，自分の王国の北部にかれらが定着して他のヴァイキングによる攻撃から守ることに同意すれば，その土地を授与すると申し出た．これによって将来の脅威としてのかれらを中立化できると王は期待していた．ヴァイキングの指導者（フランク帝国の史料ではロロというノルウェー人：のちのスカンディナヴィアのサガに登場するゴング＝フロールヴル，「歩く者フロールヴ」と同一人物とされる）はこれによってエプト川とリール川のあいだの土地，すなわち今日のノルマンディー地方の東部，を受け取った．のちのノルマン史料によれば，この合意は911年のシャルトルの戦闘のあとサン・クレール・シュレプトで署名された．ロロは初めのうちこそ誓いを守り，数隻の掠奪者を撃退したが，まもなく部下を率いて新たな侵略の指揮をとり，フランク帝国の心臓部奥深くまで襲撃した．息子のギョーム長剣王に権力の座を譲る924年までに，ロロはその支配領域をヴィール川にいたる西方に拡大した．ギョームがこの征服過程を933年に完了した．この年かれはコタンタン半島を占領し，こうしてノルマンディーは今日の地理的範囲を獲得したのである．

ロロ自身はノルウェー人であったが，その軍勢はおもにデーン人によって構成されていたようである．かれらはすぐにこの新しく獲得した国中に散らばったらしいが，ルーアン，バイユー，シェルブール周辺にスカンディナヴィア系の地名が集中していることからみて，これらの地域を拠点に，いくつかのヴァイキング定住区に分かれて広く住みついたものと思われる．これらの地名によれば，定着ヴァイキングのなかにはかなりの割合でケルト語を話す人々がいたらしいが，おそらく軍勢のなかにヒベルノ・ノース（アイルランドに定着したノルウェー人とその子孫）や，ヘブリディーズ諸島からやって来たヴァイキングがいたのであろう．ノルマン人の定着初期には入植者たちはしばしば互いに争ったらしく，ノルマンディーは内紛でひどく荒廃した．内紛は942年のギョーム長剣王の殺害で頂点に達した．しかしギョームの後継者たちのもとでノルマンディーは高度の統一性と団結を保ち，ヨーク王国など他のヴァイキング植民地を弱体化させた問題の多くを回避することができた．

イングランドの場合と同様に，先住フランク人とスカンディナヴィア人のあいだに相互作用が起こり，独自の地域文化と本当の「ノルマン人」（ノルマンディー人）アイデンティティーが急速に形成された．この過程を加速したのが10世紀中ごろという早期のキリスト教改宗である．それでもスカンディナヴィアの特徴をもつ埋葬遺跡が2つあり，初期ノルマン人の異教信仰について物的証拠を残している．ルーアン近くのピートルでは，1人の女性が，典型的なスカンディナヴィア型の卵形肩ブローチと土器を副葬品にして，埋葬されていた．1960年代にはシェルブール近郊のレヴィル海岸で，ヴァイキング船の形に石を配置した墓が多数発見された．これら船型配石墓は火葬で，副葬品を伴わないため築造年代を決定するのは困難であるが，配石の形はヴァイキング時代のデンマークとスウェーデンのいたるところでみられる墓とまったく同じである．

ヴァイキングのノルマンディー定着は，ほかにはそれとわかる考古学的な痕跡をほとんど残していない．しかし注目すべき例外は，シェルブール半島突端の，大きな土塁をもつラ・アーグの砦址である．この砦は10世紀初めのヴァイキング集団の船団基地だったであろう．この地域にスカンディナヴィア人がやってきた当初には暴力が振るわれたことを証明しているのは，セーヌ川とその支流から引き上げられた当時の剣，斧，槍の穂などの出土物である．これらは感謝の奉納物として埋められたか，戦闘中に失われたかしたものである．

スカンディナヴィア人と先住フランク人は急速に統合したが，このことは，カロリング朝支配者が帝国内の他の地域で緊急の問題に手をとられていたこととあいまって，ノルマンディーを再征服しようとする努力を妨げた．ヴァイキング植民地は繁栄し，ノルマンディー公国となった．「ドゥックス」（「公」）という称号は，1006年にノルマン人支配者リシャール2世が使用したのが最初の記録である．新しい公国の力は増大し，1066年のイングランド征服で頂点に達した．

ヴァイキングのブルターニュ占領：914-936年

ブルターニュ地方は小さいけれども，中世初期のヨーロッパで特異な位置を占めている．この地方の独立心旺盛なケルト系住民は，メロヴィング時代（5世紀から8世紀）以来，フランク王国の脇腹にささった小さなトゲであり，9世紀にもブルターニュ人の支配者は同じことをつづけていた．フランク帝国に対する最初のヴァイキングの侵攻があったのは，シャルルマーニュの軍隊がブルターニュに侵入し，征服に成功したのと同じ時期であった．ルイ敬虔王は一連の戦役によってこの地を併合すると，この地方の帝国代理人としてノミノエというブルターニュ人を任命した．ノミノエはルイ王の存命中は忠実だったが，840年にルイ王が死去すると叛乱を起こした．以後9世紀いっぱいブルターニュ人はフランクの支配者にとって大きな悩みの種で，堕落したカロリング朝の複雑きわまりない権力政治をさらに複雑にした．

ブルターニュも帝国内の他の地方と同じように，ヴァイキングの襲撃に悩まされた．ヴァイキングの船団はそのときどきでブルターニュ人に対して戦ったり，ブルターニュ人と同

盟を組んでフランク人を攻撃したりした．カロリング王国の支配者の方では，スカンディナヴィア人とブルターニュ人を互いに戦わせようとした．ブルターニュは，ロワール・ヴァイキングの中心基地が，ブルターニュの首都ナントに近いロワール河口のノワールムティエ島にあった点で，とくに運が悪かった．この島にはかつて有名な修道院があったが，9世紀初めにスカンディナヴィア人に破壊された．

ノミノエとその後継者たちは，自分自身の領域内の内乱を免れることができたわけではなかったが，強力な軍事指導者であり，一時的に踏みにじられることは何回かあったとはいえ，ヴァイキングの軍勢を食い止めた．しかし907年，ブルターニュ人指導者のなかで最大の成功を収めた「大アラン」の死とともに権力空白が生じ，ヴァイキングの攻撃はたちまち増大した．911年のノルマンディー定着のあとは，ヴァイキングが昔ながらの方法で掠奪遠征できそうな目標はただ1つ，ブルターニュだけになり，9世紀後半以来報酬目当てに戦ってきた大軍勢の生き残りがこの地方に群がったらしい．かれらはロロのセーヌ軍からは助力を受け，フランク帝国からは干渉を受けなかった．フランク人は自分の仇敵同士が互いに戦うのを見てうれしくて仕方がなかったのである．戦いは激しさを増しながら7年つづき，ついに914年，ブルターニュはノルウェー人の大軍の手に落ちた．ブルターニュ人貴族や多くの聖職者がイングランドのアセルスタン王の宮廷に逃亡し，田園は荒れ果て，多数の住民が奴隷になった．

914年からヴァイキング植民の終わる936年まで，ブルターニュの文書史料はまったく何も残っていない．ヴァイキングのブルターニュ占拠は，デーンローやノルマンディーなど他のヴァイキング植民地とかなり性格を異にしていたと思われる．ふつうなら商魂たくましいヴァイキングの戦士商人の大きな特徴である交易活動は，ブルターニュでは行われていた証拠がない．農業的定住や新しく農業の中心地を建設した痕跡もない．そうではなくてこの地の占拠は純粋に軍事的なもので，ヨーロッパで軍事行動をとった最後の本物のヴァイキング軍勢による，暴力と掠奪のらんちき騒ぎの延長だったようである．同盟軍もなく，外部との交易も補給もないまま，このような時代錯誤が長くつづくはずはなかった．936年，亡命ブルターニュ人がイングランドの援軍とともに海上から攻め入り，「大アラン」の孫「巻き髭の」アランは，ヴァイキングをナントから追い払った．しかしスカンディナヴィア人が最終的に一掃され，ブルターニュの公たちが権力を回復するには，さらに3年間のつらい戦いを要したのである．

この占領はヴァイキング世界では珍しく短期間であったが，考古学的にもまた珍しい痕跡を2つ残している．10世紀前半，ブルターニュ南岸沖の小島グロワの岬に，壮麗な船葬墓が海に面して築造された．このヴァイキング船は1隻の小舟を積載しており，とくべつに芝生を取り除いた地面に引き上げられ，行進でもしているように列石と並べられた．それから船は武具，馬具，金銀の宝飾品，アイボリー製のゲームのコマ，鍛冶道具，農耕具を含む豊かな副葬品で満たされた．成人男性とおそらく人身犠牲だと思われる年少者の遺体が船内に置かれ，これを24個の盾で取り囲んだ．それから船は火を付けられ，灰は塚で覆われた．グロワ島の船葬墓は大陸ヨーロッパではこの種唯一のもので，ブルターニュ以外ではヴァイキングの軍勢がすでにキリスト教化していた時代に築造された．すなわちそれは1世代以上も前にすぎさった異教への輝かしい先祖帰りである．

ブルターニュで最近行われたもう1つの重要な考古学的発見は，サン・ブリウ近く，ペランの環状砦の発掘である．この砦は10世紀初めに，スカンディナヴィアの軍勢が防衛したか攻撃したかのどちらかなのであろう，砦の高い土塁は焼け，数カ所でガラス化していた．出土した遺物のなかにはヴァイキングの剣1本，その他の武具，バケツのような器（類似したものがグロワ船で発見されている），905年から925年のあいだにアングロ＝スカンディナヴィアのヨークで鋳造された貨幣1枚があった．ペランの宿営地が936年のブルターニュ解放の際，スカンディナヴィア人とブルターニュ人の激戦地だった可能性は高い．つまりフランク帝国におけるヴァイキングの歴史のまたとない一瞬が冷凍保存されているのである．

939年のナントの軍勢の壊滅をもって，フランク帝国のヴァイキングの冒険は幕を閉じた．11世紀に入っても単発的に個々の襲撃はつづいたが，9世紀のフランク人との戦争で用いられた大規模な船団や軍勢はもはやみられない．帝国とその隣人ブルターニュは，海を越えたアングロ・サクソン諸王国と同じくかろうじて生き残った．しかしかれらはアングロ・サクソン人とは違って，11世紀初めのスカンディナヴィア人の第2波攻撃に対峙する必要はなかった．その代わり大陸ヨーロッパでは，スカンディナヴィア人の影響が，ノルマンディー公国の形で永続的に残った．それはフランク帝国の支配に匹敵する独自の支配をゆっくりと作りあげ，11世紀後半には西ヨーロッパ全体を圧することになる．

スペインと地中海地方のヴァイキング

大西洋岸まで進んだヴァイキング襲撃船団のいくつかは，フランスには寄らず南下をつづけて，ウマイヤ朝のアラブ首長（ムーア人）の領土（現在のスペインとポルトガルにあたる）を攻撃した．最初の侵攻は844年に知られている．このときはいくつかの都市が掠奪され，セビリアは一時的に占領された．しかしアラブ側防衛軍が激しく抵抗したため，ヴァイキングはすぐに撃退され，軍勢はほとんど壊滅した．この失敗によって他のスカンディナヴィア人はこれにつづく気力を削がれたらしく，次の襲撃が行われるまで15年が経った．

スペインに対するスカンディナヴィア人の2度目の侵攻は，ヴァイキングのかつてない冒険的な航海への序曲となった．実際これに匹敵するのは，11世紀の「遠征者」イングヴァルによる黒海とカスピ海への遠征だけである．859年，62隻からなる船団が「豪胆者」ビョルンとハーステインの共同指揮下で，ロワール川のヴァイキング基地を発った．2人ともイングランドとフランスで「大軍勢」に加わって戦った有名なヴァイキングで，その目的はほかならぬ都市ローマの掠奪だった．船団はスペインの海岸をくまなく荒らし，844年の襲撃よりもはるかに深く侵入し，多くのムーア人の都市を掠奪した．ジブラルタル海峡を抜けたヴァイキングは，北アフリカ海岸，スペイン南部，バレアリス諸島を襲撃し，ローヌ・デルタのカマルグの小島で冬を越した．ここは南フランスを略奪するための基地になった．

このときまでにすでにスカンディナヴィア人は，ほとんど船に積めないほどの掠奪品を載せていた．さらにローマまで進軍をつづけるという決定がなされたのは，栄光を求める意識が働いていたからである．ヴァイキング戦士にとって名誉は最大の関心事であり，ビョルンとハーステインの遠征はあきらかにこの点からみなければならない．イタリアに着くとかれらはピサを，そしてついにローマそのもの―とかれらは信じた―を略奪した．かれらは目標を300km以上も勘違いし，代わりにリグリア海岸のルナを破壊した．この後の動きは知られていないが，861年にこの船団はふたたびジブラルタル海峡を通過しようとした．この狭い海峡でヴァイキングは「ギリシアの火」を積んだアラブの海軍と激しい戦闘を繰り広げた．「ギリシアの火」はカタパルトで飛ばす一種の原始

西ヨーロッパ

的なナパーム弾で，瞬時に船を火で包むことができた．ヴァイキングはかろうじて脱出した．翌年みちみちフランスの沿岸を荒らしつつ，ビョルンとハーステインはふたたびロワール川の基地に到着した．3分の2の船舶を失ったが，帰ったときには途方もない金持ちになっていた．

3度目にして最後のヴァイキングのスペイン侵攻は866年に行われた．スペイン最北部のいくつかの都市が攻撃されたが，アラブ人はすぐに侵略者を追い出した．アラブ陸軍および海軍の効率性，しっかりと要塞化されたムーア人の都市，そしてヴァイキングの知らなかった飛び道具発射装置で守られたその塔のため，ヴァイキングはスペインではほとんど成功しなかった．859年の遠征は例外だったのだ．ビョルンとハーステインは幸運にも通過できたが，ジブラルタル海峡の困難さは，コンスタンチノーブルへの交易のため西方航路が開かれるのを妨げた．スペインのムーア人とスカンディナヴィア人のあいだではいくらか交易が行われたかもしれないが―844年の襲撃のあと，ムーア人の代表団が北に派遣されたこ

とが知られている―，交易活動を裏付ける考古学的証拠はない．9世紀をすぎると，ムーア人と「マジュス」（「拝火教徒」，アラブ人はスカンディナヴィア人をこう呼んだ）はほとんど接触していない．

ブルターニュのヴァイキング

ブルターニュのケルト系住民は，隣人であるカロリング・フランク帝国の支配から独立を守るために頑強に戦った．9世紀にこの地域の修道院と教会は，度重なるヴァイキングの攻撃の餌食となった．侵略者は，ノルマンディーの海岸に沿って西航し，ついでぐるっとロワール河口に至る，よく使われた航路をとった．この河口にノワールムティエ島修道院があり，836年以来占領されてヴァイキングの根拠地となった．ブルターニュに対する攻撃は10世紀初めに激しくなり，914年にはノルウェー人の異教徒の軍勢に全域が蹂躙され，占拠された．ブルターニュはヨーロッパでスカンディナヴィア人が植民化を試みた最後の例である．他のヴァイキングのほとんどがずっと前に定着し，キリスト教に改宗していた時代に，この植民地は短期間だけ存続した．

ケルトの世界

ヴァイキングの影響：スコットランドの場合

　8世紀末の西ヨーロッパでは多くのところでそうだったように，スコットランドの沿岸部もヴァイキングの季節的な襲撃に苦しんだ．イングランドやフランクと同じく，とくに危険にさらされたのは教会財産であった．数々の僧院中心地に対する攻撃が記録されている．アイオウナの小島に建つ修道院はアイルランドの聖人コロンバによる563年の創設であるが，10年少しのあいだに795年（ヴァイキングの最初の記録であるリンディスファーン襲撃の2年後），802年，806年の3度も襲われた．あまりの危険に，教団メンバーの何人かはアイルランドのケルス（807年に設立された）に避難した．

　当時ケルト人はブリテン島の北部，西部，マン島およびアイルランドに広く分布し，北西フランスのブルターニュ地方に住むケルト系住民とは文化的，言語的に近縁関係にあった．スコットランドにはケルト人の3つの異なる下位グループが住んでいた．スコット人はスコットランド西部にダルリアダ王国を形成し，ブリトン人はその南東のストラスクライド王国に居住していた．スコットランド低地地方の残りを占めていたのはノーサンブリアのアングル人（非ケルト系）だった．ピクト人はスコットランド東部および北部に広く分散していたが，フォース湾とディー川のあいだと最北部にもっとも集中していた．

　スコット人はもともと北アイルランドの現在のアントリム州あたりに住んでいたのであるが，この地域がかつてはダルリアダといったのである．かれらは5世紀末ごろに狭い海峡を越え，スコットランド西部のアーガイルに渡った．かれらの砦のいくつかが確認されているが，それらをさらに東のピクト人の砦から区別するのは難しい．スコット人については考古学的にほとんど知られていない．ピクト人はその名を3世紀のローマ人から与えられた（pictusというのはラテン語で「彩られた者」を意味する）．当時，この呼称はアントニヌスの壁（フォース湾からクライド湾へ東西に走る，ローマ人が作った堅固な芝土の土塁）の北側に住む住民全体に適用されていた．ピクトという名前は，かれらのボディペインティングや入れ墨の習慣に由来していたのであろう．ローマ人にとってピクト人は悩みの種であり，何度も壁を越えて攻めてきたことが記録されている．残念なことに8世紀のピクト人とヴァイキングの出会いは，ローマとの関係ほどには記録されていない．しかし考古学的な証拠からすると，しばしば想像されているように，すべてが暴力的だったわけではなさそうである．

　ピクト人は低地に定住する農民だった．ローマ人を大いに悩ませたかれらの操船術は，もともと漁業活動にこそもっとも有効だったのである．政治的には，かれらはそれぞれが異なる伝統をもつ部族諸集団の連合体だった．かれらはしばしば，小部屋に区切られ，クローバーの葉もしくは8の字の形をした家を建てた．死者は長方形か丸い形をした，縁のある積み石に埋葬された．かれらが存在したことを示す目にみえる証拠は彫刻された石である．象徴石と呼ばれるその石は，奇怪な動物や人物で飾られている．かれらは6, 7世紀にアイルランドから来た宣教師によってキリスト教化し，8世紀にはケルト紋様で装飾された十字架を建てた．

右　スコットランド西岸沖，インナー・ヘブリディーズ諸島，小さな島の岩だらけの海岸線．9世紀初めに，ノルウェーから最初のヴァイキング植民者を引き付けたのは北方諸島（オークニーとシェトランド）であったが，まもなくべつの植民者たちがヘブリディーズ諸島（ノルウェー系北欧人は「南方諸島」と呼んだ）に定着した．ヘブリディーズ諸島はノルウェーからアイルランドへのヴァイキング航路上に位置する．

左　オークニー本島，ガーネス（エイカネス）のブロッホ（円形石造建造物）廃墟．北スコットランドと島々に特有なタイプの，鉄器時代の要塞遺跡である．この遺跡からは，そのつぎの時代のピクト人が定住した証拠だけでなく，さらにノルウェー系北欧人の証拠もみつかった．ヴァイキング女性の墓も1つある．エインハロウ海峡を越えて向こう側にみえるのはルーセー島であるが，この島のウェストネスでヴァイキングの墓地がそっくり全部，発掘された．

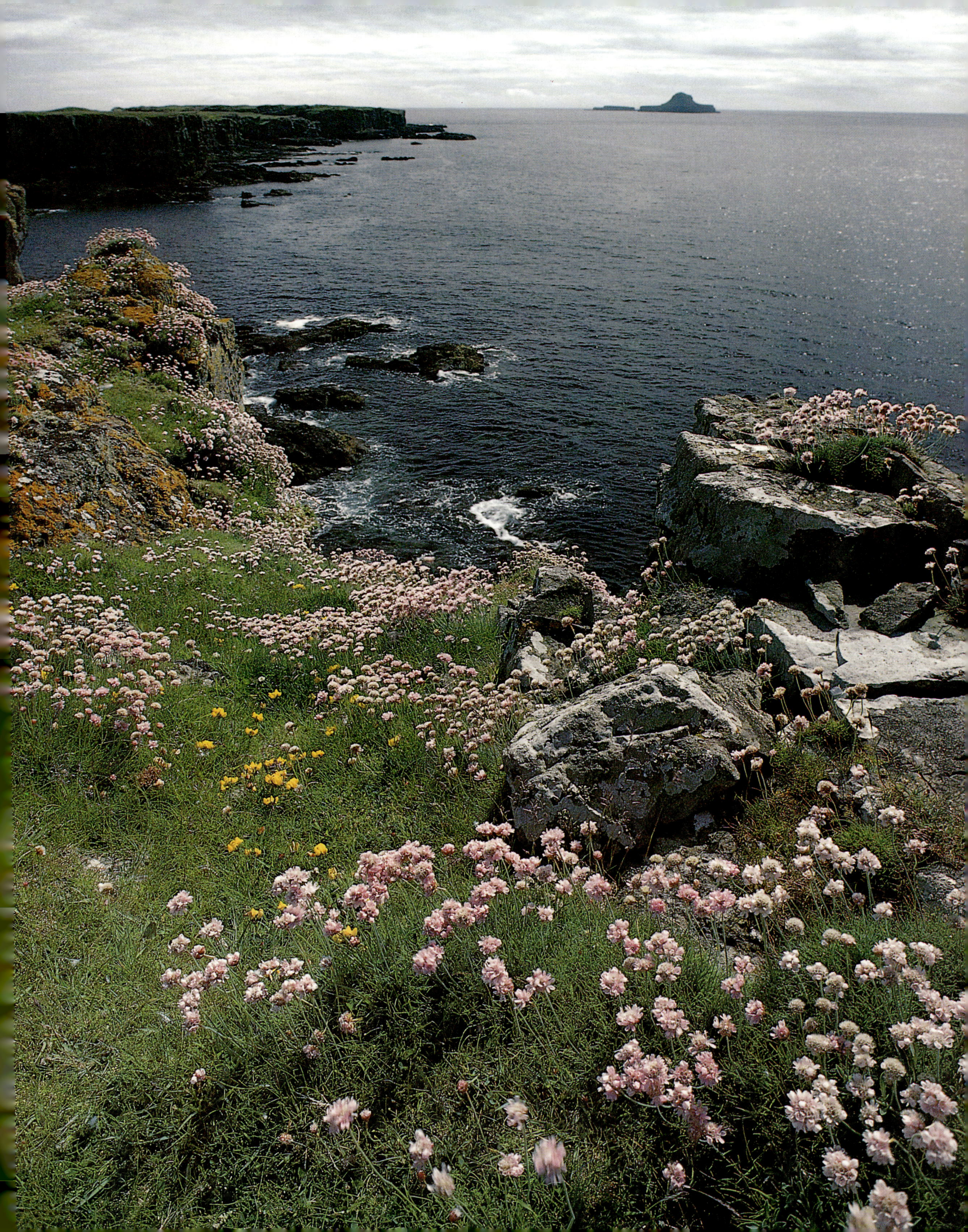

ケルトの世界

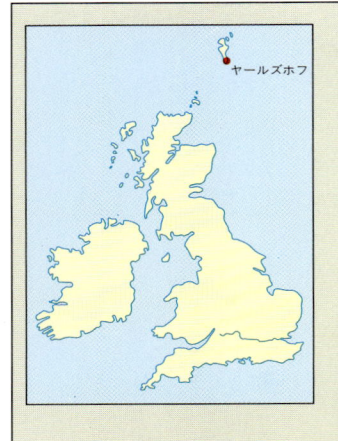

ヤールズホフ

シェトランド島南端，ウェスト・ヴォー（小湾）・オヴ・サンバラの農業定住地ヤールズホフは，北スコットランドのヴァイキング遺跡のなかでももっとも印象的なひとつである．しかしその名称はヴァイキングとは関係がない．この地名は19世紀の作家サー・ウォルター・スコットが小説「海賊」のなかで創作したものである．ヤールズホフの発掘は，重なりあった6,000年もさかのぼる定住地層をあきらかにした．それは定住したくなる土地であって，9世紀にやってきたヴァイキングもそう考えたのである．かれらはその農場複合体を建てるのに，前にあったピクト人の建物の石を利用した．ヤールズホフは他にもいくつかの利点をもっていた．たとえば燃料に使える泥炭がふんだんにあり，重要な商品であるせっけん石のとれる石切り場もあった．外海からさえぎられた入江が安全な投錨地となり，船は近くの細長い土地の上に人力で引き上げることによって，南の危険な水域を避けることができた．ヤールズホフ最初のヴァイキング入植者はおそらく南西ノルウェーの出身であるが，ギザギザに入りくんだ海岸線は故郷のフィヨルドによく似て見えたに違いない．

右 石板にひっかいて描かれた男の頭と小鳥．ヤールズホフ出土．この生き生きとしたスケッチはたぶん実在の人物の肖像で，おそらくピクト人であろう．

下 ヤールズホフ最古のヴァイキング農場．9世紀初め．石と芝土でできた簡素な2部屋の住居―1家族には十分―と，たくさんの付属建物とからなる．付属建物には浴用建物あるいはサウナ，鍛冶小屋，倉庫などがある．家畜小屋は当時は母屋とべつだったが，のちに建て直されたとき住居に統合された．典型的なロングハウスである．

右 この空中写真から，数千年もさかのぼるヤールズホフ定住のいくつもの段階が明瞭に観察される．青銅器時代と鉄器時代のものである丸いフォルムの上に，ヴァイキング植民者の建造物の長方形をした輪郭が重なっている．この遺跡全体を見下ろしているのが中世の廃墟で，ウォルター・スコット卿はこれに「ヤールズホフ（伯の荘園）」というロマンチックな名を与えた．

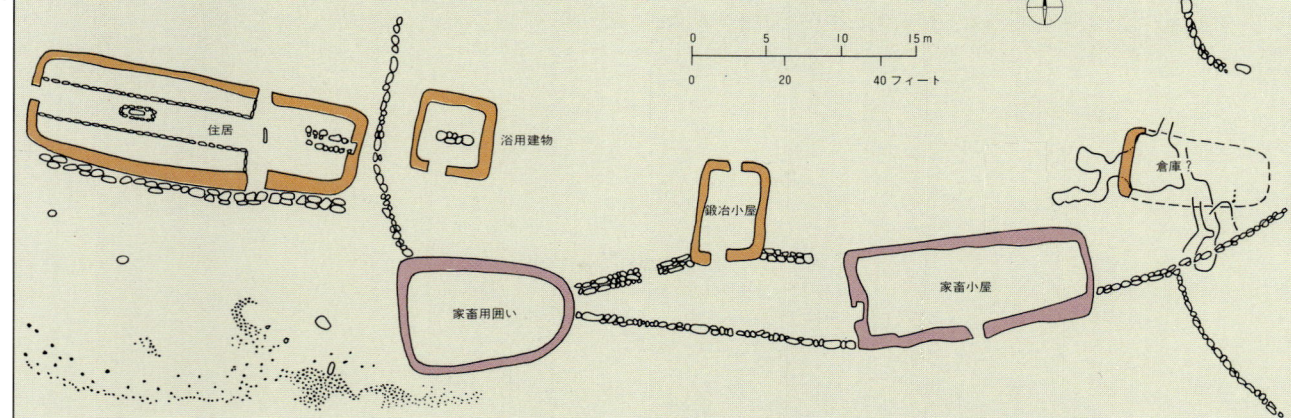

ピクト人の使った日用品の多くはかれらに特有のもので，ときには小さなシンボルやオガム文字が彫られている．多数の手工業中心地が確認されている．オークニー北西部，バーセイ島のブロッホにあった生産中心地では，亜環状（円形だが，一部がつながっていない形）ブローチが作られていたようである．このブローチは，シェトランド，聖ニニアン島出土の，ピクト人の埋蔵銀に含まれていたものと類似している．

ピクト人とヴァイキングの実際の出会いについては，これまでのところほんの一握りの遺跡からしか資料が出ていない．遺跡の示す出会いのありさまはさまざまである．バーセイ島および隣接するオークニー本島のビュクウォイ遺跡の発掘によると，ヴァイキングはここのピクト人居住地を占拠し，この地方の様式を取り入れ，それに順応したようで，この地の住民と通婚したかもしれない．つまりある種の共存が行われたようである．しかしオークニー東部のスケールでは，出会いはもっと暴力的で，アウター・ヘブリディーズ諸島のノース・ウイスト島のユーダルでも同様だったと思われる．そのほかの遺跡（たとえば，スコットランド本土ケースネスの東海岸にあるフレスウィック・リンクス）には，ヴァイキングより前のピクト人の定住地と畑があり，ヴァイキングよりあとのいわゆる後期北欧時代の遺跡もあるのに，ヴァイキングがやってきた肝心の数世紀について定住の跡がない．

しかし地名を証拠とする研究によると，ヴァイキングが先住民の定住地域を広い範囲にわたって占拠したことがあきらかである．「農場」を意味する「ボールスタズ」（-bólstaðr，たとえばオークニーのキルビスタ，ケースネスのスクラブスタ，サザランド地方のエンボ），「家畜用の囲い」を意味する「クヴィー」（-kví，たとえばオークニーのクォイルー），「谷」を意味する「ダル」（-dalr，たとえばオークニーのスコウデイル）などの要素を含む地名はあきらかに北欧起源である．このような地名の分布は北部にもっとも集中している．シェトランド諸島，オークニー諸島，ケースネス北東部の地名は事実上すべて北欧起源で，古いピクト系の地名はほんのいくつか残っているだけである．ピクト系地名のなかで特筆すべきはパパ（papa，「父」）の要素をもつ地名である．それは修道士あるいは僧の存在を示唆している（たとえばケースネスのパピジオ）．ヴァイキングはオークニーとスコットランド本土を分ける海峡を「ペントランド・ファース」と名付けた．そ

に難しい.

狭い意味でのヴァイキング活動の時代(紋切り型にいえば8世紀の最初の襲撃に始まり,10世紀末に終わる)は,オークニーにとっては,15世紀までつづいた長い北欧支配の歴史からみれば,実際,短いエピソードでしかない.したがって実際に植民が行われた最初の時期について,証拠がいささか明白でなくても驚くにはあたらない.『オークニー諸島の人々のサガ』を信じるとすれば,最初の植民期は,オークニー・ヤール国(シェトランド,ケースネスを含む)が設置された874年には終了した.この件に関する同サガの説明によると,

「ある夏,ハーラル美髪王はヴァイキングを討伐するため西に航海した.ヴァイキングは夏のあいだノルウェーを荒らしまわっては,冬をオークニーかシェトランドで過ごしていたので,王はかれらの略奪にうんざりしたのである.王はシェトランドとオークニーを屈伏させた.……多くの戦いを繰り広げ,かれ以降のノルウェー王がなしえなかったほど遠く西方の国々を征服した.ある戦いで,ヤール・ログンヴァルドの息子イヴァールが死んだ.そしてハーラル王は西方から帰還すると,イヴァールの命の代償として,ヤール・ログンヴァルドにシェトランドとオークニー諸島を与えた.しかし,ヤール・ログンヴァルドはそのどちらも兄弟のシグルズに与えた……」.

もちろんサガはずっとあとの時代に書かれたものであるが,ヤールたち(たいていノルウェー王家と縁戚である)の任命が,ノルウェーによる直接的政治支配の時代の開始を画することはあきらかである.それでも,個々の戦闘指導者による小規模な襲撃がしばらくつづいたことは間違いない.

オークニーの初期ヴァイキング植民について,われわれの知識は決め手を欠いているが,それでもイメージはスコットランドのほかのどこについてよりも鮮明である.シェトランドの植民の始まりについてはほとんどわからない.それでもシェトランド南端に位置するヤールズホフ(スコットランドにあるヴァイキングの遺跡のなかで,視覚的にもっとも印象深い遺跡)にヴァイキングの居住した第1期を800年ころと推定した学者もいる.もっとも9世紀のこんなに早期の年代は議論を呼ぶところである.ヤールズホフの農場複合体は,住居から納屋や家畜小屋までのさまざまな機能をもった石造の,いくつもの時代にわたる建築物群の一部であった.アンスト島のアンダーホウルは,シェトランドでヴァイキングが活動した初期段階のものとかつては考えられていたもうひとつの遺跡であるが,構造上はずっと単純で,その建物輪郭からみて,後期北欧時代のものである可能性の方が高い.それは経済的には類似しているが,ヤールズホフよりも小さい単位農場だったらしく,またおそらく居住されていた期間も短い.

ヤールズホフの建物第2期(まだヴァイキング時代)の住居では家畜小屋が母屋と分離していない.この構造上の特徴は,より厳しいスカンディナヴィアの気候のもとからスコットランドに持ち込まれたものである.ここヤールズホフでは,のちに改築されたときにふたたび分離した建物が家畜を収容することになるが,面白いことにスコットランド北部では,本物のロングハウス同様,母屋と一体になった家畜小屋が19世紀まで使用された.かぎられた現在の証拠によると,初期のヴァイキング植民者は牛と羊を飼育し,条件の許すところでは六条大麦の栽培もいくらかするという,混合農業を営んでいたようである.のち定住地が発展するにつれて漁業の重要性が高まったが,この定住初期にはその規模はかぎられて

の由来はペートランズフィオルズル(Péttlandsfjǫrðr),つまり「ピクト人の入り江」である.北欧系の地名は,サザランド地方やヘブリディーズ諸島ではもっと広く分散している.スコットランドのヴァイキングの跡を示す考古学遺物の大部分は,これらの北欧系地名の地域内すべてに出土する.

侵略者から農民へ

オークニーでは大規模な植民の起こる以前からヴァイキングの略奪者が活動していた.このことは『(聖)オーラヴ王のサガ』のある文章で簡単に触れられている.「ノルウェーのハーラル美髪王の時代(870年ころ-940年ころ)にオークニーの島々に植民が行われたといわれている.それ以前はヴァイキングが出入りしているだけだった」.しかし実際に植民された年代はわからない.アイルランドのある資料によると,紛争のために故国を追われたノルウェーの首長ログンヴァルドが,860年ころにオークニーに植民したという.書かれた資料は植民の始まったのちに起こった出来事を簡単に述べているが,現存する考古学的証拠に基づけば,9世紀半ばより少しでも以前の年代に大規模な植民があったということは,たしか

いたようである．この生活様式は当時のノルウェーで行われていたものと大きな違いはなかっただろう．実際シェトランドの地誌的特徴はスカンディナヴィア本国と非常に似かよっている．しかしオークニーはもっとおだやかな環境で，移住者にはずっと魅力的だった．

スコットランド本土には，ヴァイキングの定住地として知られている遺跡は一握りしかない．『オークニー諸島の人々のサガ』によると，ケースネスへの植民はオークニーから行われたが，時期はおそらく10世紀で，おどろくほど遅いと思われよう．なにしろ，オークニーと本土のあいだの距離は短く，最短地点では11kmほどにすぎず，一方から他方がはっきりと見えるのである．さらに，ストロマ島—「海流のなかの島」を意味する—をケースネスへの移動の際に中継地点として利用することもできた．しかし広範囲な発掘にもかかわらず，ケースネスの初期ヴァイキング時代の定住証拠を確認することはできなかった．結局『オークニー諸島の人々のサガ』は正しかったようである．

スコットランド本土で，ケースネス以外にヴァイキング時代の定住を証明する唯一の遺跡は，低地地方南西部のウィソーンで発掘された．ただし，かならずしも初期のものではない．ここの建物は木造で，びっしりと密集している．これらは，これまでスコットランドで出土したそのほかの建物とは輪郭が異なり，むしろアイルランドのダブリンで発掘されたヴァイキングの建造物に類似している．この遺跡からは角の櫛製作から生じたくずが見つかっている．また，猫の頭蓋骨も多数あり，衣類の毛皮の縁取りにするため猫の皮が処理されていたと思われる．

ヘブリディーズ諸島では，ノース・ウイストのユーダルの発掘で，初期のヴァイキング定住地が見つかっている．それには小さな（おそらくは先住のピクト人に対する）防衛拠点が含まれる．この定住地は，先に述べたようなピクト人特有の多室構造物の上に重なっていた．サウス・ウイストのドリモールでは，ヴァイキング時代の活動に関係すると思われる石の構造物の一部が1つだけ発掘されている．しかしこの遺跡には，まだ調査を待っている建物がさらにあるものと思われる．地理的に距離が離れているので，ヘブリディーズ諸島はオークニー・ヤール国の政治的支配圏には組み込まれず，交流は（ウィソーンと同じように）アイリッシュ海周辺（アイルランド，マン島，イングランド北西部およびウェールズ）のヴァイキングの交易中心地とのあいだに行われた．その結果ヘブリディーズは，北欧人が支配するスコットランドのどの地域と比べても，交易活動により大きな，少なくともよりはっきりとした，比重をかけることになった．

ヴァイキング時代およびそれ以後のスコットランドの定住地がおもに非都市的な性格をもっていたことは疑いない．現在にいたるまで，イングランドのヨークやアイルランドのダブリンのような，都市的と呼べるような人口集中は確認されていない．銀，金および貨幣（ほとんどがイングランド起源であるがアラブのものもある）の埋蔵宝の発見は，ヴァイキング世界ならどこでもそうであるように，交易経済がこの地にあったことを示している．多くの場合埋蔵宝は，宝飾品（ときにはひどく破損し，また切断されている）や「環状貨幣」（簡単な腕輪の形をした，通貨単位として使用された飾り気のない銀）を含んでいる．スコットランドで最大の2つのヴァイキング銀埋蔵宝は，どちらもオークニーから出土した（スケールとバレイ）．銀あるいは金の重量による支払いは，それ

スカンディナヴィア人の痕跡：ケルト世界

スコットランドの北・西部，およびアイリッシュ海周辺には北欧系地名が分布し，ヴァイキングの勢力がもっとも強かった地域を明示している．スコットランドの島々やマン島には定住地跡，石の彫刻，墓，埋蔵宝を含む豊富な考古学資料がある．スコットランドではヴァイキングの定住地は非都市的だったが，対照的にアイルランドのヴァイキングは海岸沿いにいくつもの都市的商業中心地を築いた．もっとも重要なのはダブリンであった．かれらが先住のアイルランド人と広く交易したことは，国中で出土したヴァイキング時代の貨幣埋蔵宝の数が示している．

下　これらのどっしりしたブローチやリングは，スコットランドの北欧人支配地域で知られる最大のヴァイキング埋蔵銀の一部である．10世紀のきわだった財宝で，8kgを越える立派な装飾品，切断された銀の断片および少々の貨幣からなる．1858年，オークニーのスケール島で，兎穴の入口から偶然に発見された．

ヴァイキング定住地
ヴァイキングの出土物
彫刻石
埋蔵宝，輪，ブローチ
単独墓
墓地
ピクト人 部族・民族集団
海抜 200 m 以上の土地
スコットランド・マン島のスカンディナヴィア系地名集中地域
アイルランドに見られるヴァイキングの影響
ハウス スカンディナヴィア系地名
定住地
縮尺 1：3,850,000
100 km
80 マイル
アンダーホウル
クリバースウィック
サンドウィック
パパ・スタウア島
シェトランド諸島
ヤールズホフ
フェーア島
ティウクウォイ
ウェストネス
プール
スケール
バーセイ
ガーネス
オークニー諸島
オーフィル
ブロッホ・オヴ・ディアネス
カークウォール
ペントランド海峡
ロバーツヘヴン
フレズウィック
ケースネス
ルイス島
ノース・ミンチ海峡
サザーランド
アウター・ヘブリディーズ諸島
セント・キルダ島
ユーダル
ノース・ウイスト島
リトル・ミンチ海峡
ロス
マリ湾
ピクト人
ドリモール
サウス・ウイスト島
スカイ島
スペー川
ディー川
バラ島
ラム島
エッグ
グランピアン山脈
ダルリアダ
テイ川
タイリー島
マル島
北海
スコット人
大西洋
キロラン湾
コロンゼイ島
ジュラ島
フォース湾
バリナビ
アイレー島
ブリトン人
リンディスファーン
クライド湾
アングル人
アラン島
ストラスクライド
ラスリン島
タイン川
ラーン
（ウルフエックスフィヨルド）
アルスター
ネイ湖
アスペイトリア
ソルウェー湾
ウィソーン
ティース川
アーン湖
アイルランド人
ゴスフォース
ストラングフォード
拡大部を見よ
マン島
カーリングフォード
コナハト
アイリッシュ海
ダーグ湖
ランバイ島
レンスター
レースリップ
ハウス
ダブリン
シャノン川
ウィックロー
アイルランド人
アークロー
リムリック
シュア川
マンスター
ウェックスフォード
ウォーターフォード
サルティ島
コーク
ケリグ諸島
p.134 の地図参照
4°40′
4°20′
54°20′
54°10′
カーク・アンドレーズ
ヴォーラン
レゼール
バラーフ
マコルド
カーク・マイケル
ブロック・イーアリ
マン島人
インジェブレック
セント・パトリック島
ティンウォルド
キャシュタル・バルゴーン
ドーリッシュ・カシャン
ブレイド
ブラダン
マリウ
クロンク・ナ・メリウ
カス・ナ・ホイン
ブローガ・ナ・ホラ
縮尺 1：570,000

ケルトの世界

専用の携帯用天秤をもった商人の手で行われた．この天秤はヨークなど大きな交易中心地をのぞけばブリテン諸島にはあまりみられないが，ヘブリディーズの異教墓からは多数出土している．このことは，スコットランド西部では交易が重要な活動だったという見方を強める．

異教墓はスコットランドのヴァイキング時代についてもっとも入手しやすい情報源の1つである．それらは一般に9世紀末から10世紀のもので，北欧起源の副葬品があることから，他の墓と区別することができる．ときには副葬品に地元で製作された品物も混ざっている．このような埋葬様式はスコットランドに広く分布しており，男性墓も女性墓もあり，ときには子供の墓もある．証拠の示すところでは，これらの墓に埋葬されている人々は，襲撃戦で死んだ戦士というよりは，むしろ初期の定住者集団の成員だったと思われる．たとえば，アウター・ヘブリディーズ諸島，ルイス島のニーブの女性墓から出土した楕円形ブローチが修理を受けていること，あるいは埋葬の時期よりいくらか古い時代のブローチが含まれていること，これらの事実は，これらの品物が代々受け継がれてきたものであることを示している．

スコットランドではいくつか，副葬品豊かな墓が発掘されている．一部はケースネスのキャッスルタウンやヘブリディーズ諸島，コロンゼイ島のキロラン湾にある墓のように，単独の墓であると考えられるが，他方少なくともいくつかの墓はかなり大きな墓地群の一部である．武器を副葬品とする男性を葬った美しい舟葬墓が2つ，オークニーのウェストネスで発掘されている．そしてこれもまたオークニー諸島，サンデー島のスカーの墓では，1隻の舟に3人の遺体と非常に豪華な副葬品（珍しい鯨の骨で作られた飾り板を含む）が納められていた．これらの墓から出土した品物のほとんどは，南西ノルウェー，すなわちスコットランドの初期植民者の伝説上の故郷，の産だと一般に考えられている．しかし，スカーの飾り板とブローチは，もっとずっと北方ーおそらくは北ノルウェーの北極圏内ーの起源が想定される．

ヴァイキング世界ならどこでも同じだが，判明しているスカンディナヴィア起源の定住地と墓の総数は，当時スコットランドに定住していたはずの北欧人の数にはまったく足りない．しかし先住民との文化的な同化の結果，植民の初期以後は，副葬品だけから多少とも確実に北欧人の墓であると確認することは困難になるし，またあきらかにこの地域にはまだ発見されていないものが多い．

マン島：豊かな考古学遺物

イングランド北西岸沖，アイリッシュ海の中央に位置するマン島は，広い範囲から文化的影響を惹き付けやすい位置にある．南北48km，東西16kmほどしかない小さな島で，その内陸高地にはスネイフェルがそびえている．ヴァイキングがつけた名で，「雪の山」を意味する．北部には広い沿岸平地があり，比較的肥沃な外縁部が島をすっかり囲んでいる．ヴァイキングの冒険者が恵まれた農業適地と数多い天然の港に惹き付けられたことは疑いない．これに加えて，マコルドなどいくつもの大きな修道院中心地があった．もっともそれらは，アイルランドやイングランドの修道院ほど豊かだったとは思われない．しかし，文書記録はマン島における初期のスカンディナヴィア人の活動については沈黙している．『アイルランド年代記』798年の項に述べられているイニス・パトリック（パトリックの島）に対するヴァイキングの攻撃は，かつてはマン島西岸沖のセント・パトリック島ピールのことと考えられていたが，現在ではむしろダブリン湾の同名の島のことだと解釈されている．ところがマン島のヴァイキングの活

ケルトの世界

左 オークニー，ルーセー島のウェストネスでは，スコットランドでただひとつ，ヴァイキングの墓地がまるごと発掘された．そこにはスコットランドでもっとも豊かな女性墓があり，また2つの男性の舟葬墓がある．舟葬墓の1つがこの写真で，船首と船尾に石を詰めて，中央に遺体を収容する玄室になっている．そのほかのウェストネスの異教墓のなかには女性墓があった（左下）．かの女の頭蓋骨には穿頭手術の跡がみえる．かの女は櫛を右腕の下に，糸つむぎ用のはずみ車を脇に，さらに鎌と青銅のブローチを副葬品にして葬られていた．

右 マン島のヴァイキング植民者は10世紀にキリスト教へ改宗し，記念石の風習を取り入れた．この十字架平石断片はアンドレーズ出土．片面に異教の場面が，反対側にキリスト教の場面が彫られている．十字架と本を手にした髭の人物が絡まった蛇を足の下に踏みつけているが，これは悪魔に対するキリストの勝利を示している．

動について，物的証拠はたいへん豊富で，とくに居住地，墓，石の彫刻，銀埋蔵宝などを含む考古学遺跡に富んでいる．

この島のヴァイキング以前のケルト系住民がキリスト教徒だったことには疑問の余地がない．このことは，キリスト教のシンボルを伴う彫刻石の現存する数からみてあきらかである．カーフ・オヴ・マン出土の十字架の平石はとくにすばらしい．さらにこの島には，一連のキリスト教関係遺跡（小さいチャペル，つまりキーイル）が確認される．キーイルのいくつかには墓地が附属していて，横石をのせた墓がある．バラドゥールでは，ヴァイキングの船葬墓が，それ以前の墓地の真上に置かれている．しかし前ヴァイキング先住民の定住証拠はほんの数カ所の遺跡に限定されている．クロンク・ナ・メリウのように，岬のうえに以前から存在していた囲いのなかにヴァイキングの建物が建設された例もある．そのほかの，たとえばブレイドやクロース・ナ・ホラにあるヴァイキングの遺跡では，ヴァイキング以前の定住に属する特徴のある円形の構造物がみられる．

ヴァイキング以前の定住地のいくぶんかはヴァイキング時代になっても継続して利用されたといわれているが，しかし北欧系の地名が圧倒的に多いことから，北スコットランドと同じように，地元住民はここでもヴァイキングの侵入のためほとんどすっかり姿を消したものと思われる．ただつぎのような可能性もある．これらの地名の多くはじつはヴァイキング時代よりもあとの起源であるが，スカンディナヴィア人の確立した命名法の伝統にしたがって命名された，ということである．ヴァイキング活動の初期段階に由来する地名要素のいくつか，たとえばセト（-setr），ボールスタズ（-bôlstaðr）などがスコットランドに広く存在するが，マン島にはあまりない．マン島では，高地の夏季放牧地（シーリング）を表す言葉として，セトよりもゲール語の要素アルギ（-ærgi，たとえばブロック・イーアリ"Eary"）の方が一般的であると指摘されている．地形を表す北欧語の地名はこの島にあまねく拡がっている．たとえば北部の平原はいまでもエアリスと呼ばれているが，これは北欧語で「砂利の平たい拡がリ」を意味し

右 マン島，バラドゥールの重要なヴァイキングの船葬墓．石の楕円がその輪郭を示している．鉄器時代の囲い地のなかにある初期のキリスト教墓地跡の上にこの船葬墓は置かれている．船は全長約11m，男性1人と女性1人の骸骨があった．しかし，あぶみや拍車を含む埋葬品からみてこの墓は男性のもので，随伴する女性の遺体は妻の殉死，もしくは女性（おそらく奴隷）の犠牲慣行があった証拠であろう．

ケルトの世界

左　小さな岬の砦．マン島，クロンク・ナ・メリウ．ポート・グレノーの入口を見下ろしている．この砦が最初に築造されたのは鉄器時代のことであるが，航空写真にみえる住居跡は後期ヴァイキング時代のもので，分厚い土塁のうしろに建てられている．3つの戸口，壁沿いのベンチ，中央炉をもつ長方形に近い建物である．

ている．ビーで終わる地名（ジャービーやサルビーなど）もふつうに見られる．

　ヴァイキング時代の確認されたマン島の定住地はさまざまな形態をしている．先に述べたように，クロンク・ナ・メリウは岬にある鉄器時代の遺跡を再利用している．それは外見上は，小さなほぼ長方形の建物で，壁沿いに長いベンチと中央に炉をもっている．クロース・ナ・ホラ，カス・ナ・ホイン，ヴォーランも同様の遺跡である．さらに内陸ではもっと大きな建造物複合体の遺跡が確認されている．海抜210mほどのところにあるドーリッシュ・カシャンでは，中庭を囲む3つの建物の草に覆われた基礎が見つかった．この定住地が初めて発見されたのは，夏用放牧地あるいは移動放牧地とおぼしき遺跡を調査しているときだった．農業上の辺境地域に複数の建物が姿を現した事実そのものが，非常に興味あることだった．発掘によれば少なくとも2つの建物が北欧時代のものらしかった．住居の1つはほぼ長方形をした小さなもので，マン島に特有の北欧型の小さな農場であることがわかった．ひどく損なわれているものの，敷居石が本来の位置に残っていたので，長い方の壁2つにそれぞれドアがついていたこと，そしておそらく3つ目のドアが短い方の壁の1つにもあったらしいことがわかった．大きな面積にわたり火災の跡があり，その残骸が床全体に散乱していた．炉の両側にベンチの跡が発見され，これによってこの小さな高地家屋の内部配置はすべてあきらかになった．家の片側は庭になっていた．その付近では，小さな穀物乾燥炉が発掘された．ほかの建物はざっと調査しただけであるが，より大きな農場複合体の存在が示唆される．庭への狭いじょうご状の出入口は牛の管理に便利だっただろう．しかし穀物乾燥炉の存在から，牧畜が唯一の生業ではなかったことがわかる．乾燥炉がこの島のほかの居住地にも存在していたことは間違いないが，まだ発見されていない．

　ドーリッシュ・カシャンの建物は規模が小さいので（わずか7×3m），貧しい居住地だったとされていた．発掘しても出土物はなく，この見解を変える必要はない．谷の低いところではずっと大きな建物が発見されている．そこの方がおそらく牧草地が多く，対処すべき気候も厳しくなかったのだ．たとえばブレイドの住居は21×9m，カス・ナ・ホインの家屋もまあまあ大きく，10×4.5mである．ブレイドの遺跡は頑丈な石造の円形建築物（おそらくはマン島先住民の工法）に2つの長方形住居が隣接した形の住居であるから，いくらか議論を呼ぶところである．これには，マン島の他の遺跡でみられるものよりはるかに大きな平石が使用されていて，この複合体の全体的に大きな規模とあわせ，たんなる農場以上の重要な何かであったかもしれない，と想像される．

　マン島の異教墓は非常に興味深い．バラドゥールやノック・イ・ドゥーニーで出土した舟葬墓は，オークニー諸島のウェ

ケルトの世界

右　マン島，ブレイドのヴァイキングの廃棄された農場．両壁が湾曲している大きな住居と，頑丈な作りの長方形の建物からなる．長方形の建物は2つ目の住居だった可能性もあるが，大きな馬小屋か牛小屋だった可能性のほうが高い．隣接している円形の建物は先住マン島人の様式で，ヴァイキングが占拠したとき，使われていたと思われる．構造上のこまかい点はべつとして，残念ながらこの遺跡をどう考えるべきか，参考になるものは発掘されていない．

ストネスやスカーのそれと類似している．舟は全長5ないし6mほどで，通例は男性を埋葬している．おそらくこの島の植民第1段階に到着したヴァイキングだろう．墓丘はふつう海がよくみえ，肥沃な農地を見渡すのに適した地点に置かれており，その位置からもとの農業定住地の場所がわかるかもしれない．これらの墓からはたいてい槍や剣が見つかる．女性の陪葬は多くないが，ヴァイキング世界のどこでも行われていたことが知られている殉死習慣の証拠が，マン島の2つの墓に認められる．1つはバラドゥールに，もう1つはバラティアにあるが，後者は非常に痛ましく，若い女性が頭蓋骨をひどく割られていた．かの女は奴隷だったかもしれない．しかし考古学的な証拠からいえることは，かの女が主人の墓の上に盛られた塚の上層に，副葬品なしで埋められていた，ということだけである．

セント・パトリック島，ピールでの発掘により墓地の跡があきらかになり，6つのヴァイキングの異教墓があった．そのうちのいくつかは平石の初期キリスト教墓を突っ切っており，前ヴァイキング時代の墓地が継続して使用されていたことを物語っている．ヴァイキングの被葬者のなかには「ピールの異教貴婦人」と呼ばれるものがいて，料理用の串，櫛，ビーズを含む非常にさまざまな副葬品に囲まれた平石の墓から出土した．この発見の重要性は，これがこの島で発見された唯一の女性の北欧人被葬者であることにあり，ブリテン諸島全体でみても，この時代の墓のリストに対する豊かな追加となる．一般に女性の地位はよくわからないが，この「ピールの異教貴婦人」は，副葬品からするとかなりの重要人物で，かの女自身がこの地方の豪族だったかもしれない．マン島の富裕な男性の墓の数は，各々が世帯を率いる，影響力ある土地所有者の社会階級があったことを強く示している．ヴァイキング時代にこの島で地域がどのように区分されていたかに

ついては，かなりの議論があった．現在の教区機構はヴァイキングの地域区分に倣っているものと思われ，またヴァイキングの地域区分は部分的にさらに古いシステムに基づいていたかもしれない．

おそらくは土地所有者こそが，直立する十字架その他の彫刻された石のいくつかを作らせた人々だった．これらの石はマン島に残されたさらに重要な北欧の遺産の1つである．現在これらの石のいくつかは地方の教区教会の内部にあるが，これらは過去のある時期に周辺地域から教会内に運び込まれたものである．前ヴァイキング時代のものも多く，典型的なケルトのモチーフ，つまり上端が輪になっている複雑な十字架のモチーフが細工されている．しかし，ヴァイキング時代の彫刻石の方がずっと多く残っていて，主として10世紀のものである．

職人たちのすばらしい技術，現地産の石版の品質，そこに描かれている図像の豊かな素材，これらが石碑をこの時代の独特な記録にしている．入念に彫刻されたキリスト教の十字架に北欧神話のモチーフ（たとえばシグルズ伝説の竜殺し）が描かれている事実は，先住民とのあいだに生じた文化的な交流がどのようなものであったか，劇的に示している．10世紀半ばまでには，キリスト教は北欧からやってきた入植者のあいだでおそらく支配的な宗教になっていたであろう．しかし外面的にはキリスト教を受け入れたものの，故郷から持ち込んだ神々のおなじみの物語を放棄しがたいと感じる者もいたのではなかろうか（自称キリスト教徒の墓に副葬品が添えられつづけたのと同じである）．あるキリスト教のメッセージを伝えるために，異教的要素が意識的に採用されてさえいたかもしれない．たとえば竜はサタンと関係づけられて．いずれにせよ，異教的テーマはマン島の北欧文化にとって中心的地位を占めつづけ，衝撃的な並存を生み出した．たとえばアン

ケルトの世界

セント・パトリック島

マン島西海岸で唯一の避難港をもつピールの一部は，潮の干満で小島になる．これがセント・パトリック島（ホルメパートリック）で，港の入口を支配している．ここにピール城の遺跡がある．この地は先史時代から人が住み，後期北欧時代，ノルウェーのニダロス（のちのトロンヘイム）大司教管区に属するノルウェー系住民の司教区「ソウダー・アンド・マン」の大聖堂所在地となった．この管区は「マンおよび島嶼王国」（11 世紀設立）同様，ヘブリディーズ諸島（スズレイヤル）全部に及んでいた（「ソウダー」はスズレイヤルの転訛）．この考古学上の大遺跡に対して近年行われた発掘の結果，あらゆる時代のおびただしい発見がなされた．そのなかには初期のキリスト教墓地があり，この墓地のなかに，立派な副葬品を伴うヴァイキング時代の墓がいくつかあった．

下 キリスト教の墓地で発掘されたヴァイキング時代の墓には女性墓が1つあるが，これはマン島で発見された唯一のヴァイキング女性墓である．遺体は衣服をきちんと着て，石板で仕切った墓のなかに横たわっていた．墓にはさまざまな副葬品が置かれ，このいわゆる「ピールの異教貴婦人」の高い地位を示している．

右 11 世紀，短期間だけであるが，マン島の支配者のためにペニー銀貨が打刻されたらしい．同時代のダブリンのヒベルノ・ノース系銀貨を模倣したものである．造幣所は政治権力の所在地とつながっていたはずである．したがってもっとも可能性が高い場所はピールのセント・パトリック島である．

下 「異教貴婦人」が墓に安置されたとき，ガラスと琥珀のビーズ 60 個以上からなる華麗なネックレスを首にかけられた．身体の脇には，料理用の鉄串，がちょうの翼，ひと束の薬草，2 本の針が入った裁縫袋が置かれていた．櫛と家事用のはさみも供えられていたが，おそらくこれらはベルトに一緒に下げられていたであろう．ナイフも 2 本あり，その 1 つは握りに銀がはめ込まれていた．

右 ピールの城壁内には，12 世紀に建てられたセント・ジャーマン大聖堂の，屋根のないゴシック遺跡がある．その北側に初期のキリスト教墓跡が発見された．この墓地はヴァイキング時代の全期間から中世まで使用されつづけた．アイルランド様式の円形の塔およびそれに隣接する教会は，10 世紀か 11 世紀に建てられた．

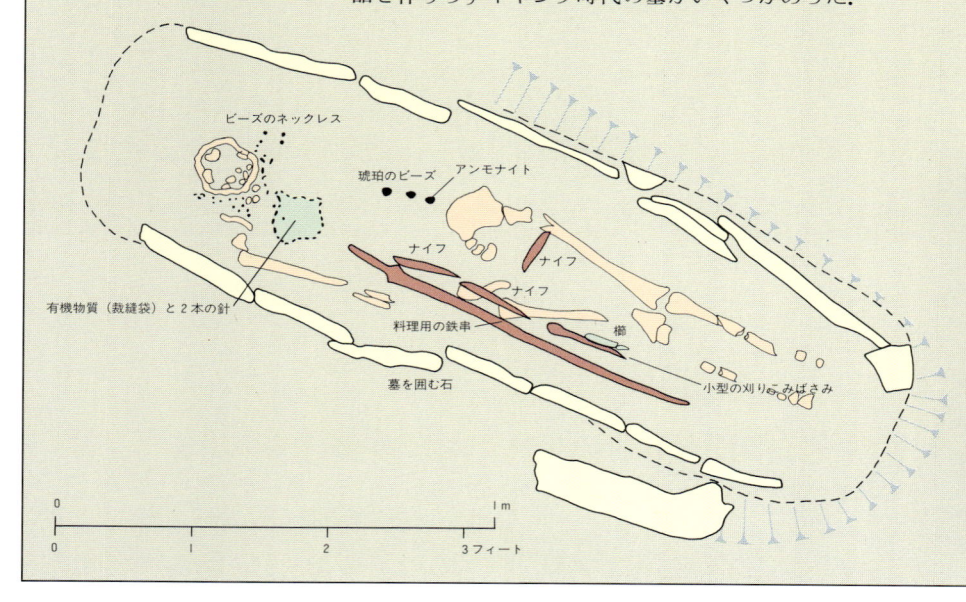

ドレースの平石には，槍をもち，ワタリガラスをつれ，フェンリル狼の顎に片足をつっこんでいるオージンの姿が，本と十字架を携えたキリスト教的な人物像（おそらく聖職者）と対になっている．

いくつかの例では，十字架にルーン碑文がみられる．そのうち初期の例の1つでは，ガウトという人物が「これ（おそらくはこの十字架のこと）とマン島にあるすべてを作った」と自慢している．碑文には，彫刻にあとから加えられたものもあるらしい．碑文はどこでも，彫刻者およびその注文主だった読み書きのできる北欧系定住者と，現代の読み手のあいだを直接結んでいる．

マン島ではヴァイキング時代の銀埋蔵宝が 20 件ほど出土している．そのほとんどは装飾品と貨幣の両方からなる．それらが埋蔵された時代は 10 世紀初め（もっと確実なところでは 960 年）から 11 世紀末までにわたる．戦乱の時代，アイリッシュ海域のほかのヴァイキング（10 世紀にこの島はときおり，ダブリンを根拠地にするヴァイキングの直接影響下に入った）や，あるいは貪欲な隣人からさえ襲撃の恐れがあった時代，人々は財産を隠すという予防策をとったに違いない．今日発見される埋蔵宝は，もちろん回収されなかったものであるから，事態の結末はたいてい暴力的で悲劇的だったと思われる．

ウェールズ：交易中継点

790 年代からアイリッシュ海域で活動していたヴァイキング襲撃者の一部は，ウェールズ，とくにアングルシー島と北部沿岸に，そして南西部海岸をまわってブリストル湾に立ち寄って攻撃した．当時ウェールズの先住ケルト人はポウイス，グイネズ，ディヴェドを含むいくつかの王国に分かれていた．かれらはほとんどが農民だった．都市あるいはそれに類似した人口集中は確認されず，ごくわずかな先都市的中心地がみられただけである．しかし修道院にはたくさんの人々が住んでいた．アイルランドと同じく，修道院は学問や手工業の中心であるだけでなく，広大な農業所領を所有していた．その富はヴァイキングを惹き付けた．大修道院のいくつか，カーマーゼン，サンカルヴァン，セント・デーヴィッズ，カールディ，サントウィトなどが焼き討ちされ略奪を受けた跡がある．

ウェールズ生まれの修道士でありアルフレッド大王の伝記作者であったアッサーによると，878年，南西部のディヴェドでヴァイキングの一隊が（おそらく初めて）越冬したという．これが以後数十年間にわたるウェールズ大襲撃の初まりだった．914年，2人の北欧のヤールに率いられた大船団がブルターニュから北航し，ウェールズ西海岸を荒らし回った．内陸部への進攻の試みは失敗した．ウェールズ人のなかにグイネズ王国のヒウェル・ダー（ハウエル善王）という強力な指導者が現れたため，つづく40年のあいだは休息期間となり，かれが950年に死んだあとまで，ヴァイキングは締め出された．しかし980年には，ヴァイキングの脅威は狂暴さを増した．セント・デーヴィッズの大聖堂は982-989年のあいだに4度略奪された．デーンゲルトを支払うことで北欧人を寄せつけないように試みたが，襲撃は次の世紀に入ってもつづいた．11世紀の末になってさえ，セント・デーヴィッズの大聖堂はダブリンを本拠地とするヴァイキング船団の攻撃の嵐にさらされた．

北欧人にとって，ウェールズの意義はその地理的な位置にあった．そこは西方航路の欠かせない一部であり，アイルランドとマン島に近く，イングランドの北欧人支配中心地に向かう通商路の中継拠点であった．ウェールズで発見された最大の埋蔵銀（おそらく商業活動と関連している）はサンディドゥノ近辺の出土であるが，ここが北西イングランドのヴァイキング定住地から容易に到達できる範囲内にあることは偶然ではあるまい．その他の埋蔵された貨幣や銀は，一般に海岸沿いに分布している．925年ごろに埋蔵されたバンゴールの埋蔵宝はもっとも初期に属し，アラビア貨幣も含まれている．1枚だけ孤立して見つかる貨幣はもっと広く分布していて，それらの存在はおそらく商業活動を示している．『アイルランド年代記』の示唆するところによると，10，11世紀，ダブリンのヴァイキング商人はウェールズの奴隷，馬，そしておそらくは蜂蜜や小麦を商ったが，アイルランドの毛皮，皮革，毛織粗布との交換だったことだろう．

たとえ沿岸部に制限されていたにしても，ウェールズにはヴァイキングの入植もあったはずであるが，これについては地名以外に証拠はない．ウェールズ南西部の地名にはスカンディナヴィアの影響がとくに感じられる．たとえば，コルビは人名に定住地を示す「ビー」が結び付いたものだし，スコ

ロック，ミルトン，フィッシュガードも北欧語の要素を含んでいる．これらの地域に北欧系の地名が集中しているので，おそらくはミルフォード・ヘヴンとスウォンジーに交易中心地が設立され，ペンブロークシャーに内陸農業定住地があったと思われる．ブリストル湾北岸沿いの島々や航海上の中継地点の地名もあきらかに北欧起源である．ランディ（「ツノメドリの島」），フラット・ホルム，スティーブホルム，スコックホルム（ホルムは「小さな島」），スコーウマ，コルディ諸島など，すべてそうである．北ウェールズでは北欧系の地名は少ないが，バージー島，グレート・オームズ・ヘッド，プリーストホルム，それにそもそもアングルシー（「オングルの島」）が北欧起源である．北岸沖のアングルシー島はとくに攻撃されやすい目標で，マン島やアイルランドを根拠地にするヴァイキングの餌食だったであろう．だからヴァイキングの銀製腕輪からなる埋蔵宝1つと，ヴァイキングのものと思われる墓1基が発見されても驚くべきことではない．

ウェールズには美しく仕上げられた石の十字架が数多い．その装飾モチーフはアイリッシュ海周辺でケルトと北欧の勢力が混ざりあったさまを映しだしている．とくにすばらしい実例がペンモン（アングルシー），ネヴァーン，ケアリ（ペンブロークシャー）にみられる．前ヴァイキング時代でさえ，ウェールズで彫られた十字架の平石は，アイルランドの様式から強い影響を受けていた．ヴァイキング時代になると，複雑な絡み合い文様のパネルと，頭部が輪になった十字架とが組み合わさっている．パネルはマン島その他にみられる様式と類似し，パネルの空いている面はすべて彫刻モチーフで埋め尽くされている．頭部が輪になった十字架の方は，アイリッシュ海周辺のケルト地域にごく一般的にみられるものである．

アイルランドのヴァイキング

『アイルランド年代記』によると，アイルランド沿岸部に対して初めてヴァイキング襲撃が行われたのは795年，レクルーという場所であった．現在の定説によると，そこはアイルランドの北東端からわずかに沖合いのラスリン島のことだとされている．820年代までは攻撃は断続的だったが，それ以後は攻撃の規模が大きくなった．内陸への侵入は830年ころより記録されている．839年，最初の越冬がロッホ・ネイ（ネイ湖）でなされたと伝えられ，841年には最初の，ロングフォートと呼ばれる恒久的な定住地がダブリンに，そしておそらくはアナガサン，ダンドーク湾にも設けられた．

ヴァイキングをアイルランドに引き寄せるものはたくさんあった．人がもっとも集中して住んでいたのは大きな僧院複合体で，ときとして「都市」とも呼ばれている．その周囲には農場が散在していた．このほかに富の主要な中心地として，沼や湿地帯に作られた人工島，クラナグがあった．そのひとつラゴールは，『アイルランド年代記』によると王権中心地だったが，934年にヴァイキングによって壊滅的な打撃を受けた．ケルト人の主要な生業は農業ではあったが，西フランスの土器などの輸入品が，ラゴールやノウスといった王権中心地を初め，もっと粗末な環状堡塁もしくは囲いのある家屋敷（非都市的定住の主要な形態）にいたる遺跡から出土しているので，アイルランドが範囲の広い交易ネットワークの一部だったことがわかる．多数の遺跡で発見される鹿角細工のくず，鍛冶道具，貴金属細工用のるつぼや鋳型，ガラス製造用の装置などは，多様な手工業活動の証拠である．

しかし手工業生産のもっとも重要な中心地は僧院「都市」だった．これは大きな囲いをめぐらせた大規模な定住地で，僧院共同体に住む聖俗の人々に奉仕する多数の教会があった．10世紀半ば以降，これらの場所の特徴となったのは石の塔である．それらは鐘楼として利用されたが，ある人々は，ヴァイキングの襲撃に対する防衛施設としても建てられたと考えている．僧院内には，石彫師，装飾金属細工師，ガラス職人，彩色写本を作る写字生などの職人がいた．かれらの作品こそ初期中世アイルランド教会の豊かな文化をもっとも長く伝える遺産である．僧院で使われただけでなく，その地域の保護者の需要にも応じたこれらの美しい品物は，ヴァイキングの関心を引かずにはおかなかった．僧院中心地と極端な対照をなしているのが質素で小さな隠者の庵である．これもまたアイルランドのケルト人教会に特有のもので，その多くは岩の多い西岸にあった（たとえばケリー州のチャーチ・アイランドもしくはスケリグ・マイクル）が，それでもヴァイキングの攻撃を免れることはできなかった．襲撃の時代，教会の財宝の多くがアイルランドから北欧に持ち去られたことはあきらかだが，この略奪の規模を計るのは難しい．襲撃の記述をしているのは教会人であるから，われわれの見解もじつはゆがめられているのである．

比較的最近まで，アイルランドのヴァイキングについてわれわれの理解は，主として断片的な文字史料と個々ばらばらな出土物に基づいていた．これらからヴァイキングがアイルランドに初めて（僧院「都市」ではなく）本当の意味での町を建設したことがわかる：ウォーターフォード，ウェックスフォード，リムリック，コーク，ダブリンがそれである．これらの町は，スカンディナヴィア人の故郷とその西方植民地を西ヨーロッパや地中海とつなぐ，長い海路の交易中継地として役だった．奴隷，ウルフハウンド（狩猟犬）のような商品がここに集められ，銀と引き替えに輸出された．ヴァイキング都市の支配者はしたがって陸よりも海に目を向け，アイリッシュ海周辺の襲撃と交易で生計をたてていた．マン島やヘブリディーズの北欧人とは密接なつながりが維持された．

したがってヴァイキングのアイルランド占領は，他の北欧系植民地と種類が異なっている．ここでは非都市的定住がほとんどなかったらしい．ヴァイキングが田舎に定住し，その地方に順応したタイプの建物を建てて暮らした，ということもありえないことではない．この場合，考古学的には，ヴァイキングの作ったものが出土したときだけ識別できるであろう．しかしそのような発掘物は，都市在住のヴァイキングと地方住民との文化的接触の証拠とも解釈できるので，非都市的定住地がヴァイキングのものかアイルランド人のものか，いくぶんとも確実に区別することは難しい．ヴァイキングの異教墓の分布は，北欧人の支配が定住の初期に都市部を越えてどこまで拡がっていたかを示すものかもしれない．しかしダブリンに近いキルマイナム-アイランドブリッジの大墓地を別にすれば，墓は個別に存在するだけである．ドニブルック（これもダブリン周辺）に墳丘墓が1つあり，アントリム州のバリウィリンに舟葬墓らしき墓が1つあるが，これらの墓の伝統はアイリッシュ海域およびより大きなヴァイキング世界のいたるところに広くみられるのに，アイルランドではこの2つしかない．

町の外側では，ヴァイキングの影響力はほんの周辺に限られていたようである．そこでは町の住民に新鮮な作物を提供する非都市住民との交流がかなりあったに違いない．たとえばダブリンでは，牛が田園部から町へ連れてこられたり，穀物が手工業製品と交換されたりしただろう．町の住民は建築用の木材や手工業生産の原料も周辺地域に依存していたので，やりとりは多岐にわたるに違いない．アイルランドでは120件ほどのヴァイキング時代の貨幣，銀，金の埋蔵宝が出土している．これらは多大な富のあったことを示している．

上　この家の形をした聖遺物箱は8世紀のアイルランド型である．しかし装飾の様式からみてスコット人・ピクト人地域で製作された可能性が非常に高い．出所はノルウェーという以外は不明．埋まっていたとはみえない．内容物からみると中世には聖遺物箱という本来の機能で使用されていたらしい．底にルーン銘文で「ランヴェイグがこの箱を所有する」とあり，1000年ころにはノルウェー人の手中にあったことがわかる．

ケルトの世界

発見された埋蔵宝のうち，80件が貨幣のみからなっている．これらの多くは先住アイルランド人の遺跡で出土しており，したがってヴァイキングとアイルランド人のあいだに経済的なつながりがあったとする見解を支持するものである．12世紀以前には，アイルランド人は貨幣を鋳造せず，ダブリンを根拠地とするヴァイキングが自分たちの貨幣を鋳造し始めたのは997年ごろになってからである．そのため，10世紀終わりまでの貨幣埋蔵宝は，イングランド，フランク，アラブ起源の輸入貨幣からなっている．

地元のアイルランド住民との文化的交流の証拠はほかにも

右 10世紀にダブリンのあった地点の上流，キルマイナムとアイランドブリッジにヴァイキングの墓がある．9世紀半ばリフィー河畔のおそらくはアイルランド修道院のあとにロングフォート（越冬基地）が建設されたが，墓の存在はそのことと関係しているであろう．図は，19世紀にここから掘り出された副葬品の一部を描いた当時の絵である．装飾されたつかをもつ剣，槍の穂，斧の頭，盾の突起物，女性用の青銅製ブローチ，さらにゲーム用の駒など．

ケルトの世界

ダブリン

　1960年以来ダブリンの「材木波止場」地区でヴァイキング時代の町の発掘が進んでいる．この地域はリフィー川とクライストチャーチ大聖堂のあいだで，地面がたっぷりと水を含む性質だったため，遺物の保存状態はきわめて良質である．ヴァイキング住民の木造居住建物がいくつか，確認できる．居住建物は囲われた区画内に建ち，同区画内には便所，牛小屋，家畜用の囲い，工房，倉庫などの別棟付属建物がある．地面の湿地状態は，あきらかにいつも問題だった．区画の境には小道があって，ここに壊れた家具やとびらが踏み板として置かれていた．周辺の田舎から連れてこられる牛はここを通ったに違いない．家は木造だったので，10年から20年で建て替えねばならなかった．地所の境は変わらなかったので，新しい家は古い家と同じ場所に建てられた．足場をしっかりさせるため，以前の基礎の上に芝土が敷きつめられた．その結果，ヴァイキング時代の定住期間内（920年から1100年ころ）で，いくつもの居住跡が連続した層をなしている．「フィッシャンブル・ストリート」だけで13層！　さらに13世紀にアングロ・ノルマン人（ノルマン・コンクェスト以後のイングランド支配層）が川の端を埋め立てたとき，ヴァイキング居住地の家材の残骸を埋め物として利用した．こうした資料すべてを注意深く調べた結果，木彫，骨の彫り物，革細工といったさまざまな活動の証拠が得られ，ヴァイキング時代の町の日常生活がめったにないほどわかるようになった．ヴァイキング社会の最富裕層（というのは家の大きいことと，遺物が豊かなことでわかるのだが）は，大聖堂のあたりに住んでいたらしい．ここは高台で，洪水の心配がなかったに違いない．

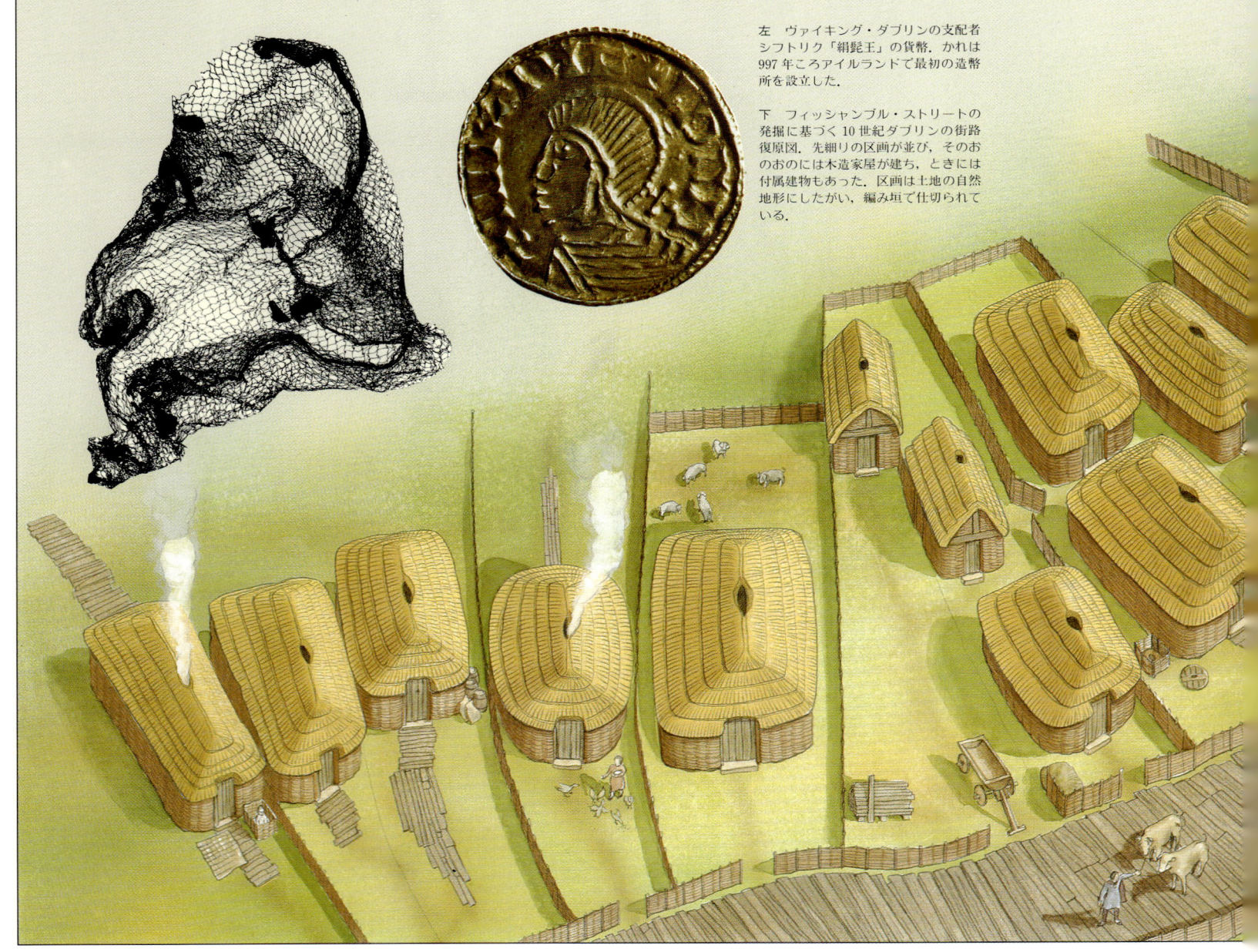

下　フィッシャンブル・ストリート出土の絹のヘアネット．ヴァイキングの町ダブリンが遠隔地と交渉をもっていたことの証拠である．絹糸と，おそらくはその製法からみて，コンスタンチノーブルあるいはさらにそれ以東の起源と思われる．

左　ヴァイキング・ダブリンの支配者シフトリク「絹鬚王」の貨幣．かれは997年ころアイルランドで最初の造幣所を設立した．

下　フィッシャンブル・ストリートの発掘に基づく10世紀ダブリンの街路復原図．先細りの区画が並び，そのおのおのには木造家屋が建ち，ときには付属建物もあった．区画は土地の自然地形にしたがい，編み垣で仕切られている．

ケルトの世界

ある．アイルランド人特有の環状ピンがヴァイキングに受容され，大量に生産された．それは北はアイスランド，西はニューファンドランドで発見されている．アイルランドで美しく仕上げられた亜環状のブローチもスカンディナヴィア人によって複製されたが，しばしばずっと粗雑な変種であった．アイルランドにはヴァイキングが望んでやまないものがそのほかにもたくさんあった．ヴァイキングは初期の襲撃時代，とくに，美しい金属製品をノルウェーに持ち帰った．ヴァイキング時代の後期にはリンゲリーケ様式やウルネス様式のような北欧の装飾様式がアイルランドの工房で変形された．たとえば，ウェールズ南西部のスモールズ岩礁で見つかった剣のつばはアイルランド風ウルネス様式をはっきりと示す装飾が施されていたし，ダブリン出土の木工品にはリンゲリーケ様式がみられる．彫刻石の装飾は，ヒベルノ・ノース（アイルランドとスカンディナヴィアの文化混合）的要素の変形された特徴を示してはいるが，彫刻石はアイルランドではアイリッシュ海の反対側の地域ほどには一般的ではない．彫刻の材質として石よりも木の方が好まれて，事例が残っていないのかもしれない．この物的証拠上の差異を埋めるものは，アイルランド西部のビギニシュなどに散在する石に彫られたルーン文字の碑文である．

ダブリンのヴァイキング

アイルランドの考古学調査は大部分がダブリンで行われた．ただそれだけの理由かもしれないが，ダブリンについてはヴァイキング時代の他のどの町よりもずっと多くのことがわかっている．ヴァイキングがここに惹き付けられたのは，この場所がブレイガー王国とレンスター王国の境界線をなすリフィー川の重要な渡渉点に位置していたからである．841年，かれらは「ロングフォート」を築いた．その場所は確認されていないが，キルマイナムのアイルランド僧院の場所であった可能性は高い．1960年代以来ダブリンでは大規模な発掘が行われてきたが，10世紀よりも前の定住面は発見されていない．902年，北欧人は一時的にダブリンの初めの定住地から追い出され，かれらの多くが北西イングランドやマン島に移住したことが知られている．かれらは917年ごろに戻ってきた．ダブリンがそのとき，現在の場所に再建されたことはあきらかである．

10世紀のダブリンは，チェスターやブリストルなどアイリッシュ海周辺の他の中心地との貿易によって豊かになった．ヴァイキング時代の保存状態のよい木造の建物がいくつも発掘によって見つかっている．それらの多くは工房を抱えており，鍛冶師，革職人，櫛作り，木彫工たちが仕事に励んでいた．ダブリンの富裕な支配者は，当時のイングランドの不安定な情勢につけ込み，アイリッシュ海を越えてその権力を拡げ，マン島に宗主権を要求し，ヨーク王国の支配権をデーン人から奪った．ヨークの支配権は952年まで維持された．しかし980年，タラの戦いでかれらはマンスターのアイルランド人に敗れ，大量の貢納物がダブリンから徴発された．アイルランドの北欧人を見舞ったその後の混乱のなか，ウォーターフォードのヴァイキングが994年にしばらくのあいだダブリンの支配権を手中にした．ダブリンは，かつてアイルランドの北欧人のあいだで享受していたような飛び抜けて高い地位を回復することは2度とできなかった．

左　水に漬かっていたおかげで，転覆した船や樽板などたくさんの木製品が原形をとどめている．フィッシャンブル・ストリート出土のこの湾曲した木材は，なかなか手が込んでいる．それは11世紀のスカンディナヴィアで流行したリンゲリーケ様式の装飾をダブリン特有に変形させて，非常にきれいに仕上げられている．

上　ダブリンの現在のハイ・ストリート東端（ダブリンで発掘された何カ所かのヴァイキング遺跡の1つ）で作業中の考古学者たち．「材木波止場」とフィッシャンブル・ストリートはここから近い．11世紀の材木をならべた歩道跡がよい保存状態で発掘された．これと類似したものはスカンディナヴィアでもヴァイキング世界の他ヶ所でもみつかっている．重く水はけの悪い粘土質の土壌がこの写真からはっきりとわかるが，土壌のこの性質こそがヴァイキング時代のダブリンをこんなにもよく保存してきたのである．定住地のこの部分は町の手工業地域だったらしく，多くの工芸品が発見されている．

左　ハイ・ストリート出土の骨製品の断片．リンゲリーケ様式でたくみに彫刻された職人の習作．

北大西洋

　すでにみたように，ノルウェーを出発してスコットランドやアイルランドの沿岸を襲ったヴァイキングのなかには，農民としてそこにとどまるものも数多くいた．まもなくかれら植民者の一部，あるいはその第2世代の一部はさらに西方に目を向けた．今度は北大西洋の方向，すなわちフェーロー諸島，アイスランド，最後にはグリーンランドと北アメリカである．他方ノルウェーから直接西方へ旅立つものもあった．ヴァイキングの西方への移住でもっとも重要な役割を果たしたのは偶然だった，と論じたがる向きが多い．しかしそれは時間が経ちすぎているため認識が難しいにすぎない．新天地を求めてかれらを遠くへ駆りたてたものは，たんなる好奇心や風向きよりも，必要と意志だったのだ．

　航海が危険だったことは疑いない．氷山など，北大西洋の大自然の脅威を克服せねばならず，途上で船やその乗組員が失われたと聞いても驚くべきことではない．ヴァイキングの航法についてはほとんど知られていない．沿岸水域で舵をとるにはすでに知られている陸標が利用されたが，陸地が見えなくなると，たとえば目盛リの刻まれた棒や手のひらの幅といった何らかの標準となる尺度を用いて，日中には太陽の，夜間には北極星の，水平線上のみかけの高さを測定し，それによって出発港あるいは目的地と自分たちの位置の関係を判断したと思われる（「緯度航法」）．航路，知られている地点間の航行所要時間，潮の満ち引き，風，海流について，しだいに知識体系が形成されていき，世代から世代へと口で伝えられるようになったであろう．しかし北大西洋の未知の水域に乗り出した最初の冒険者にはこの知識体系はなかった．サガ作者たちは最初の冒険者たちの勇気をこそ気にかけているが，かれらよりあとの人々が上陸に成功しても記録にとどめていない．それは平凡な出来事だったのだ．

　北大西洋を渡って西方へ向かった運動にとって重要な点は，南へ向かったヴァイキングの航海とは違って，主要動機が襲撃と略奪よりも植民，すなわち土地の獲得と開発だったと思われることである．西方の新しい土地には人が住んでいなかった．このことはわれわれがこれらの出来事を考察する方法に影響を与えている．西ヨーロッパに対するヴァイキング襲撃の場合，襲われた地方住民のなかに同時代の年代記作者がいてヴァイキングの海賊行為を記述したのに対して，北大西洋地域で起こったことを目撃叙述すべき人間はいなかった．われわれの文字情報はおもにサガから得られるのだが，すでに以前の章に述べたように，サガは出来事のずっとあと，おそらくは伝承の過程で物語が潤色されたあとで書きとどめられたのである．

　サガはヴァイキングの勇敢な事績を賞賛しているが，それにもかかわらず北大西洋の島々に最初に到達したのは北欧の船乗りではなかった．アイルランドの修道士ディクイルが825年にフランスで著した『世界の計測の書』(Liber de Orbis Mensura Terrae) によると，700年ころより一部の勇敢な修道士のあいだに，粗末な舟（おそらくはカラッハという革張リの簡単な舟）で海図のない水域を渡る習慣があった．かれらは最初に到達した無人島に，そこがどんなところだろうと定住し，質素な庵を結んでそこに隠者として住み，一生を神に捧げたのだった．フェーロー諸島でもアイスランドでもヴ

下 真夜中の太陽は，アイスランドが北極圏にふれんばかりの高緯度にある証である．北大西洋上のこのはるかな火山島に最初に住んだのは8世紀のアイルランド人隠者だったが，9世紀に北欧の入植者がやってくるとかれらは立ち去った．10世紀半ばまでにアイスランドの植民は完了し，独立した共和国に組織された．最初の農民たちは家畜を持ち込まねばならなかった．アイスランド島は隔絶していて，土地の哺乳動物はただ1種，北極狐だけだったからである．しかし海鳥とその卵は豊富で，重要な食料源となった．

北大西洋

ァイキングたちはこの種の修道士に出会い，かれらのことをパピ（父，神父）と呼んだ．隠者たちは，その生き方にふさわしく，新参者たちから逃げ出したらしい．アリ・ソルギルスソンによると，かれらは書物，鐘，司教杖を残していったという．しかしかれらが定住していた証拠は乏しい．ディクイルとアリの記述をのぞけば，わずかに地名が残り，たまに考古学資料があるのみである．

羊の島々

フェーロー諸島は北大西洋上，シェトランド諸島とアイスランドの中間に位置する険しい岸壁の島々である．このフェーロー諸島について最古の知識を与えてくれるのはディクイルである．

「ブリテン北方の大洋には，ブリテン諸島の最北端から順風満帆で2昼夜のところに，さらにたくさんの島々がある．……ある聖なる者がわたくしに教えてくれた……かれはそれらの島の1つに上陸することになった．これらの島々にはスコシア（アイルランド）から船出した隠者たちがおよそ100年にわたって暮らしていたのだ．しかし……いまや，北欧の海賊のせいで島々には隠者の姿はなく，数え切れない羊と海鳥の大群でいっぱいである」．

この記述からこの島々には，860-870年ころに北欧人がやってくる以前にさえ羊がいたことがわかる．したがって，植民者がこの島々をフェーレイヤル（羊の島々）と名付けたのも不思議ではない．しかし最初の北欧人植民者がだれだったかについて語っているのは，『フェーロー諸島人のサガ』（Færeyinga saga）である．

「グリーム・カンバンという男がいた．かれはフェーロー諸島に植民した最初の人物だった．しかしハーラル美髪王の時代，その圧政のため非常に多数の人々が（ノルウェーから）逃れた．あるものはフェーロー諸島に入植してそこに家を構え，他のものはそのほかの無人の国々に向かった」．

グリームはノルウェー人だとサガ作者は主張しているが，カンバンというのはケルト系の名前だから，グリームはヘブリディーズ諸島かアイルランドに定着していたスカンディナヴィア人だったかもしれない．

素朴な彫刻をほどこした十字架平石が，たとえばスキューヴォイなどから多数発見されることは，各地に「パピ」という要素をもつ地名が散在することとともに，フェーロー諸島にアイルランド人修道士がいたというディクイルの記述を裏づけるものと，伝統的には考えられている．しかしながらパパ系地名をもつ場所で，これと関連する考古学的出土がされたことはない．また，彫刻十字架が素朴な形をしているからといって，それだけでそれが古い時代のものであるという証拠にはならない．もっと最近にはミチネス島出土の花粉サンプルに基づいて，7世紀にこの島で穀物が栽培されていた，と主張された．しかしこの花粉サンプルの年代測定をめぐってはいまも議論中である．もしこれら3つ，つまり地名，十字架，花粉の情報要素のすべてが疑いなしとなれば，ディクイ

上　シェトランド諸島とアイスランドのほぼ中間にあるフェーロー諸島は，9世紀にやってきた最初のノルウェー系植民者の目に，将来性のとぼしいものと映ったにちがいない．険しい火山性の崖が海面から急角度で立ち上がり，西風が強く嵐が多いので，初めから木が生えていなかった．

ヴァイキング時代のフェーロー諸島定住地

ヴァイキング時代の定住地は，現在と同様，おもに島々の岸に沿った狭い外縁部に限られていた．しかし，シーリング（「夏の牧羊小屋」，「高地の放牧地」）を意味する「アルギ」という地名要素が分布しているので，夏になると羊の群れは高地の放牧地へ連れていかれ，農業人口の一部は季節的な小屋へ移動したものと思われる．ヴァイキング時代の居住地は（個別の農場も建物群も）かなり多くが調査され，最近では高地の農場もいくつか調査されている．しかしトフタネスをのぞいて，この時代には概して出土物は少ない．ヴァイキング時代の異教墓は2つのグループが知られているだけである．

北大西洋

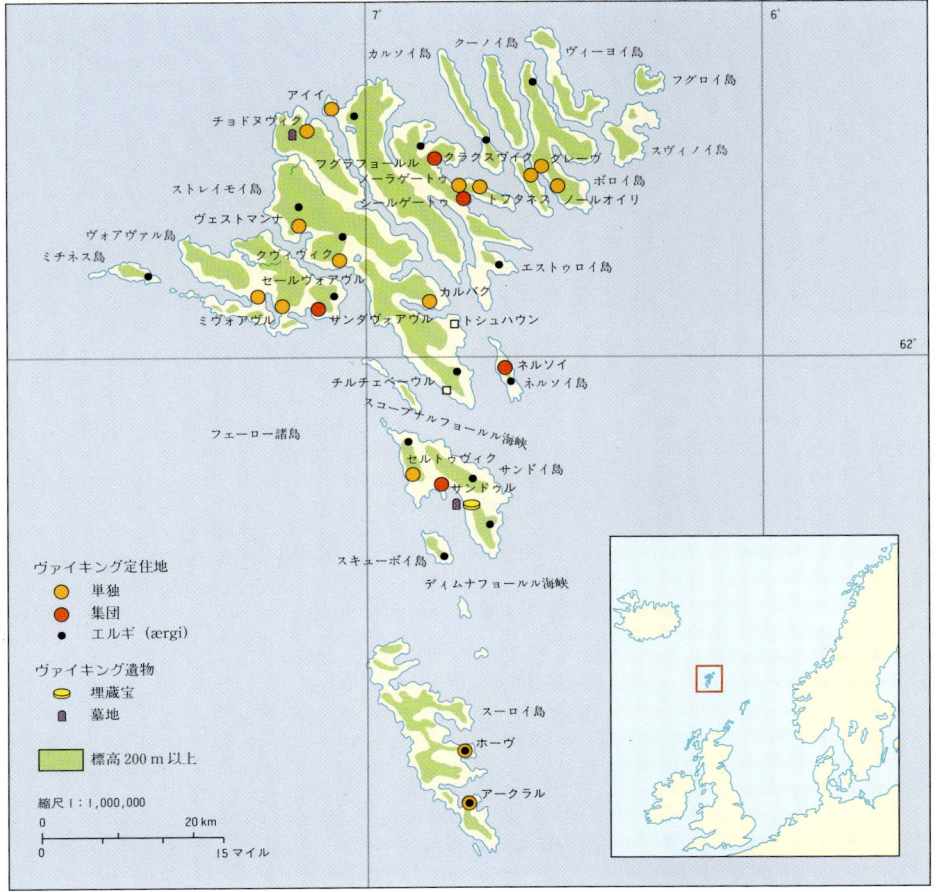

ルの記述を裏づける証拠はたいへん説得力をもつものとなろう．しかし考古学資料の現時点での理解からすれば，フェーロー諸島にヴァイキング時代の定住より古い定住跡の存在を主張することはできない．

『フェーロー諸島人のサガ』は，個々の植民者の名前と，かれらがそれぞれの島で定住した場所を伝えている．たとえば，スランドという人物はエイストゥロイ島のゴトゥに居を構えたという．いまではこの資料は全体として信憑性を疑問視されており，フェーロー諸島植民（土地占取）第1段階の正確なガイドとして使うわけにはいかない．しかしサガに名を挙げられている土地の分布は，現代の居住地分布と驚くほど重なるのである．もっとも海から険しく突き上げている島の急斜面のため建築に利用できる地域が制限されているから，それも不思議なことではないかもしれない．定住地域の重なっていることは，遺跡の位置確認のうえで考古学者を助けてくれるが，問題を生むこともある．自分の家や庭で発掘をさせたがる人間はめったにいないからである．

フェーロー諸島では16カ所ほどの北欧系遺跡が発掘されたが，ヴァイキングの植民初期の人工物が出土した遺跡はほとんどない．年代測定が可能な遺物のほとんどは11世紀のものである．最古の定住遺跡は10世紀末のもので，クヴィヴィクとフグラフョールルでみつかった．しかしながら，クヴィヴィクの遺跡は浜辺近くに建てられていて，その一部は波の浸食活動のため失われている．したがってもっと早い時期の定住跡が同じように破壊されてしまったのかもしれない，といわれている．

フェーロー諸島に現在みられるヴァイキング時代の遺跡のうち，クヴィヴィクの農場はもっとも保存状態がよい．それは厚い石と芝土の壁をもった高さ1mほどの頑丈なほぼ長方形の居住用建物で，中央に大きな炉があり，燃えさしを棄てる穴もある．この構造物の一方の端は海中に没して失われているが，現存する壁の1つには通用口が残っていて，横の小川にすぐ通じている．この建物のすぐ横に牛小屋がある．これもまた海の浸食のため原形は損なわれているが，そこでは1ダースほどの牛を石の牛房で飼うことができたはずである．屋根は芝土と樺の樹皮で作られていて，その残骸がみつかっている．これは，入植者たちがスカンディナヴィアから持ち込んだ屋根ふきの手法で，フェーロー諸島では近代になるまで一般に用いられつづけた．これら残存物の放射性炭素14年代測定から，この建物が植民時代の初期のものであることを確認できる．フェーロー諸島には木が自生しないから木材は輸入せねばならなかったにもかかわらず，この島々の家屋には，スカンディナヴィアと同じ工法で，すなわち木と石壁を用いて建てられているものもある．

クヴィヴィクとフグラフョールルのどちらでも，遺跡は現在の居住地域内にある．フグラフョールルの遺跡はクヴィヴィクのそれと似ているが，保存状態はそれほどよくない．エイストゥロイ島のレイルヴィク湾南に位置するトフタネスは，調査可能な面積がほかよりも広く，4つの建物が発掘調査された．そのいくつかは建て直された形跡がある．この重要な発掘のおかげで植民初期のフェーロー諸島の経済について，理解が大いに深まった．これは中央に炉がしつらえられた住居が1つ，貯蔵庫が1つ，さらに2つの構造物（おそらく1つは台所）からなる複合体である．そこから，全部で500点もの，例外的といってよい膨大な数の遺物が発見された．そのなかには（おそらくはスカンディナヴィアから持ち込まれた）せっけん石のボウル，ガラスのビーズ，片岩の砥石，保存状態のよい多数の木製品（ゲーム盤も含む）がある．木製品は特別な証拠能力を備えているので，もっとも興味深いも

167

北大西洋

下　ストレイモイ島のクヴィヴィクで発掘された，ヴァイキング時代のフェーロー農場は古典的な例となっている．それは全長20mほどの住居と，それと並行する冬用の牛小屋からなり，どちらも土と石の厚い壁をもっている．住居には隣接する川に抜ける通用口があり，また中央の炉は舗装されている．住居内側は木材で内張りされていたらしく，屋根は芝土とカバの樹の皮で作られ，2列の柱で支えられていた．出土品のなかにはモミの木を彫った牡馬の玩具がある（左）．その上はヤナギの木で作った玩具の舟で，べつのヴァイキング時代居住地，エイストゥロイ島のアルギスブレッカ出土．

のである．これらの木製品を炭素14年代測定にかけたところ，この遺跡は9，10世紀に使用されていたものであることが確認された．この農場で飼われていた動物はほとんど羊だった．フェーロー諸島ではいまでもそうである．しかし，牝牛と豚の骨も少々出土している．

トフタネスはあきらかにかなりの規模と重要性をもつ農場複合体だった．春と夏の何カ月か，家畜たちはこの種の農場から高地の放牧地すなわち山の牧場（シーリング）へ連れていかれる．ノルウェーで行われていたこの農業システムは，異国の山岳地域でもヴァイキング農民に好んで採用された．スコットランドとマン島でそれが行われていたことはすでにみたとおりである．マン島の場合，アルギ（ærgi）というケルト語の地名要素は，ヴァイキング時代にはそこが山の牧場であったことを示しているのだが，フェーロー諸島でもしばしばそうである．おそらくこのことは，グリーム・カンバンがたぶんそうだったように，最初期の植民者が西ブリテン諸島出身であったことを示している．最近の考古学的調査は，このような高地の農場に集中している．たとえばアルギスブレッカで出土した多数の家屋は，フェーロー諸島のほかのヴァイキング時代の建造物（芝土の壁で作られている）とは，造りが大きく異なっている．ここは一時的な夏用居住地で，主農場は最寄リの村であるアイイ村周辺にあったと考えられる．

最近，南のサンドイ島のサンドゥルで一群の異教墓が発見され，初期のヴァイキングに関する最新の証拠となった．現在のキリスト教会近くで行われた発掘では広範囲にわたる定住遺跡が発見され，そのなかには重要な一連の早期木造教会が含まれている．最古の木造教会からは11世紀の埋蔵貨幣がみつかった．この遺跡は低地の，水はけのよい地域を占めていて，より北の島々の，火山性玄武岩やテューファ（多孔質の炭酸石灰沈殿物）からなる急勾配の斜面とは非常に異なる．あきらかにこの地にはフェーロー諸島のどこの場所にも劣ら

ない長い定住の歴史がある．しかしヴァイキング時代の遺跡の著しい集中にもかかわらず，この場所は『フェーロー諸島人のサガ』には語られていない．

　サンドゥルで異教墓群が発見されるまで，フェーロー諸島のストレイモイ島最北端，チョドヌヴィクのヴァイキング墓群が事実上知られていた唯一のものであった．列石が目印となっている一群の墓は，ここの入り江の突端に土地が滑り込んでいるところで発見された．副葬品が非常に乏しいので，そこの被葬者は難破船の犠牲者だと考えられる．10世紀のアイルランド風の意匠をもつ簡素な青銅製リング付きピンが1本みつかった．それはヴァイキングのあいだではどこでも流行していたものなので，被葬者たちがいかなる文化に帰属しているかはあきらかである．ニューファンドランドからスカンディナヴィアにいたるリング付きピンの分布は，ヴァイキングの北大西洋入植地をつなぐ文化交渉のネットワークが存在したことの証である．

アイスランド－氷の国

　アイスランドは大西洋のただ中にあり，ノルウェー南西岸から約800マイル離れている．スカンディナヴィア本土からアイスランドまで，帆走して1週間から1カ月かかった．たとえシェトランド諸島やフェーロー諸島を中継点としても，旅は危険をはらんでいた．アイスランドの大部分を占める，人を寄せつけない景観は，火山と氷が生み出したものである．

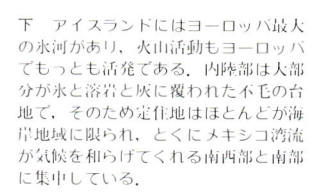

下　アイスランドにはヨーロッパ最大の氷河があり，火山活動もヨーロッパでもっとも活発である．内陸部は大部分が氷と溶岩と灰に覆われた不毛の台地で，そのため定住地はほとんどが海岸地域に限られ，とくにメキシコ湾流が気候を和らげてくれる南西部と南部に集中している．

北大西洋

溶岩台地と氷河が地表のほとんど4分の3を覆い,農業の可能な土地は狭い沿岸部と南部および南西部の峡谷に限られている.それにもかかわらず,860年ころよりヴァイキングの植民者たちが大挙してこの地に押し寄せ始めた.ただしアイスランドへの植民運動は,シェトランド諸島,オークニー諸島,フェーロー諸島などをヴァイキングの勢力圏に組みこんだ植民運動とはきわめて異なった状況下に起きたようである.ハーラル美髪王が苛酷な隷属を強いたので,ノルウェー自由農民の多くが西方の新天地に政治的自由を求めたのだ,とアイスランド中世の歴史家たちは信じていた.他の歴史家は,植民の原因は故国の土地不足だと主張している.しかしながら最初の植民者の一部がブリテン諸島やアイルランドからやってきたことは疑いない.この島についての最古の書かれた証言は,またもやディクイルが与えてくれる.真夜中の太陽も含め,自然現象記述は正確で,かれの依拠した目撃者証言が信頼できることを確信させるものである.

「30年前,2月1日から8月1日までかの島で暮らした僧侶たち (clelici) が,つぎのように話してくれた.夏至だけでなくその前後の日々にも,夕刻になると太陽は沈むのではあるが,ちょうど小さな丘のうしろに隠れたときのように,沈んでいるその最中にも闇は訪れず,人が何かしようと思えば,シャツのシラミ取りでさえ,まるで白昼であるかのようにそれを正確にすることができる.この島のまわりの海は凍結している,と書いている人々は誤りであるが……しかしそこから北へ1日の航海で,凍った海を見た」.

ディクイルのこの本も,ケルト人聖者(たとえば聖ブレンダン)の北方の放浪を語っているその他の文書も,ヴァイキングの到来に先んじること60-70年前に「テューレ」(ここではアイスランドのこと)には人が住んだという.しかしヴァイキング以前のアイスランドに人がいたことを考古学的に確証するものはない.アイスランド南東部には「パパ」系地名がいくつかあって大議論の種だったが,パーブエイ島で行われた最近の発掘でも,9世紀以前のものだとはっきり年代確

下 アイスランドの風景は変化に富んでいるが,なかでも間欠泉と温泉(その1つがこの写真にみえる)は印象的で,氷河の氷ときわだった対照をなしている.最古のヴァイキング定住地の1つレイキャヴィーク(「煙の立つ入り江」)は,島の南西部にあるたくさんの温泉からたつ蒸気にちなんで名付けられた.

右　12世紀のアイスランドで『ランドナーマボーク(土地占取の書)』と呼ばれる驚くべき書物が編纂された．それは9，10世紀の北欧人入植者とその家族，かれらはどこの出身で，島のどこに定住したか，について記している．それはこの国の起源と最初期の歴史について，はかりしれない貴重な情報を含んでいる．しかし現存しているのは，ほとんどが後世の写本で，書き換えられ肥大化している．右は17世紀末に書かれた版．

右下　長い鎖とペンダントがついた青銅の円形ブローチ．アイスランドではこれと同型のものがいくつか出土している．10世紀の北スカンディナヴィアでもっとも一般的な型．

認できる定住痕跡を捜し当てることはできなかった．ヴェストマンナ諸島におけるヴァイキング時代以前の人間活動を裏づけるものと，かつて思われていた遺物は，いまや全面的に疑われている．数基の異教墓から出土した小さな鐘は，ヴァイキングに先駆けてアイルランド人がアイスランドにいたことを示すものだ，とかつてはいわれた．しかし同じものがアイルランドにあったことが確認されないので，これもいまでは疑問視されている．この鐘は魔除けだったかもしれない．いずれにしてもフェーロー諸島の場合と同様，ヴァイキングがやってきた結果「パパ」たちは立ち去ったのである．

ヴァイキングのアイスランド到着は，「アイスランド史の父」というべきアリ・ソルギルスソンが12世紀初めに書いた『アイスランド人の書』(Íslendingabók)に叙述されている．しかしそこでは，アイスランドの発見者と信じられているスカンディナヴィア人たち—スウェーデン人ガルザル・スヴァーヴァルソン，ノルウェー人ナッドッドとフローキーには言及がない．かれらの名前が知られるのは2つの早期ラテン語史料，すなわち1170年ごろに書かれた『ノルウェー史』(Historia Norvegiae)と，1180年ごろの『ノルウェー王国古史』(Historia de antiquitate regum Norvagiensium)による．アイスランドの命名者はフローキーとされている．そこで過ごした最初の冬の厳しさと北部でみた流氷のためである．この話を含むいくつかの話からみて，本格的な植民時代以前に，アイスランドへの航海が何回か行われたかもしれない．植民(landnám)時代についてわれわれが知っていることは，おもに『植民の書』(Landnámabók,『土地占取の書』)を史料としている．そのオリジナルは12世紀前半にアリが他の人々と共同で編纂したもので，430人の植民者の名前と伝記およびどこに土地を占取したか(所有権を主張したか)の詳細を伝えている．したがってこれはまたとない史料あるいは史料複合体である．考古学者にとってはとくに初期の定住地がどこか確認する手助けとして非常に有効である．

『土地占取の書』によると，アイスランド最初の永住的植民者はインゴールヴという人物だった．かれは陸地を目にすると，ノルウェーの家からもってきた高座の彫刻をほどこした柱(複数)を海に投げ込んで，柱がどこに漂着するかを知ろうとしたという．それらの柱が流れついた場所を捜し出すのに2，3年かかったが，最終的にはアイスランド南西部のある地点でみつかった．そこは現在の島の首都レイキャヴィークで，「煙の立つ入り江」を意味しており，その名は付近の天然温泉からきている．旧市街の中心部で行われた発掘でヴァイキング時代の遺跡が出てきたが，その遺跡をインゴールヴの住んだ最初の農場と直接結びつける証拠は見つかっていない．

アリ・ソルギルスソンの伝えるところによると，アイスランド植民は870-930年の60年間で完了した．最初の植民者の多くは異教徒であり，りっぱな副葬品群を伴う墓が多数発見されているが，その数は初めの人口を代表するにはとうてい足りない．植民時代にアイスランドにやってきたのは2万人ほど，つづいて約6万人にまで人口増加したと見積もられているからである．よい土地はすっかりヴァイキング農民によって取り尽くされ，植民の主時期を過ぎてからやってきた者はやせた土地を取るしかなかった．そのような遅れてきた1

北大西洋

ステインク

下 ステインクの発掘で出土したこの半球状の鉢はこの地方の火山性凝灰岩でできている．この素材はこの地では，スカンディナヴィア本土で同形の鉢を作るのにとくに使用されたせっけん石よりも容易に手に入った．

　1939年，南アイスランドのショウルスアウ河谷のステインクで，ヴァイキング時代末期の小さな農場複合体が発掘された．ヘクラ火山が吹き出した火山灰層の下に埋もれていたのである．この火山灰層が，石の基礎の上に建てられた芝土の壁を非常によく保存していた．のちに行われた調査で，これらの建物のさらに下に，より早い2つの時期の居住跡が発見された．ステインクはこの地域のヴァイキング遺跡の1つで，『土地占取の書』に叙述されており，アイスランド植民の最初期までさかのぼるであろう．1974年，あたかもアイスランド植民千百年祭に，復原されたステインク農場の母屋が建てられた．遺跡とは少し離れているが交通の便はよい．

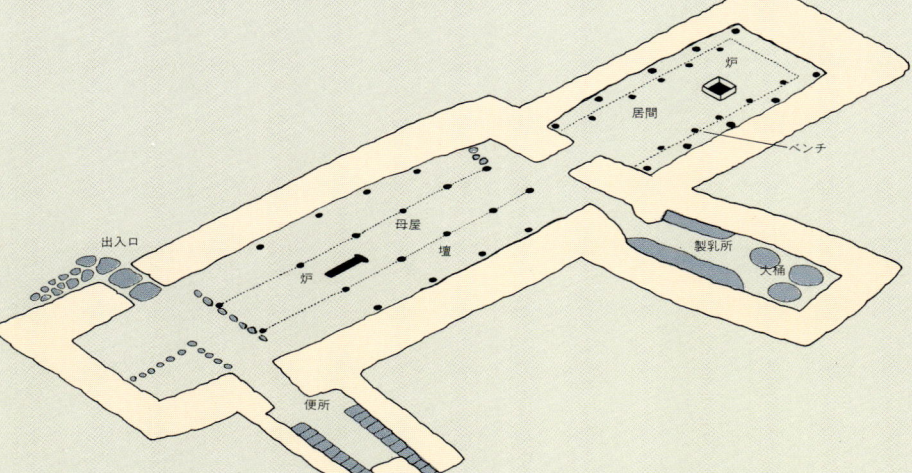

1939年に発掘されたステインクの農場複合体は母屋，牛を立たせておく牛房つきの独立した牛小屋，納屋らしきもの，およびこの地方の沼鉄を扱う鍛冶小屋からなる．流れのはやい川の近くに家畜用の囲いがある（左上の地図）．現在は溶岩と軽石が元の地勢を覆っているので，ヴァイキング時代にこの場所がどんな様子だったか想像するのは難しい．保護効果のある火山灰の層によって芝土と石の壁がたいへんよく保存されていたので，ステインクの母家を高い精度で復原することができた（左の写真）．外壁は，四角に切り出された芝土を，低い石の基礎の上にていねいに積み上げて作った．屋根を覆っていたのも芝土だった．壁と屋根には板材を内張りして断熱層としていた．母屋の内部（上）は2つのメインルームに分かれていて，おのおのに中央炉と就寝用ベンチがある．この保温性の高い配置は，アイスランドの中世後期の家屋にみられる．広間の片側にある2つの突出部は，従来の説では製乳所と便所とされていたが，最近の調査によると，2つのどちらかでは羊毛の処理が行われ，フリース（1枚刈りの羊毛皮）の下ごしらえのために尿が使われたようである．

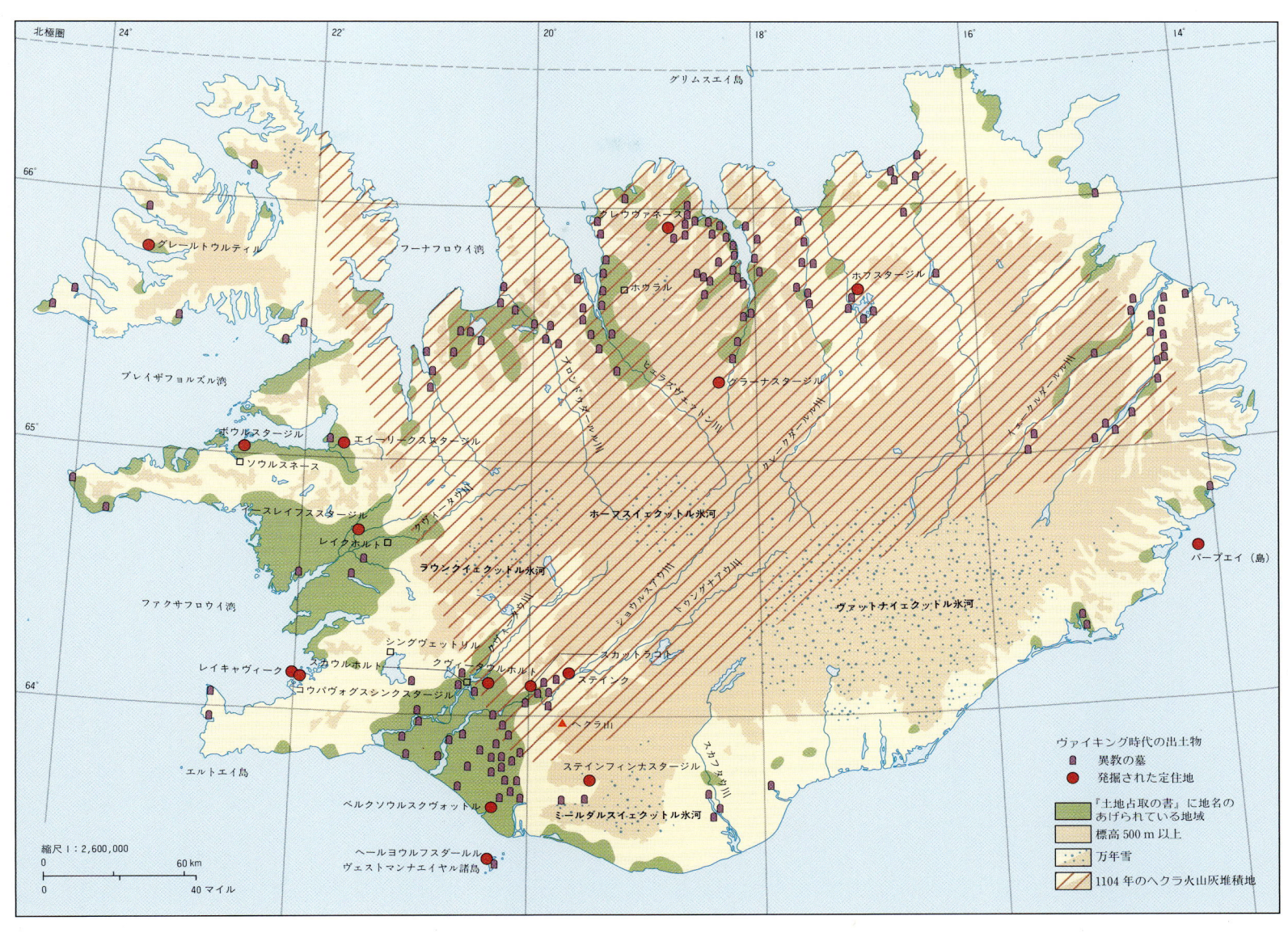

ヴァイキング時代のアイスランド定住地

『土地占取の書』に列挙されている．スカンディナヴィアからの植民者第1世代の土地占取を分析すると，かれらがもっとも集中していたのはこの島の南西部と西部の海岸に近い外縁部，それに北部の長い河谷沿いであった．ヴァイキング時代の墓や発掘された居住地の分布に示される考古学上の証拠も，このことと驚くほど合致する．ヴァイキング植民の初期には，ショウルスアウ川下流の谷にとくに居住密度が高かった．そのときにはまだ，中世のヘクラ山噴火のときにこの谷を埋めつくした火山灰の層はなかったのである．

人が，人を殺してノルウェーから政治的に追放された「赤毛の」エイリークである．

アイスランドの内陸部の大部分は氷か溶岩に覆われていて人が住めないので，北欧人の定住地は海をのぞむ外縁部と，とくに島の南西部にある幅の広い峡谷部に集中していた．かつては多くの人々が住んだショウルスアウ谷は，いまはアイスランド最大の火山の1つヘクラ山の噴き出したテフラ，すなわち火山灰の層に覆われた荒野である．ヘクラ火山はヴァイキング時代の末に活動期に入ったことが知られていて，ヴァイキング時代とその少しあとの農場がいくつか，一面の灰の下に埋まっている．テフラの各層が文献記録に現れる個々の噴火と同定されているので，多くの場合厄災の年代を特定できる．もっとも，この年代決定はかつて考えられていたほどには正確ではない．長いあいだこのような噴火のもっとも重大なものの1つは1104年にあり，この噴火が，1939年に初めて発掘されたステインクの農場（ショウルスアウ谷の北端）を放棄させたと考えられていた．しかし近年の再調査で，この場所は何回ものあいつぐ占取の時期のあることがあきらかになった．最初の発掘で出土し，利用が12, 13世紀までつづいた建物の下に，2つの構造物群が埋まっていた．最上部にある芝土の壁をもった構造物の1つの内部に，のちの噴火によるテフラの層が形成されているのが識別された．もともと1104年と考えられていた大災害は，実際には1世紀近くのちに起こったのかもしれないと現在ではいわれている．

ヴァイキングの定住地アイスランドのもっとも重要な特質の1つはアルシング，つまり司法上の総集会の設立だった．これは全島の自由人の青空集会で，毎夏2週間にわたって開催された．その開催地はシングヴェットリル（「集会の原」）と呼ばれた．アルシングの議長役は地方的首長（ゴジ）たちによって選出された「法の語り手」が務めた．アルシングには立法機関と告訴処理機関があった．アルシングの最初の集リは伝承上930年にあったとされており，この年は，いかなる種類の王権の支配からも自由な，独立の国民としてアイスランドが誕生した年とみなされていた．11世紀末に著述したブレーメンのアダムは記している．「アイスランド人の王は法である」．

アルシングは，入植地アイスランド全体にかかわるあらゆる重要な決定を下すための機関だった．たとえば1000年のアルシングでは，長い議論ののちキリスト教が公式に導入された．ただし異教の習慣を望む者は，内々にならば実行してもよいと規定された．アルシングの下の段階には地域シングがあって，地域の問題を決定し，苦情を聞くために定期的に開かれた．この1つにソールスネスのシングがあった．「赤毛の」エイリークは髪の色に似合った激しやすい気性で，殺人を犯し，980年ころこのシングでアイスランドから追放された．

グリーンランド

アイスランドから追放され，ノルウェーに帰ることもでき

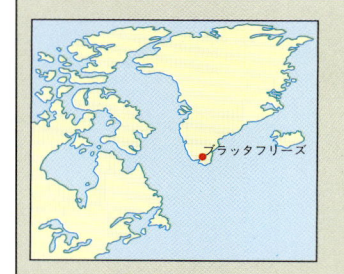

北大西洋

ブラッタフリーズ

エイリークスフィヨルドを見下ろす急斜面ブラッタフリーズこそ，10世紀末，赤毛のエイリークが農場を建てたところである．これがグリーンランド，東定住地の中心となった．今日イヌイット語でクアグッシアルッスク（「小さな奇妙な入り江」）と呼ばれ，3つの大きな農場複合体と1つの集会場（シング）の跡がいまもなおそこに見える．農場複合体の1つは一般には「赤毛のエイリークの農場」として知られるが，石の構造物の大部分は13，14世紀のもので，東定住地の存続した期間の末ころである．しかし考古学者は目に見えている廃墟の下から，もっと早い時期の建物群の跡を掘り出した．いっそう確実に同定できるのは芝土教会の遺跡で，エイリークの妻ショウズヒルズが，息子「幸運の」レイヴの勧めでキリスト教に改宗したあと建てたものである．

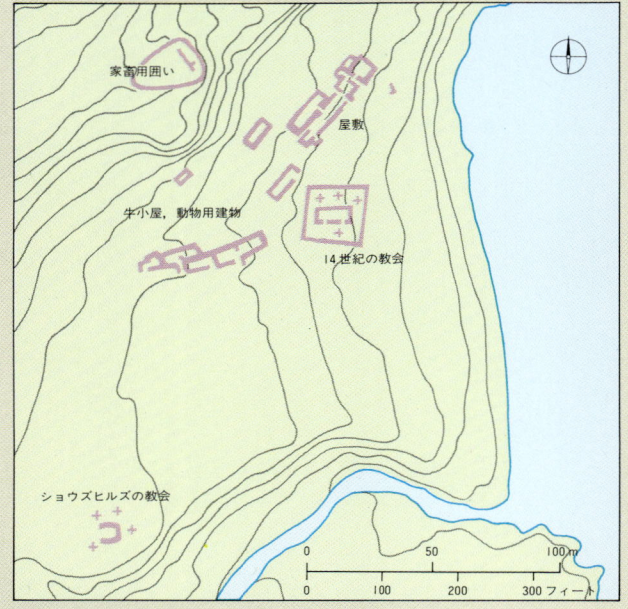

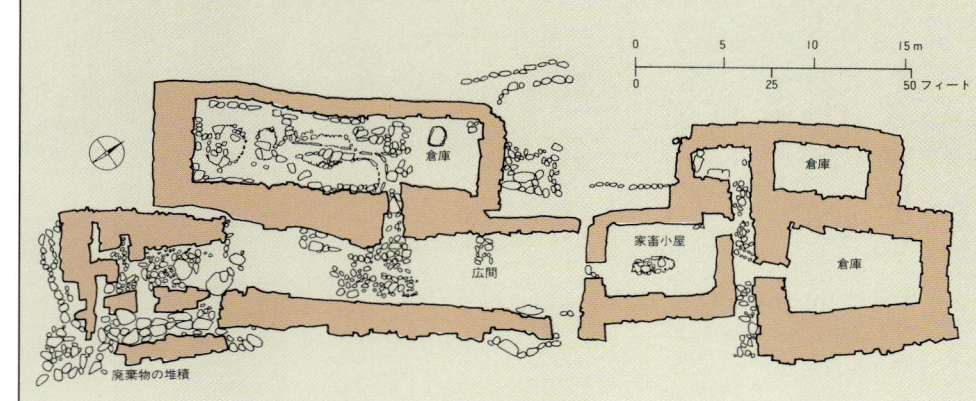

下　赤毛のエイリークの農場とされる芝土と石の建物の平面図．壁は新しいが，古い基礎の上に建てられている．厳しい気候に対処して，部屋は小さく壁は厚い．この建物のもっとも古い部分である広間の端に家畜小屋があり，ここからも追加的に暖気が得られた．

上　左図の屋敷を含む農場大複合体は，エイリークスフィヨルドを見下ろすブラッタフリーズの気持ちのいい斜面上に伸び拡がっていた．現在目にみえる建物群は何世紀もかかって建設されたものである．屋敷の隣にある教会はもっとも印象深いが，その現在の姿は14世紀のものである．この図に示されている他の建物は牛小屋，馬小屋，それに家畜用の囲いである．南の方，川のより近くに，中心居住地から離れてショウズヒルズが建てた芝土の教会の跡がある．

左　ヴァイキングのグリーンランドでは鉄は貴重品で，そのため道具は細心の注意を払って管理されたに違いない．羊毛刈り用のはさみを収めるこの木箱は西定住地のサンネスの家畜小屋でみつかった．

右　グリーンランドの内フィヨルド（外海から陸地にはいりこんだフィヨルドから，さらに折れ込んでいるフィヨルド）は北欧人入植者に，悪天候から守られた土地を与え，農業を可能にした．ヴァイキング時代の北大西洋地域は全体に比較的気候の温暖な時期にあたり，そこでの生活は当時の方がいまよりも容易だったし，それだけ植民の魅力があったのである．

ないエイリークは，さらに西へと航海した．それより60年ほど前のこと，グンビョルン・ウールヴ＝クラークソンという男がノルウェーからアイスランドへの途上で大嵐に会い，遠く航路から外れてしまった．ある土地が見えたが，上陸はしなかった．エイリークはこの無名の土地を求めたのである．航海は成功した．3年後，グリーンランドと名づけた土地の話をたずさえて，かれはアイスランドに戻った．戻ってきたのはかの地に新しい定住地を築く入植者を募るためで，サガによると，エイリークはより魅力的に響くようにとこの名をつけたという．これは史上最大の信用詐欺といわれているが，しかし現在，夏場にグリーンランドを訪れる者は，目に飛び込んでくる広大な緑の大地に衝撃を受ける．とくに南グリーンランドのフィヨルド沿岸部や内陸の谷の緑に．おそらくエ

イリークはアイスランドをちょっとけなしたのだ．かれがアイスランドで保持していたあわれな土地と比べれば，グリーンランドはふさわしい名を受け取ったといっていいかもしれない．

エイリークは十分な志願者を集め，25隻の遠征隊を組んだという．そして985年ころ，この船団はアイスランドからグリーンランドへと出帆した．このうち航海に成功したのは14隻だけだった．ファーヴェル岬をまわり，現在名でいうユリアナホープ湾にある，外海にさらされていないフィヨルドにたどりついた．そこには安全な停泊地，よい漁場，牧畜に向いた土地があった．ここに東定住地が建設された．エイリークは自分用にもっともよい土地を選んだ．エイリークスフィヨルド奥にあるブラッタフリーズのかれの農場は，入植地の

政治的中心となった．エイリークの最初の植民団の何人かは，さらに650kmほど海岸沿いに航海をつづけ，(これも現代の名で) ゴットホープスフィヨルドの入り海に到達した．かれらはここに西定住地を建設した．そこは東定住地よりはるかずっと北に位置している．書かれた史料によると東定住地には190以上の，西定住地には約90の農場があったという．この2つの定住地のあいだには，わずか20ほどの農場からなる，より小さなまとまりがあった．これは想像力豊かにも，中定住地と名付けられた．最近，グリーンランドのヴァイキング遺跡について，広範囲にわたる調査と発掘が行われた．その結果，これらの数字は控えめすぎることがわかった．東定住地だけでも450近い農場の跡が確認され，その多くがほぼ同時代のものと考えられている．

主要定住地域のどちらでも，北欧人の農場は気象条件が海岸部よりも厳しくない内フィヨルド (外海から入り込んでいるフィヨルドからさらに折れ曲がって内陸に入っているフィヨルド) の，荒海からよく保護された部分に集中していた．気象学者の意見によると，9-12世紀の北大西洋地域は全体として比較的温暖な気候で，現在では不毛な土地にも，飼料作物を栽培することができ，そのおかげで家畜を飼育し，屋内で越冬させることができた．しかしそれでも，グリーンランド定住地の状況は，とくにより北の西定住地では，厳しかったにちがいない．東定住地でのみヴァイキングの定住地は海岸近くまで拡がっており，ゆるやかに起伏した比較的低地の放牧地を入手できた．13世紀の『王の鏡』の著者は「グリーンランドには広くてすばらしい農場がある」と記しているが，これは東定住地についてならなんとか正確だったと思われる．

グリーンランドの北欧人定住遺跡から出土した動物の骨の研究やその他の証拠からみて，(グリーンランドでいまも飼育されている) 羊のほかにも，牛と山羊がふつうに飼われていた．このことは，現在これらの飼育が気候上困難であることを思えば，驚くべきことであろう．しかしながら東定住地の遺跡から出土したすべての骨のほぼ半分，そして西定住地出

上 ソールの鎚が彫られている機織り用の錘．エイリークの農場の納屋で出土，おそらく植民時代初期，つまり異教からキリスト教への移行期のものである．

左 ブラッタフリーズからエイリークスフィヨルドの水面ごしに見た景観．この水面は現在，10月から5月まで凍結する．グリーンランドで入植者が目にした風景には木がなく，そのため芝土と石で建物を建て，内張りには流木を用いた．

北大西洋

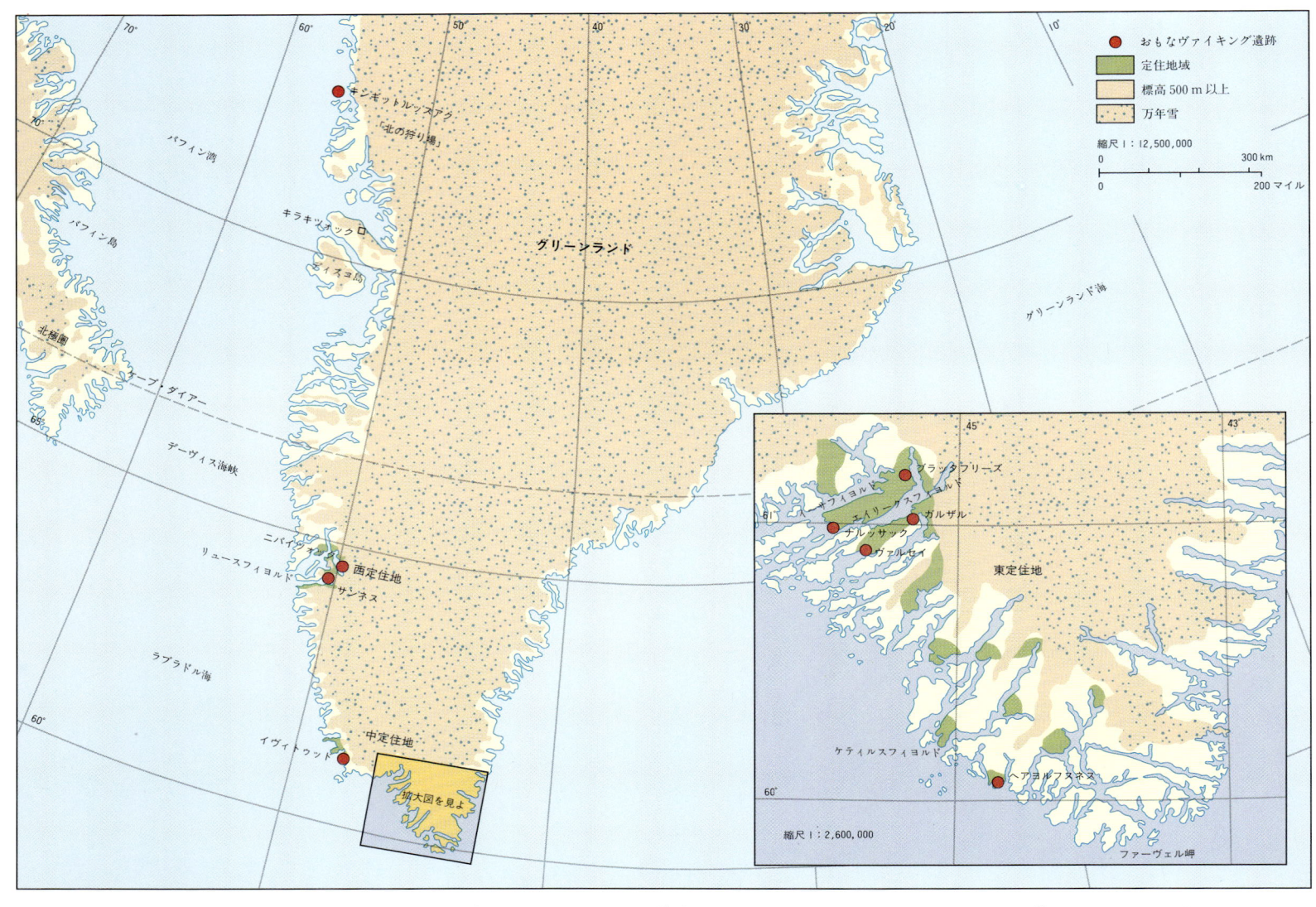

土の半分以上は、アザラシ、とくにタテゴトアザラシである。あきらかに北欧人の経済では、狩猟が非常に重要な役割を果たしていたのである。カリブーも捕殺され、その肉はヴァイキングの食卓でラム（子羊）を補ったことだろう。はるかな「北の狩り場」（ノルズルセタ）には常設の基地が置かれ、遠征が行われた。そこでは自然資源をめぐってヴァイキング定住者が先住のイヌイット狩猟採集民と競争を繰りひろげたことだろう。

グリーンランドでこれまで調査された遺跡のほとんどは後期北欧時代に属する。しかし、東定住地にあるナルッサック農場は、発掘の結果、植民時代初期に居住されたことがわかった。それはフェーロー諸島にある同時期の農場と似た、単純な構造物である。グリーンランドでもっとも有名な遺跡はブラッタフリーズにある。それは東定住地の、エイリークスフィヨルドを見下ろす気持ちのよい斜面にある。ここに「赤毛のエイリークの農場」といわれている建物と他の2つの農場群遺跡がある。しかしこれらの構造物はどれもエイリークの時代のものではない。定住初期段階の建物があるかもしれないが、その跡はほとんど目に見えない。この複合体の中心には立派な教会がある。これはもっと南にあった簡素な芝土の建物に代わったものである。エイリークの妻にちなんで「ショウズヒルズの教会」と名付けられたこの芝土の建物は、今日かろうじて識別できる。オーラヴ・トリュグヴァソン王から入植地に新しい信仰を導入する命をうけた息子のレイヴがノルウェーからグリーンランドに帰ってきたのち、ショウズヒルズはキリスト教に帰依し、自身と何人かの仲間のために小さな芝土の教会を建てさせた。しかし、エイリークは異教の信仰を捨てることを拒んだ。すると、ショウズヒルズはそれ以後かれとの同居を拒否し、サガ作者によると、「大いにかれを困らせた」。ブラッタフリーズの居住地は孤立していたのではない。広範な調査により、すぐ北のクォルドロルトック谷（エイリークスフィヨルドとイーサフィヨルドをつないでいる）の全長に沿って、多くの農場跡がみつかった。そのうちいくつかは付属教会をもっていた。

西定住地の奥まったフィヨルド地域にあるサンネスの居住跡は、12世紀以前に設置されたもので、近年、考古学者から非常に注目されている。それは一群の農場建築物で、きわめて頑丈な牛小屋2つと鍛冶小屋1つ、それに小さな教会を含むが、教会は現在フィヨルドに水没している。サンネスはあきらかにこの奥まったフィヨルドで、他のより小さな農場群を支配する領域的な権力をもっていたように思われる。土が永久凍土状態であるため、サンネスの遺跡はすばらしい保存状態で残っていた。アイスランド同様、農場建物は芝土と石で建てられている。壁の内側にときには板が張られる場合のあったことが残存木片から示される。壁はかなりの高さで残っている。この遺跡から出土した木製品（たとえば牛小屋の1つからみつかった羊の刈り込み用のはさみを納める鞘）は、このはるかな北欧系定住地でがまん強い農民たちが送っていた生活のありさまに、貴重な光を投げかけている。

ヴィーンランド植民

985年に赤毛のエイリークに率いられてグリーンランドに

ヴァイキング時代のグリーンランド定住地（上）
グリーンランドの長大な海岸線のほとんどは、外海から守られたフィヨルドが内陸に深く入り込んでいるところをのぞけば、人間を寄せつけない。北欧人入植者はそこで西岸沿いに、互いにかなりな距離をおいて3つの別個の定住地域を建設した。このうち最大の東定住地はエイリークスフィヨルド周辺に発展した。赤毛のエイリークが家族の家を建てたブラッタフリーズもここにある。12世紀初めに設置されたガルザル司教座も東定住地にあった。

ヴァイキングの北大西洋横断航路（右）
ヴァイキングはスカンディナヴィアから、オークニー、シェトランド、フェーローの各諸島、そしてアイスランドへと島伝いにしだいに西方へ拡がった。グリーンランドが初めて目撃されたのは、アイスランドをめざした船が風のため航路から外れたときだった。つづいて赤毛のエイリークが西へ航海し、この新しい土地を確認した。そしてまもなく植民が行われた。東定住地のヘルヨールヴスネス（現在のヘアヨルフスネス）のビャルニ・ヘルヨールヴスソンは北アメリカを目にしたおそらく最初のヨーロッパ人である。この場合もまた、かれの船は風に流されたのだった。そしてビャルニの航跡を逆にたどってヴィーンランドを発見したのがエイリークの息子レイヴだった。のちにソルフィン・カルルセヴニがそこに入植地を建設したが、この植民地は短命に終わった。

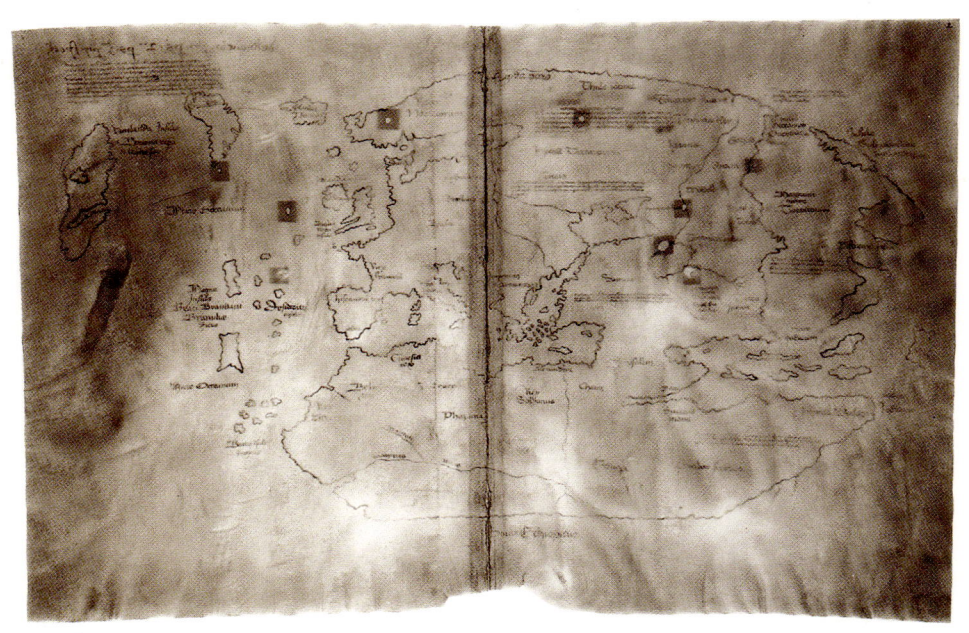

上 「ヴィーンランド地図」はペンとインクで描かれた世界地図で，15世紀の制作といわれる．しかしその真贋については激しい議論が交わされてきた．それはグリーンランドを島として非常に正確に描き，またビャルニとレイヴによるヴィーンランド発見を記録しているが，現在ではこの地図は20世紀初頭の贋作であるとする説が強い．

向かった最初の移住者のなかに，ビャルニ・ヘルヨールヴスソンの両親がいた．ビャルニは同年遅れて，両親に合流すべく積み荷をもってアイスランドから船出したが，風のせいで船は航路を外れてしまった．大洋を横切って西に流され，ついに木に覆われた平坦な陸地が見えた．その土地をかれはマルクランド（「森の国」）と名づけた．ビャルニは上陸せず，海岸伝いに北上し，岩がむき出しの山がちの陸地ヘッルランド（「平石の国」）の脇を過ぎ，それから東へ向かってグリーンランドに達した．

おそらくビャルニは北アメリカを目にした最初の北欧人だった．最初のアメリカ上陸は，10〜15年ほどのち，赤毛のエイリークの息子，「幸運の」レイヴによって成し遂げられた．『エイリークのサガ』によると，かれはビャルニの旅を逆にたどった．東定住地から出発し，西定住地を過ぎ，グリーンランドの岸伝いに北上し，ディスコ島に達した．そこからデーヴィス海峡を横切ってヘッルランド（現在のバフィン島とされる）につき当たった．そこから南へ向かい，ラブラドル（マルクランド）の海岸を見つけた．そこにはビャルニが話したとおり森があった．それからさらに2日間航海をつづけ，南西の陸地の岬に達した．そこに自生している野ブドウあるいはベリーにちなんで，かれはそこをヴィーンランド（「ブドウの国」）と名付けた．レイヴとその一行は上陸し，その冬をそこで過ごしてからグリーンランドに戻った．

ヴァイキングが到達したのは北アメリカ大陸の本土でなくニューファンドランド島だったということは，いまでは広く受け入れられている．サガによると，ここに北欧人の定住地を作る試みがなされたのは一度だけではなかった．実際すぐ翌年に，レイヴの兄弟ソルヴァルドがヴィーンランドへの遠征隊を率いた．しかしアメリカ先住民の一団と衝突し，かれは矢に倒れた．数年後，ソルフィン・カルルセヴニが60〜160人からなる定住地を設立したといわれる．しかしこれは3年ほどしかつづかなかったらしい．ヴァイキングがやや侮蔑的にスクレーリングと呼んだ先住民の絶えざる敵意がこの失敗の一因であったことは疑いないが，グリーンランドの根拠地との補給線も伸びすぎていたと思われる．

比較的最近まで，ヴァイキングは北アメリカにいたことの物的証拠を残していない，と思われていた．そこへ1965年，ある1枚の地図が発見されて衝撃を呼んだ．それは一見して15世紀のものと思われ，ヴィーンランドという陸地がグリーンランド島の西に描かれていた．これはヴァイキングの旅人が用いた古い海図から写されたものに違いなく，かれらが北

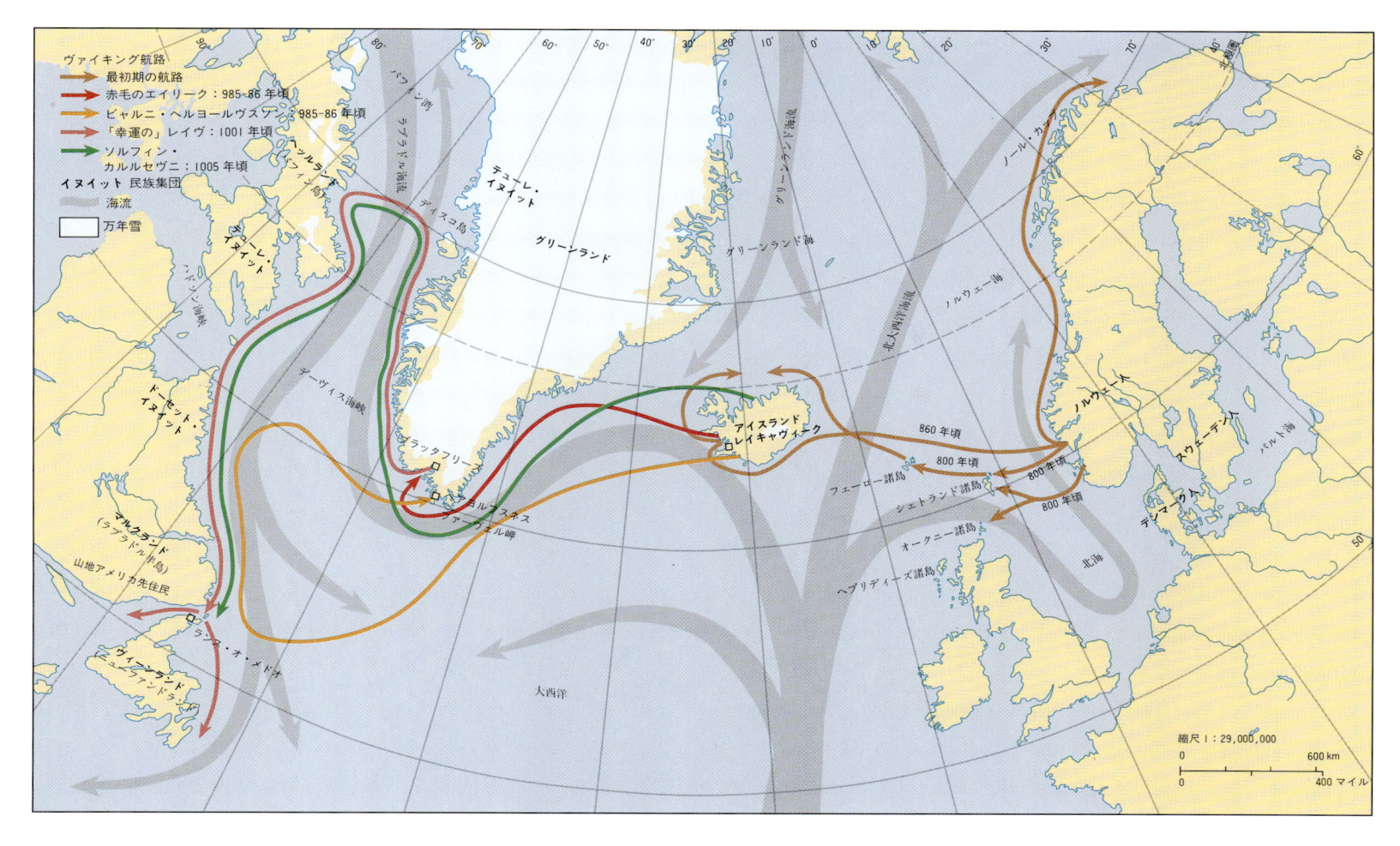

北大西洋

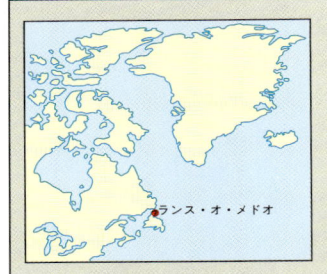

ランス・オ・メドオ

ランス・オ・メドオのヴァイキング定住地は，ニューファンドランド島最北端に位置する．これは北米にヴァイキングがいたことを示す唯一の現存証拠である．この遺跡の確認は1960年代初めのことであるが，この発見物語自体，現代のサガというべきである．「幸運のレイヴ」のヴィーンランド発見物語の背景には真実があるに違いない．このことをあきらかにしようとしていたノルウェーの探検家ヘルゲ・イングスタは，通常の帆走条件なら，グリーンランドから船はニューファンドランド海岸のこの地点に運ばれるはずだと確信するに至った．この地方の伝承は，エパーヴ湾のブラック・ダック川脇のこの場所に，かつて建物群があったという記憶を伝えていた．調査の結果，芝土で作った建物の基礎が多数発見された．それらは誤解の余地なく，グリーンランドとアイスランドの北欧人の建物に類似していた．

右　遺跡の眺め．エパーヴ湾越しに北を望む．写真の右方，バスの左にある柵囲いの中に，最大の北欧人家屋の輪郭がみえる．ヘッルランド（バフィン島）の荒涼とした海岸やマルクランド（ラブラドル）の森林に沿って旅をしてきたあとでは，このランス・オ・メドオの地は北欧の船乗りに居心地のよいものに思われたに違いない．しかしこの地方のアメリカ先住民による敵対行為が，入植地の短命に終わった理由の1つかもしれない．

178

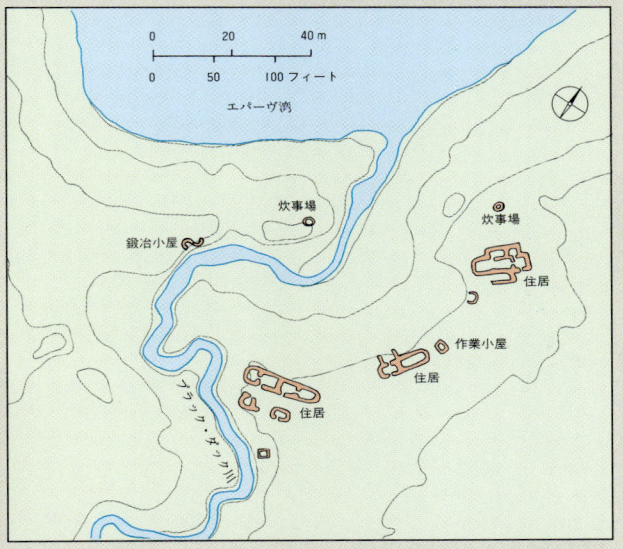

アメリカに到達したことの明白な証拠（それが必要だとして）となるものだ，と論じられた．しかし多くの専門家たちはこの地図が本物かどうか疑った．グリーンランドが島として描かれている地図は15世紀には他に知られていないからである．鑑定が繰り返され，インクの顔料は19世紀末を過ぎるまで使用されなかったもののようであるという結果がでた．いまでは広く，この地図は20世紀の捏造品であるとみなされている．

ヴィーンランド地図が引き起こした興奮とその後の論争のため，そのとき行われていた考古学的事業は注目を浴びなかった．しかしこの発掘こそが，ニューファンドランドにヴァイキングがいたことを反論の余地なく証明したのである．1960年代，ノルウェー人ヘルゲ・イングスタは，考古学者である妻と協力して，ニューファンドランド北岬の先端，ランス・オ・メドオ遺跡の発掘を始めた．何期にもわたる発掘の末，浅い入り江に面して小さな建造物群が発見された．建物は石と芝土で作られ，淡水の川に沿って円弧をなしている．炭素14年代測定は，この遺跡がヴァイキング時代に居住されたことを示した．出土物に占める圧倒的な割合（青銅製リング付きピンを含む，少なからぬ北欧の手工業製品）は，そこが北欧人の居住地であったことを物語っていた．鉄の精錬と鍛冶仕事，とくにボートの修理に欠かせない鉄のリベット製作が，ここで行われていた．この地域のアメリカ先住諸集団は，10世紀末から11世紀には金属を用いていなかった．建造物も大きさ，様式，構造の点で先住民のものとは異なっていた．

しかしここがヴィーンランド，野ブドウの国，だったのだろうか．いまよりも温暖だった10, 11世紀の気候条件のもとであっても，この北緯でブドウの自生がみられたということはたしかにありそうもない．ほんの少し南の地域ならあったかもしれないが．もっとも，「ヴィーンランド」のヴィーンとは，そもそもブドウ（といってもなんらかのベリー類）のことなのか，あるいはまるで違った意味をもっているのではないのか，という議論がある．もっと南のメイン州で，ノルウェーのオーラヴ・キュレ王（1066-93年）の銀貨が1枚単独で発見されているが，それもヴィーンランドの地を確認するには，たいして役立つものではない．北アメリカの北極圏でみつかったヴァイキングの人工物と同じように，銀貨は先住民の遺跡で発見された．これはその地に北欧人が定住したことよりも，交易活動を示唆するものである．いちばんありそうな仮説は，ランス・オ・メドオはヴィーンランドへの「出入口」として機能したというものであるが，ヴィーンランド自体のより正確な位置決定には北アメリカでヴァイキングの遺物がもっと発掘され，またそれらが本物であると証明される必要がある．

ランス・オ・メドオの遺跡が，北アメリカにほんとうにヴァイキングのいたことを証明する唯一の証拠にとどまるかどうかにかかわらず，ヴィーンランドの入植地はあきらかに小規模で短命だった．アメリカ先住民と良好な関係を結ぶことができず，また重要な補給線が悪天候によってきわめて簡単に切断されたので，このヴァイキング世界のさいはてに生きる入植者にとって，生存はたえず不安定なものになっていったに違いない．たとえかれらの定住地が飢饉や戦争で蹂躙されたのではなかったとしても，比較的安全なグリーンランドへの撤退こそが救いであったことは容易に想像される．わずかな可能性だが，北欧人社会が先住民人口のなかに吸収されたかもしれない．しかしこの場合かれら固有の物質文化は，考古学的な遺物に跡をとどめず，すみやかに衰退したであろう．

左　ランス・オ・メドオの建物のいくつかが，ここで行われた発掘から得られた証拠に基づき，定住地跡の近くに再建されている．家の壁を作り屋根を覆うのに使われた四角い芝土は，分析によると，この場所から切り出された．扉の上の横木や扉本体はおそらく流木で作られた．この浜辺には流木が豊富だったに違いない．ちなみに，湾の名エパーヴ（フランス語）は「漂流物が打ち寄せるところ」を意味する．家屋内には中央炉と壁沿いのベンチの跡があり，このことは他地域のヴァイキング建造物との同一性を最終的に確証するものである．

上　ランス・オ・メドオのヴァイキングは小さな湿地の入り江を居住地に選び，小川の片側に住居と作業小屋を，対岸に鍛冶小屋を建てた．最大の家屋では2つの広間が隣接している．これはグリーンランドの北欧人住居の典型で，保温性を高くするための「折り返し法」という配置法である．

上　長さ7cmのこの簡素な青銅製リング付きピンはこの遺跡のもっとも重要な出土物の1つである．これは北欧産で，ヴァイキング世界の西半部ならどこにでもみられる型である．

ヴァイキングの航海

　4万年以上ものあいだ，人類は世界の海を渡って探検し，植民し，交易し，襲撃してきた．最初期の航海は沿岸と島間で，視野にはいつも陸地があった．この場合にはパイロット技術は肉眼によった．船乗りは，識別しやすい断崖，河口，海に突出した岬などの陸上の目印によって，あるいは浅瀬や岩礁などの沿岸の海の目印によって，自分の位置を確認した．しかし紀元前1000年ころ，航海は，陸地の見えない大洋を横切るようになった．磁器観測儀も海図もその他の計器もなく，これら初期の航海者は環境航法によって，目印のない海をゆく道を探した．舵の方向と航行速度の計算に基づいたある種の推測航法が用いられた．方向は太陽と星，風と波の方向から計算された．さまざまな状況のもとで船がどのように動くかについて知識が代々蓄えられ，個人的にも体験をつみ，その結果速度計算が可能になった．さらにこれら初期の航海者は，天候が変わる兆候，風の変化，水平線の向こうに陸地のある証拠を，注意深く見張った．こうした簡単な外洋航海の経験的な方法は，多くの海洋文明によって数千年にわたって広く用いられた．すなわち古代中国人，地中海のフェニキア人とギリシア人，そしてヴァイキングによって．この計器を用いない技術は，12世紀に磁気羅針盤が導入されるまで一般的だった，とふつう考えられている．しかしいまでは，インド洋のアラブ人船乗りは9，10世紀には簡単な木の竿または盤（カマル）を使って北極星の高度を測定したのではないかと考えられている．北極星の高度は観測者の位置する緯度しだいであるから，これがわかれば一種の緯度航法をとることができるようになり，航海術の問題は非常に簡単になる．

　ある学者たちはヴァイキングも大西洋航海に緯度航法を使ったと考えているが，その場合アラブのカマルのような簡単な計器をもっていたのか，それとも北極星の高度を肉眼で精密に計ったのかはわからない．最近船長セアン・ティアシュロンとデンマークの考古学者C・L・ヴェーベクの提起した説によると，ヴァイキングは簡単な太陽観測儀をもっていたのではないかという．太陽が天空上をほぼ東からほぼ西へと横切る外見上の行路は，観測者の位置する緯度と季節によって異なる．緯度にも季節にも関係なく固定された方角はただひとつ，毎正午に軌道がもっとも高くなる点（天頂）に太陽が達したときの方角である．この方角が南である．太陽が南中していないときの方角を計ることは簡単ではないが，航海が緯度をほとんど変えずに数日間つづけば，航海前に陸上で太陽の動きを記憶しておくことによって，計測は許容誤差内でなされうる．ティアシュロンとヴェーベクは，ヴァイキングの太陽観測儀はこれよりはるかに正確な方角測定（誤差はおそらく±5°）を可能にしたと示唆している．

右　ヴァイキングは太陽コンパスをもっていた．その証拠がこの割れた木の円盤で，1000年ころにトウヒあるいはカラマツ材で作られた．それは1946-48年，C・L・ヴェーベクがグリーンランド東定住地のウウナルトク・フィヨルド近くの北欧人遺跡で発見したものである．発見の数年後，C・V・セルヴェア船長は，盤上に刻まれた2本の線が，指柱曲線，つまり日の出から日の入りのあいだに指柱（日時計の盤上にある短い木の棒あるいは円錐）が投げかける影の先端をなぞった線と，一致することに気づいた．この曲線は緯度と季節にしたがって変化する．木の半円盤に刻まれていた2本の線（直線と曲線）は春・秋分と夏至のときに太陽の通る道と一致することがわかった．

下　もともとこの物体は直径7cmほどの完全な円を描く木盤だったであろう．周辺をぐるりと囲んでいるぎざぎざは32方位を示し，円盤の中心から指柱が垂直に影を落とした．船が向いている方角を知るためには，指柱の影の先がしかるべき曲線にちょうど重なるところまで円盤を回せば，ぎざぎざが方位を教えてくれる．

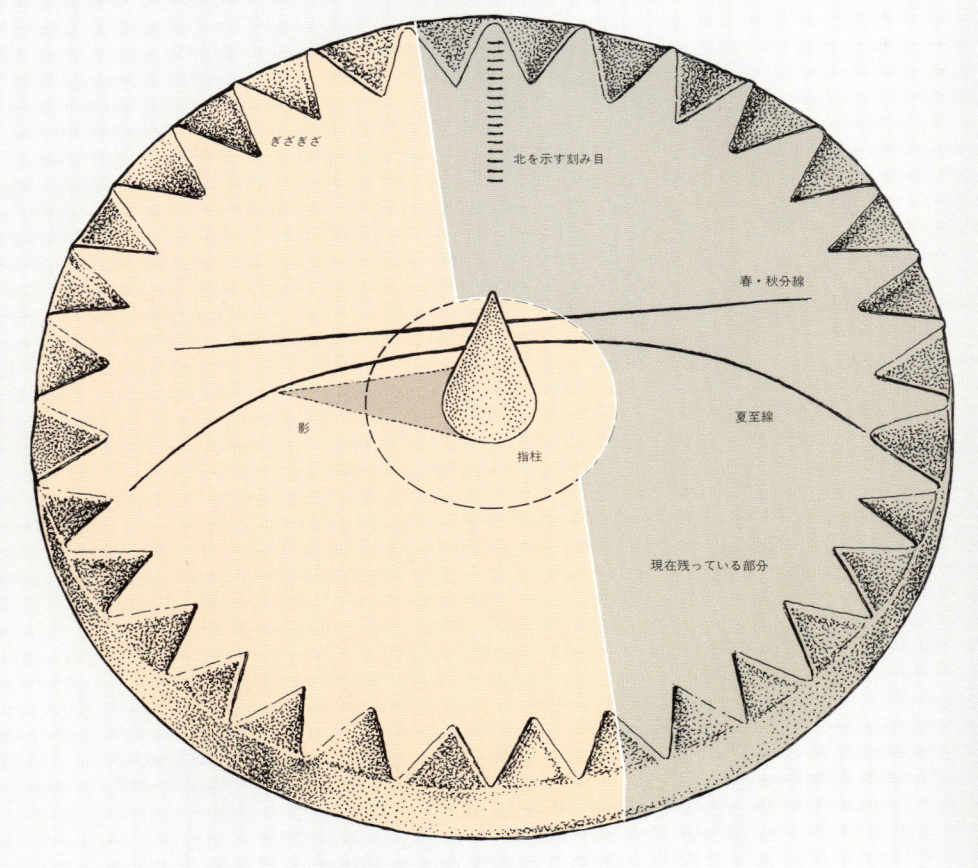

北大西洋

右 北緯60度用の指柱曲線.ヴァイキング航海者がとった航路はそのくらいの緯度であろう.南北の照準は,指柱から各曲線への最短距離,つまり正午に影がもっとも短くなるところへ線を引くと得られる.

右端 三角形のせっけん石にある描線は指柱曲線に似ている.これもやはり東定住地の,ヴァトナヴェルヴィでみつかった.穴には指柱を立てることができたであろう.この物体も太陽コンパスだったと思われる.

下 サガ・シグラー号はスクレレウ出土船の1つの現代複製である.1984年,北大西洋を横断帆走し,このとき,ウウナルトクでみつかったものと似た太陽コンパスを用いて,いくつもの試験に成功した.

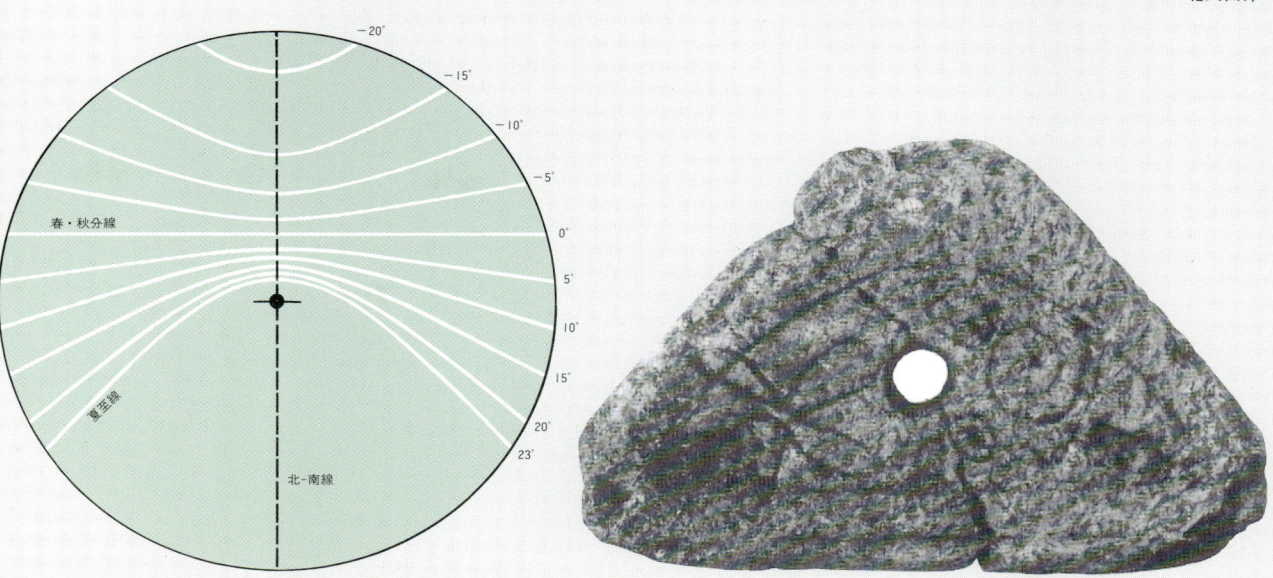

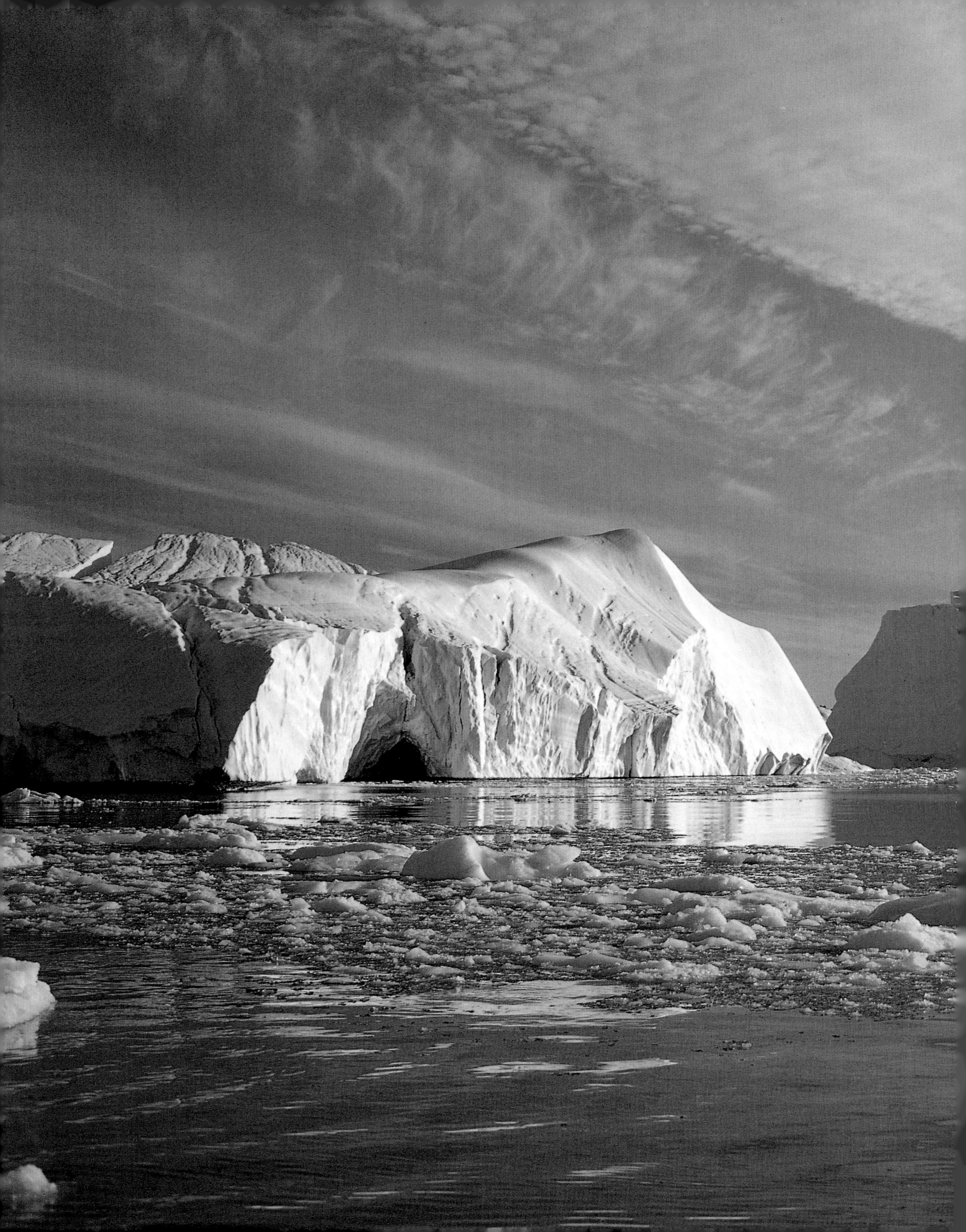

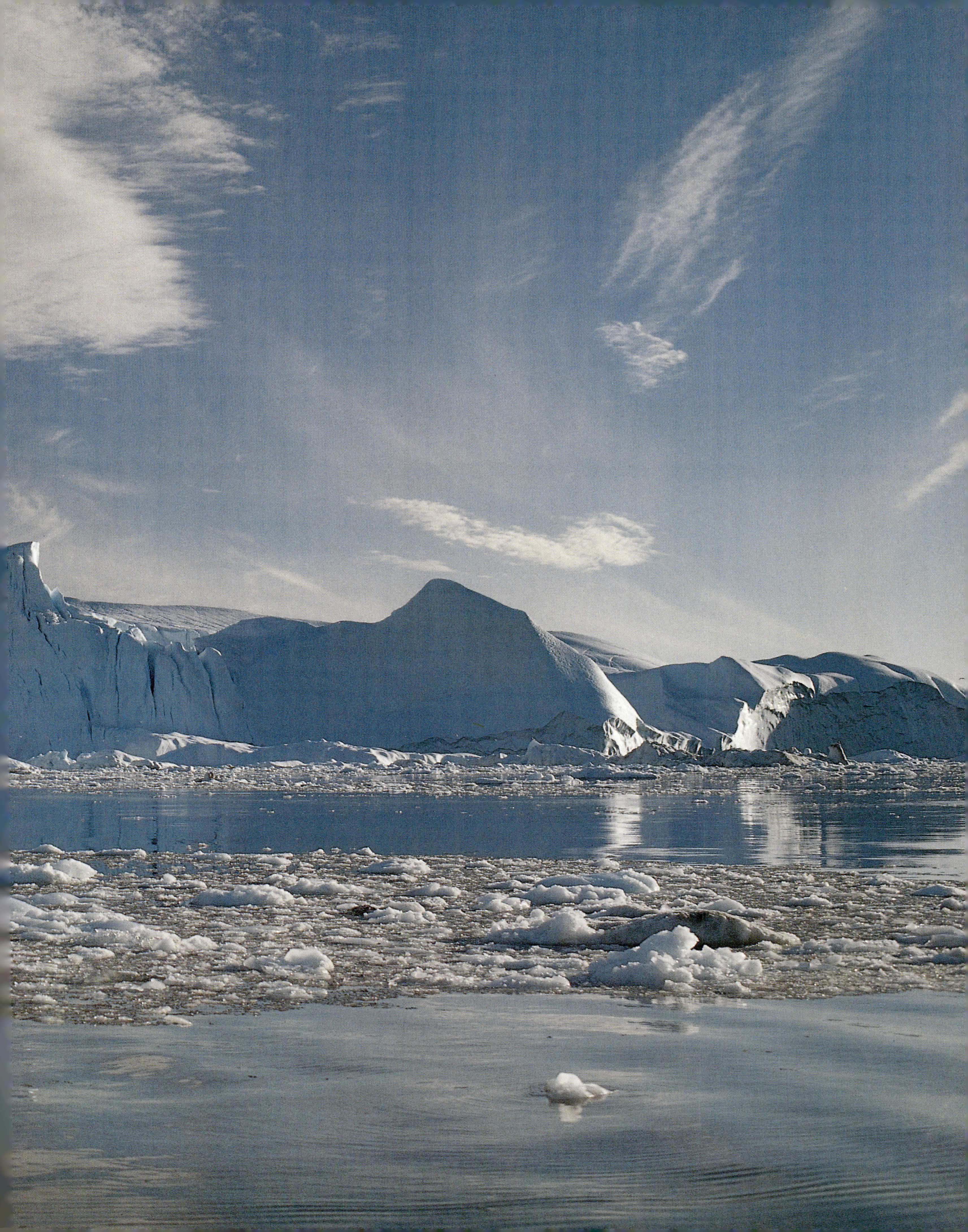

ロシアと東方世界

　これまでに考察してきたヴァイキングの海外への拡大は西方に限られていた．この方角へと船を漕ぎ出したスカンディナヴィア人は主としてノルウェーとデンマークの出身だったが，地理的な位置と，かれらがずっと昔から西方との文化的接触を志向していたことを考えればごく当然のことである．9世紀から11世紀にかけてスウェーデンのヴァイキングも遠距離をつき進んだが，かれらが目を向けたのは当然のことながら東方であり，そこで非常に違った諸文化と遭遇した．南・東バルト地方（現在のドイツ東部，ポーランド，リトアニア，ラトヴィア，エストニアがある地域）のスラヴ人の国々を越え，フィンランド湾を通ってヴォルホフーロヴァトードニエブルの水系およびヴォルガというロシアの大河川網を南へ東へと旅し，かれらは豊かな国々，ビザンツ帝国とアラブのアッバース・カリフ国へ至った．そこからは，インド，中国にまで延びる古い商業路と接触することができた．

東バルト地方のスウェーデン人

　バルト海の南・東岸に住んでいた異教のスラヴ人諸部族は当時，より大きな民族的集団に統合されつつあった．その過程はだいたいスカンディナヴィアで進行していたことに近い．西スラヴ人諸部族－現在のドイツ東部地域にいたオボトリト人，ヴィルツイ人，ルギエリ（リューゲン）人，ポーランド西部にいたヴォリン人，ポモジャンカ（ポンメルン）人を含む－は多くの沿岸定住地をもち，バルト海商業圏内で非常に重要な役割を果たしていた．かれらのことは，東スカンディナヴィアやもっと遠い国の商人（そのなかにはアラブ人もいた）によく知られていた．アラブ人は時折はるばると北方へ政治使節や商業使節を送った．こうした定住地の多くが考古学的に発掘され，南バルト地方のリューゲン島にあるアルコナとラルスヴィークではとくに重要な発見がなされた．この島はルギエリ人の中心地で，大交易中心地，砦，およびスラヴ人地域で最大の異教神殿の1つが出土した．

　そのほかメンツリン，ロストック，メクレンブルク，ホルシュタイン州のオルデンブルク（以上ドイツ），ヴォリン，トルソ，コウォブジェク（以上ポーランド）の沿岸商業中心地は，東スカンディナヴィアおよびゴットランドの商業中心地と類似した性質をもっている．考古学者は，たとえばオーデル河口島ヴォリンで，保存状態のよい水辺の都市跡を発掘した．木の家屋と通りが防護柵つきの土塁に囲まれているのであるが，これは同時代のヴァイキング都市ヘーゼビューとビルカにきわめてよく似ている．建物には多様な手工業活動の跡が残っており，そのなかにはバルト地方産の琥珀に彫られたとくにみごとな品も含まれている．ヴォリンはスラヴ人の信仰崇拝の中心地でもあり，念入りに作られた神殿が発掘されている．この神殿は，年輪年代測定法によれば966年ころ建てられた．スカンディナヴィア人はヴォリンを「ヨームスボルグ」という名で知っていた．10世紀のヴォリンは，ヴァイキングの半ば伝説的な戦士結社（サガではヨームスヴァイキングと呼ばれている）の根拠地だったかもしれない．これらバルト地域の商業中心地のいくつかには，スカンディナヴィアの商人が永住していたようである．東ドイツのベーネ河畔，メンツリンの町はずれで多数のヴァイキングの墓が発掘されている．スカンディナヴィア人戦士の精鋭集団がこの川の片岸に常駐し，この町の出入りを支配していた可能性がある．

　ヴァイキングにとって，これら西スラヴ人の商業中心地の意義は，それらが交易の大動脈であるオーデル川とヴィスツラ川の河口に近いことにあった．これらの川はドナウ川を介して黒海とビザンチウム（中世のコンスタンチノーブル，現在のイスタンブール）に，したがってビザンツ帝国の富につながっていた．このルートに分布する陸上運搬路（川と川の切れ目を陸上運搬するための道）はきわめて通過困難だった．スウェーデン系ヴァイキングの多くは，コンスタンチノーブルに旅するのに，フィンランド湾を通るもっと東よりの経路を選んだ．この道に沿って，東ポーランドのドルズノ，カリーニングラード海岸のカウブ，ラトヴィアのグロビナ，エストニアのタリンといった場所に，東スラヴ人が支配する小規模な沿岸交易中心地があるが，スウェーデン人はそれらの建設に手を貸したことであろう．ついでかれらはネヴァ川を商船でさかのぼり，ラドガ湖，ヴォルホフ河口に至った．ここからは南に転じてイルメニ湖畔のノヴゴロドへ向かい，そこからロヴァトードニエブル水系に入った．道は黒海とコンスタンチノーブルにつづいていた．

右　スウェーデン出土の三日月形イヤリング．ただしヴァイキング時代のこの型は，スカンディナヴィアのファッションというよりもスラヴのそれであった．中央の三日月形ペンダントも同じ．このタイプは主として西ロシアで製作されたが，ポーランドでも作られた可能性がある．

下　銀の飾り金具と4個の透かし細工の飾り房．スウェーデン，ビルカの10世紀の墓から．男の頭付近に見つかった．帽子に取りつけられていたが，帽子の少なくとも一部は絹製である．円錐形の金具を飾っている幾何学的な粒立て細工は，キエフ・ルーシ型の銀細工に特徴的なもので，この高い地位を表す帽子はドニエブル地域で製作されたのであろう．このような帽子はルーシ支配者の親衛隊に勤務した報奨ではないかと考えられている．

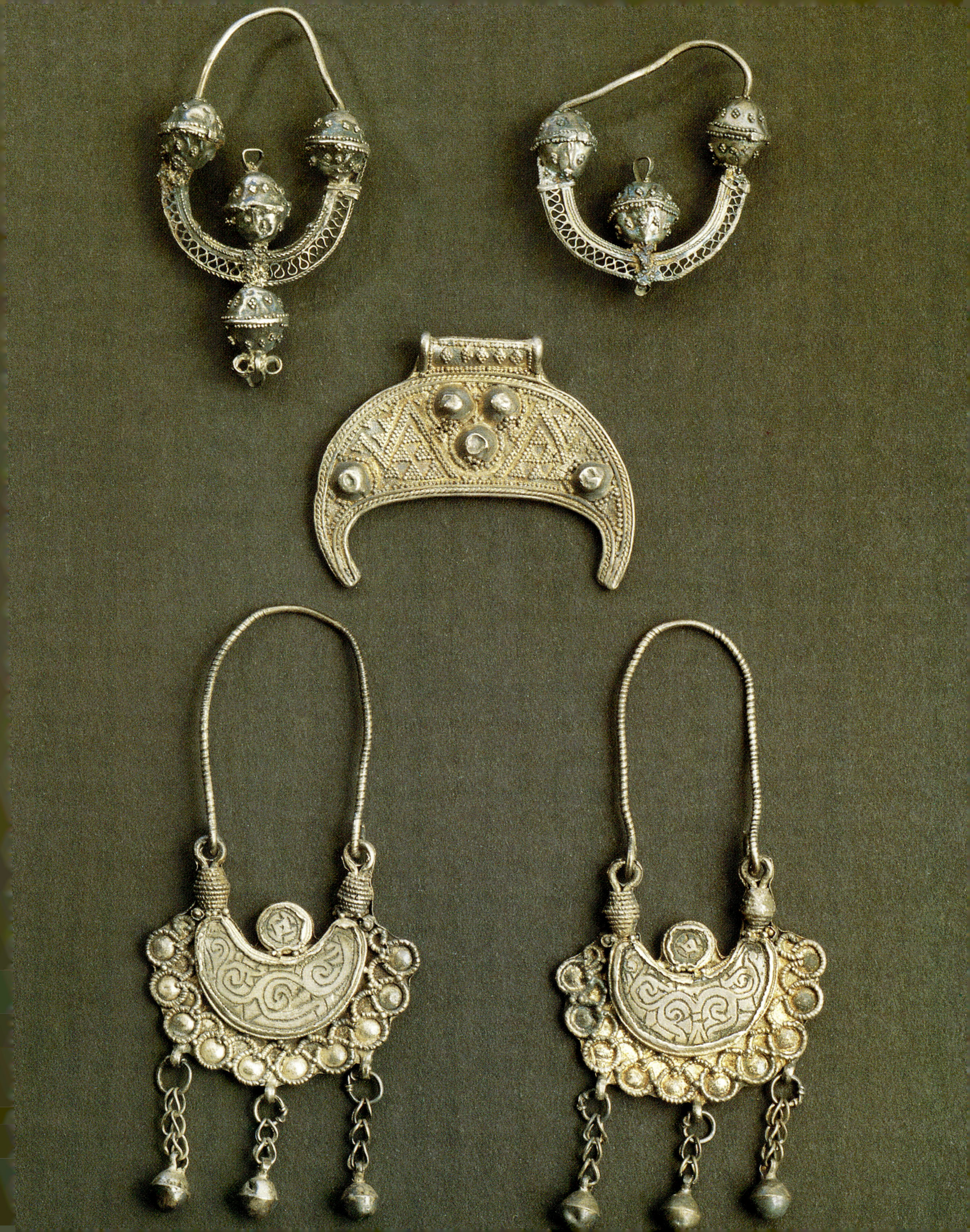

ロシアと東方世界

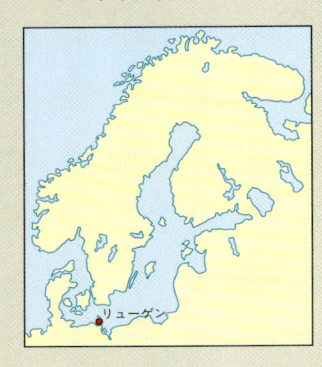

リューゲン島

　リューゲン島は東ドイツ沖合数kmの小さな島で，スウェーデンの南海岸と向き合っている．かつてのヴァイキングの町ヘーゼビューからも簡単に来られる．ヴァイキング時代のリューゲン島は，スラヴ人の強力な部族ルギエリ（リューゲン）人の政治的中心地であり，商業上の出入口（通過関門）であった．リューゲン島の2大集落遺跡が発掘されている．商業中心地ラルスヴィークは，島の北部の大きな入江，大ヤスムント湾に位置し，8世紀末から10世紀まで居住された．発掘された定住地は永続的で，水辺に沿って1列に並ぶ約20の家屋区画をもち，各区画は1軒の居住用建物と付属の仕事場や倉庫からなっていた．区画ごとに桟橋があり，岸側に掘り込まれ，材木を積んで補強した一連の独特な船着場となっていた．ラルスヴィークでは多様な工芸が営まれ，完成品は外国商人に売られた．ここではバルト海沿岸全域から輸入された品物が出土している．近くの浜には小さな奉納遺跡があり，おそらく航海や商業の成功を祈念する犠牲と結びついていたであろう．定住地の東の高台に400基を超える墳丘墓があり，そこから出土した副葬品の多くは，かなりのスカンディナヴィア系住民が先住スラヴ人と並んで住んでいたことを示している．第2の重要な遺跡，北の岬のアルコナ神殿城砦は，ルギエリ人の宗教的中心地であった．ここにはスヴァンテヴィット神の寺院があり，スラヴ人はこの神に豊穣と戦勝を祈った．豊穣祭祀の機会には大市も開かれ，そこには9世紀以来西ヨーロッパの商人が参加していたことが，考古学遺物から示唆される．このような諸活動は厳密に季節的なものだったらしく，アルコナが継続的に居住されたことがあるようには思われない．

ロシアと東方世界

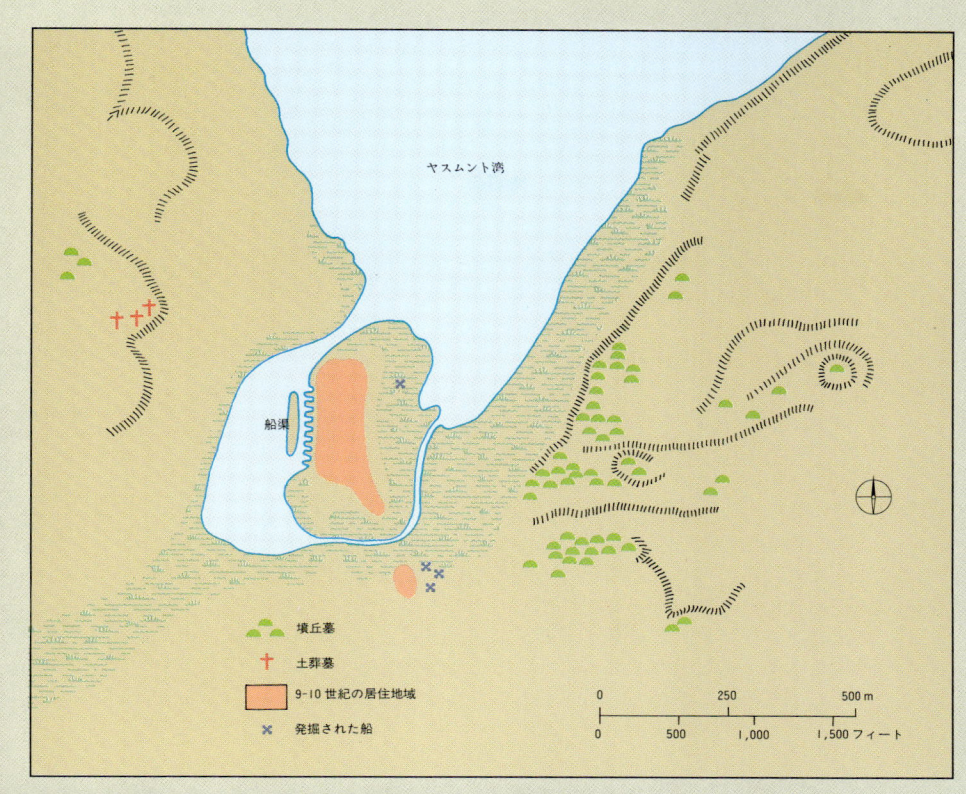

左　浅い入り江が，ヴァイキング時代のラルスヴィークの外海から保護された波止場をなしていた（現在は沈泥でふさがっている）．砂州が船渠（ドック）の出入口を保護していた．船渠は数隻分ある．水辺に向かって傾斜した家屋区画をもつ定住地平面図は，同時代のスカンディナヴィアの町と共通点が多い．

右　リューゲン島でもっとも目立った出土物の1つは，ヒッデンゼーから出たこの金埋蔵宝である．おそらくは10世紀末のデンマーク製．十字架の形をしたペンダントと線条細工の間隔材は，組み合わせて飾られるのであるが，おそらくもっと大きなネックレスの一部であった．この埋蔵宝にはさらに，円形ブローチと編細工の首リングがあった．ラルスヴィークのある家から出土した，編バスケットに入ったもう1つの埋蔵宝には，2,270枚の貨幣が入っていた．大部分は9世紀のアラブとアジアの貨幣である．

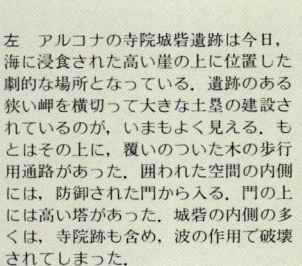

左　アルコナの寺院城砦遺跡は今日，海に浸食された高い崖の上に位置した劇的な場所となっている．遺跡のある狭い岬を横切って大きな土塁の建設されているのが，いまもよく見える．もとはその上に，覆いのついた木の歩行用通路があった．囲まれた空間の内側には，防御された門から入る．門の上には高い塔があった．城砦の内側の多くは，寺院跡も含め，波の作用で破壊されてしまった．

上　スヴァンテヴィットの寺院は今日何の痕跡も残していないが，ドイツ本土のグロス・ラーデンで発掘されたスラヴ人の礼拝用建物と似た外観をしていたと思われる．この復原図は垂直の板の2重壁をもつ建物で，板のてっぺんは人の頭の形をしている．まわりには柵がある．この長方形の境内は，1200年ころにデンマークの歴史家サクソ・グラマティクスの描写したアルコナの寺院に似ている．サクソの語るところによると，内側の部屋には大きな神像があり，紫の礼衣を掛け，奉納の財宝が積まれている．さらにサクソは，ここで行われる収穫祭では僧侶がスヴァンテヴィットに飲食を捧げ，そのなかには人間の大きさをした特別な蜂蜜のお菓子も含まれる，と述べている．アルコナの発掘で動物の骨が大量に出たが，こうした祝祭のゴミかもしれない．寺院境内には大きな白馬のために馬小屋があった．スヴァンテヴィットがルギエリ人の敵に対して出陣するときは，この馬に乗ると信じられていた．この神には300人の特別な騎兵隊が仕えており，かれらの戦利品は寺院に奉納された．

187

ロシアの定住地とルーシ問題

このルートの北端，ラドガ湖に近く，東ヨーロッパでもっとも古い交易拠点の1つ，スターラヤ（古）・ラドガがあった．古ラドガはヴァイキングには「アルデイギュボルグ」と呼ばれ，スカンディナヴィアとロシアの関係史全体を通して，南へ向かう長旅の最初の寄港地として使われた．8世紀に小交易拠点として出発したこの地は，10世紀には防衛施設をもち，侯が居住し，守備隊をもつ一大拠点に成長した．古ラドガとその後背地の考古学的研究から，これら初期の探検者たちはどんな人々であり，先住スラヴ人といかなる性質の関係をもっていたか，貴重な手がかりが得られる．町はさまざまなタイプの墓地に囲まれているが，ここから出た資料によると，ラドガに住んでいたスカンディナヴィア人には男だけでなく女もいた可能性が非常に高い．このことは，ロシアのヴァイキング像として描かれがちな恐れを知らぬ男ばかりの戦士商人の階級よりも，もっと定住性の高い，おそらくは農民的な人々を示唆している．市内の建物も発掘され，この時代に町がどのように拡大したかがわかり，ロシアでヴァイキングが展開した初期の活動の性格についても多くのことをあきらかにしている．

初期ロシア国家とその諸都市の形成に，ヴァイキングがどの程度影響を与えたかという問題は，ヴァイキングが東方で果たした役割のなかでもっとも興味ある，議論の分かれる点の1つである．東方にあえて乗り出し，定住したスカンディナヴィア人は，かれらと出会った人々から「ルーシ」または「ロース」と呼ばれ，みずからもこの名を用いたことを示す文書史料がある．この言葉の意味あるいは語源はあきらかでないが，ロシア（つまり「ルーシの国」）の国名との関連は明白で，このことが論争を感情的なまでに激しくした理由の1つである．この言葉は，バルト・フィン語で「スウェーデン人」を意味する「ルオチ」Ruotsiからきた，というのがもっともありそうであるが，ルオチの語自体は乗組員，漕ぎ手を意味するスウェーデン語「ローズル」róðrの転訛である．初期のヴァイキングにとって，未知の民族に出会ったとき，みずからをこのような言葉で表すのはまったく自然であっただろう．広大な見知らぬ国を孤立して進む小さな船の世界が，自分たちの世界のすべてと感じられることがあったに違いないからである．

考古学と歴史の研究において，近代ロシアの民族的起源に関する論争が何十年にもわたって荒れ狂い，まだ完全に消え去ってはいない．しかし現在ではほとんどの研究者は，特定の一民族集団の役割を強調して他のすべてを無視するような一般化を避け，その代わりに東バルト地方で活動していたすべての民族－スカンディナヴィア人，スラヴ人，バルト人，フィン人－の，相互作用や共同の活動を重視しようとしている．スカンディナヴィア人がスラヴ諸部族と接触したことが，この地域における文化的変容や海外交易を促進したことは疑いないことではあるが，だからといってヴァイキングこそが初期ロシアの都市および都市国家建設の原因であるという人は，現在では（過去とは違って）ほとんどいない．むしろ，ヴァイキング時代のスカンディナヴィアからロシアにかけてバルト海沿岸のいたるところで防衛施設を伴う交易中心地が成長したというこの事態は，ヨーロッパ全体に進行していた，国家の形成という，より広い過程の不可分の一環とみるべきではないだろうか．国家形成過程には権力の集中と交易網・市場の拡大が結びついているのである．しかし同時に，環バルト地方の諸民族のうち，スカンディナヴィア人がもっとも遠距離にわたって旅をした人々であることには疑いなく，その影響は当時知られていた世界のすみずみにまで広がっていた．ロシアにスカンディナヴィア人が永住していたことは古ラドガの墓地が証言しているとおりであるが，それはこのより大きな全般的過程のほんの一部であった．

ヴァイキングはスターラヤ・ラドガから南へヴォルホフ川を遡上し，氾濫原にある無数のスラヴ人集落を過ぎ，かれらのいう「ホールムガルズル」（島の居住地）に到達した．そこはイルメニ湖の河口付近の水郷に位置していた．ヴァイキング時代の初め，この地域に最初のスカンディナヴィア人がやってきたときには，島の上に小さな集落が1つあるだけだった．そこは現在のノヴゴロド市の南にあたり，ゴロディシチェと呼ばれる．ここの発掘によって防衛施設をもつ賑やかだったであろう商業中心地が現れた．そこは9，10世紀に使われ，スラヴ人とスカンディナヴィア人が混住していた．交易先ははるか西方に及び，この遺跡で作られた手工業製品が運ばれ，輸入品と交換された．10世紀半ば，町は近くのノヴゴロド（「新しい砦」を意味する）の場所にまで広がり，ゴロディシチェは軍事・行政中心地にしてかつノヴゴロドを支配した侯たちの居所として存続したようである．

島々とラグーンからなる地域一帯は「ノヴゴロドの諸門」と呼ばれ，ビザンツ帝国とアッバース朝カリフ国へとつながる川の入口を支配し，北ルーシの諸集落から発展し始めた国家の結集点となった．首都はノヴゴロドにあり，ゴロディシチェや近くの要塞ゴロドクのような衛星集落には，発展しつつある国家のなかで特別な役割が割り当てられた．宗教的要素もあった．それは初期の，ゴロディシチェ近くの島にあったスラヴの異教神ペルンの神殿（おそらく東欧でもっとも大きく，かつ重要な神殿）から，のちのヴォルホフ川水源地域の岸辺や島々に建てられたキリスト教会網に至る．ノヴゴロドの権力基盤の豊かさととてつもないスケールは，60年にわたってロシアの考古学者が行った発掘によってあきらかにされた．この都市の遺跡はヴァイキング世界で発見されたもっとも豊かなものに属する．

ノヴゴロドは，ロシアの水路に沿ったスカンディナヴィア人の2大活動中心地のうち，北方の1つであった．もう1つはキエフ（ウクライナ）で，ヴァイキングはケヌガルと呼んだ．

スカンディナヴィア人の影響：東バルト地域とロシア

9，10世紀の東バルト地域には，スラヴ人（ヴィルツィ人，ルギエリ人，ヴォリン人，ポンメルン人［ポモジャンカ人］，ポーランド人），バルト人（リトアニア人，ラトヴィア人，クール人，リーヴ人，エスト人）およびフィン人が住んでおり，さまざまな文化の合流点だった．スカンディナヴィアの商人はこの地域沿岸の数多くの集落や商業中心地をしげしげと訪れ，そのいくつかに永続的な住居を定めたようである．ヴァイキングはロシアに向けて東進するにつれて，ラドガ湖周辺やヴォルホフ，ロヴァト，ドニエプルに沿って進み，スラヴ諸族と隣り合って住みつく者が多かった．これらの河川は，ヴォルガとならんで，コンスタンチノープルやアジアの市場に通ずる幹線ルートをなしていた．スラヴ人はこれら北方からきた旅人をルーシと呼んだ．9世紀の末までには，ヴォルホフ河畔のノヴゴロドは大領地（北ルーシ国家）の首都に成長し，支配者はスカンディナヴィア人だったり，スラヴ人だったりした．ルーシの領域は多数の異なるスラヴ部族の国々を包含していた．この地域の出土品は，この文化的多様性を映しだしている．

下　ヤロスラフ賢侯（1016-54）の治世に建設されたキエフの聖ソフィア大聖堂内，11世紀の壁画左側に描かれた賢侯の娘エリザベト．かの女はハーラル苛烈王（1015-66）と結婚した．ハーラルは1047年にノルウェー王位に就く前，コンスタンチノープル皇帝のヴァラング親衛隊に勤務し，東方で活躍した有名なヴァイキング冒険者である．

ロシアと東方世界

おもなヴァイキング定住地．知られている場合にはその年．
- 🟠 900–1000 年ごろ
- 🟡 1000–1150 年ごろ
- ○ その他のヴァイキング時代（9–11 世紀）の定住地
- ◆ 発掘された定住地
- フィン人　民族集団
- ─── 主要交易路

ルーシ国家の範囲
- 9–11 世紀
- 12 世紀に獲得された領域

縮尺 1：12,500,000
0　　300 km
0　　200 マイル

189

ロシアと東方世界

スターラヤ・ラドガ

スターラヤ(古)・ラドガは8世紀に建設され，住民はスカンディナヴィア人とスラヴ人が混ざっていた．9, 10世紀にノヴゴロドとキエフが興隆するまで，ここがヴァイキング時代初期の北ロシアで主要な市場だった．ノヴゴロドやキエフのような真の意味の都市ではなかったが，それでもラドガは盛んな手工業中心地であり，狭い道路に沿って多くの専門的な手工業と商業が営まれた．中心地域では小さな仕事場と宅地が発掘された．のちになるとこの中心地域は防御壁で囲まれた．この遺跡の内部と周辺には，キリスト教改宗後8つもの教会と修道院が建てられた．町全体のまわりをさまざまな種類の墓地が囲んでいる．ある墓地は火葬の墳丘墓からなり，あるものは平らな土葬墓からなる．祭式の違いは，死者の民族的出身と身分を指し示す．つまり各墓地が特有の性格をもっていたらしい．すなわち墓地によってそこにある墓は，富者か貧者か，スカンディナヴィア人かスラヴ人か，違っていたというのである．それぞれの型の墓地がどこに立地しているかも重要である．ある墓地は他の墓地を見下ろす位置にある．居住地の遺跡・遺物も考慮に入れると，墓と防御壁の組合せは，スラヴ先住民とスカンディナヴィア人入植者のあいだに複雑に入り組んだ関係があったことを示していると，考える学者もいる．すなわちラドガの町は，民族的，政治的，宗教的に統制された区域に分割されていたというのである．これが正しいとすれば，ヴァイキング時代の拡大と植民の背後に，巧みな機構のあったことを解明するヒントになるかもしれない．

下　スターラヤ・ラドガの定住地および発掘遺跡地図．ヴォルホフ川とその支流を地形上の背景として，定住地周辺の墓地の分布が示され，また墓地の性格がきわめて多様であることがよくわかる．ロシアの考古学者レベデフそのほかは，3つの「イデオロギー的な地域」に区分し，定住地と墓の分布を，政治権力・影響力の意図的な表明として配列した．意味のあるパターンと解釈した．

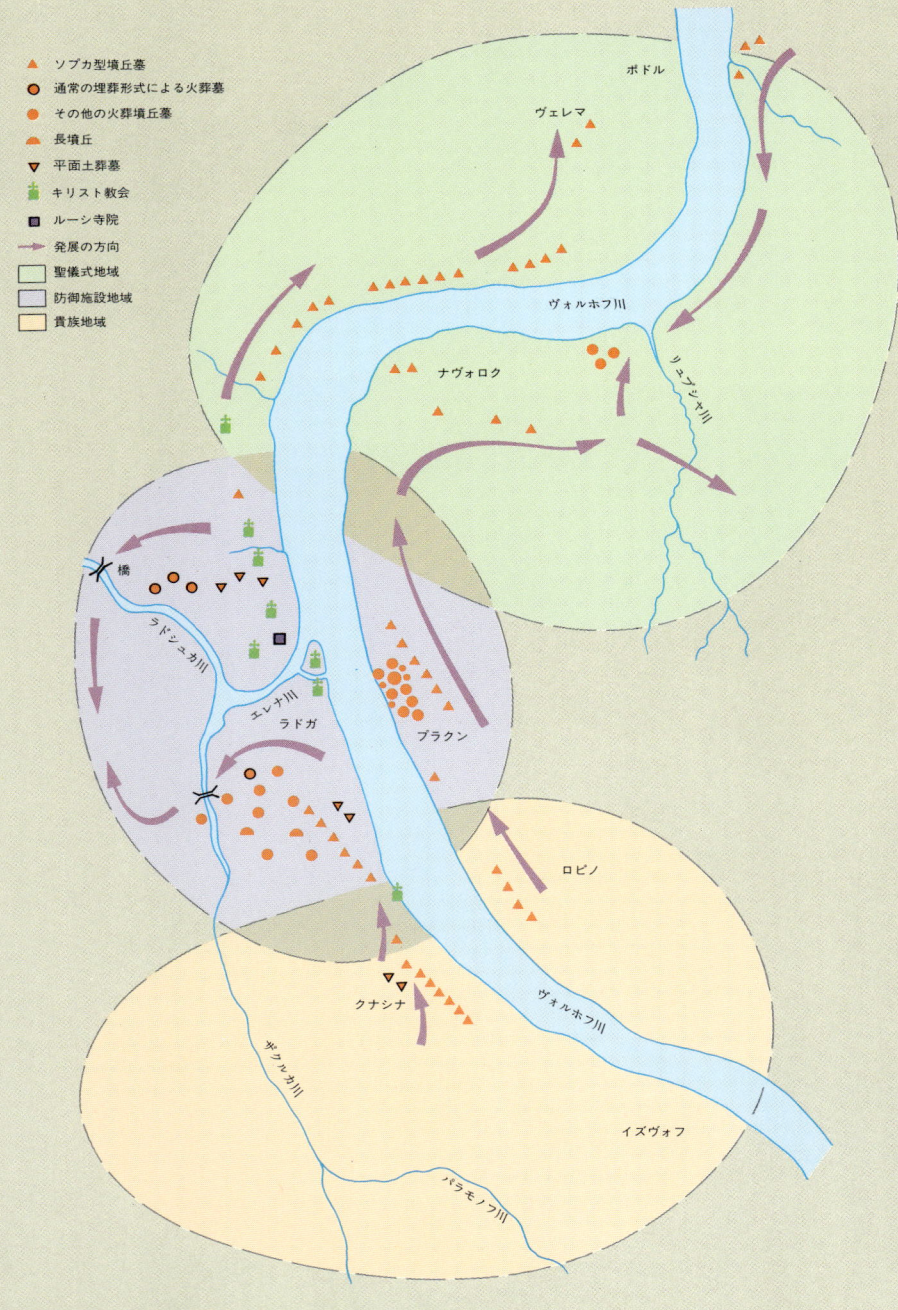

右　この8世紀の青銅の品はスターラヤ・ラドガ出土物のなかでももっとも美しいものの1つであるが，使途はわからない．長さはわずか5.4cm，鍵かもしれないし，あるいは下の方の中空の柄は儀式用の小さな棒に装着したのかもしれない．上部は髭を生やした男の頭で飾られており，髪は長く，きちんと櫛をいれている．2本の角があってその先端は鳥の形をしており，男のうしろ側で接触している．ワタリガラスをしたがえたオージンかもしれない．頭には穴が開いており，たぶんお守りのペンダントにするためであろう．

ロシアと東方世界

上　現在のスターラヤ・ラドガ．あたりを払うように立っている，屋根の先が尖った左側の建物は，中世の砦である．ヴォルホフ川が写真中央の支流ラドシュカと合流するこの岸に沿ったこの地域に，もっとも古い商業区があった．ラドシュカ川の右側には2次的に発展した集落がある．ここの「ヴァラング通り」でスカンディナヴィア人のものとおぼしき寺院が発掘された．ラドガのいわゆる「貴族地区」はずっと左，ちょうど写真からはずれたところにあった．この写真はプラクンのスカンディナヴィア人墓地から撮られている．この墓地にあるのは丈の低い墓で，たとえばヴェレマ墓地の例のような（左図）円錐形の背の高い墳丘墓（ラドガ周辺部のソプカと呼ばれるタイプ）と際立った対照を示している．ソプカの副葬品はスラヴのものであるが，その埋め方はおそらくスカンディナヴィア起源である．

右　ラドガの商業中心地の発掘からはすばらしい出土品が得られた．この図は8世紀中ごろの鍛冶道具の埋蔵物．保存がよく，やっとこはいまでも開閉できる．これらの道具は箱に入れられ，そのいちばん上にオージンのお守り（中央左）が置かれていた．これらの貴重な中身を泥棒から守るためであろう．

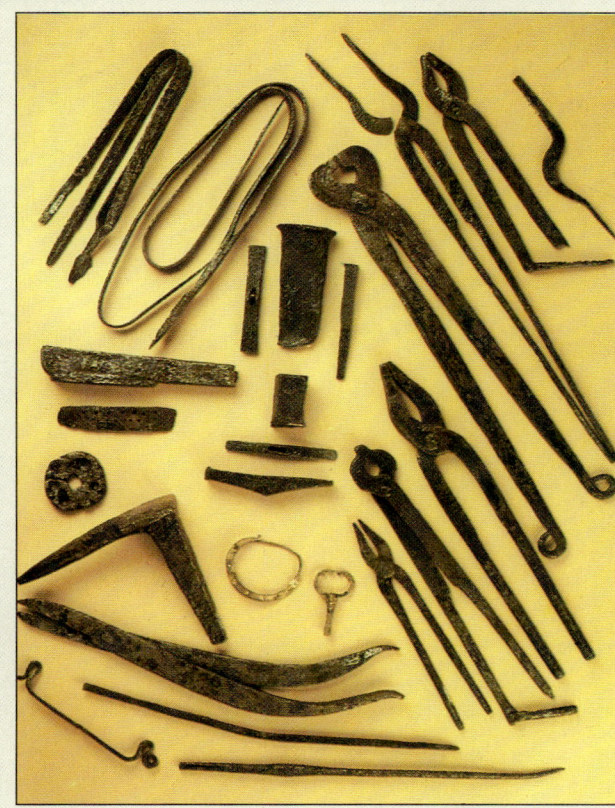

ロシアと東方世界

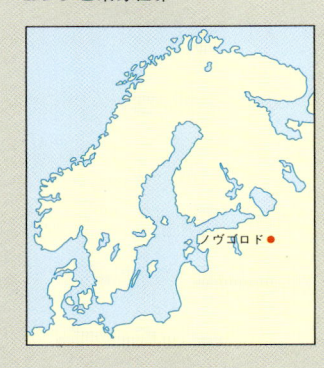

ノヴゴロド

　西ロシア，イルメニ湖のすぐ北に位置する都市ノヴゴロドへの定住は，10世紀，スカンディナヴィア人とスラヴ人が，数マイル南の防御壁をもった島ゴロディシチェから移ってきたときに始まった．ゴロディシチェはヴァイキング時代初期から定住されていた．ラドガ湖に向けて北流するヴォルホフ川がノヴゴロドを2分して貫通し，西岸を「ソフィア側」，東岸を「商人側」という．ソフィア側の定住中心部には，10世紀の塁壁に囲まれた要塞（クレムリン）があり，いまも金色のドームと塔をもつ聖ソフィア大聖堂があたりを圧している．11世紀に建てられたこの石造の建物は，同じ場所にあった古い木造建物に代わったものである．クレムリンをのぞくとヴァイキング時代に防御壁をもっていたのは商人側だけである．

　中世初期のこの都市は，名目上は侯に支配されていたが，実際には町を区分する5つの「区」と呼ばれる行政地域ごとの民衆集会（ヴェーチェ）によって統治されていた．ヴェーチェはソフィア側に3つ，商人側に2つあった．ヴァイキング時代には「区」は3つだけだった．この自己統治のシステムがスカンディナヴィア起源かスラヴ起源かは，激しく議論されてきた問題である．区は町の商業活動をも規制し，それぞれが特別な手工業活動の中心であった，と思われる．この中世都市において，水に漬かった，厚さ6mにも達する堆積物が大規模に発掘され，仕事場と職人の住居からなる界隈の全体があきらかになった．建物は，曲がりくねった舗装道路に沿って設定された，囲われた小区画内にあった．発見された大量の人工物の大部分は木製品と皮革製品であったが，有名な，白樺の皮に書かれた書簡群もあった．これらの書簡は町の住民がかなりの識字力をもっていたことを証明するものである．子供の玩具，宗教的な偶像や仮面，家具，衣類，楽器などが発掘され，ヴァイキング時代の都市生活像を確立するのにこの上なく役立っている．

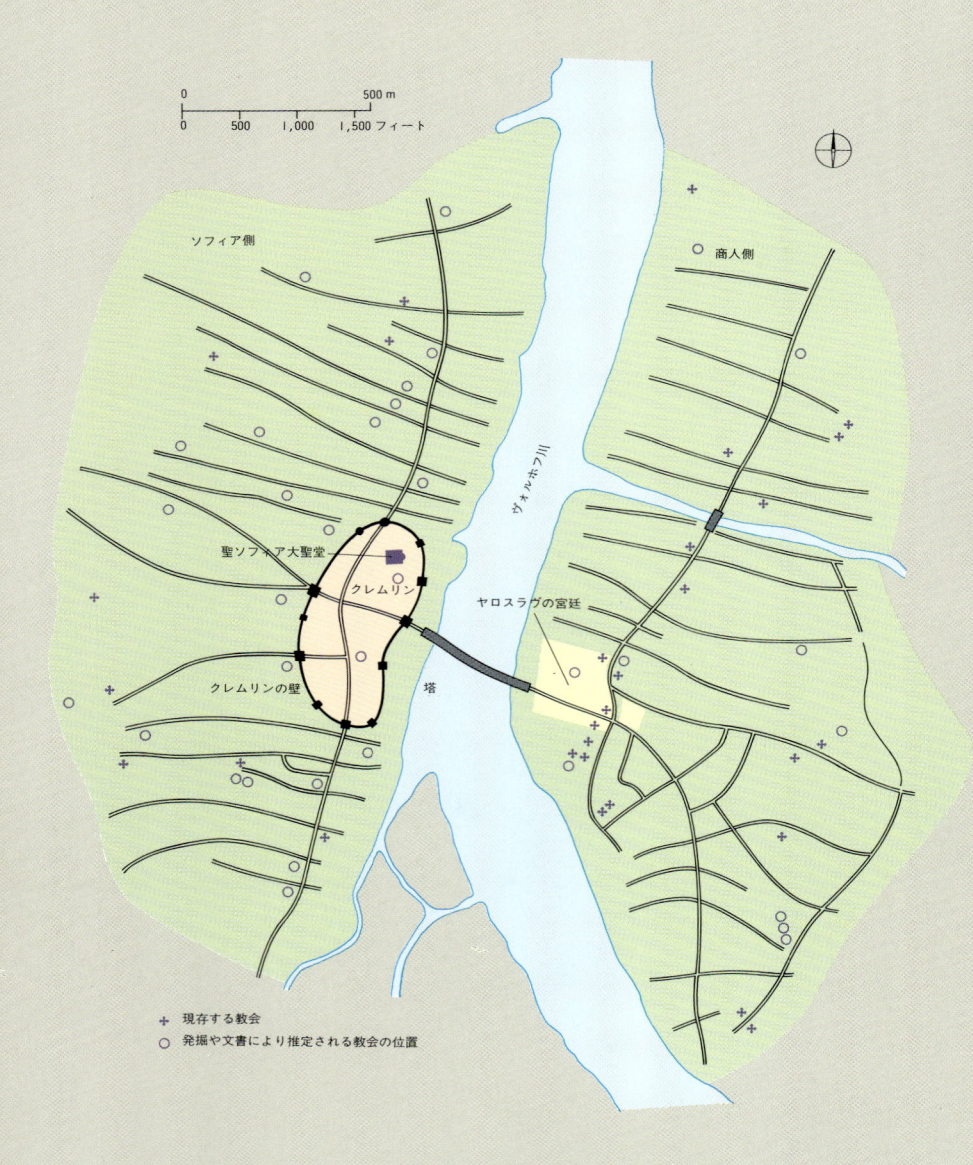

左　中世初期のノヴゴロド．「ソフィア側」と「商人側」を示す．橋のまわりにある町の中心部を支配していたのは，クレムリンと，「ヤロスラヴの宮廷」区域とである．この街路図は10-14世紀の史料と発掘調査から復原された．通りの正確な年代確定はできない．教会はソフィア側の南北街路沿いと商人側の南西部とに集中分布していることが観察される．これら2つの地域の中心となっていたのはそれぞれ行政と手工業活動だった．

上　ノヴゴロドでもっとも驚くべき発掘の1つは，町中に展開する材木舗装の道路網である．樺と松の木材が，鉄道線路のように平行な線をなしてルート上に置かれ，その上を横木の床面で覆っている．これがその上を人，動物，車が通る表面である．道路はたびたび修復された．ある地域では，つぎつぎに重なった道路構築物が22層もみられる．写真の破砕された例はトロイツキー遺跡．

+ 現存する教会
○ 発掘や文書により推定される教会の位置

ロシアと東方世界

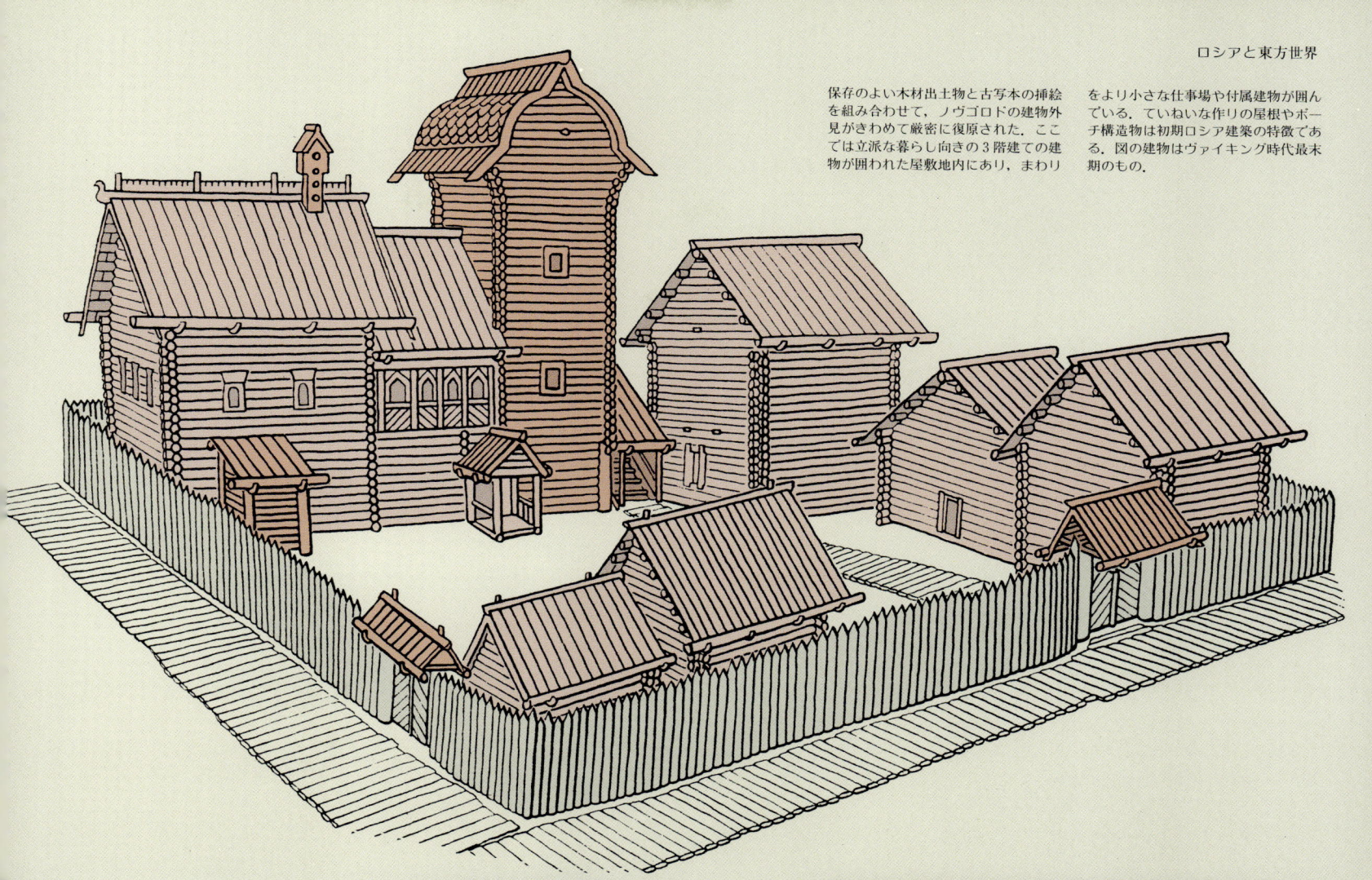

保存のよい木材出土物と古写本の挿絵を組み合わせて，ノヴゴロドの建物外見がきわめて厳密に復原された．ここでは立派な暮らし向きの3階建ての建物が囲われた屋敷地内にあり，まわりをより小さな仕事場や付属建物が囲んでいる．ていねいな作りの屋根やポーチ構造物は初期ロシア建築の特徴である．図の建物はヴァイキング時代最末期のもの．

左　小さい方形をした輪郭，中央にタマネギ型の天井をもつ塔，縦に細長い窓―この典型的な初期ロシア教会は，「商人側」中心部である「ヤロスラヴの宮廷」跡に現存するいくつかの教会の1つである．この建物は民衆集会(ヴェーチェ)に用いられた．発掘によってヤロスラヴ宮殿の跡らしきものが現れた．この宮殿名はこの都市最初期の侯の1人にちなんでいる．

上　聖ソフィア教会の重要文化財には，頑丈な一対の青銅の扉がある．聖書に題材をとった人物や場面を細かく浮彫で飾ったこの扉は，芸術様式や模様のうえでほぼ同時代のバイユーのタピストリーと共通点が多い．この扉はシグトゥーナの聖ウーロヴ教会(現存)のために作られ，中世初期にロシア人がスウェーデンを襲撃したあとノヴゴロドに持ちさった，という可能性がある．ドイツのマグデブルク産との説もある．

ロシアと東方世界

キエフはドニエプル川の両岸にまたがって成長した．スカンディナヴィア人がドニエプルに出るには，ノヴゴロドからロヴァト川を南へ航行し，短い運搬陸路を2つ越えねばならなかった．ドニエプル川は黒海と直接につながっており，ボスポラス海峡に臨む大都市コンスタンチノープルは河口から容易に航行できる距離にあった．

キエフはノヴゴロドと似た筋道をたどって発展し，10世紀には，雑多なスラヴ系住民と共同にてではあるが，スカンディナヴィア人が支配していたようである．この地域の初期の歴史に関する主要史料の1つ，12世紀初めの『ロシア原初年代記』は，キエフ公家が9世紀にスカンディナヴィア人レーリクによって開かれ，その後継者ヘルギ，イングヴァル，およびイングヴァルの妻ヘルガへと受け継がれた，と述べている．『年代記』ではこれらの名前はリューリク，オレーグ，イーゴリ，オルガというスラヴ語形で記録されている．10，11世紀には，キエフの支配者はスヴャトスラフ，ウラジーミル，ヤロスラヴといったスラヴ名で現れ始める．このことは，イングランドとノルマンディーのヴァイキング定住地でみられたのとちょうど同じように，スカンディナヴィア系住民とスラヴ系住民の区別がはっきりしなくなってきたことを，ほぼ間違いなく反映している．10世紀半ばからは，「ルーシ」という表現が，発達しつつあるこの国家を表す通常の用語として使われている．他方，文化はますますスラヴ的要素が支配的になっていった．本来の中世を迎えたときには，キエフはノヴゴロドに代わってロシア国家の中心になっていた．

ヴァイキング時代のキエフが発掘され，この町の初期の発展について，書かれた物語の証言と劇的に一致した．町は3つの丘のまわりに発達した．その1つ，スタロキエフスカヤは，ヴァイキング時代以前の重要な異教神殿があった場所で，遅くとも9世紀には，この丘の斜面に築かれた木造構造物によって堅固に防備されていた．このころ，他の2つの丘も居住されるようになった．スタロキエフスカヤは，拡大する町の中央墓地として，祭祀機能を果たしつづけた．9世紀後半と10世紀に商人と職人が3つの丘のふもと（ポドル区域）に定着した．ウラジーミルの治世（980-1015）に都市はさらに拡大し，多くの教会が建てられた．そのうち966年に完成した壮麗なデシャティンナヤ教会はビザンツの職人によって建てら

れ，真のロシア様式建築の嚆矢をなしている．

ウラジーミルは都市の防衛を強化し，スタロキエフスカヤに強固に防備された要塞（クレムリン）を建設した．ここの発掘によって，行政用の建築物と儀式用構造物，および宮廷役人，聖職者，戦士的地方豪族の邸宅からなる広大な複合遺跡があきらかになった．これらをとりまいて低床式建物を含むもっと粗末な住居があった．経済活動は意図的に下町に限られ，キエフ侯の宮廷から切り離されていたらしい．ヤロスラヴの治世（1015-54）にキエフはさらに拡大し，防備はさらに強固になった．いまもなお立つ，記念碑的な聖ソフィア大聖堂の建設が始められたのもこの時代である．

初期ルーシ国家領域内にあったその他多くの町に，スカンディナヴィア人が住んでいた形跡がある．なかでも重要なものが，現在のスモレンスクの前身，グニェズドヴォで発掘された居住地と墓地である．ここはノヴゴロドとキエフを結ぶ経路のなかほど，ヴァイキングが船をロヴァト川からドニエプル川へ陸上運搬する地点に位置していた．ここでロシアの考古学者が発掘した工芸品は，スラヴ型の方が優勢ではあるが，スカンディナヴィア型のものも多く，そのいくつかは非

左　ヤロスラヴ賢侯時代に作られたキエフの黄金門．この都市への主要出入口であるとともに新しい防衛施設の一部でもある．もとは12.5mの高さ（連続している塁壁と同じ高さ）であったが，のちに頂上に「受胎告知教会」が加えられて高くなった．正面は，もとの構造物が1989年に修復された際，とくべつにデザインされたレンガで表面を一新された．

下　ノヴゴロドからロヴァト川を南へ航行し，短い陸上運搬路を2つ越してスカンディナヴィア人はドニエプルに出た．あとはこの川が黒海，さらにコンスタンチノープルへ連れていってくれる．いまウラジーミル公（960-1015）の立像がキエフ市を見下ろしている．キエフ公家はスカンディナヴィア人レーリクの創建になり，キエフは狭い意味での中世が始まったときには，ノヴゴロドに代わってロシア国家の中心となった．

ロシアと東方世界

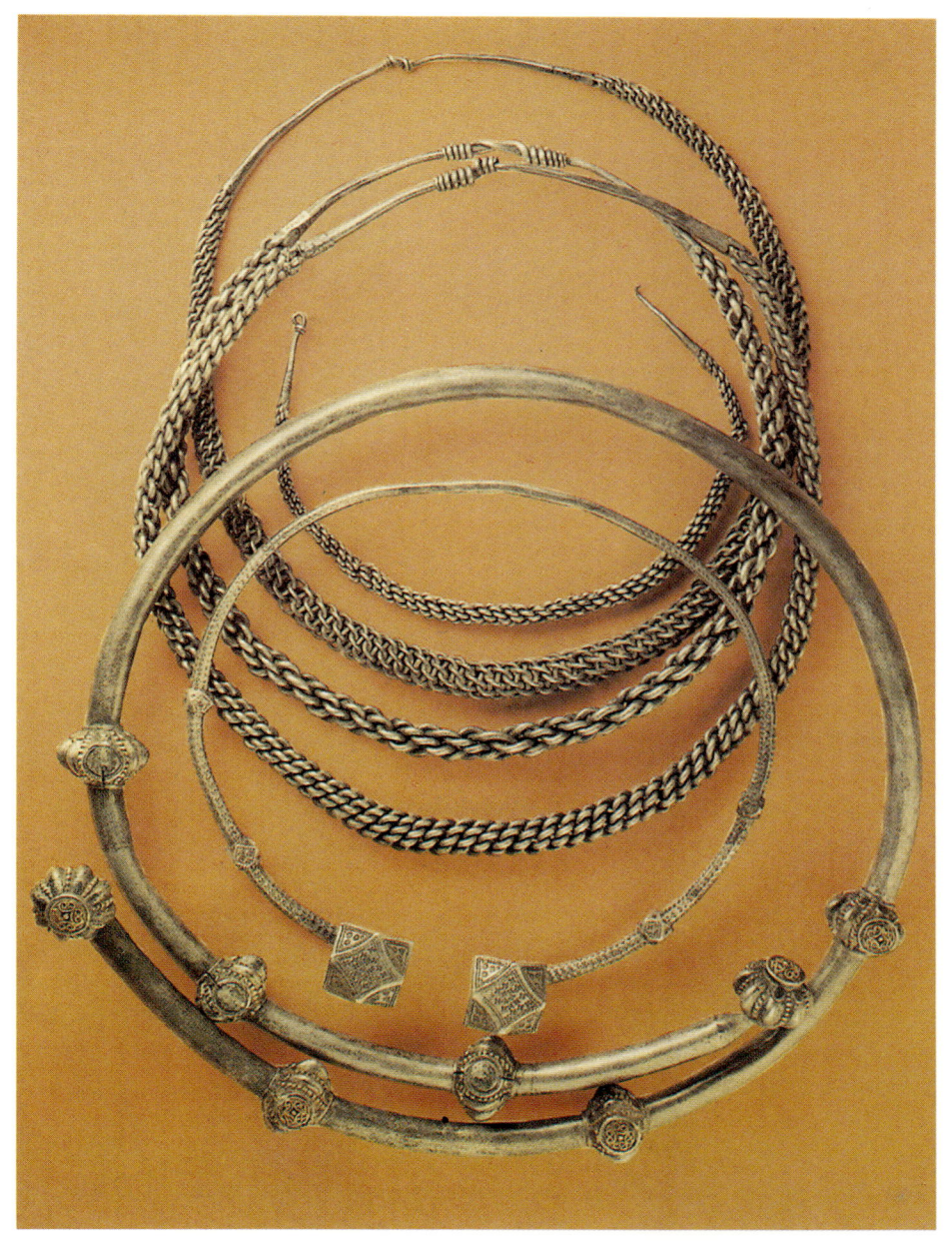

常に豪華で質も高い．このほかに注目に値する「ルーシ」の居住地としては，プスコフ，およびエストニアとの国境線上のイズボルスクがある．これらは10世紀にラドガから植民されたものと思われる．スカンディナヴィアの工芸品は，9世紀末から10世紀に西ロシアで数が増えるが，それより東ではヴォルガ流域の居住地をのぞいて，ほとんど出土しない．この分布から，初期ロシア国家内でスカンディナヴィア人が直接的に活動した範囲が，はっきりとわかる．

「ミクリガルズ」へのヴァイキングの道

ロシアのヴァイキング定住地はヴァイキング時代の遺産のうちでも，もっとも永続的なものの1つとなった．しかしスカンディナヴィア人が東欧の水系へ初めてのり出したときには，定住を考えていたとは思えない．かれらの目的はつねに，330年にコンスタンティヌス帝が建設した都市コンスタンチノーブルへ達することだった．ローマ帝国と都市ローマは5世紀に中央ヨーロッパの放浪する蛮族の攻撃にさらされるようになり，攻撃は激しさを増していった．6世紀後半と7世紀には権力の中心は東地中海に移った．コンスタンチノーブルは頭を失った帝国の首府としてローマに取って代わった．ヴァイキング時代が始まったときには，コンスタンチノーブルはボスフォラス海峡をまたぐ巨大な市街連続体を形成しており，スカンディナヴィア人の見たもちろん最大の町だった．この町の巨大な石の防壁，荘厳な聖堂と教会，魅惑的なバザール，そして何よりもビザンツ皇帝の壮麗な宮廷．これらは北からの訪問者たちに感銘を与えずにはおかなかった．かれらはそれをただ「ミクリガルズ」，つまり偉大な都市と呼んだ．

コンスタンチノーブルはスカンディナヴィア人にとって魅力的な都市であったが，それにはいくつもの理由があった．まず第1に，コンスタンチノーブルは商業と富が流れる動脈であった．この都市には東地中海，北アフリカ，そして広大なアジアから，商品が流れ込んできた．この地でヴァイキングは絹や刺繍品，異国の果物やワイン，香辛料や美しい宝飾品を手に入れることができた．こうした交易の証拠は，スカンディナヴィアとヴァイキング世界全体に多数みつかっている．たとえば，コンスタンチノーブルの織物が遠く離れたイングランドで発見されている．別々の2つの遺跡（ヨークとリンカーン）の10世紀の層から出土した絹の断片が，分析の結果，もとは同じ包みで運ばれた商品だったことがわかった

上　ヴァイキング時代のロシアの銀埋蔵宝で最大のもの．1868年，グニェズドヴォ出土．10世紀のこの宝物は主として装飾品からなり，その大部分はスカンディナヴィア的もしくはスラヴ的な特徴をもっている．細い棒をねじったり編んだりした標準的な首輪のほか，線状細工のノブがついた珍しい管状の輪が1つある．

右　黄色い絹の帯を縫付けた赤いタフタ（堅織りの絹）断片．スウェーデン，ルンド出土．中国の絹もビルカで数例確認されてはいるが，ヴァイキング時代のスカンディナヴィアで発見される絹の大部分はコンスタンチノーブルから輸入されたと考えられる．図の例もそうであろう．

ロシアと東方世界

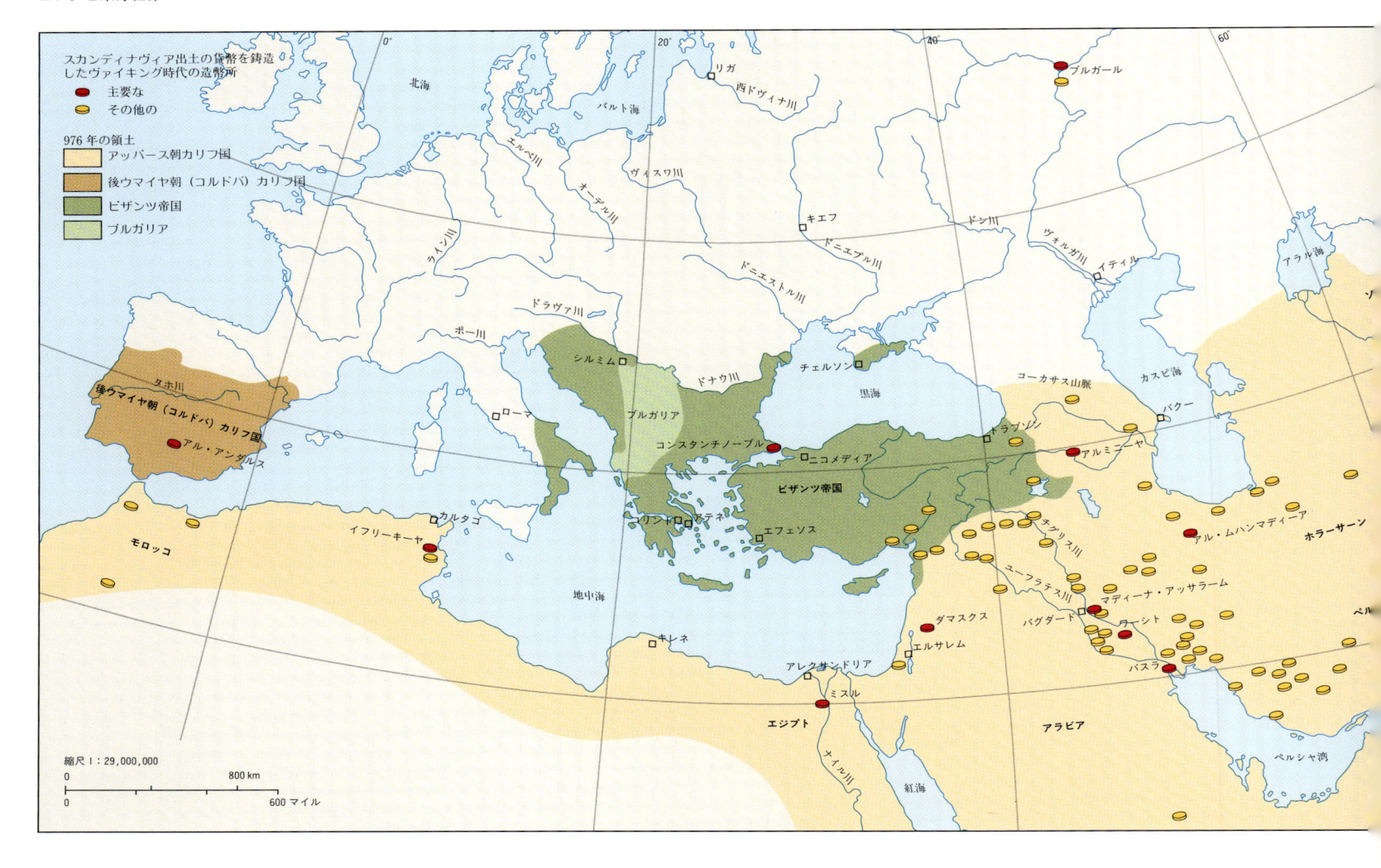

スカンディナヴィア出土の貨幣を鋳造したヴァイキング時代の造幣所
- ● 主要な
- ● その他の

976年の領土
- アッバース朝カリフ国
- 後ウマイヤ朝（コルドバ）カリフ国
- ビザンツ帝国
- ブルガリア

縮尺 1：29,000,000

ことさえある．ヴァイキングはこれらの贅沢品を，北方の森でとれた毛皮や，奴隷を含むその他の商品と交換した．

長い船を帆走させ，漕ぎ，かついで運んだりして，はるばるとロシアとウクライナを越えてやってきた戦士たちに，帝国は他のチャンスも与えた．国境で戦うためにも，国境内の平和を維持するためにも，軍隊に兵士をたえず供給する必要があった．ビザンツ人はヴァイキングが戦闘に秀でていることを早くから認め，10世紀末には，皇帝の護衛兵はもっぱらスカンディナヴィア人の傭兵で構成されていた．かれらは銀をもらい，宮廷で特権的な地位を得ることで忠誠を誓ったのである．イスタンブールの聖ソフィア大聖堂（のちモスク，いまは博物館）のバルコニーにはルーン文字が刻まれている．ハールヴダンという男が自分の名を落書きしたのであるが，かれはこうした護衛兵の1人だったかもしれない．

いわゆる「ヴァラング隊」は，その飲みっぷりと恐ろしい戦闘斧のため有名だった．この部隊の一員だったことが，多数の有名なヴァイキングたちにとって，華々しい経歴を飾る第一歩と認められるようになった．そうしたヴァイキングのなかでもっとも有名な1人がノルウェーのハーラル苛烈王(1015-1066)である．かれはヴァラング隊の有名な指揮官で，シチリア，イタリア，ブルガリアで数年間戦った．サガによれば，ハーラル苛烈王は后妃と恋愛関係をもち，皇位をめぐるクーデタが成功したとき，これに加わっていたといわれている．ビザンツの政治に直接かかわったスカンディナヴィア人は他にもいたであろう．ヴァイキング時代末，少なくとも2度スカンディナヴィア人は帝国と戦った．キエフの艦隊がコンスタンチノープルの城壁に攻撃を仕掛けてきたときのことである．あるときルーシの公は，かれの盾を市門の扉へ実際にくぎで打ちつけ，皇帝の力と中に隠れているビザンツ人

に対する軽蔑をあざやかに誇示した．

東方のヴァイキングをさして使われた「ヴァラング」人（ロシアの史料では「ヴァリヤギ」，ビザンツのギリシア人にとっては「ヴァランゴイ」）という名の正確な意味は完全にはわかっていない．この語は史料には「ルーシ」とならんで現れるが，「ルーシ」よりも軍事的な意味が強かったように思われる．11, 12世紀には，ヴァラング人はロシアの公たちの傭兵・親衛隊として登場するので，この用語を忠誠の誓いを意味する北欧語のヴァールにさかのぼらせようという試みがなされてきた．これはたしかに職業的戦士にふさわしい．スターラヤ・ラドガに「ヴァラング通り」を意味する街路名がいまもあるが，中世からこの名だった．ここがこの町のスカンディナヴィア人居住区だったことの名残かもしれない．東欧の大衆意識の中にスカンディナヴィア人がずっと存在しつづけていることの1つの劇的な表現であるが，旧ソヴィエト艦隊で最大の空母の1つは「ヴァラング」と名付けられていた．

ヴァイキングが黒海へ行くため実際に利用した水路についてわれわれの知っていることは，ほとんどビザンツの史料，とくに10世紀半ばの帝国の外交戦略を略述している皇帝コンスタンティン・ポルフュロゲニトスの内密の文書によっている．この文書は北方の「ルーシ」に触れ，敵対するスラヴ諸族の攻撃に対する緩衝物になっているという．読みすすむにつれ，毎年6月，氷が溶けたあと，ドニエプル川を下るスカンディナヴィア人の危険な旅があざやかによみがえる．かれらはドニエプルにつぎつぎと現れる7つの急流で船を運搬し，攻撃を仕掛けてくるスラヴ人の群盗を撃退する．この資料はギリシア語なのに，これらの急流はすべて，北欧語の，景観を描写した名称であることがわかる．すなわち，Essupi（飲み込むもの），Baruforos（波の力），Strukun（ほとばしる

ビザンツ帝国とアッバース朝カリフ国

9, 10世紀．イスラームの支配は西はスペイン，東は北インドにまで及んでいた．東地中海と小アジアでこれに対抗していたのはビザンツ帝国ただ1つであった．ギリシア人が帝国を拡大しようとしてその南と東でイスラーム教徒の脅威と出会ったとき，スカンディナヴィア人はビザンツ皇帝軍の傭兵として戦った．750年以後，ウマイヤ朝が（スペインをのぞいて）アッバース家に打倒されたあと，イスラーム権力の中心は東進してバグダードに移り，中央アジアの多くの銀山が開発された．これら豊かな銀の源泉と，陸路中央アジアからインド，中国へ，コンスタンチノープルから地中海，アフリカへと延びる通商網とが，ヴァイキングをロシアの大河を下ってカスピ海と黒海へ引き寄せたのである．

もの），Gelandri（金切リ声をあげるもの），Ulvorsi（島の滝），Leanti（笑うもの）．急流の1つにつけられた名称 Aīfur（いつも騒々しい）は，スウェーデン，ゴットランド島，ピルゴーズのルーン石碑にみえる．このルーン石は，フラウンという名の男の想い出に，東方の遠征にかれと同行した4人の兄弟によって立てられた．スウェーデンのルーン碑文には，コンスタンチノーブルへ至る河川路に言及しているものが数多い．「ノヴゴロドで死に見舞われた」スピアルボーディ（ウップランド，シュスタのルーン石碑），「ギリシアで部隊の指揮者」だったログンヴァルド（ウップランド，エード）といった人々に対する弔辞のなかに，ヴァイキングの東方進出の記憶がもっとも長く伝えられているのである．

ヴォルガの「銀の道」とアッバース朝カリフ国

スウェーデン人の一部がスターラヤ・ラドガから南へ向かって，ロシア，さらに黒海へと航海していた間に，別の一部はさらに野心的な道をとって直接東へ向かい，ブルガール諸部族やハザールの遊牧民の地へ，さらにアラビア半島の砂漠とアッバース朝カリフの座するバグダードをめざした．これら遠征旅行者はラドガ湖をあとにし，ヴォルガ川の上流諸河川に入り，ベロオーゼロ，ヤロスラヴリ，ウラジーミル，ムーロムの町々を通った．これらの町のすべてでスカンディナヴィア産の工芸品がみつかっている．このルート上で発見された女性の墓の数からみて，スカンディナヴィア人は単身で交易の旅に出かけるよりも家族的なグループで旅をした可能性がある．また，女性の商人がいた可能性を排除する理由もない．ヴォルガ川はブルガール（現在のカザン市に近い）で大きく湾曲し，南に向きを変え，カスピ海へ向かう．ここはシルクロードの西端にあたり，ここからサマルカンド，タシュケントを経て中国へ陸上通商路が通じている．ここにブルガール諸部族の支配する大きな市（いち）が発達していた．スカンディナヴィア人の商人はシルクロードを旅してきた隊商と出会ったに違いない．なぜならスウェーデン中部のビルカの墓には中国の絹が出土しているからである．ヴァイキング時代以前の遺跡であるヘリエー出土の仏像とともに，これらの出土物は，スカンディナヴィア人が中国の宮廷やインド亜大陸にまで至る全旅程をみずから旅したのではないかという，とっぴな可能性にさえ，想いをめぐらせてくれる．

ブルガールはスカンディナヴィア人がアラブ世界で産出される膨大な銀と出会う最初の市であった．ヴォルガ交易は早くも8世紀末，アッバース朝カリフ国とヴォルガ下流のハザール諸部族間で結ばれた協定をもって始まったと思われる．アッバース家は750年ころ，それまでの支配王朝ウマイヤ家の不正に対する民衆反乱を支持し，イスラーム世界の権力を握った．新王朝は，シリアの，ウマイヤ朝の本拠地であった前首都ダマスクスを放棄し，最終的には現イラクのチグリス河畔，バグダードに政権の根拠地を築いた．ヴァイキング時代が始まったときにはすでに，この都市は大きく成長しており，カリフ国領域内の莫大な埋蔵量をもつ銀を基盤に繁栄していた．主要な鉱山は9世紀に発見されたアフガニスタンにあり，そのもっとも豊かな鉱床はパンジシール渓谷にあった．現在のウズベキスタン，キルギス，タジキスタンにあたる中央アジアにも他の鉱山があった．産出量は莫大だった．銀のほとんどは貨幣になった．比較的重要性の低かったイエメンのラドラド鉱山でさえ，年に百万個をこえる貨幣を鋳造できるだけの銀を産出した．アッバース朝は銀の交易で驚くほど豊かになり，交易範囲はインド，スリランカ，中国，ペルシアにまで及んだ．

ヴァイキングは9世紀初めにアラブ銀の源泉にパイプをつないだらしい．こうして貨幣が流れ込んだが，ヴァイキングのところへとどくまでに鋳造から20年ほどかかっている．アラブ銀はヴァイキングにとって中心的貴金属となり，銀は際

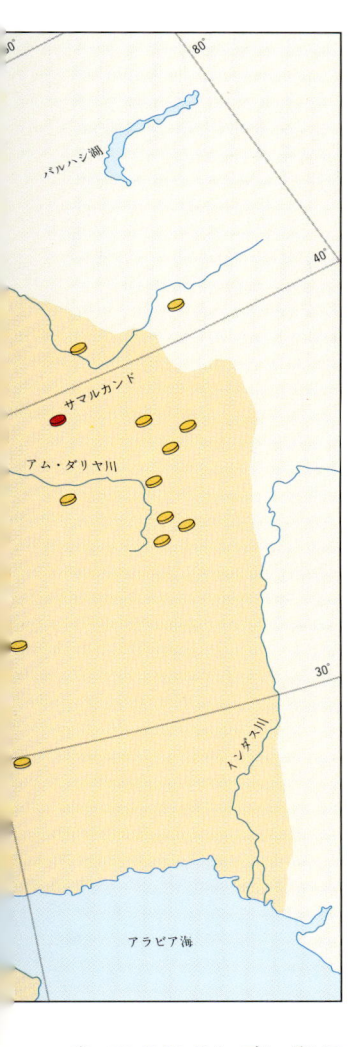

右　コンスタンチノーブル，聖ソフィア教会の大理石の手リに引っ搔かれたルーン文字．擦り切れて部分的にしか読めないが，「ハールヴダン」という名前は判読される．同じ回廊には他にもルーンの落書きがある．

限なく求められた．スカンディナヴィアだけで，1,000件以上の埋蔵宝に60,000枚以上のアラブ貨幣がみつかり，ヴァイキングの植民地でも多数発見されている．貨幣の形で輸入された銀のうち，貨幣の形で残っているのはほんの一部分にすぎないことはあきらかである．大部分は溶かされて，延べ棒や宝飾品に鋳直された．ヴァイキングは，コンスタンチノーブルで買い入れに用いたのと同様の商品，すなわち毛皮，奴隷，鷹，蜂蜜，蠟，セイウチの牙，強力な鋼鉄の剣で，銀を買い入れた．

ブルガールの市場（いちば）を過ぎると，ヴォルガ水系は遊牧民ハザールの地に入る．かれらの首府はカスピ海沿岸のイティルであり，ハザール人はヴォルガ水系の南半分が流れる地域全体を支配していた．カリフの政策は，競合するハザールとブルガールの市場を通じて，いかにすればもっともうまく銀を売却できるかということに向けられており，カリフ国も北欧の商人たちも，ハザール人との良好な関係を保とうと腐心した．ハザールの影響は遠くスウェーデンにまで及んでいて，宝飾品と個人の衣服のファッションに東方趣味が反映していることがある．このことは，たとえばビルカの墓から出土した多くの遺物からあきらかである．東方の影響を受けたものがスカンディナヴィア全体で採用される例もある．たとえばねじって編まれたリングはいたるところで出土している．ヴァイキング航海者たちはイティルからカスピ海を縦断し，ゴルガーンからバグダードへは隊商路を通る陸路の旅をつづけ，カリフの宮廷にまで行くことができた．カリフ国の中心でのみ作られる品物もまた，スカンディナヴィアでみつかっている．そのなかにはアラビア陶器のとくにすばらしい例が含まれている．しかしながら，スカンディナヴィア人の東方への旅がつねに平和的だったわけではなく，あるいは交易だけを目的として行われたわけでもなかった．ヴァイキングの侵略者はなんどかこの地域に遠征をなし，912年にはバクーとカスピ海沿岸に大規模な攻撃をしかけた．

アッバース朝との銀交易は9世紀のうちにしだいに没落した．鉱山の枯渇に加え，カリフ国が，内乱，対外戦争，王都サマッラの建設のような一連の度を超した大規模建設事業による乱費を原因として，分裂したのである．サマッラはチグリス川の岸沿いに35 kmも広がり，建設に46年を要した．892年にはアッバース朝の国庫は空になっていたが，このころ，新しい銀資源がアフガニスタンで大量に見つかり，アラブ経済はゆっくりと回復した．アッバース朝に従属するサーマーン朝が，オクサス（アム・ダリア）川の北に位置するブハラとサマルカンドという大交易都市を擁するトランスオクシアナの支配者であったが，まもなく途方もない量の貨幣を鋳造し始め，その貨幣は西方に向かい，ロシア，ヴァイキング世界へ流れ込んだ．10世紀初め以降，これらの源泉から造られた貨幣は実際，9世紀の銀生産第1期の貨幣よりもずっと西の方で発見されている．ロシアだけでも何十万枚というアラブ貨幣が埋蔵宝から出土している．カリフ国の，以前をさえ凌ぐ大量の銀輸出は965年ころまで，ほとんど衰えることなくつづいたが，このころサーマーン朝の鉱山もまた掘り尽くされたと思われる．980年代と990年代，いぜんとして東方からスカンディナヴィアへ少量の貨幣が流入してはいたが，ヴァイキングは銀を得るためにヨーロッパの資源，とくに中央ドイツのハルツ山脈の新鉱山に目を向け始めていた．1015年までにはアラブ銀の輸入は完全になくなり，東方のきずなは断絶した．

銀交易が拡大していた時代，通商条件について交渉し，新市場を開拓するため，アッバース朝カリフ国から多くの外交・通商使節が，北の国々へ送られた．これらイスラームの使節はたいがい，最高度の教育と学識をもった人々であった．かれらは自分たちの旅について詳細な記録を残した．イブン・ファドラーンが922年に出会ったスカンディナヴィア商人の一行に関する第一印象は，引用の価値がある．それは衝撃的な目撃証言であり，その細部は，ヴァイキングの様子に関する考古学上の証拠とよく一致している．

> わたしは，ルーシ人が商業旅行のためにやってきて，ヴォルガ河畔で露営しているところをみた．わたしは，かれらほど完全な肉体をもった人々をみたことがない．ナツメヤシのように背が高く，金髪で赤みがかった肌をしている．かれらは上着もカフタンも着ず，男たちは体の片側を覆う衣服を着て，片手は動きやすいようにしている．男は各人が，1本の斧，1本の剣，1本のナイフをもち，いつも身に付けている．……女はみな，鉄，銀，銅あるいは金でできた箱をどちらかの胸に付け……箱には輪があってそこからナイフが下がっている．女たちは金と銀の輪を首に付けている．……もっとも珍重される装飾品は緑色のガラスのビーズである．

これらの強健そうな人々が，交易がうまく運ぶことを願って異教の神々に捧げ物をしたことを述べたあと，イブン・ファドラーンはヴァイキングの冒険者たちの実利的な祈りを引用している．「ディナール貨とディルハム貨をたくさんもち，わたしが望む物を何でも買い上げてくれ，わたしがいうことに異を唱えない商人をわたしのところへよこしてください」．皮肉なことではあるが，ヴァイキングについてわれわれのもっているもっとも詳細な同時代の証言は，ヴァイキング世界の辺境から得られるのである．アラブの史料は，生きたスカンディナヴィア人の日常生活─つまり，衣服とファッション，立ち居ふるまい，葬送儀礼，戦い─について，比類なき情報をもたらしてくれる．ヴァイキングの東方進出が，この時代のもっとも生き生きとした出来事の1つになっているのはこのためである．

上　スウェーデン出土のさまざまな種類の銀貨の山．大部分はアラブとビザンツの貨幣である．スカンディナヴィア人をバルト地域やロシアの河川を下って襲撃と通商をなすべく東へと誘ったものは，なににもまして銀だった，と思い知らされる．当時莫大な量が採掘されたアラブの銀を求めてスカンディナヴィア人は，ヴォルガを経てカスピ海にさえ達した．しかしもちろん取引の多くが，ヴォルガをさかのぼったブルガールの大市で行われたことは間違いない．

第4部　ヴァイキング世界の終焉

THE END OF THE VIKING WORLD

後期ヴァイキング時代とその後

11世紀のスカンディナヴィア

過去2世紀スカンディナヴィアの諸王国は国民国家への移行を開始していたが，11世紀にはこの過程が完成した．都市建設の意欲的な計画，新しい造幣所の開設，教会に対する保護を改宗したばかりのまだ異教的な北方に延長すること，これらが中央権力と王権のひきつづく成長をうながした．同時に農村人口が全般的に増加し，それにつれて国土の辺境地開墾が進み，農業慣行の変更も起こった．これらの要素が合わさってスカンディナヴィアの外観は，後期ヴァイキング時代に大きく変化したのである．

デンマーク

前にみたように10世紀末，デンマークの都市化は，他のスカンディナヴィア諸国より進んでいた．かなりの都市，道路，橋，その他同様の土木事業が10世紀中ごろ，ハーラル青歯王の治世に完成し，またこの方針はたいていその息子スヴェン双叉髭王（治世987年ころ-1014年）および11世紀後半のデンマーク諸王に受け継がれた．しかし青歯王の土木事業計画が国民の多くには行き過ぎと考えられたことはあきらかである．その巨大な費用の大半をかれらの税によって引き受けねばならなかったからである．息子スヴェンの父ハーラルに対する反乱を誘い，ハーラルが王国から追われてスヴェンがあとを継ぐことになった原因は，度を越えたハーラルの事業計画に対する不人気であったといわれる．事実，トレレボーやフュアカトなどハーラルの円形要塞は（これらは徴税執行センターだったであろう），スヴェン時代には使われなくなった．ハーラル時代のあと新規建設事業が，部分的には，再開されたイングランド大襲撃によって獲得された銀で賄われたことは間違いない．この方が徴税で集められた金よりも人気のある王室歳入源であった．

ヘーゼビューの町は西暦1000年のあと没落したが，その機能は付近の町シュレスヴィヒに受け継がれ，リーベは王の保護下に繁栄した．1000年ころ，あるいはその前に建設されたオーフース，ルンド，オーゼンセ，ロスキレ，ヴィボーなども同様である．これらの都市の多くでは，11世紀の街路や建物が発掘されている．とくにオーフースでは遺物の保存がよく，両壁にベンチをしつらえ，隅の1つに炉をもった，半地下式の建物の遺構が出土している．ルンドから得られた情報も貴重である．注意深く敷かれた街路の表面がいく層にもなって，富栄養有機質土のなかに保存されていた．何本かの道路はもっぱら手工業過程からでた皮革の切り落としでできていた．多数の木造建築物が，中身とともに残存していた．出土物のなかには，子供の玩具のような家庭用品が含まれ，幼児を勝手に動きまわらないように拘束する，前面に遮蔽のついた小さな椅子さえある．

デンマークの王は，キリスト教に改宗したばかりの地域に教会が確立するのを熱心に助けた．理由はいくつかあった．第1に，古い異教の非常に多様で差異をもつ慣習と違って，全国でただ1つの信仰という事実は，デンマークの統一にとって有益な力であると王はみなした．単一の信仰は，民衆を1つにするから，単一の政治国家を樹立しようとする王の試みと一致していたのである．第2の理由は王権の観念，すなわち，大陸ヨーロッパの王たちから同等者扱いされたいならば，教会を気前よく保護することこそ王にふさわしい，という観念に求められる．クヌート大王（没1035）が1016年以来イングランド王として教会支持の布告をだしたのも，1018年にデンマークの王位を継ぐとそこにこの布告を拡大したのも，このお手本にならったのである．現在知られているデンマーク最古の石造教会は，1027年クヌートの姉妹によってロスキレに建てられた教会である．これ以後，石が教会建築の主要素材となり，イェリングの教会（おそらくハーラル青歯王によって，異教徒であった父の遺体を納めるために建てられた）のような以前の木造の建物は石造に替えられた．

11世紀後半のデンマーク王国には多くの司教区があり，聖堂の建立が必要となった．初めこれらの建設にはイングランドや大陸ヨーロッパの職人，石工が雇われた．たとえば1080年代に建てられたオーゼンセ大聖堂はドイツ，イタリアの特徴もイングランドの特徴も合わせもっている．イングランドの影響はオーゼンセにイギリス人聖職者がいたためであろう．国が大陸ヨーロッパのキリスト教文化圏にすっかり統合されるにつれて，デンマークの都市も田舎も様子が変わってしまい，もし9世紀後半のヴァイキングが見てもそれとはわからなかったに違いない．

11世紀のスカンディナヴィア
1000年を迎えたとき，スカンディナヴィア各国はすでにそれぞれ高度の政治的結集を達成しており，最初の国民的な諸国家が形成されつつあった．11世紀に中央集権化がなされ，王の手に権力が集中していたことは，真の意味の都市的中心——王の指示に基づいて設定された計画都市——が急速に発展した事実に表れている．この時代，新しい貨幣鋳造所が建てられ，行政中心地と道路網が建設された．11世紀にはキリスト教がスカンディナヴィア全体にわたって確立し，新しい信仰は司教座の設定といたるところで行われた教会建設とによって迅速に固められた．1100年までには，スカンディナヴィア3国は，政治的かつ理念的な世界としてのキリスト教ヨーロッパに，しっかりと結ばれた．

上 イングランド王エセルレッド2世 (979-1016) の貨幣. スカンディナヴィアに何千枚と出土している. その多くは, 10世紀末から11世紀初め, デーン人侵略者の新しい波に対して支払われたデーンゲルドとして北欧にもたらされたものと思われる. 50年ばかりのあいだにアングロ・サクソン人は250,000ポンドをヴァイキングに支払った. これは重要な歳入源である.

下 ハーラル青歯王の洗礼. 大きな桶のなかに立っているのが王. 12世紀, ユラン半島タムドロブ教会の金メッキした銅製飾り板に描かれている. 聖ポッポ伝に題材を取った7枚シリーズの一場面. この聖人は灼熱した鉄を握ってみせてデンマーク王を感動させ, そのキリスト教改宗を実現させたとされる.

ノルウェー

隣国デンマークとは違ってノルウェーは, 11世紀になるまで都市的成長をまったく経験しなかった. 理由はまだ十分に解明されていないが, ノルウェーではカウパングのような季節的な市（いち）の中心は, 他のスカンディナヴィア諸国のように都市へと発展しなかった. ようやく1000年ころになって, 北部のトロンヘイムまたはニダロス（ヴァイキングにとってはニザロース）, 南東部のシェーエンやオスロに本当の意味での都市が成立した. とくにトロンヘイムはニード川沿いに急速に発展し, すぐにノルウェー王の王都となった. 現在の町の下で水に漬かっていた堆積物が発掘され, 注意深く設計された屋敷区画, 家屋と庭の跡が, そこで行われていた手工業から出た廃棄物ともども, 出土した. オスロからもこれにあたる11世紀初めの建造物が出土している.

両都市とも, ほぼ間違いなく王の命令によって建設された. 中心となる権威がなければ営業地区を設立して保護し, 工芸その他の産業活動や商業事業を繁栄させることはできなかったが, 当時このような権力をもっていたのはノルウェー王だけであった. 事実上, 両都市の全体が王の個人財産で, 専門職人団体や王の役人に貸し出されたのかもしれない. この関係は, 互恵的だったであろう. すなわち王は保護を与える代わりに, 租税・関税によって分け前を取り立てた. これらの都市的中心地が差し出した最高級の生産物がまた, 王宮の輝きを増したことも疑いない. 両都市の中心部には王の居館が置かれ, そのまわりを王の従者や親衛隊の館が囲んでいた. 同世紀の終わりにはこれらに造幣所, 教会, 大聖堂が加わったが, これらはみな, 偉大な王にふさわしいと考えられた権力と権威の機構だった. のち, ノルウェー西海岸のベルゲン, スタヴァンゲル, それにオスロに近いテンスベルに都市が建設された. いずれからも11世紀後半の考古学資料が出土している.

10世紀末と11世紀にノルウェーは国民国家へと前進したが, 前に述べたようにこれにはキリスト教が重要な役割を果たした. 教会の建物は初め木造だった. この時代の建造物で今日まで完全に残っているものはない. しかししばしば, 最初期の木造教会の後継者である12, 13世紀の石造教会の下に柱穴が残っており, もとの建築平面図がわかる. 木造の建物はしばしば火災によって破壊され, 地中に埋め込まれた木の板は腐敗し, 取り替えを必要としたが, ときにはいくつもの建て替えの層を確定できることがある. ノルウェーには12世紀の入念に装飾された樽板式工法の教会が多数保存されているが, これによって最初期の教会がどんなふうであったか想像できる. 西ノルウェーのボルグンやウルネスに現存する美しい樽板式教会は, 中世ヨーロッパ全体でも, もっとも保存のよい木造建築物に数えられる. 12世紀の樽板式教会の建築にはときおり, もっと古い, 後期ヴァイキング時代の教会に使われた材木が実際に混ざって使われている場合があり, 当時の彫刻がどんなに見事であったか, わずかながら知ることができる.

スウェーデン

島の町ビルカはおそらくは10世紀の後半に廃棄された. このビルカの機能を継承したと思われるシグトゥーナは, 都市化が12世紀まであまり進まなかったスウェーデンにおいては例外的である. 貨幣の銘文によれば, シグトゥーナは王によって建設されたことがほぼ確実である. シグトゥーナはメーラレン湖の分肢の一つに沿って, 帯状に設計されている. 発掘は, 町に数個の教会があり, また後期ヴァイキング時代のデンマークとノルウェーの都市にお馴染みの都市型家屋区画（割当て地）のあったことを示した.

ある意味ではシグトゥーナは初期の首都と考えられる. それは中・東部スウェーデンを支配した王朝の王宮所在地であり, 教会と行政の中心として機能した. 都市的定住がビルカからシグトゥーナへ移った要因として, 部分的には, 海面低下によってビルカの港が干上り始めたこともあったかもしれない. しかしスウェーデン最大の定住地を移転させようという決断には, もっと複雑な理由もあったのではないか. ビルカで, もっと長く営業をつづけようと思えば, そのこと自体はたいした困難もなしにできたであろう. しかしシグトゥーナは, 発展しゆく国家のまさに心臓部に位置していたから, 湖の真ん中の孤立した場所よりも, 王権力の中心として好都合な立地を提供したに違いない. ビルカは, それまでの数世紀に存在した, 諸政治構造体が割拠していた状態にはより適していたのである.

移転の理由が本当のところどうだったにせよ, シグトゥーナは特別な例である. バルト海沿岸に多数あった, レッデシェービンゲ, シェービングスヴィーク, パーヴィーケン, フレイエルなどの小さな交易地の大部分は, 大きな都市的中心地に発展しなかった. 例外は11世紀にパーヴィーケンの役割を引き継いだものと思われるゴットランドのヴィースビュと, スウェーデン西部地方の2つの都市レーデーセとスカーラである.

樽板式教会

ヴァイキング文化の全盛期は短かったが，長くつづく痕跡を数多く残している．ノルウェーおよび（それよりずっと少ないが）他のスカンディナヴィア諸国でいまも見られる木造の樽板式教会こそは，特別にユニークな，卓越した記念碑として生きつづけている．樽板式建築法はヴァイキング時代の建築様式では末期の発展であり，11世紀に教会に用いられ始めた．技術自体はそれより少し早く若干の居住用建築物に認められる．そのもっとも単純な形では，樽板式建築法は樽の製造法に似ている．ゆるく湾曲した板材を垂直に1列に並べ，壁の上端と基部に沿った水平な2本の溝つき材のあいだにはめ込む．その結果，壁板材は地面に接触せず，したがって湿気と腐朽から守られる．もっと以前の木造教会は支柱が地中に固定されていたから，建てられて1世代のうちに腐ってしまったであろう．11世紀の樽板式教会で完全に残っている例はないが，彫刻された材木の断片が中世の教会その他の建物に，部分として使われて，残っている．アイスランドのフラータトゥンガ，スウェーデンのヘムセの例が有名である．しかし樽板式建築がもっとも発展し，もっとも洗練された形を示すのはヴァイキング時代末期から12, 13世紀に建てられた教会である．この時代の樽板式教会はいまもノルウェーの田舎に点在している．それらは，ヨーロッパ・キリスト教文化圏に吸収されつつあった時代に，初期中世スカンディナヴィア人が到達した建築上，芸術上の頂点を示す驚くべき記念碑である．

左　西ノルウェー，ソグネ・フィヨルド沿岸，ボルグン教会．現存する樽板式教会のうち，疑いもなくもっとも美しい．基礎構造は12世紀．動物の頭をかたどった堂々たる切り妻と多重屋根は，おそらく1世紀あとの追加．このように手の込んだ装飾はのちの教会に典型的にみられるもので，ときには驚くべき洗練と美しさをもつ．

左下　ドアを鍵穴の形に縁どっている優美な動物絡み合い模様，ボルグンから遠くないウルネス教会．ヴァイキング時代末期の「ウルネス芸術様式」の名は，11世紀に彫られたこの模様からとられた．

下　樽板式教会は内部も彫刻されていた．この例はボルグン教会．木材を入り組ませた建築は素朴な優雅さを付け加え，「武骨な」ヴァイキングという一般的イメージにそぐわない．樽板式教会の多くがもっている豪奢で非常に装飾的な外見は，ヴァイキング時代には個人住居もこの種の豊かな装飾で覆われていたのだろうか，と想像させる．

後期ヴァイキング時代とその後

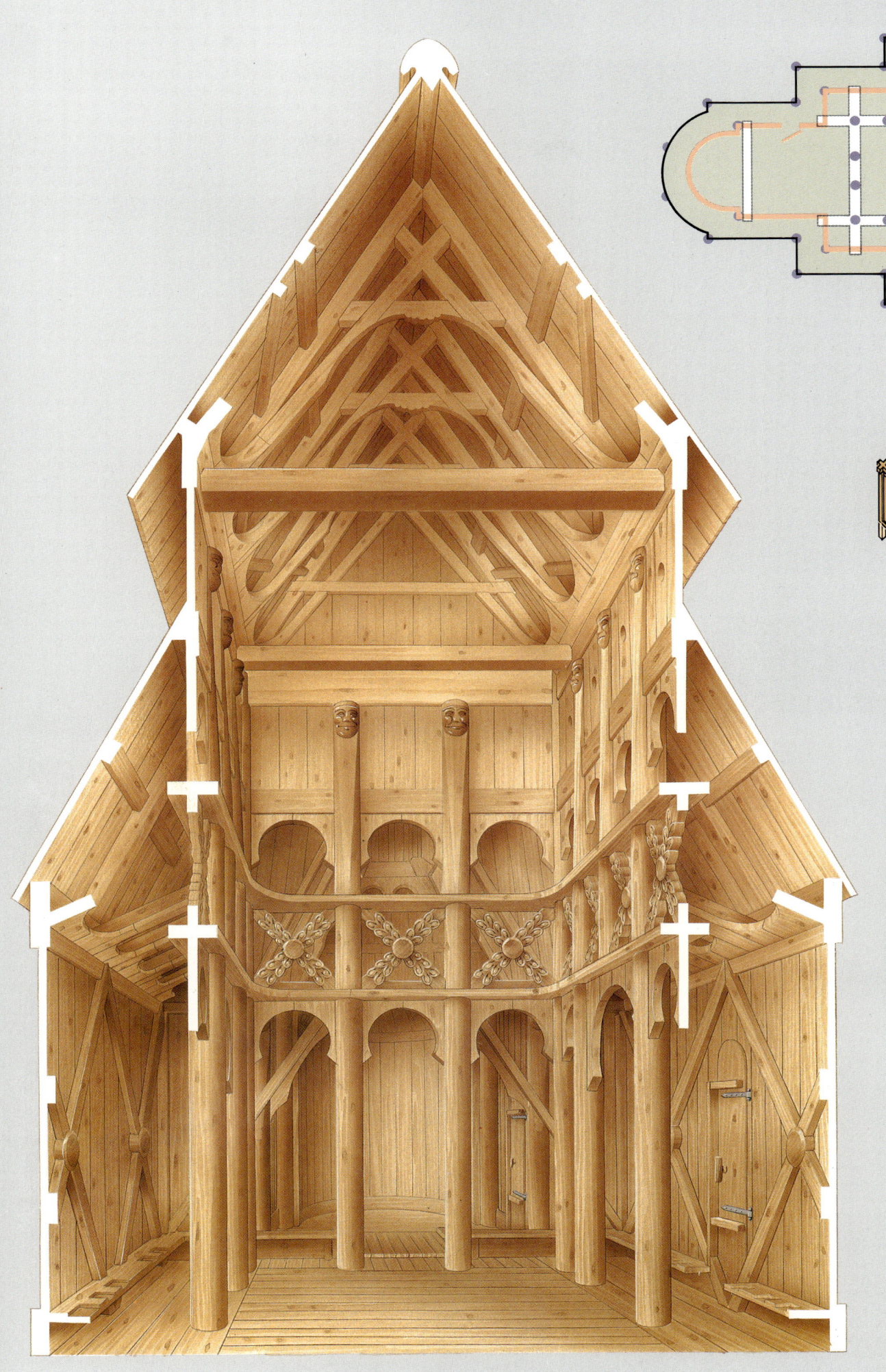

11世紀の樽板式教会は単純な長方形の平面輪郭をもち，身廊（ネーヴ）にしばしば小さな四角い内陣（チャンセル）が接続し，また側廊があることもある．のちの教会はこのデザインを潤色し，四角形のなかに立てられた4本の支柱を中心とするようになった．これらの支柱は高く天井に達し，屋根の高度を支えていた．ボルグンは典型例である（左図の横断面をみよ）．支柱中心配置はときとして発展して拱廊（アーケード）となり，構造物の全体が四角形の連鎖として設計された（左図，およびいちばん上の平面図）．このように複雑にはなっても，樽板式教会の基本技術はヴァイキング時代からずっと中世まで変わらなかった．工法の進化はすぐ上の図に示される．地中固定式から，4本柱と敷居梁という中間段階をへて，全構造が地面の上に持ち上げられる最終的な形へ．

後期ヴァイキング時代とその後

シグトゥーナ

　10世紀の終わりころ、おそらくは970年ころ、中部スウェーデン、メーラレン湖の北の分岐に沿って小さなシグトゥーナの町が建設された。シグトゥーナはビルカを引きついだもので、ビルカ同様、王権の管理下にあったものと思われる。シグトゥーナは初めから、大通りが湖岸に沿って走る、整然とした計画に基づいて設計された。道路の両側に細長い屋敷地区画が配され─たぶん100区画以上─、王宮は町の中心部を占めていた。遅くとも995年、ウーロヴ・シェートコヌング王は「神のシグトゥーナ」の銘をもつ貨幣を発行し、王宮の隣にスウェーデン最古の造幣所跡が発掘されている。金匠その他の高級工芸の工房跡もここで発見されている。シグトゥーナはキリスト教の町であった。おそらくは教会跡と思われるものが少なくとも7カ所確認されている。付近には多数の墓地がある。シグトゥーナの考古学埋蔵物は多くの場合水に漬かっており、ヴァイキング時代スウェーデンの最良の資料がいくつもここに保存されている。王宮の境内の近くで、屋敷地4区画が全部発掘されたが、それによると10世紀から13世紀まであいついで建て替えられ、住居が10層に及んでいた。道路に面した部分は仕事場が占め、居住建物はうしろに配されている。11世紀には、1カ所にときとすると最高5つまでの建築物層が重なっている。豊かな出土物は金属、繊維、骨、角その他の材料による手工業のあったことを証言している。

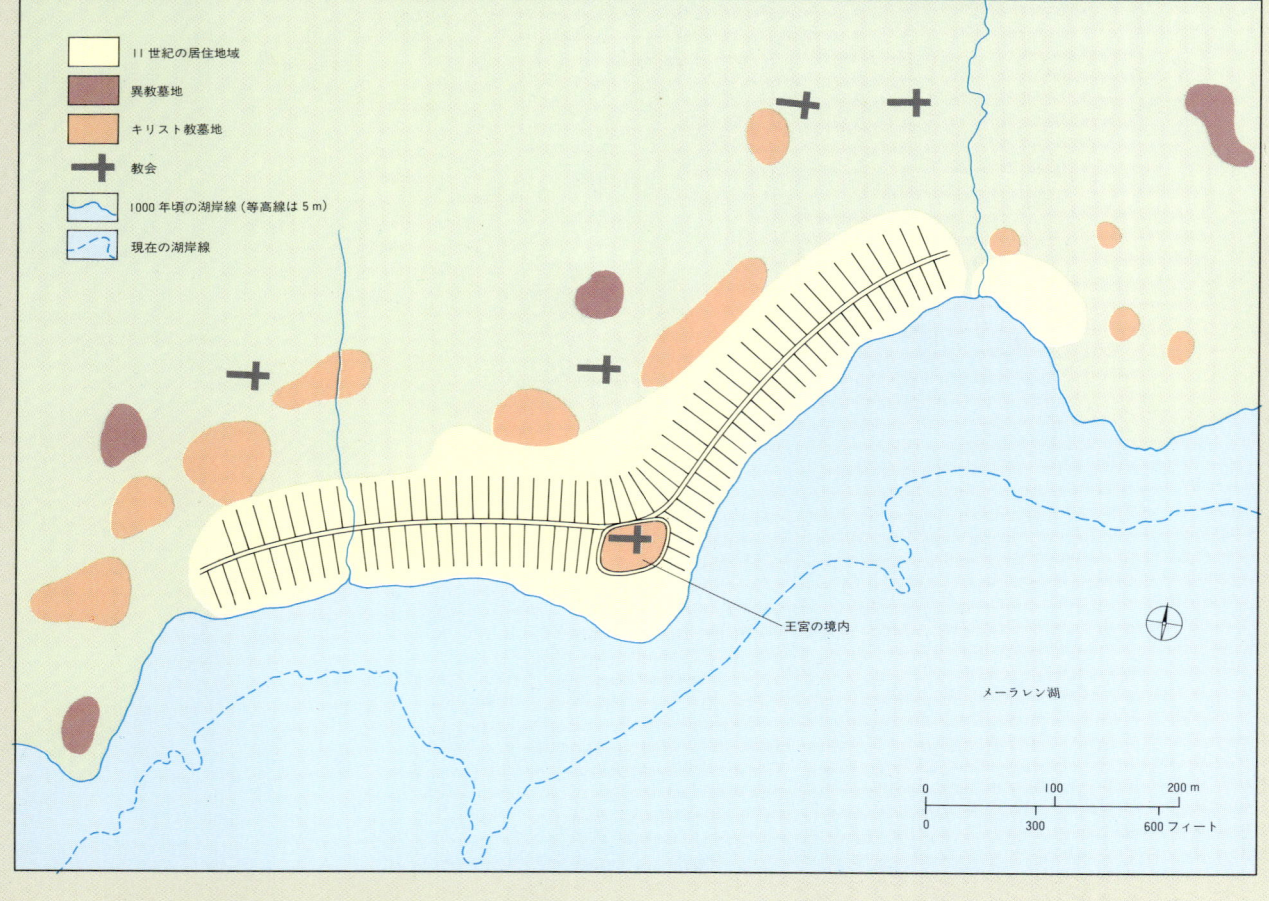

下　ヴァイキング時代末期のシグトゥーナ周辺の水位は、現在よりも5m高かった。居住跡が含まれている地層はすべてかつての湖岸線に沿っていた。定住地の背骨をなす中心線は、いまも「ストゥーラ・ガータン」(「大通リ」)として残っている。かつて中心部にあった王宮の敷地は現在、シグトゥーナ博物館の下にあたる。下の地図は町を囲んでいる異教の墳丘墓とキリスト教墓地、および教会の配置も示している。

凡例:
- 11世紀の居住地域
- 異教墓地
- キリスト教墓地
- ✝ 教会
- 1000年頃の湖岸線(等高線は5m)
- 現在の湖岸線

王宮の境内
メーラレン湖

後期ヴァイキング時代とその後

左　シグトゥーナの海外との交渉は出土物にみることができる．このうわぐすりをかけた陶製の卵は11世紀初めのキエフ製．この種の卵はキリスト教の復活のシンボルと思われ，ロシアからバルト海東部，南部全域に分布した．

右　ヴァイキング時代には写実的な人物彫像は少ない．へら鹿の角に彫られたこの戦士頭部はもっとも有名なものの1つ．シグトゥーナ中心部出土．円錐形のヘルメットは「輪と点」模様の装飾をもつ．髪は首のうしろできちんと巻かれている．長い口ひげと入念に刈り込んだあごひげは，標準的な男性ファッションだった．

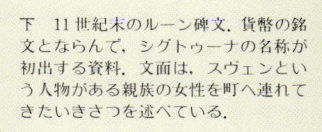

下　11世紀末のルーン碑文．貨幣の銘文とならんで，シグトゥーナの名称が初出する資料．文面は，スヴェンという人物がある親族の女性を町へ連れてきたいきさつを述べている．

凡例（地図）
- イングヴァルのルーン石
- 1036–41年のイングヴァール遠征推定ルート

縮尺 1:18,750,000
0 — 400 km
0 — 300 マイル

下　イングヴァル石の1つ―ウップランドのヴァルブスンド・ルーン石碑．追悼されているのは船長の1人グンレヴ．かれは「イングヴァルとともに東方で殺された」そして「船の舵取りによく通じていた」．

拡大図を見よ

（地図中の地名）ダール川、タムネレン湖、ウップサーラ、メーラレン湖、ユンガレン湖、バルト海、ラドガ湖、ノヴゴロド、キエフ、ドニエプル川、ヴォルガ川、黒海、コンスタンチノープル、クタイシ、トビリシ、カスピ海、アラル海

縮尺 1:2,550,000

後期ヴァイキング時代のスウェーデンの政治的・宗教的機構については，多くの点で他のスカンディナヴィア諸国よりもかなりあいまいである．すでに述べたように文書史料は乏しく，あっても伝道活動にかんするものが中心である．西ヨーロッパの年代記は東スカンディナヴィアの出来事にはほとんど注意を払わなかった．イングランドやフランク帝国にさしたる影響がなかったからである．スウェーデン王権の成長とキリスト教への改宗過程はほとんど知られていない．9世紀のアンスガールのスウェーデン伝道は失敗に終わり，10，11世紀については記述史料がほとんどまったくといってよいほど欠けているが，しかし1000年ころ，キリスト教徒であるウーロヴ・シェートコヌング王が国の西部を支配し，1014年にスウェーデン最初の司教管区をスカーラに設置した，ということだけはわかっている．第2の司教管区が1060年代にウップサーラに設立されたが，まわりは異教徒に囲まれていた．

ウップランド平原の北部では，11世紀の末になってもまだ異教が盛んであったことは疑いない．ウーロヴ治世のあとのあるとき，スヴェイン（スヴェン）という王が異教を復活させたらしく，このことはかれのあだ名「ブロート・スヴェン」（blótは異教の供犠を意味する）に伝えられている．ウップサーラの異教大寺院はおそらくスカンディナヴィア最大の信仰中心地であった．ブレーメンのアダムは1070年，これを気味悪いほど詳細に描写している．この寺院が使われなくなったのは1110年ころであり，おそらくひそかな異教信仰は何世代もあとまでつづいた．スカンディナヴィアのなかでもつねにもっとも野蛮でもっとも遠いスウェーデンに，キリスト教会がその力を十分に拡げ始めたのは，本来のヴァイキング時代が終わったあとのことである．初期のスウェーデン教会建築物については事実上何も知られていない．ただほんのわずかな遺跡に残っていた若干の装飾付きの壁板の示すところによれば，スウェーデンの教会はどうやらノルウェーの樽板式建造物に似ていた．

イングヴァルの石碑

ふつうの意味での書かれた史料は存在しないが，ルーン文字を彫りつけた何百という石碑は独特な史料である．その大部分は11世紀のもので，スカンディナヴィアの他のどこよりもはるかに多くスウェーデンの田園に散らばっている．これらが立てられたのは，亡き親族，友人，戦友の追憶のためであったろうか（碑文はしばしば追悼碑を立てさせた人物につ

イングヴァルの東方遠征

ヴァイキング時代の全体を通じてもっとも野心的な冒険の1つが1036年から1041年に行われた．イングヴァルという若い隊長が中部スウェーデンから小船隊を率い，ロシアの諸大河を下って東方をめざした．この種の他の掠奪侵略とこの遠征が区別される点はイングヴァルとその部下が，他のだれよりも，空前絶後の遠距離を旅したらしい―ロシア，コンスタンチノープル，カスピ海までのみならず，おそらく深くアジアにまで―，ということである．この遠征に加わり，はるか遠くて死んだ多くの人々を記録している中部スウェーデンのルーン追悼石碑は，特異なグループである．イングヴァルの艦隊に乗組員を供給したのは個々の軍船を供出する海軍召集であり，石碑群の分布からこの海軍召集がなされた地域について多くのことがわかる．つまりこの遠征は，ある種の組織された軍事的作戦だった可能性が示唆される．アイスランドのサガは，イングヴァルの遠征が大災厄のうちに終わり，かれと部下は東の荒野に壊滅したと伝えている．

上　ハープ奏者が奏で，鍛冶屋が金敷きで仕事をし，農民が一対の牡牛で畑を耕す．1000年ころカンタベリーで書かれた手写本にあるこれらの情景は，旧約聖書の物語を絵にしようとしたものであるが，エセルレッド2世時代イングランドの生活をしのばせる．まさにこのようなときにヴァイキング襲撃が，非常な残忍さをもって再開されたのであった．

世のサガ1篇がこの遠征にふれている唯一の書かれた資料であるが，それは怪物や美しいお姫さまがいっぱいでてくる荒唐無稽なお話で，そのなかに真実をつきとめることは難しいからである．しかしともかくイングヴァルはコンスタンチノープルへの道をとリ，黒海を周航し，そこから陸路カスピ海へと向かったようである．もっと遠くまで行ったかもしれない．というのは，かれの旅はきわめて異例なものと考えられたからこそ，ほとんど神話的な性質を帯びるに至った，ということがあきらかだからである．遠征はアジアのどこともしれない国で恐ろしい災厄にあい，わずかな生き残りがメーラレン地域へ戻って物語を伝えた．死者の両親や友人によって立てられた石碑は，悲劇のニュースがようやくスウェーデンに達した長い年月ののちに立てられたもので，ヴァイキングの考え方にふさわしい献辞ともなり，9, 10世紀の大遠征にまさるとも劣らない遠征の記念碑ともなっている．

ヴァイキング遠征の最終局面

11世紀前半デンマークとノルウェーは国民国家として登場し，これによってヴァイキングの西方に対する拡張は最終局面に入った．王たちがヨーロッパのより広い舞台でその政治的な力を示し，権力を試し始めたのである．この過程の第1歩はイングランドに対する戦いの再開であった．アングロ・サクソン人はデーンローをスカンディナヴィア人の支配者から取り返し，954年にヨーク最後のヴァイキング王を追い出したのであったが，それから30年の空白を経て980年に，ヴァイキングはイングランド侵略を再開した．

侵攻はイングランド南海岸と北ウェールズに対する二元攻撃の形をとった．ウェールズ侵略はアイルランドとアイリッシュ海周辺のヒベルノ・ノース（アイルランド人と混合したスカンディナヴィア人）入植地から出撃がなされた．これは征服をめざしたものではおそらくなかったし，かつてそう見なされたことがたびたびあるような，熟考された財宝狩り計画でさえなかった．アイルランドに基地をもつヴァイキングが，機会をとらえては季節的な掠奪をする習慣を復活させた，という方がはるかにあたっている．この習慣はアングロ・サクソンのエドガー平静王（957-75）の強力な手腕のため，一時的に中断していたのである．『アングロ・サクソン年代記』はエセルレッド2世に対して弱い統治力という非難を浴びせているが，このヴァイキング活動再開をみれば，この非難ももっともと思われるであろう．ただし年代記は同王の治世をあまりにも悲惨なものとして描きすぎていることも確かである．なおエセルレッドの「不用意王」(the Unready) というあだ名は，古英語 unræd の誤訳であり，実際の意味は「思慮の悪い」である．

東からのイングランド侵略はあきらかにまるで違った野心によって動かされていた．デンマーク王が初めの急襲にどの程度かかわっていたかはわからないが，980年の攻撃再開後，すぐに積極的に関与し始めた．すでに見たように10世紀末には，ロシアとアッバース・カリフ国からの銀供給は枯渇しており，ドイツの新しい供給源は，その一部しか肩代わりできていなかった．北欧内の政治的発展と増大する中央集権化の結果，王という仕事は金の掛かるものになり始めた．デンマークの土木工事，道路建設，防衛施設といったハーラル青歯王の野心的な計画が高いものについたことについてはすでに述べた．王の軍事従士団も新しい王国の富を多額に消費した．

王権の経費が上昇しつつあったとすれば，権力獲得の経費も同様であった．王権横奪を志す者や王位を追われた者たちは，9世紀の初期の襲撃以来，ヴァイキング政治劇の主役であったが，かれらの金銭需要も増える一方であった．こうした

いて，追憶されている人々についてより以上にではないにしても，同じくらいに多くを語っている），それとも土地所有権の宣言，相続の証文，法的文書の役割を果たしているのであろうか．どちらにしてもルーン石碑はヴァイキング時代末期に実際になされていた考え方や態度を理解するのに役立つ．それはスカンディナヴィア本土から直接得られるほとんど唯一の同時代史料である．

中部スウェーデンにある約30基の石碑は，碑文のなかでもとくに興味深い．それらはイングヴァルという隊長の率いる東方大遠征に加わって死んだ大勢の人々を追悼しており，「イングヴァルの石」と呼ばれている．そこには舵取り，船長，航海士が語られており，イングヴァルの兄弟ハーラルについても，悲しみの母によって石碑が立てられている．1036年にその小艦隊を率いて東に向かったとき，イングヴァルは25歳くらいだった．後世の書き手は「遠くへ旅せし者」というかれのあだ名を伝えている．

考古学者は長いあいだイングヴァルの遠征の正確な道筋について議論してきた．なぜなら碑文ははっきりせず，後期中

後期ヴァイキング時代とその後

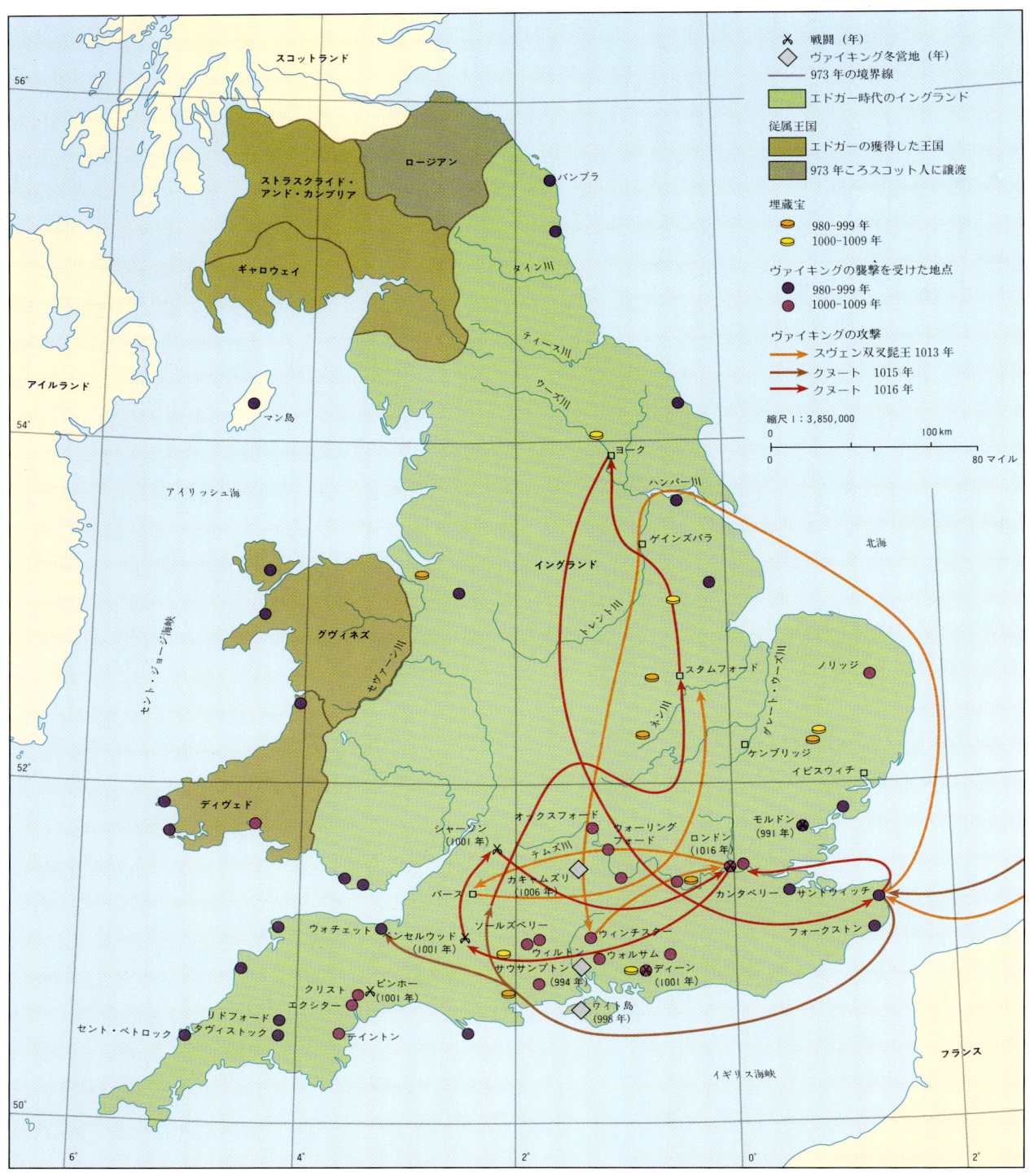

ヴァイキング活動の再燃：イングランド

エドガー統治下のイングランドは比較的平穏で，勢力も拡大した．980-1009年，スカンディナヴィア人の侵略の新しい波が太平を終わらせ，王国をゆさぶった．この再開された戦いの時期，ヒベルノ・ノース（アイルランドのノルウェー系ヴァイキング）の侵略者はイングランド西部とウェールズの目標を攻撃し，一方，東と南ではスカンディナヴィアからやってきた大艦隊が，エセルレッド2世の英軍を撃破して意気消沈させた．1009年以後，攻撃はさらに重大な転換を迎えた．スヴェン双叉髭王とその息子クヌート率いるデンマーク王国艦隊は，一連の作戦行動を通じて，イングランドの領域的支配をめざす総力戦をしかけたのである．

要素はある程度10世紀末と11世紀の攻撃再開の説明になる．かれらの参加はあきらかに土地獲得や征服を意図してではなかった．攻撃はただ1つの目的しかもたなかった．持ち帰ることのできる富をできるかぎり獲得すること，である．

つぎの10年のあいだ，攻撃はまさに劇的に強められた．ヴァイキングの艦隊は大規模で，王の指揮下に，高度の連携能力をもった軍事力として，事実上真の国民的な軍隊として行動した．さらに，王位を窺う不満分子に率いられた艦隊も多数が襲撃に参加した．たとえば995年にノルウェー王となるオーラヴ・トリュグヴァソンは，991年イングランド南東部に対して93隻の艦隊を指揮した．アングロ・サクソン人は侵略に対して武装抵抗を示したが，トリュグヴァソンの戦役のときは，それ以上の攻撃を避けるため「デーンゲルド」を支払う方針をとることに決めた．これはエセックスのモルドンの戦いで，デーン人に蒙った悲惨な敗北の結果である（アングロ・サクソン人の，英雄的ではあるが，破滅の運命づけられていた防衛戦は，古英語で書かれたもっとも有名な詩の1つに讃えられている）．しかしデーン人に対する銀4,500 kg（10,000ポンド）の支払いの効果は，アングロ・サクソン人を動員しようとするエセルレッドの絶望的な努力にもかかわらず，デーン人をいっそうの大軍をもって戻ってくるよう励ましただけだったようである．994年にはオーラヴ・トリュグヴァソン自身が戻ってきた．こんどはスヴェン双叉髭王と同盟していた．かれらの冒険的なビジネスは銀7,250 kg（16,000ポンド）の支払いによってたっぷりと報われた．

デーンゲルド支払いはつづき，金額はエスカレートした．1002年には銀10,800 kg（24,000ポンド），1007年には16,000 kg（36,000ポンド），1012年には22,000 kg（48,000ポンド）．巨額の経済流出である．エセルレッドは，1002年の聖ブライスの日（11月13日）にイングランドに居住するすべ

後期ヴァイキング時代とその後

てのデーン人を殺せ，という恐るべき命令を発したが，ここにイングランド統治当局の陥った自暴自棄を見ることができる．この命令が本当に発せられたことは，教会聖域に保護を求めてきたデーン人に言及しているオックスフォードの証書が証明している．これら動乱の時代がいかに不安であったか，考古学上の証拠によっても確認される．この時代に埋められた埋蔵宝が多数，南東イングランドで発見されている．人々は盗難から富を守るために埋めたのであろう．一方これに対してスカンディナヴィアでは，埋蔵宝にイングランド銀貨の数が増大している．ゴットランドだけで，50,000枚以上の貨幣が見つかっている．

9世紀とは違って，今回の襲撃にはあきらかに多数のスウェーデン人侵略者が加わっていた．この現象には，ロシア国家の集権化が進展したため，スウェーデン人の東方ヴァイキング活動の機会が狭められたことが，関連していると思われる．スウェーデンには，イングランドで戦死した男を悼むルーン碑文がいくつかあり，デーンゲルドに言及しているものもある．たとえばイェッテルイェーレの碑文には，ウールヴという人物が幸運にも3度も分け前を受け取ったと語られている．「1度目はトスティが支払い，つぎにはソルケルが支払い，それからクヌートが支払った」．掠奪とゆすりに加え，スカンディナヴィア人の一部は，富を獲得する第3の道を選んだ．すなわち1012年と1013年，多数のヴァイキングが「のっぽの」ソルケルの指揮下にアングロ・サクソン側の傭兵として戦った．

スカンディナヴィア人がイングランドの銀で豊かになるにつれて，かれらの視野も拡がり，侵略はより政治的な様相を呈してきた．あきらかにスヴェン双叉髭王はイングランドの全面征服という考えを抱き始めた．このような冒険が成功すれば，かれはスカンディナヴィアでもっとも強力な王となるであろう．1009-1012年の戦役には，かれ自身は参加していなかったようであるが，おそらくかれのために行われた．1013年スヴェンは大艦隊を率いてイングランドに戻ってきた．疲れ果てたアングロ・サクソン人はこの猛攻に抵抗できなかった．1013年スヴェンはデーンローの住民から王として受け入れられた．エセルレッドのフランス逃亡のあと，スヴェンの王位承認はイングランド全土に拡がった．しかしエセルレッドは1014年に帰還することができた．この年『アングロ・サクソン年代記』は「幸運な出来事」，スヴェンの死を記録している．

エセルレッドの治世最後の2年間は，軍勢とともにデーンローにとどまったスヴェンの息子クヌート相手の負け戦に費やされた．1016年にエセルレッドが死ぬと，その息子エドムンドはヴァイキングに猛烈な抵抗をみせ，国の南部全体からかれらを追いだした．このためかれは「剛勇王」のあだ名で呼ばれる．しかしかれも，同年のうちに死んだ．アングロ・サクソン人にはクヌートを王として受け入れる以外に選択はなかった．クヌートはただちに国を自分の部隊長たちに分配した．クヌートとそのスカンディナヴィア人継承者たちはイングランドを30年近く支配することになる．

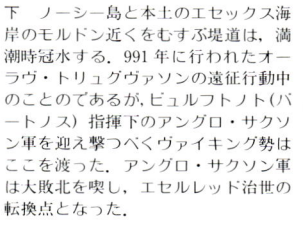

下 ノーシー島と本土のエセックス海岸のモルドン近くをむすぶ堤道は，満潮時冠水する．991年に行われたオーラヴ・トリュグヴァソンの遠征行動中のことのであるが，ビュルフトノト（バートノス）指揮下のアングロ・サクソン軍を迎え撃つべくヴァイキング勢はここを渡った．アングロ・サクソン軍は大敗北を喫し，エセルレッド治世の転換点となった．

は天使に取り囲まれている．神の手が王権に対するクヌートの神聖な権利を指し示している．しかしクヌートは自分の剣に片手を掛け，何がほんとうにかれの力の源であったかを思い出させている．

教会保護はデンマークでも行われた．2つの国にはあきらかに芸術上のつながりがあった．クヌートがイングランドに持ち込んだもっとも重要なものの1つは，当時デンマークで行われていたリンゲリーケ様式であった．イギリスの芸術家はこれを受け入れ，手写本の装飾などの新しい形で使った．19世紀にロンドンのセント・ポール大聖堂墓地から発見された割れた墓石に，イングランドとデンマークをあわせても最良のリンゲリーケ様式を見ることができる．もとは赤，白，黒に彩られていた堂々たる野獣が，墓石を横断する形で大またに歩き，その脚には一匹の蛇がリボン状に巻きついている．古北欧語のルーン文字で，「ギンナとトーキがこの石を立てさせた」と書かれている．

クヌートはなんどもスカンディナヴィアの戦闘に引き込まれ，1026年にはスウェーデンのヘルゲオーの戦いでノルウェー王とスウェーデン王の連合軍に敗れた．1028年クヌートは，ノルウェーの豪族とオーラヴ・ハーラルソン王の対立を利用し，公然たる反乱を促した．もう1度イングランドの軍勢を使ってクヌートはノルウェー王を追いだし，トロンヘイムでみずからノルウェー王を宣した．オーラヴ・ハーラルソンは2年後，王位を回復しようとしてスティックレスタの戦いで殺された．「スヴェーア人の王クヌート」と刻印されたシグトゥーナ鋳造の貨幣があり，かれの権威がスウェーデンでも認められていた証拠である．クヌートは1027年ローマに赴いて皇帝コンラートの戴冠式に出席し，ヨーロッパの支配者たちのあいだに座を占めた．1035年に死んだときには，その支配はイングランド，ノルウェー，デンマークおよび南スウェーデンにまたがる一大帝国に及ぶ，と主張するだけの資格があった．

上 クヌート大王は北海の両側で，自分の名において貨幣を発行させた．このペニー貨には＋CNUTREXANGLORUM（「アングロ・サクソン人の王，クヌート」）の銘文があり，冠をかぶった半身像が四つ葉のなかに見える．クヌートはデンマークに造幣所網を作り，イングランド貨をモデルに貨幣を発行した．スウェーデンのシグトゥーナで発行され，かれの名が刻印されている貨幣も，イングランドの型にしたがっている．

左 1016年にイングランド王となるとクヌートは，エセルレッド2世の寡婦エンマ・オヴ・ノルマンディー（アングロ・サクソン人からはエルフギューヴと呼ばれた）と結婚した．『生命の書』のこのページに描かれている王夫妻は，ウィンチスターのニュー・ミンスターに祭壇の十字架を寄進しているところ．光輪に囲まれた王座に座るキリスト（宇宙の支配者たるキリスト）が祝福を与えている．エンマの息子のうちクヌートを父とするハーデクヌートは，短いあいだデンマークとイングランドの王位についた．エセルレッドを父とする長子がエドワード（懺悔王）で，1042年にイングランド王となった．

クヌート大王の帝国

スヴェンが死んで，クヌートがイングランドでデーン人の立場を固めているあいだに，デンマーク王国は兄ハーラルに継承された．1018年にハーラルが死ぬと，クヌートはデンマーク王位を確保するため，デンマークでの戦闘にイングランドの兵力を用いた．1019年にこの目標は達せられ，クヌートは，過去のいかなるヴァイキングも及ばないほどの，大きな領域を支配することになった．北海を囲む国々を支配する帝国の創出が始まった．クヌートは治世の大部分をイングランドで過ごしたが，おそらくはそうすることがヨーロッパの君主としての威信と地位を高めたためであろう．同じ目的のため，またイングランド内の支持を強めるため，クヌートはエセルレッドの寡婦と結婚し，さらにエセルレッドの法典を自分の名で再発布した．イングランドとデンマークに共通する貨幣の発行は，かれの王国を構成する2つの部分の融合を強めた．

南イングランドのウィンチスターを首都としたクヌートは，キリスト教君主の模範にしたがって統治し，その事実を修道院に惜しみなく寄進することによってだれにもわかるようにした．『生命の書』（Liber Vitae）にはウィンチスターのニュー・ミンスターの「会員信者，僧，および準会員と寄進者の，生ける者も死せる者も，すべての名」が記入されているが，そのあるページは，同修道院に黄金の祭壇十字架を贈るクヌートとその妻エンマ（エルフギューヴ）を描いている．これはヴァイキング王にしては珍しい肖像である．クヌート

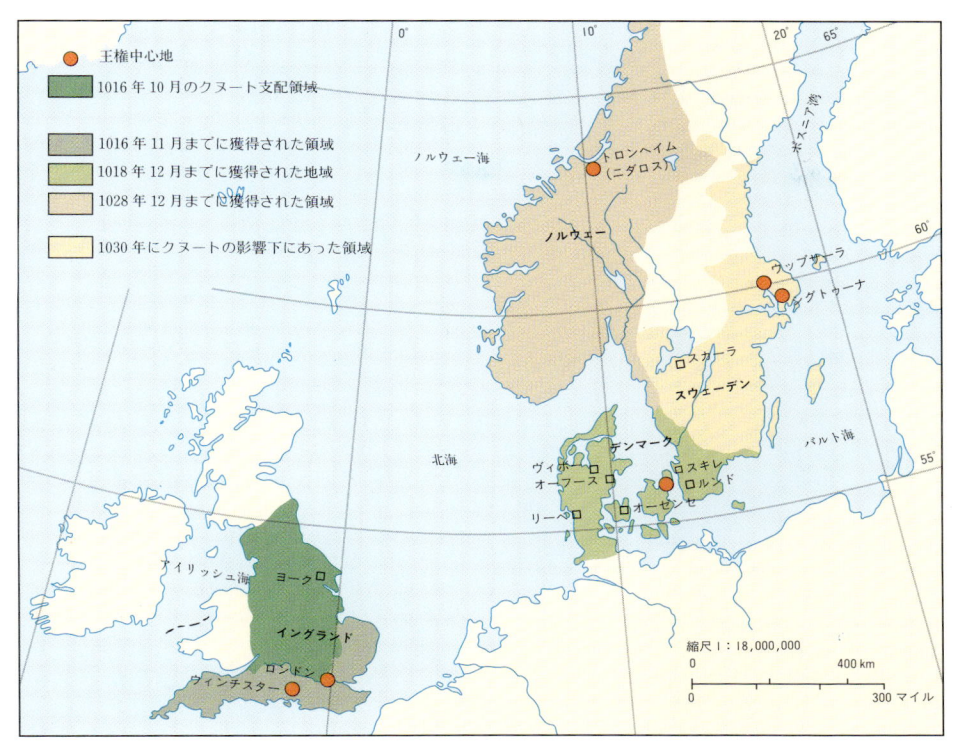

凡例:
- 王権中心地
- 1016年10月のクヌート支配領域
- 1016年11月までに獲得された領域
- 1018年12月までに獲得された地域
- 1028年12月までに獲得された領域
- 1030年にクヌートの影響下にあった領域

クヌート大王の帝国

1016年クヌートは、エドムンド剛勇王からイングランドの中央部と北部を譲渡された。同年エドムンドが死んで、クヌートは全土の単独支配者となった。つづいて征服と外交駆け引きの過程が始まったが、最終的にはクヌートが北海をまたぐ領域の支配者となった。1018年にデンマーク王国を継承し、1028年にはかれの軍隊がノルウェーを征服した。1030年ころからかれは、スウェーデンの大部分に対しても支配権を主張した。今日ではかれの支配領域をさすのに「帝国」の用語がしばしば使われるが、クヌート本人が真の意味での帝国の支配者と自認していた証拠はない。かれ自身は一連の別々の諸民の支配者と任じていた。しかしいずれにせよ死んだときには、かれは前にもあとにもいかなるヴァイキングもなしえなかった大領域に支配権をふるっていた。後世のスカンディナヴィア人はクヌート大王の名を贈ったが、かれは十分にその名に値する。

左　ロンドン、セント・ポール教会墓地出土のこの石は、かつて墓の一部だった。装飾はリンゲリーケ芸術様式。同様式のヴァイキング世界でもっとも美しい事例の1つ。ルーン碑文に述べられているギンナとトーキなる人物が何者かは現在わからないが、墓が建てられたのはクヌート時代と考えられる。

右　フランスのロワール地域を根拠地とするヴァイキングが、9世紀にアンジェを掠奪した。ときの司教は聖オーバン。1100年ころに書かれた聖オーバン伝には、船に乗って攻撃態勢にあるヴァイキングが描かれている。しかしこれら戦士は11世紀風の武装で表されている。長い鎖かたびらと鳶型の楯。これらはノルマン人によってヘイスティングズの戦いに用いられ、バイユーのタピストリーに描かれているものと同種である。画家は舵（かじ）を反対側につけている！

しかし個人の野心に基づくこうした事業の多くと同様、クヌートの帝国はその死とともに解体した。息子ハーデクヌートは1040年にイングランドとデンマークの両王位を継承したが、没落をとどめるためにほとんど何もしなかった。1042年にかれが宴席で死んだとき、イングランドの王位は古い王統に戻った。エセルレッド2世の息子のうち、唯1人生き残っていたエドワード（「懺悔王」）が、25年間のノルマンディー亡命から帰国し、王に宣せられた。

ハーラル苛烈王とイングランド侵入

スカンディナヴィアがイングランドに与えた直接的な災厄の物語のなかで、事実上最後のエピソードは、1066年1月エドワード懺悔王の死がきっかけだった。エピソードを始めたのはノルウェー王ハーラル・シグルザルソンである。権力への道を残忍に戦いとったこの王は、ハルズラージ（「苛烈王」）のあだ名で呼ばれた。ブレーメンのアダムはハーラルを「北方のいかづち」と呼んだ。ハーラルの生涯は、11世紀のヴァイキングが体験したもっとも輝かしいものの1つであり、その名声はクヌートに匹敵した。かれが名声をそれ自体として追求したことは、末期のヴァイキング王たちが自分自身の神話について抱いていた鮮明な観念を生き生きと示している。

オーラヴ・ハーラルソン王の異父弟であるハーラルは、15歳のときスティックレスタの戦いに出陣し、オーラヴの死後、東へ向かい、スウェーデンへと逃れた。スウェーデンからロシアに渡ったハーラルは、そこでキエフのヤロスラヴ公に勤務したが、まもなくさらに南への道に身を堵し、コンスタンチノーブルへ赴いて皇帝の親衛隊ヴァランギアに加わった。東方の皇帝に勤務してかれが戦った多くの冒険はヴァイキング世界中に知れわたった。しかしハーラルは冒険を1045年に終え、ノルウェーで地位を得るべく北へ帰ったのである。

ハーデクヌートがイングランドで死んで、スカンディナヴィアに権力空白が生じた。ハーデクヌートは生前、自分のデンマーク領統治権をノルウェー王マグヌスに譲っていたのであるが、これをいまやクヌートの姉妹の息子スヴェンが要求していた。ハーラルはこの状況にチャンス到来と考え、スヴェンと同盟を結んでマグヌスに敵対した。1047年にマグヌスが死んでノルウェー王位を継承したハーラルは、ただちにスヴェンに敵対した。つづく20年のあいだに、数えきれない戦いに何千人もが死んだ。両王が変節と復讐に彩られた侵略と反撃の、道理なき戦争を戦ったからである。デンマークの多くの地にハーラルの有名な軍旗ランドエイザン（「国を荒廃させるもの」）はひるがえり、ヘーゼビューさえ炎上した。しかし戦争は手詰まりとなり、1064年に2人の支配者は和平に同意した。このときハーラル苛烈王は50歳、当時知られていた世界中のいたるところで戦い、スカンディナヴィアのどこにおいても、短いながら権力を勝ち取った。1066年かれはその最後の冒険に着手した。この冒険は末期ヴァイキング時代を、事実のうえでというよりもむしろ精神的に、歴史的終焉に導くこととなった。

イングランドのエドワード懺悔王は嗣子を残さずに死んだ。対立はあったが、翌日、エドワードの上級顧問の1人だったハロルド・ゴドウィンソンが王に宣せられた。このニュースはノルウェーでは歓迎された。なぜならハーラル苛烈王は、イングランドに侵入し、自分をクヌートの王国に対する当然の継承者であると主張する好機と見たからである。ハロルド・ゴドウィンソンの兄弟で、前年イングランドから追放された、元ノーサンブリア伯（アール）トスティグ、それにオークニーのヤールは、ハーラルを激励した。ハーラル苛烈王は作戦家としての軍事的熟練を示し、計画をアングロ・サクソン人に隠して、ひそかに軍勢を集めた。その夏遅く、200隻のノルウェー艦隊がハンバー河口をさかのぼってウーズ川のリッカルに上陸した。この報せはハロルド・ゴドウィンソンにとって完全な不意打ちであった。すぐトスティグとオークニーのヤールの艦隊が合流し、総計おそらく300隻、9,000人の部隊からなる合成軍になった。上陸後数日でハーラル苛

後期ヴァイキング時代とその後

左　バイユー・タピストリーのこの場面は，1066年9月28日ノルマン人のペヴンシー上陸後，ヘイスティングズで相談中のウィリアム公を描いている．二人の異父弟，バイユーの司教オドとモルタン伯ロベールのあいだに座ったウィリアムは，切っ先を上にして剣を握っている．おそらく司教オドのために作られたこのタピストリーは，ノルマン征服の諸事件に関するまたとない記録であり，ヴァイキングの子孫ノルマン人とその船や武器についての貴重な情報源である．

烈王の軍隊はノーサンブリアの国民軍をゲート・フルフォードに撃破した．ヨーク周辺の住民から人質を取り，ハーラルは南下する前にノーサンブリアでの足場を固めようと腰を落ち着けた．9月中ごろ，かれは軍勢をスタムフォード・ブリッジに宿営させた．そこはリッカルに停泊している船団から22 km，ヨークから12 kmである．

ハーラルは知らなかったが，英王ハロルド・ゴドウィンソンは，ノルウェー人の上陸を聞くや，可能なかぎりの部隊を動員し，北に向かって死にもの狂いの強行軍を開始していた．わずか数日のうちにかれの軍勢はヨーク近郊のタッドカスターに到達した．9月25日，ノルウェー人がまだ気がつかないうちに，アングロ・サクソン軍は27 km行軍し，スタムフォード・ブリッジでノルウェー人に遭遇した．アングロ・サクソン軍接近の最初の兆候は，地平線に現れたかれらの武器に，朝日が反射してキラキラすることだった．「氷の砕けた野原に照る太陽のよう」，と後世の北欧のサガは描写している．初め，ハーラル苛烈王は古いやり方で，イングランド北部を全部与えられれば戦わないと約束して和議を結ぼうとした．ハロルドの答えが伝わっている．「余は汝にイングランドの土地7フィートを与えよう．もし汝が他の者より背が高いというのであればそれだけ多くてもよい」．

戦闘は血みどろの，長く，最終決着を求めるものだった．それは937年のブルナンブルフの戦い以来，イングランドで戦われた最大の合戦であった．両軍は炎天下に1日中戦った．ノルウェー王はリッカルに停泊している船団から援軍を呼んだ．かれらは22 kmを完全装備で走ってきた．死力を尽くしたがノルウェー人は，疲弊しきって壊滅した．最後の偉大なヴァイキング王ハーラル苛烈王は突撃の先頭に立ち，のどに矢を受けて死んだ．アングロ・サクソン軍はリッカルの船団に向けて敗走するノルウェー人を1晩中追撃した．殺戮は凄まじく，300隻に乗ってきた軍勢のうち，生き残った負傷者がノルウェーに戻るのに24隻しかいらなかった．死者は戦場に放置され，何世代にもわたってかれらの骨が戦場の目印になった．運よく生き残ったものたちが海を越えると，ハロルド・ゴドウィンソンとアングロ・サクソン軍は南へ戻った．ハロルドが恐れていた報せが届いたからである．ノルマンディー公ギョーム（ウィリアム）がノルマン人を率い，やはり征服を意図してイングランド南岸ペヴンシーに上陸したのである．

ノルマンディー公ウィリアムとイングランド征服

ハーラル苛烈王が首都トロンヘイムで侵略計画を練っていたころ，ノルマンディーのファレーズにあるウィリアム公の本拠地でも同じような企みが練られていた．ウィリアムは1027年ころにロベール公の庶子として生まれた．ロベールは，911年にノルマンディーを受封したヴァイキングのロロから数えて5代目の直系子孫である．1035年ウィリアムの父が死んだが正嫡相続人がいなかったので，ウィリアムは子供時代を厳しい政治的闘争の渦中に過ごすことになった．この闘争は公国を分裂させるところだった．ウィリアムは成人すると，継承権の主張に成功し，ノルマン社会のあらゆる方面に自分の権威を確立した．かれは境界線をめぐってカペー家のフランス王と容赦なく戦い，軍隊を再組織し，高度に訓練した騎兵部隊の戦闘隊形を採用し，1066年当時，ノルマン人はおそらくヨーロッパで無敵の戦争マシーンであった．ウィリアムは，クヌート同様，教会の変わらぬ保護者だった．たくさんの宗教施設，わけてもジュミエージュの壮麗な修道院を建設し，何かあると自分がローマ法王の忠実な下僕（しもべ）であることを熱心に示した．かれの異父弟オドはバイユーの司教だった．

ノルマンディー公家とイングランドの王家はクヌート時代に姻戚関係を結んでいた．ウィリアムがイングランド王位請求権の根拠にしたのはこの縁戚である．かれは，エドワード懺悔王がまだ生きているうちに，この請求権を強調する機会があった．1064年ころ，ハロルド・ゴドウィンソンがノルマンディーを訪問し，ウィリアム公の客となったことがある．いかなる事情でこの出会いがあったのかは，いまではわからない．もっともありそうな説明というのは，ハロルドがアイルランドへ行こうとして嵐のためにコースを外れた，というものである．しかしいずれにせよハロルドはノルマンディー滞在中にウィリアムへの忠誠を強いられ，エドワード王が死んだらウィリアムの王位継承を支持することに同意した．ハ

後期ヴァイキング時代とその後

ロルドがみずから王位を受けたと聞いたとき，ウィリアムはあきらかに激高し，顔を外套で覆い，口をきくことを拒んだ．かれはただちにイングランド侵入の艦隊建造を命じ，9月の初めまでには侵略の態勢を整えた．

ノルウェーの軍勢を北海を越えてヨークシャー海岸へと一気に運んだその同じ風が，ノルマン人の船をフランス北岸ディエップの港に釘づけにした．艦隊が9月27日に帆を張ることができたときには，ハーラル苛烈王はすでにスタムフォード・ブリッジで死んでいた．英仏海峡を越えるやウィリアムの軍勢は抵抗にも会わず上陸し，ただちに要塞基地の建設に取り掛かった．ここからかれらはアングロ・サクソン軍と戦いにまみえる準備をした．ノルウェー人とは違ってウィリアムは，ハロルドがやってくることを知っていたからである．アングロ・サクソン軍はヨークから南海岸へ，400kmを9日間で行軍した．増強するために途中で止まることもできなかった．軍勢は約7,000，その大部分は農民の国民軍で，しかも全員が数日前スタムフォード・ブリッジで戦ったばかりで，疲れ切っていた．ウィリアムの軍勢も数はほぼ同じだったが，しかし何百人もの弓兵と騎乗したまま戦う騎士の部隊をいく組かもっていた．

10月14日，ヘイスティングズから14km，現在のサセックス，バトル村のはずれで両軍は会戦した．アングロ・サクソン軍は，ノルマン人が駐屯する沼の多い谷を見下ろす尾根に沿って配置された．中央ではハロルドは，親衛隊をウェセックスの竜の軍旗のまわりに結集させた．明け方ノルマン人は前進し，猛烈な抵抗にあった．馬は泥に足をとられ，歩兵は槍，石，棒切れ，アングロ・サクソン人が手当たりしだいに投げつけるあらゆるものを雨と浴びて撃退された．ウィリア

ム軍に加わっていたブルターニュ人部隊が打ち破られ，敗走し，ノルマン人部隊の多くを巻き込んだ．ハロルドが2週間のうちに2つの大勝利を勝ち得たかと思われた．しかしアングロ・サクソン徴募兵が尾根を離れ，敗走者を追って下方へあふれだすと，ウィリアムは逃げる兵を呼び戻し，ノルマン騎兵は取って返してアングロ・サクソン軍の半数を谷川に切り倒した．

あとはたんに時間の問題だった．アングロ・サクソン人は尾根を越えて退いたが，ハロルドのまわりの国王親衛隊は密集し，殺されても体が倒れなかったほどだ，とノルマン人年代記作者は述べている．まずハロルドの2人の弟が殺され，それからハロルドが戦死した．かれの目に矢が当たったと，戦いのあと噂されたが，真偽は不明である．ウィリアムがみずからアングロ・サクソン軍の楯の壁を蹂躙して王に迫ったと，主張するノルマン人記述者もいる．戦闘の物語はアングロ・サクソンとノルマン双方の史料に繰り返し描写されているが，もっとも生き生きとした記録は，バイユーのタピストリーと呼ばれる刺繍に描かれている．これはノルマン人の勝利を記念するため—おそらくバイユーのオドによって—アングロ・サクソン人の刺繍師に依頼されたものである．

ヘイスティングズの勝利のあと，ウィリアムの軍勢は北へ向かい，ほとんど抵抗もなく全土を席巻した．1066年のクリスマスの日，ウィリアムはロンドンのウェストミンスター寺院で国王に戴冠され，こうしてかれは，第6世代のヴァイキングとして，北欧の祖先が長きにわたって為し得なかったことを為し遂げた．ノルウェー人の悲惨な敗北とノルマン征服は広範囲な影響をもたらした．スタムフォード・ブリッジの損害は非常に厳しいものだったので，以後1世代以上のあい

右　12世紀の牙製チェスの駒．西ノルウェー，おそらくトロンヘイムで製作．ここはセイウチ牙交易の重要な中心だった．図の駒は，中世に知られるこの種の作品中，もっとも重要でもっとも数の多い連作の一部である．この連作のうち4組がほぼ完全に残っている．これらがアウター・ヘブリディーズのルイス島で出土したことは，スコットランドの西部島嶼部が当時なお政治的にはノルウェー王国の一部だった事実をくっきりと示すものである．

だノルウェー王は，大規模な攻撃をしかけることができなかった．デンマーク艦隊は1069年にイングランド北部の征服を試みたが，17年にわたる苛烈王との戦いのあとで，デンマーク軍も疲れきっていたし，スウェーデン人の拡張主義的な野心もこの同じ戦いで無力化していた．1098年ノルウェーはふたたび幸運に恵まれ，マグヌス裸足王は西方へ最後の本物のヴァイキング遠征にでかけた．ヘブリディーズ諸島とマン島を荒らし回り，ウェールズでノルマン人と戦いさえした．しかしノルウェー人の船は13世紀にさえアイルランド海岸を掠奪しつづけはしたが——どの点からみてもヴァイキングの伝統は，西ヨーロッパではハーラル苛烈王とともにスタムフォード・ブリッジで死んだのであり，かれの遺体がその息子の手によって1067年にトロンヘイムへと運ばれたとき，伝統も最後の安息を迎えた．北ヨーロッパの権力がぶつかりあう舞台はスカンディナヴィアと北海を離れ，英仏海峡の両側の国々へと移ったのである．

後期ヴァイキング時代の遺産：スコットランド

ブリテン諸島の北西部には，以南と比べてはるかに長く，スカンディナヴィア人が居坐りつづけた．初期の急襲の時代が終わったあと，スコットランドの島嶼部とブリテン本土北部にはノルウェー系入植者がしっかりと根をおろし，いまも使われている地名や，言語に含まれるノルウェー語の要素にその痕跡をみることができる．オークニーでは，ノルウェー語のこの地域の方言であるノーン (Norn) が19世紀まで話され，理解された．白樺の皮で屋根を葺くなど，ある地方に特有のいくつかの建築様式も，ノルウェー系ヴァイキングの影響が長くつづいたことの証拠である．

前に述べたように「オークニー，シェトランドおよびケースネス・ヤール国」はごく早い時期に成立した．スコットランドの各地に，鹿角の櫛やせっけん石の器などノルウェー特有の工芸品が出土することは，ノルウェーの発展しつつあった都市や手工業中心地との直接の交渉があったことを示し，

またノルウェー王が，ヤールを通じて強力な政治的影響力を及ぼしたことは疑いない．11世紀のヤール・ソルフィンのときには，ヤールは重要な地域指導者になっており，西へと領域を拡げる野心をもち，アイリッシュ海を目指していた．『オークニー諸島人のサガ』の1037-39年の項には，このことが述べられている．

> ヤール・ソルフィンはヘブリディーズ人とアイルランド人に手一杯となり，援軍の必要を痛感した．……さて春も早くヤール・ソルフィンは，親族であるヤール・ログンヴァルドに使者を送り，遠征に同行するよう，そして集められるだけ多くの兵を連れてくるように求めた．……ソルフィンとログンヴァルドは夏のあいだヘブリディーズ，アイルランド，さらに西スコットランドの沿岸部を遠く広く掠奪した．ソルフィンはどこであろうと進むところ支配下に置いた．

11世紀のオークニー諸島には北欧人が住んでいた．このことをもっとも直接的に証言している書かれた史料は『オークニー諸島人のサガ』である．この史料もほかのサガと同様，描かれている出来事のあとになって，しかもおそらくアイスランドの学術中心地で書かれたのだから，注意深く取り扱われるべきである．しかし『オークニー諸島人のサガ』に含まれている詳細さからみて，現地の情報提供者が用いられたに違いない．たとえばオーフィルのブー周辺の丘陵を直接知っているものでなければ，あの特有な風景について，サガのなかでなされているような厳密な描写は不可能である．オークニーのマイス・ハウにあった新石器時代の玄室墓に，ヴァイキングが避難所を求め，ルーン文字を彫りつけた．それはサガ以上に，昔の男女の生きた現実にわれわれを近づける．ルーン碑文は旅人，墳墓の盗掘，冬の天候，避難所と慰めの必要，残してきた恋のかずかず，について語り，スカンディナヴィア人冒険者の，家庭の暖炉にあこがれる人間的なものを

左　スコットランド本土北東海岸，フレズウィック・リンクスの航空写真．ここでは後期ヴァイキング時代に居住された証拠が広範囲に見つかっている．当時は大規模漁業が地域経済の重要な要素となっていた．この地域は先住民ピクト人居住地域の1つであることはわかっているが，ケースネス地方にスカンディナヴィア人がヴァイキング時代の早い段階にも住んでいたことを示す証拠はまだない．

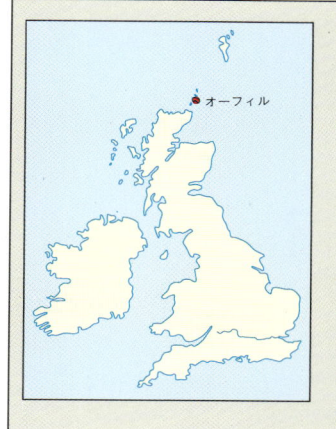

後期ヴァイキング時代とその後

オーフィル

オークニーのオーフィルは，後期北欧時代にオークニーのヤールが保持した，多くの堂々たる居住地の1つであった．ヤール・バウル・ハーコンソンが12世紀にそこに建てた屋敷については，『オークニー諸島人のサガ』に述べられている．「そこには大きな宴会用の館があり……エールの大樽がたくさんあった……そして館の前には，ほんの数歩のところに美しい教会が建っていた」．かなりの数の建造物群があって，民間伝承ではアール（伯）のホール（ヤールの館）とされているが，これらはさまざまな時代の建造物の集合体である．しかし12世紀の教会の一部がいまも立ち，後期北欧時代の水車と大きな金属工房の跡が発掘されている．

下　バウル・ハーコンソンの「宴会用の館」と一般にみなされている建物と円形教会の跡に近く，水平式水車の跡が発掘された．さらに離れたところに水車用の池と，ラヴァクルーンと呼ばれている金属加工工房の跡がある．池はヴァイキング時代には堰とめられていたかもしれない．

上　オーフィルの貝塚出土の刻文入り牛の肋骨．ルーン文字で「……この骨は……にあった」とある．もっと有益な情報は貝塚からでてきた何千というタラの骨と焼けた六条大麦の粒である．オーフィルのノルウェー系住民の食事を彷彿とさせる．

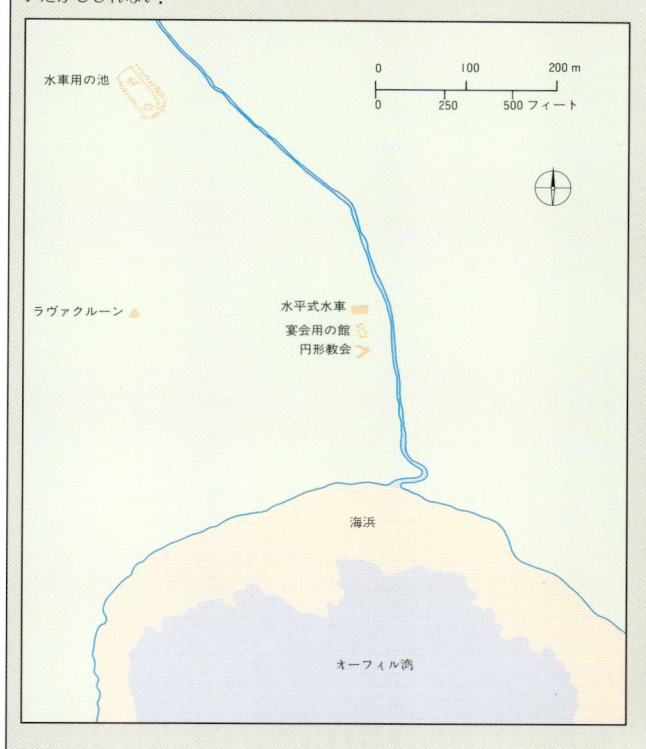

下　オーフィルの円形教会は中世スコットランド唯一の環状教会である．このデザインはエルサレムの聖墳墓教会をもとにした可能性がある．12世紀にヤール・ハーコンが聖地を訪問しているからである．この教会は，のちに別の教会（現存せず）が西側に建てられたとき，部分的に壊されたが，円形の後陣の主要部はそのまま残った．

垣間見せる．

11，12世紀にはヤール国内部に多数の地域的権力中心が発展したようである．そのなかにはオークニー島の，ヤール・ソルフィンが永続的な基地としたバーセイ，同じくオークニーのオーフィル，ウェストレー島のティウクウォイ，ラウジー島のウェストネス，シェトランド島のヤールズホフ，ケースネスのフレズウィックがある．これらの遺跡の発掘によって，スコットランドにおける末期ヴァイキングの生活がいかなる性質のものであったかについて，多くの資料がもたらされた．居住地の多くはかなり大きく，経済的役割の異なる一連の建物（納屋，牛小屋，台所，鍛冶小屋，居住用建物）をもち，建物は通例，成層積みの石でできている．前にも述べたように，多くの遺跡では（たとえばバーセイとヤールズホフでは）いくつかの諸時代にまたがって連続的に人間が住んだ証拠があり，11，12世紀の建物が，もっと初期のヴァイキング時代の建物の上に，あるいはピクト人居住地の上にさえ，重なっていることがしばしばある．たとえばバーセイでは，いくつもの定住時代のそれぞれに属するほぼ長方形の建造物の敷地が，12世紀の小さな教会のまわりに，無秩序に群がっている．しかしときにはシェトランド諸島のサンドウィックのように，11ないし12世紀にスカンディナヴィア人が住みついたのが最初と思われる遺跡もある．

これらの農民，漁師の生活様式を物語る証拠は多様である．オーフィルでは，穀物を挽くためであろう，水平水車が出土している．いくつかの遺跡では花粉分析が行われ，六条大麦，カラス麦，亜麻が栽培されていたことがわかった．フレズウィックで発掘された貝塚では，魚の骨その他のくずが厚い堆積をなし，規模の大きな漁がなされたことを示している．後期北欧時代の定住地で発見されたつり用のおもり，さまざまなナイフ，紡錘用はずみ車，その他多数の道具と日用品は，厳しい労働を伴う自給経済のイメージを仕上げる．

こうした農業社会の生活は戦乱と内紛によってたびたび乱

後期ヴァイキング時代とその後

バーセイ

右 バーセイ島遺跡主要部の平面図。崖のはしにさまざまな時代の建造物群が重層していることがわかる。ここでは北欧人の建物はかつてのピクト人遺構の上に重なっており，北欧の建物がもっと単純な輪郭を見せている斜面上方と対照的である。

バーセイのブロッホはオークニー本島北西の隅にあり，潮の干満によって小さな島になったり陸続きになったりする。それがノルウェー・ヴァイキングの遺跡であることはずっと前から知られていた。『オークニー諸島人のサガ』に，11，12世紀の政治権力と教会権力の主要な中心地だと述べられているからである。発掘の結果，ブロッホはピクト人の時代にも重要な場所であり，当時は特別に高品質の金属製品を生産する手工業中心地であったことがあきらかになった。どちらの時代の建物跡も主として島の南側，本島寄りに集中している。ノルウェーから来たヴァイキング入植者たちは，崖っぷちのピクト人定住地の上に直接，その建物の石を利用して建設したので，建築の時代を識別するのはきわめて困難である。ノルウェー人の建物は12世紀の教会のまわりに密集し，ピクトの遺跡はその下になった。ここから美しい図象石碑が発見された。1羽の鷲と3人の戦士が彫刻されており，3人の人物の墓であることを示すと考えられる。斜面の上の方に，草に埋もれているが，ノルウェー人の密集した建物群の基礎石ははっきりと見える。排水という実際的理由から建物は斜面の上下方向に沿って建てられている。斜面と交差するように家を建てた植民者がいたら，自分の決定を後悔したことだろう。島の他の場所からもピクト人と北欧人の孤立建造物が確認され，またオークニー本島のブロッホに面した部分からも北欧人の墓や建物がいくつか発見されている。これらのうちもっとも重要な1つは現在のバーセイ村の中心にある石の建物で，高さはところによって1mを超え，長さは少なくとも12mある。

下 ブロッホの南側で粘土と石の簡単な建物が単独で，狭い岬に発見された。発掘はたいへんだった。10世紀に建てられて以来，浸食がこの崖っぷちの場所をきわめて危険なものにしていたからである。

216

後期ヴァイキング時代とその後

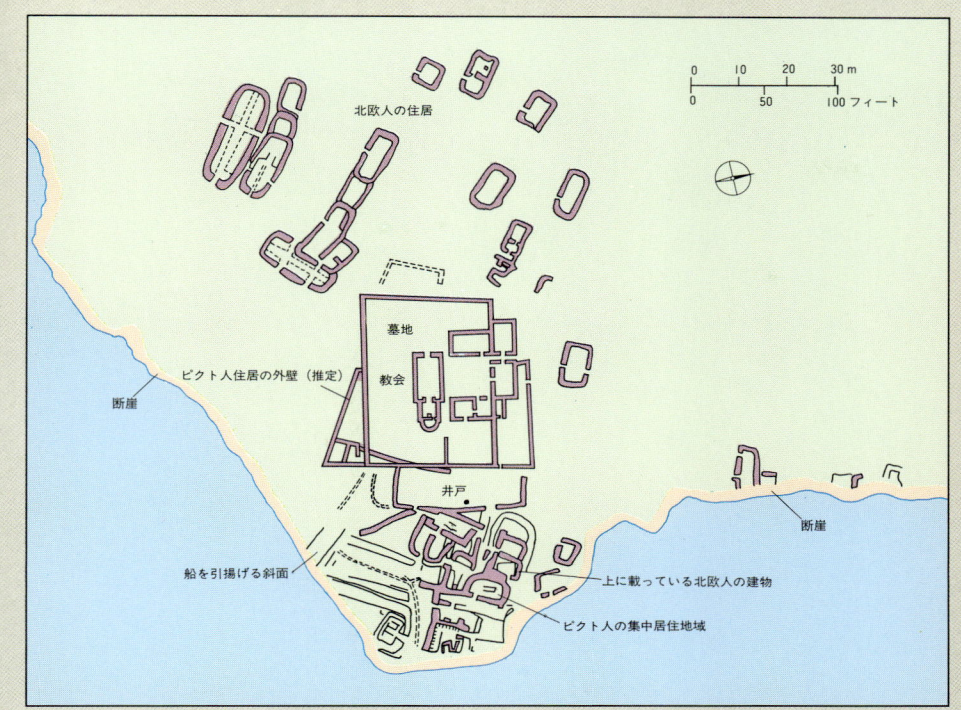

下 ブロッホの粘土質の土壌には人工物はごく少ししか保存されていなかったが、せっけん石の容器の残骸、ビーズ、粘土製鋳型が発見された。図の骨器その他は弁別的特徴をもっている。後期ヴァイキング時代の櫛、ピン、ルーン文字の刻まれたあざらしの歯。

下端 満潮時、ザトウクジラの形になるバーセイのブロッホ。ヴァイキング時代にこの島が本土から完全に切り離されていたかどうかはわからないが、天然の要害であったことはあきらかである。

217

されたに違いない．遺跡によれば，後期北欧時代には，カスタリと呼ばれる防御壁をもった定住地の使用がかなり増加した．ワイアの「カビー・ルーの城」はその一例である．カビー・ルーは『オークニー諸島人のサガ』の登場人物コルベイン・フルーガのこととされている．大きな広場と石の塔をもち，深い壕をめぐらしているこれらカスタリは，北スコットランド本土や島嶼部に広く見られる鉄器時代のブロッホ（円形石積の塔）とはまったく別物であるが，景観的にはどちらも丘の上に立地してよく目立つ．

オークニーのヤールたちの富と権力は，かれらの主要な教会建築物の豪華さに示されている．『オークニー諸島人のサガ』には，バーセイにソルフィンの大聖堂があったと述べられているが，その位置をめぐっては激しい論争がある．あるものはバーセイ島のブロッホにあったと主張し，他のものは本土側のバーセイ村，いまの教区教会のそばにあったと論じている．ずっと信憑性が高く，かつ重要なのはオーフィルの円形教会遺跡と，オークニーのカークウォールにある聖マグヌス大聖堂遺跡である．これらの建築物は念を入れて建てられており，要した材料と，これらの建築に対する遠距離からの影響とは，当時のオークニーがヨーロッパを舞台に活躍していたことを示唆している．オーフィルの円形教会は，スカンディナヴィア起源の可能性もあるが，エルサレムの聖墳墓教会からインスピレーションを受けているともいわれる．聖墳墓教会は，1099年にエルサレムが第1次十字軍によってアラブ人の手から占領されたあと，西ヨーロッパの教会モデルとして人気があった．オークニーは十字軍運動にかかわったのかもしれない．

カークウォールの大聖堂は堂々たるロマネスク建築で，北東イングランド，ダラムの大聖堂がもつ荘厳な建築を手本にしている．そして実際ダラムの石工たちがカークウォールの建築に加わったことが知られている．この建物は聖マグヌス（マグナス），すなわちオークニーで育ち，1117年ころエギルセイで殺された殉教者マグヌス・エルレンズソンに捧げられている．かれはのち，オークニーの守護聖人となった．フェーロー諸島のチルチュベーウルにある聖堂教会がやはり聖マグヌスに捧げられている．この事実は，西方のノルウェー系定住地域と北大西洋のノルウェー系地域のあいだに強い結びつきが長くつづいたことを示している．オークニーとシェトランドはさらに3世紀間，スカンディナヴィア勢力圏にとどまった．それらがスコットランド領になったのはようやく1468年のことである．1397年にノルウェーとその属領はデンマーク王の手にわたったが，デンマーク王は1468年に，娘をスコットランドのジェームズ3世に嫁がせるにさいして，嫁資としてこれらの島を与えたのである．

「マン島および島嶼部」王国

ヤール・ソルフィンのスコットランド西岸侵攻がマン島にまで達していた可能性はあるが，これを確認する書かれた史料はない．マン島内の政治機構についてははほとんど知られていないが，1079年スカイヒルの戦いによってゴッドレッド・クローヴァンが全島に及ぶ支配権を確立し，マン島の支配王朝を創設した．かれはマン島の支配圏を北方のヘブリディーズへ拡げたと考えられており，この結果「マン島および島嶼部王国」が形成された．このころ「ソウダー・アンド・マン」司教区が設立され（「ソウダー」はヘブリディーズ），マン島西岸の唯一の避難港である聖パトリック島に大聖堂が建てられた．1152年，ニダロス（のちのトロンヘイム）が大司教座となると，「ソウダー・アンド・マン」はその管区に属し，その権威を受け入れた．すなわちスコットランドもしくはイングランドの教会にではなくノルウェーの教会に属したのである．多年のうちにセント・パトリック島は，教会上の大中心地へと成長した．

1098年マグヌス裸足王は，ヘブリディーズ諸島とアイリッシュ海にノルウェーの政治支配権を主張し，西方への遠征を指揮した．最終的にはマグヌスは成功しなかったが，島々を縫ったかれの進軍は宮廷詩人ビョルン・クレップヘンディの詩に活写され，昔のヴァイキング襲撃を想い起こさせる．

飢えし戦の鳥は満たされり
スカイ島で殺されし敵兵の血もて，

上 1150年ころ，『オークニー諸島人のサガ』によれば，「オークニーのワイア島に住むコルベイン・フルーガという非常に有能な男が……そこに美しい石作りの砦を築いた．じつに堅固な砦だった」．その遺跡はカビー・ルーの城と呼ばれ，いまもそこに見ることができる．岩を切ってめぐらした溝の内側に，石の塔と世帯用の付属建物がある．これはスコットランドで記録にとどめられている最古の石の城である．

後期ヴァイキング時代の北ブリテンとアイルランド（右）
「オークニー，シェトランドおよびケースネス・ヤール国」（「北方ヤール国」）は，後期ヴァイキング時代にはノルウェー王の宗主権下にあった．加えてノルウェーはヘブリディーズ諸島にも名目上の支配権を主張していたが，11世紀の末，ヘブリディーズはマン王国に吸収された．マン王国の支配は北アイルランド，および北西イングランドの一部にも及んだ．ヘブリディーズ諸島は行政上4つのグループに区分されていたが，1156年にそのうちマルとアイレーはアーガイルに奪われた．当時のマンの司教はノルウェーのニダロス大司教の権威を受け入れていた．その後数年のうちにアングロ・ノルマン人がアイルランドに侵入し，ダブリンのヴァイキング王国，ならびにその他のヒベルノ・ノースの町々に終止符を打った．北西ブリテンとアイリッシュ海周辺にあったノルウェー系の影響力が，力を増しつつあったスコットランドとイングランドによって挑戦を受け，取って代わられたので，ノルウェー王は自己の権威をマン島とヘブリディーズ諸島にふたたび主張しようと試みた．しかし1263年，ラーグズでスコットランド人に大敗を喫し，この地域に対する政治的野心に止めを刺された．「北方ヤール国」は1468年までスカンディナヴィア圏にとどまった．

後期ヴァイキング時代とその後

人の代表を出した．ヘブリディーズ諸島の各グループは4人ずつ，計16人を送った．しかし1156年，クローヴァンの子孫ゴッドレッド2世がコロンゼイの小島沖の戦いに敗れると，マルとアイレーの南部2グループは失われ，スコットランド本土のアーガイル沿岸支配者サマレッドのものとなった．この結果ヘブリディーズの代表数は8人に減り，全部で24人になった．この数は現代もなお，マン島議会の下院 (the House of Keys) の議員定数である．ハウス・オヴ・キーズはシングの直系であり，この島をそのスカンディナヴィア的過去と結ぶ生きた絆である．

12世紀からイングランドのアイルランドに対する支配が始まり，また13世紀にはスコットランド本土の王国が強大になったため，ノルウェー人のアイリッシュ海支配は終わりを迎えた．ノルウェーはヘブリディーズと周辺地域に対する権威を再建しようとしたが，1263年ラーグズの戦いでスコットランド人に敗北した．3年後マン島と島嶼部のノルウェー権益は，スコットランド王家に正式に売却された．

アイルランドのヴァイキング

アイルランドではダブリン・ヴァイキングがしだいに弱体化していたが，そのことは1014年，クロンターフの戦いで証明された．このときかれらの軍勢は，オークニー諸島，マン島，アイスランド，ノルマンディーのスカンディナヴィア人諸部隊と同盟したが，ブライアン・ボールー率いるアイルランド人に決定的な敗北を喫した．ボールーはマンスターの王で，かつそのときのアイルランド上級王だった．レンスターの多数のアイルランド人がダブリン・ヴァイキングの側で戦ったのは，ボールーのマンスター王国が覇権を握るのを恐れたからである．この戦いで戦死したボールーは，後世の著述家から，アイルランドをヴァイキングから解放した救世主と呼ばれているが，かれの死は王朝の混乱と政治的乱戦の時代をもたらした．このアイルランド人の内紛でヴァイキング諸

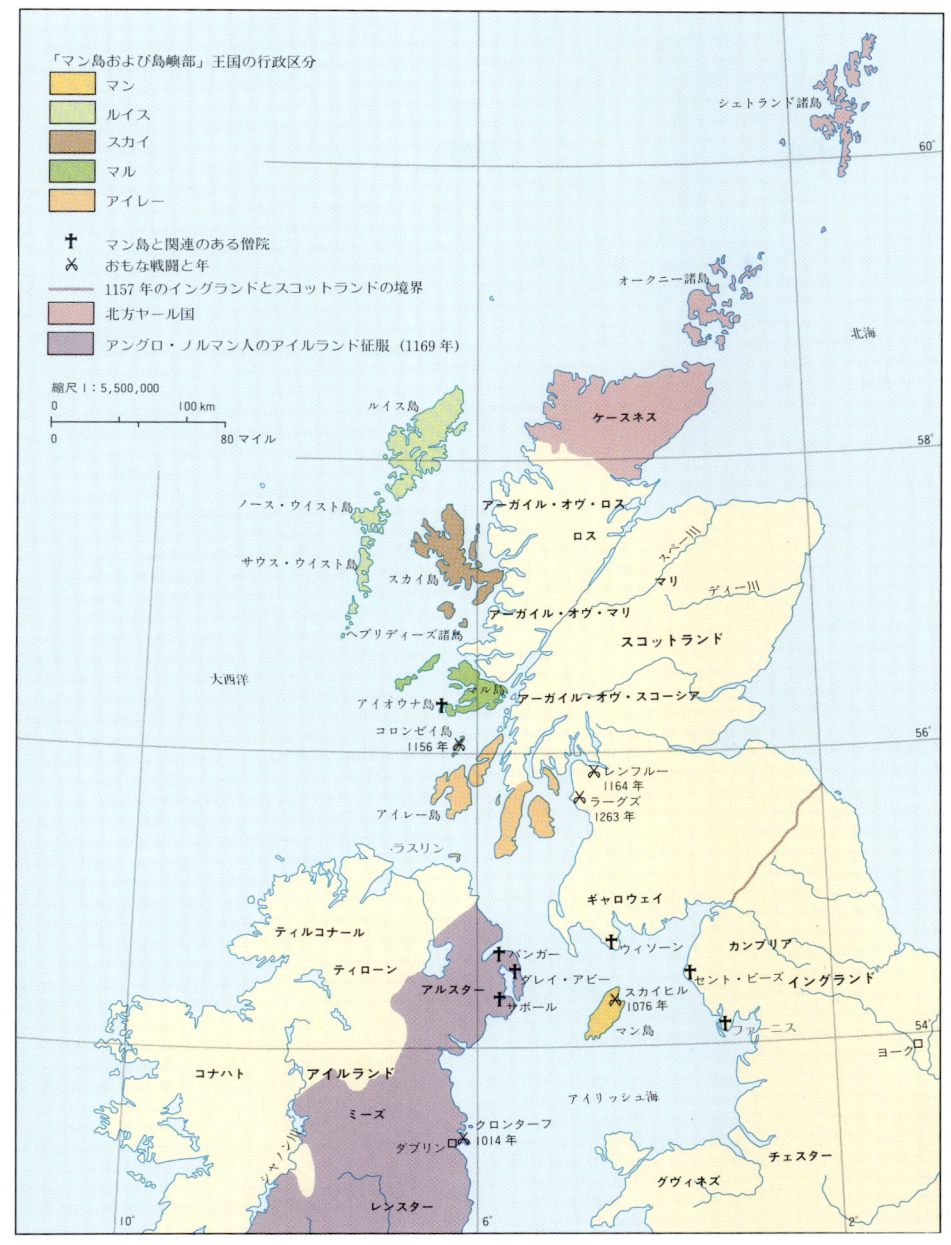

タイリー島のさびしき浜辺で狼どもは
その毛深きあごを流されし血で赤く染めぬ…
サンデーの野でわれらが楯をかれらは見ぬ：
アイレー島から煙は天まで立てり
王の兵が島中で立てる
きらめく炎より渦巻き昇りて．
キンタイアの南では人みな逃ぐる
血に赤く染まりしわれらが剣におののきて，
われら戦士は突き進みぬ
マン島に北の人の敵を求めて．

マン王国時代，ヘブリディーズ諸島はスズレイヤル（ソーダー，すなわち「南の島々」）と呼ばれたが，それはオークニー諸島とシェトランド諸島をさすノルズレイヤル（「北の島々」）と区別するためであった．行政上「南の島々」は4つに区分され，アイレー，マル，スカイ，ルイスの4島がそれぞれの中心となった．中央集会（シング）はマン島のティンワォルド（Tynwald：この地名の第一要素が示しているように）で開かれ，すべての島が代表を送った．代表者となるのは北欧人社会でもっとも有力な人々であるのがつねであった．マン島はもっとも富み，もっとも重要な島であって，16

右　ティパラリ州のダーグ湖で，鞘つきで出土したアイルランドの剣の柄．湾曲した柄頭とつば，握りのまわりの飾り金具につけた扇状の尖った内刃をもつこの形はアングロ・スカンディナヴィア風であるが，美しい象眼装飾の特徴は1100年ころのアイルランド工芸を示している．この時期のアイルランド工芸家は末期ヴァイキング芸術のリンゲリーケ様式とウルネス様式から影響を受けていた．

シングヴェットリル

南西アイスランドのシングヴェットリル（「集会の原」）はヴァイキング世界の数あるシングの地、すなわち民衆集会の場所のなかでも、もっとも有名である。ここでアルシング（アイスランド人の全国集会）が、毎夏2週間、野外で開かれた。レイキャヴィークから48km東に位置するこの場所は、どこに居住している者にとっても交通が可能だった。ただし多くの人々は馬の背に乗って長旅を余儀なくされた。地域指導者であるゴジたちの権威下に、地域的なシングの制度もあった。ゴジはアルシングでも影響力のある役割をもっていた。各ゴジはアルシングで、自分の地域に属する人々のために弁論することが期待され、その代わり他のゴジとの確執（フェーデ）の際は、かれらの武装した支持をあてにできた。

シングは、地域の自由人が全員参加し、問題を論じ、不満を解決することのできる場であった。このようなシングがヴァイキング社会にとって欠くことのできない役割を果たしたことは、このシステムがスカンディナヴィアの故地からヴァイキング世界の多くの場所に移植されたその拡がりに表れている。赤毛のエイリークは、殺人のかどで南西ノルウェーのヤーレン・シングで追放になり、ついで、アイスランドのソールネス・シングでも殺人のため追放になり、グリーンランドのブラッタフリーズに自分が建設した定住地の近くに、自分自身のシングを設立した。少し離れたガルザルも固有のシング地をもった。北スコットランドでは、ディングウオール（Dingwall、サザランド）やティングウオール（Tingwall、オークニー）の地名が、かつて集会地のあったことの証拠である。マン島のティンワルド（Tynwald）はいまもなおマン島議会が開かれる場所であって、1000年以上にわたるその法的意義を保持しつづけている。

しかしアルシング設立の年代は伝統的に930年とされており、アイスランドはヨーロッパ最古の国会をもっていると主張することができる。もっともその機能は一度も中断しなかったわけではない。アルシングは19世紀にしばらく廃止され、のちにアイスランドに国民主義的運動が成長したときに再生した。ヴァイキング時代のアルシングでなされたもっとも重大な決定は、1000年ころ、長い議論のすえ、キリスト教がこの入植地の公式の宗教と認定されたことである。

下　ヴァイキング時代のアイスランド農民がシングヴェットリルのアルシングに集まっているさま．このいきいきとした復原図は，1870年代初め，アイスランドへウィリアム・モリスに同行したイギリス人画家W・G・コリングウッドによって描かれた．モリスは北欧伝承に基づく多くの長編の韻文物語を書いた．コリングウッドはこの場所の地誌を入念な厳密さをもって再現した．この絵は微細な点にいたるまで，十分な調査に基づいており，当時の知識がいかなる状態に達していたかを映しだしている．絵の中央の岩に「法の語り手」が立っている．

左　現在のシングヴェットリルの巨大な溶岩の断崖．ノルウェー系ヴァイキング世界でもっともみごたえのある，感慨をもよおす場所の1つ．コリングウッドの絵とは反対側から見ている．選出された「法の語り手」が集会の進行を司会した岩（ログベルグ，「法の岩」）は，白い旗がたてて示されている．

右　このT字型青銅製笏杖の頭部はシングヴェットリルで発見された．装飾はウルネス様式．年代は，1000年ころにアルシングの決定によって承認されたキリスト教改宗から数世代後．

後期ヴァイキング時代とその後

都市は，あるときはある王に，他のときには他の王に，雇われた．アイルランド人にとってヴァイキング諸都市は，その艦隊と海路支配の点で有用だった．ヴァイキング諸都市はしばしば互いに戦った．たとえばダブリン人は1087年にウォーターフォードを攻撃して炎上させ，翌年にはダブリン，ウェックスフォード，ウォーターフォードの同盟軍がコークを急襲した（この襲撃は失敗した）．

アイルランド人の政治問題に巻き込まれることが多くなり，文化統合もある程度進んだ（アイルランドの工芸家がリンゲリーケ様式やウルネス様式を取り入れたことに表れている）にもかかわらず，スカンディナヴィア人はアイルランド人住民と多くの重要な点ではっきりと違っていた．かれらは自分の言語，法，慣習を保持し，また都市に住んで交易に従事しつづけ，一方アイルランド人は都市化しなかった．スカンディナヴィア人は10世紀にキリスト教化したあとも，修道院に基礎を置くアイルランド型の教会機構を採用せず，聖職者（人名からみて初めはアイルランド人）をイングランドに送り，カンタベリー大司教の手によって各都市の司教に叙任してもらったのである．

12世紀，イングランドの支配者アングロ・ノルマン人は，しだいにアイルランドに関心をもつようになった．かれらは教会当局から激励を受けたが，教会はアイルランドに支配を及ぼして，アイルランド教会の改革を遂行したかったのだ．城壁に囲まれたヴァイキングの諸都市は，出撃拠点となり，そのまま要塞として使え，またイングランドとの兵站線保持に役立つ決定的な要所であることがあきらかだった．1169年アングロ・ノルマン軍は，リチャード・ド・クレア（「豪弓」とあだなされた）に率いられ，ウォーターフォード，ウェックスフォード，ダブリンを占拠した．最後のダブリン王アンスカーフはダブリン艦隊を率いて脱出し，「マン島および島嶼部」から援軍をえて1171年に戻ってきたが，打ち破られた．これがノルウェー系ヴァイキングの軍勢がアイルランドで戦った最後である．同年のそのあと，英王ヘンリー2世はダブリンに御前会議を開き，ダブリンの町をイギリス人入植者に引き渡した．ヴァイキングはアイルランドから姿を消し，諸都市ではイギリス人がこれに代わった．これ以後アイルランドの歴史はまったく異なる方向をとった．

アイスランドの独立の終焉

アイスランドの北欧人植民地は，その建設以来200年以上繁栄し，故国ノルウェーからの独立を誇っていた．1100年ころには人口は7万から8万に達し，この数字は20世紀の初めまで越えられることがなかった．国の統治はゴジたちの手に握られていた．ゴジは地域指導者で，それぞれの地域で法の維持に責任をもっていた．異教社会の宗教的指導者であり，また地域的な神殿の管理者であったという役割のおかげで，かれらはキリスト教改宗後も地域の教会に対する所有権と支配力を維持できた．ときとともに何人かのゴジがきわめて強力になり，少数者への土地集中が進んだ．かれらのあいだに多くの敵対関係が発生し，紛争や宿怨は破滅的であったことが，アイスランドのサガに述べられている．政治的混乱の増大につれて，ノルウェー王がアイスランドの問題に干渉する機会は大きくなった．

ニダロスの大司教管区が樹立されると，ノルウェーの教会当局はアイスランド教会の独立を終わらせる努力を強めた．教会の土地に対する所有権が俗人であるゴジから取り上げられ，10分の1税（教会税）が徴収された．アイスランドの小農民はすでに，増大する経済的圧力のもとに置かれていた．島のあちこちで放牧地の酷使が土壌の侵食問題を引き起こ

後期ヴァイキング時代とその後

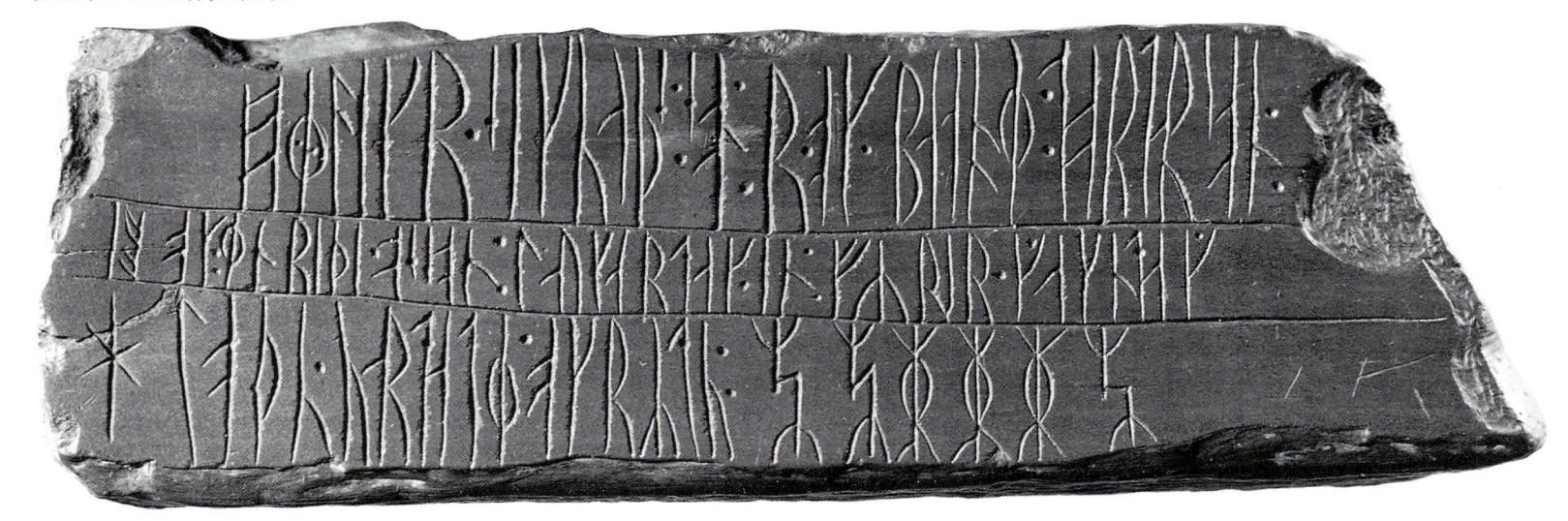

し，気候の厳しさが増したこともあって，農場経営適地が減少した．入植地の多くで生活は困難を増していった．

かつては，ヘクラ火山の噴火が，ヴァイキング時代の終わりころ，人口の多かったショウルスアウ谷で多くの農場を廃棄させた，と考えられていた．しかし，噴火の年代確定をめぐる論争と不確かさについては，すでに以前の章で，ステインク農場屋敷の年代との関連でふれた．そこで述べたように，この谷の火山灰堆積物の研究によって最近示唆されているところによれば，谷の各地を居住不可能にするほどの大噴火は，13世紀の初めまでは起こっていないらしい．この調査結果は，この谷の定住地遺跡で近年行われた発掘で確証された．とくに輸入された土器や鹿角の櫛のような判別基準となる人工物が発見され，この地域で後期ヴァイキング時代の活動が続いていたことを証拠だてている．しかしここの農民は貧困の増大に直面していたらしい．そして10分の1税要求は，かれらの多くが消滅することを早めたであろう．これは島のどこでもそうだったのだ．

1238年にはアイスランドの司教座はすべてノルウェー人司教に占められ，ノルウェー王を支援する堅い足場となった．アイスランドを外界とつなぐ海運業はすでにノルウェー商人の手にあり，かれらは島に欠かせない商品の輸入をすべて独占していた．アイスランドに残った少数のゴジは，ノルウェーの強力な要求にもはや抵抗することができず，つぎつぎにホーコン4世（1204-63）に臣従を誓い，こうしてアイスランド共和国の運命は決まった．態度を決めかねていた人々のなかにスノッリ・ストゥルルソンがいた．かれは当時多数いたアイスランドの学者中もっとも学識があり，中世アイスランド文学最高傑作『散文のエッダ』の作者でもある．かれはためらい，その結果1241年，レイクホルトで暗殺された．アイスランドの独立喪失は，入植地の希望に満ちた初めの建設と，まさに対照をなしている．

グリーンランド植民地の崩壊

気候の悪化が後期ヴァイキング時代のグリーンランド住民に与えた影響は，アイスランド以上に壊滅的だった．13世紀までは東定住地でも西定住地でも入植地は活発で繁栄していたことが知られている．1125年ころに東定住地のガルザルに司教区が置かれた．大聖堂建造物群を取り巻く大きな納屋や牛小屋は，入植地生活にとって教会がもっていた重要性を証明している．これらの建物はノルウェー人の駐在司教が，教区民から徴収した農産物やセイウチの牙からなる10分の1税を保管していたのである．知られていた世界の最果てにあったこの小さな入植地は，こうしてカトリック教会の組織的な構造体に統合された．1260年グリーンランドはアイスランドと同じ道をたどり，ノルウェー王に正式に服属した．その結果グリーンランドの諸問題に対するノルウェー王の干渉は増大し，ヨーロッパの貿易・政治ネットワークに組み込まれた部分としての性格が強められた．教会の演じた中心的な役割は考古学的証拠にはっきりとみて取ることができる．ガルザルの大聖堂建造物群のほかに，東定住地だけで17の教会が知られている．そのうちのいくつかはみるからに美しい石造建築で，当時のノルウェーで建てられた教会と構造上同じである．

1350年ころノルウェー人イヴァール・バーダションがグリーンランドで司祭の任についており，グリーンランド事情の詳細な点は，かれがおもな史料となっている．かれは初めて，

上 1125年ころグリーンランドの司教がルンドで叙任され，司教座は東定住地のガルザルに置かれた．板石を敷いた道が聖堂に付属する司教館の入口へも，司教の納屋と家畜小屋にも，通じていた．

左　グリーンランド西岸沖，キンギットルッスアク島（ほぼ北緯73°線上）のむきだしの頂上に，3個の崩れた小さいケルン（石積み）の跡がある．それは'14世紀の3人の北欧人が立てたもので，かれらはそのほか長さ10cmに満たないスレートの破片にルーン文字を残していった．この最後の6文字は謎，満足のいく解読はまだきていないが，年号を表しているのではないかとも考えられ，その場合1333年かもしれない．

下　リリパイプ（誇張された尻尾）をもつケープ付き頭巾，羊毛製，東定住地，ヘアヨルフスネスの教会墓地出土．ある遺体の両足首に巻いていた．このデザインははっきりしており，末期の北欧系グリーンランド人が，14世紀ヨーロッパ衣装の流行によく通じていたことを示している．地理的に遠く，孤立の増すばかりだったにもかかわらず，15世紀いっぱいそうだった．

このころ西定住地が廃棄されたことを伝えている．気象学者のいう「小氷河期」の開始とともに気候条件は厳しさを強め，それにつれてもともと生存限界点で暮らしていたこの極北の辺境では，定住民の生活は維持しがたくなった．西定住地のニパイツォックにある定住地は1350年ころに居住が終結したのであるが，この定住地遺跡の発掘は，それがいかなる環境・条件のもとで放棄されたか，手に取るようにあきらかにした．最後の居住者たちはあきらかに，最後の牝牛と子牛，さらには犬たちをも屠殺し，食いつくすまでがんばったのだ．

条件悪化と流氷の増加が旅を危険なものにする以前には，ヴィーンランド入植地が放棄されたあともしばらく，グリーンランドと北アメリカをつなぐかすかな関係が，北極圏地域でつづいていたらしい．西定住地からは，グリーンランド沿岸を北上しディスコ島とウベルナヴィークへと，ゆるやかに影響圏の広がりがあったのは確かなようである．バフィン島の13世紀のテューレ・エスキモー遺跡で出土した，多数の「ヨーロッパ風」の衣装を着た小さな木の人形など，遺物の発見は，デーヴィス海峡を越えたなんらかの接触を示唆している．これと符合するように，カナダ領北極圏では鎖かたびらの断片を含む金属製品が広く点在している．

このような品物は，正規の交易によってというよりも，イヌイットが遠距離の狩猟にでた旅の途中でときたま北欧人と接触した機会に，獲得されたのであろう．気候の悪化によってこうした旅はあきらかに回数も減り，進取の精神も減退したであろう．それにもかかわらず14世紀になってもなお北欧人が，グリーンランド北方の猟場である「ノルズルセタ」まで旅を敢行した証拠がある．ほぼ北緯73度線上のキンギットルッスアクで発見されたルーン碑文は，3人のノルウェー系北欧人が4月の末にそこにいたことを記録している．つまりおそらくその場所で越冬したのだ．絶望的な生存のための闘争が北欧人をこの極北へと駆り立て，同じように食糧を求めて南下しつつあったイヌイットの狩猟採集民と獲物を競うに至ったものと思われる．

「小氷河期」にグリーンランドは少なくとも2℃，気温が低下した．この結果北極流氷の南限が下がり，グリーンランド周辺の海では巨大氷山の出現する頻度が増加した．こうした危険の結果，大西洋の海で活動していたヨーロッパの商人は—14世紀にはかれらは西ノルウェーやバルト海の港からよりも，むしろ主としてイングランドの港からやってきた—あきらめて毛皮や牙をよそに求めるようになった．ガルザルに叙任された司教たちはしだいに自分のはるかな遠い司教区に赴任することを嫌がるようになった．孤立し，鉄，木材，穀物といった基本物資の補給が不足し，グリーンランド入植地はしだいに消滅した．その最後の消え入りそうな細々とした歳月について，あるいはいつ最終的に最期を迎えたかについてさえ，ほとんど知られていない．1406年にアイスランド人の一行が航路を外れてグリーンランドに吹き流され，アイスランドに帰るまで（おそらく流氷に閉じこめられて）4年間とどまった，という断片的な情報が1つ伝えられている．以後書かれた史料は途切れる．

考古学からはもう少しあとまで情報が得られる．ヘアヨルフスネス岬のビャルニ・ヘアヨルフスソン家農場（p.177のビャルニ・ヘルヨールヴスソンの建てた農場）の墓地と建物が発掘され，グリーンランド入植地の終息のさまを洞察するまたとない機会となった．永久凍土という条件が最後の住民の死装束を良好な状態に保存していた．衣装のいくつかはすり切れ，つぎがあたっていたが，遺体のいくつかは，14世紀ヨーロッパ・ファッションの頂点にあった，独特の長い，先細の尻尾をもったフード付き肩掛け（リリパイプ）を着ていた．ヘアヨルフスネス岬に埋葬された人々の毛織物の衣服と，ほぼ同時代のキラキツォックのイヌイット遺跡出土の衣類を比較すると多くのことがわかる．キラキツォックの遺体は毛皮と革を着ていた．こうして考古学資料は北欧系定住地がなぜ瓦解したか，その理由の1つを示唆する．それはまったく単純に適者生存の問題だった．先住のイヌイットと違ってグリーンランドの北欧系住民は，変動する環境に対して適応に失敗した．西方最遠の定住地はかくて最終的に消滅し，ヴァイキング世界はゆっくりと消え入るような最期を迎えたのである．

用語解説

あ 行

亜環状の輪
ほぼ環状の，つまり完全には閉じていないリング．ヴァイキング時代については，輪に隙間のあるタイプのブローチをさす．この隙間があるのでピンがそこを通って止めるべきところに固定できる．また「通貨用腕輪」についてもこの語が使われる．

アース（複数，アーシル）
古北欧神族の1つでオージンとソールはともにこれに属している．

アースガルズ
北欧神話の神々の砦．

アッバース朝
アラブのカリフ（支配者）王朝．預言者モハメッドの伯父アル・アッバースの血を引く．西暦749年にウマイヤ朝に取って代わり，バグダードを本拠としたが，この都市は1258年にモンゴル人に占領掠奪された．

編枝塗壁（編枝しっくい壁，wattle-and-daub）
編み枝（wattle）に粘土や泥（daub）を塗ったもの．壁材として用いる．

アール：ヤールをみよ．

アルシング
アイスランド人の全国集会．毎年1度，2週間，シングヴェットリルの野外で開かれる．

アングル人
デンマークのユラン半島出身のゲルマン部族の1つ．ローマ人の撤退をうけて5世紀にブリテン諸島にやってきた移住者のうち，サクソン人とともに多数派をなす．その名はイングランド，その国民（イギリス人），その言語（イングリッシュ）にとどめられている．

アングロ・サクソン（-人，-語，-の）
ブリテン諸島のゲルマン系移住者多数派の総称．ヨーロッパ大陸から移住した2大グループ—アングル人とサクソン人—に由来する．「アングロ・サクソン時代」は，年代学的には5世紀の最初のゲルマン人侵入から1066年のノルマン・コンクェストに至る時代に使われる．「アングロ・サクソン語」はイングランドのアングロ・サクソン人の言語（古英語ともいう）．

アングロ・サクソン年代記
アルフレッド大王時代（871-99）に始まりそれ以後もつづけられた年代記（出来事の年ごとの記載）編纂物．イングランドにおけるヴァイキングの軍事活動に関するおもな記述史料．

アングロ・スカンディナヴィア
この言葉は9世紀にスカンディナヴィア人がイングランドに定住した結果生じた文化混淆に使われる．たとえばアングロ・スカンディナヴィア芸術．

ヴァイキング
この北欧語はしばしばヴァイキング時代のスカンディナヴィア人一般—さらにスカンディナヴィア出身者—をさすのに用いられるが，本来のVíkingrは厳密に，海を渡る襲撃者，海賊を意味していた．

ヴァイキング時代
スカンディナヴィア史上9世紀から11世紀の時代．8世紀末，西ヨーロッパに対する最初のヴァイキング襲撃をもって始まる．

ヴァン（複数，ヴァニル）
古北欧の神族の1つ．富，肥沃さ，肉体の歓びの神格．ニョルズ，その息子と娘であるフレイとフレイヤ．

ヴァラング隊（ヴァランギア）
後期ビザンツ皇帝のスカンディナヴィア人親衛隊．

ヴァルキュリヤ（ワルキューレ）
北欧神話の「戦いの乙女」．死んだ英雄たちを戦場からヴァルホルへと案内する．

ヴァルホル（ワルハラ）
アースガルズにある北欧の神オージンの大館．戦場に倒れた大勢の英雄たちが住み，ラグナロクのときに神々を守ろうと備えている．

ヴィーンランド
「ワインの国」．北欧人が野生のブドウと小麦を見た，といわれる北アメリカ地域の北欧名．

ヴェンデル時代
スカンディナヴィアの7，8世紀をさす．ヴァイキング時代以前，鉄器時代最後の段階．この名称は中部スウェーデンの豊かな墓をもつ遺跡からとられた．

ウマイヤ朝
アラブのカリフ（指導者）第1王朝．預言者マホメットにしたがったあるメッカ商人の子孫．ウマイヤ朝は7世紀に権力を得たが，749年にアッバース朝がこれに代わった．

エッダ（Edda）
古北欧文芸の2大編纂物の総称．『古エッダ』（『韻文エッダ』）は古い神話詩・英雄詩からなり，一部はヴァイキング時代に成立した．一方『散文エッダ』（『新エッダ』）はアイスランドの詩人・歴史家であるスノッリ・ストゥルルソンに編纂された詩学入門．おそらく1220年代．

エアルドルマン（オルダーマン，ealdorman）
行政上の高い職務をもったアングロ・サクソンの貴族あるいは地位の高い者．

オガム
4世紀ころアイルランド人の発明した書き方の体系．のちにピクト人によっても使用された．文字は平行な何本かの直線が基線に向かって，あるいは基線を横切って，引かれる．アイルランド（およびウェールズ）ではふつう，記念石碑の縦の隅に書かれた．

か 行

絵画石
5世紀から11世紀にバルト海のゴットランド島に立てられた，絵や文様を彫り込んだ独特の記念石（bildsten）．

回廊墓（姜道墓）
先史時代ヨーロッパにみられる，大きな石の厚板（平石）を用いた，巨石墓の代表的なグループの1つ．墓の内部に独立した入口回廊があって，墓室に通じている．通常，墓は丸い塚（土盛り）で覆われている．

火山灰（テフラ）
噴火のさいに噴出された固形物質．

絡み合い模様
ねじれたり，編まれたりして幾何学的な模様をなすリボン，あるいは動物や植物のモチーフから延長され，もつれ合う，より糸で構成される装飾．

カロリング家
ピピン2世がフランク人の王となった751年に，メロヴィング家に代わった支配王朝．フランク人の王であり（771-814），西方皇帝であった（800-814）シャルルマーニュ（カール大帝）の創設したカロリング帝国は，かつての西ローマ帝国領の大部分を包含し，北海からイタリアに及んだ．843年，帝国は3つに分割されたが，まもなく崩壊した．一般文化史の「カロリング時代」は西ヨーロッパの750年ころから900年ころについて用いられる．

キール（keeill）
マン島の小礼拝堂．170個を超す．大部分はヴァイキングがキリスト教に改宗した時期（10世紀半ば以後）に起源するものと思われる．

宮廷韻律（dróttkvætt）
ヴァイキング時代スカンディナヴィアの専門的な詩人であるスカールドのよく用いた，複雑な詩形．

クラノグ（crannog）
アイルランド，スコットランドの湖中または湖岸に作られた人工島．その上に木造建物が建てられた．起源は先史時代であるが，中世にも使用された．

ケルト（-人，-語，-の）
言語学で使用される用語としては，インド・ヨーロッパ語族中のかつては全欧に拡がっていたある言語グループをさし，北西ヨーロッパではアイルランド，スコットランド両方のゲール語，ウェールズ語，マン島語，コーンウォール語，ブルターニュ語を含む．ここからこれらの言語を話す人々，かれらの芸術，文化をもさす．

ゲルマン（-語，-人）
ゲルマン諸語はインド・ヨーロッパ語（「ケルト」，「スラヴ人」参照）の一派をなし，大きく2つのグループに分かれる．1つは北欧のスカンディナヴィア諸語で，もう1つは西欧のドイツ語，フリージア語，オランダ語，英語である．「ゲルマン人」はこれらの言語を話す諸国民，「ゲルマン的」は芸術・文化にも使われる．

黒土
人の活発な居住活動の結果，土壌が変色して他の部分と外見的にも識別されるようになった地域．好例はスウェーデンのヴァイキングの町ビルカにある．

ゴジ（複数，ゴザル）
元来は異教の「司祭」を意味する古北欧語であるが，ヴァイキング時代の司祭は世俗の指導者であったから，ゴジは社会的地位を表すタイトルでもあったと思われる．

さ 行

サガ
中世アイスランドまたはスカンディナヴィアの散文叙述．事実も創作もあり，ヴァイキング時代の伝記を含む．

支柱穴
木材支柱の基部を支えるために地中に掘られた穴．支柱が腐ってなくなってしまったあとも，詰め物でまわりを囲われた木材の消えた跡から，考古学的に支柱穴が識別できる．支柱穴の配列は住居その他の木造構造物の規模と形を知る唯一の手がかりである．

芴杖
司教または修道院長の牧杖あるいは柄の曲がった杖．

小はずみ車（whorl）
中心に穴があいた円いもので，紡錘の先端に重りとして付けられ，また「はずみ車」（fly-wheel）の役もする．糸を紡ぐとき回転に慣

力を与える．

シング
古北欧語で集会．（「アルシング」参照）

新石器時代
中石器時代につづく時代で，農業経済の導入，土壌の利用，磨製石器，土器の使用を特徴とする．この用語は広く使われているが，地域によって時期が異なる（南スカンディナヴィアでは紀元前4000年ころに始まる）．

スヴェーア人
中部スウェーデンの民族．国名スウェーデンの語源となった．ヴァイキング時代の政治史はほとんど知られない．

スカールド
古北欧語で「詩人」．ヴァイキング時代の専門的な宮廷詩人で，暗記している複雑な詩を朗唱したり，みずから作詞した．

スケアタス（シャット貨，sceatas，単数，sceat）
南イングランドおよびフリースラントの小額銀貨．7世紀末に始まり，8世紀中鋳造された．

スコット人
スコット人（Scotti）は5世紀に北東アイルランドから移住し，ピクト人を追って西スコットランドに定着し，ダルリアダ王国を形成した．9世紀半ばにピクト人の王国を吸収し，これ以後スコットランドの名称が生まれた．

ススレイヤル（Suðreyar，「南の島々」）
ヘブリディーズ諸島（スコットランド西部島嶼部）の北欧名（ノルウェーからみて「南の島々」の意）．現在の司教区名称「ソーダー・アンド・マン」のソーダー（Sodor）にその名をとどめている．

スタムフォート陶器
リンカーンシャーのスタムフォード周辺を中心とするアングロ・サクソン窯業は，良質のうわ薬をかけた陶器を生産した．9世紀から13世紀に需要が大きく，ときには輸出された．

スラヴ人
中央・東ヨーロッパの，インド・ヨーロッパ語族のスラヴ語派を話す諸民族．紀元1千年紀に登場する．

聖遺物箱
聖遺物（聖人その他の聖なる人物の遺骨）を保管する入れ物．

青銅器時代
旧世界において，青銅（銅と錫の合金）が道具や武器の製造のおもな原料となった時代．青銅器時代の年代は地域によって異なるが，ヨーロッパ全体としては慣例的に，前2000-前700年ころの時期にわたるものとされている．

切断銀（hacksilver）
ヴァイキング時代にみられる「埋蔵宝」の中身は，多くの場合，地金や装飾品の断片（すなわち切断銀）からなっている．これは計量済みのお金として鋳貨が使用される以前，支払いのため好きなように切断して重量を計ったためである．

線条細工（filigree）
金銀装飾品の表面に，針金を固定して飾る技法．針金は細工していないことも，ビーズ状にしていることもある．しばしば「粒立て細工」と併用される．

穿頭手術
頭蓋骨から骨の小片を外科的に除去すること．

た 行

大軍勢
「アングロ・サクソン年代記」は865年と871年のデーン人を「大」軍勢と呼んでいる．871年の「大軍勢」は最終的にはノーサンブリア，マーシア，イースト・アングリアに定住し，その結果のちのデーンローが確立した．

ダーネヴィアケ
ユラン半島基部を横断するさまざまな時代に属する土塁群の総称．ヴァイキング時代のデンマークの南部国境をなしていたが，現在はドイツ領．建造に使われた木材は，年輪年代測定法によって737年ころに算定されていたが，最近の研究は，737年の木材は取替え材だったことを示唆しており，最初の建設段階はもっと以前であったと考えられる．さまざまな土塁の総延長は約30km．

樽板式教会
丸太をたてに割った板を直接地中に，または木製の基礎（地表に置かれた梁）に差し込む，木樽を作る工法で建てた教会．

短枝
ヴァイキング時代に使用されたスカンディナヴィアのルーン・アルファベット主要2種の1つ（「長枝」参照）．スウェーデン＝ノルウェー・ルーン，または共通ルーンとも呼ばれる．

父型
金銀の箔を線条細工で飾る前に刻印するのに用いる細工師用の凸型．あるいは装飾用金属細工を鋳造するための粘土鋳型．

長枝
ヴァイキング時代スカンディナヴィアのルーン・アルファベット主要2種の1つ（「短枝」参照）．デンマーク・ルーンとも呼ばれる．

通貨腕輪
装飾のない銀製腕輪．形状は「亜環状」．一種の通貨として重量で用いられた．

粒立て細工（granulation）
金銀装飾品の表面に金属の小球体を固定して飾る技法．しばしば「線条細工」と併用される．

鉄器時代
鉄が道具や武器製造のおもな原料となった時代（青銅器時代につづく）．ヨーロッパでは一般に鉄器時代は前1千年紀の前半に始まり，ローマ人の拡大をもって終わるが，帝国の外側では（スカンディナヴィアのように），この用語は5,6世紀の民族移動時代まで，あるいはそれ以後にもひきつづき使用される．

テッセラ（tesseræ）
モザイクを作るためのガラス（や大理石など）の小片．

デーンゲルド
デーン人侵入者に対して，西ヨーロッパ（とくにイングランド）の被害者が，それ以上の攻撃を免れるため支払った貢物．

デンドロクロノロジー：年輪年代測定法をみよ．

デーンロー
880年代，アルフレッドとグスルムによるイングランド分割にしたがって，9世紀末にデーン人が定住した地域は，デーンローと呼ばれるようになった．その結果この地域はデーン人の習慣・文化の影響にさらされた．デーン人支配の最大版図は，ロンドンからチェスターに延びるローマの道，ウォトリング街道の北東側地域からなっていた．

土葬
火葬もしくは遺体の放置に対して，死者を埋める慣行．

な 行

「夏の山小屋」，「夏の放牧地」（shieling）
夏季になると家畜が移動する夏の放牧地と，そのための小屋，すなわち季節的に使用される仮の住居．

「握り獣」
前肢を握り締めた動物の様式化されたモチーフ．オーセベル様式やボッレ様式のヴァイキング芸術に多用されるが，起源は8世紀のブロア様式にさかのぼる．

沼地犠牲
泥炭沼その他の湿地に意図的に沈められた人体，動物，人工物（おもに武器）をいう．とくにデンマークに多いが，しかし北西ヨーロッパならどこにでもみられる．

年輪年代測定法
樹木の年齢は年輪を数えることによって計算されるが，毎年の年輪の大きさは天候によって変動する．この変動がもたらす年輪パターンは，老木，死んだ木，考古学遺跡から出土した材木のあいだで相関性をもつから，綜合してある連続した一つつの型を作り上げることができる．材木の保存が十分によければ，ヴァイキング時代の木造建築物の年代を厳密に確定することが可能となった．

ノルズレイヤル（Norðreyar）
「北の島々」を意味する古北欧語．スコットランドの北部島嶼部であるオークニー諸島とシェトランド諸島をさす．

ノルズルセタ
「北の宿営地」もしくは「北の狩場」．グリーンランド西定住地北方の狩場．グリーンランド人はここを，アザラシ，カリブー，北極熊，またセイウチやイッカクの牙を求めて訪れた．

ノルド語
ヴァイキング時代のスカンディナヴィアで用いられた言語はばくぜんと「古ノルド語」（オールド・ノース）といわれる．つまり厳密にいえばノルウェーに適用されるべき「ノルド」という言葉が，広く北欧全体に使われてきたのである．しかしノルド語内部には差異が存在した．西ノルド語はノルウェー（とアイスランド）で話され，東ノルド語はデンマークとスウェーデンで話された．ヴァイキング時代の進展のうちに，東ノルド語内にさらに差異が発展した．

は 行

パピ（複数：パパル）
ヴァイキングがやってきたとき，アイスランドに住んでいたアイルランド系キリスト教修道修道士はこの名で呼ばれた．この言葉はパプエイ（Papey）などの地名に残っている．パピはフェーロー諸島，オークニー諸島，シェトランド諸島にも住んでいた．

盤ゲーム
ヴァイキング時代の北欧全域で行われた．北欧名「フネヴァタヴル」．ルールは記録されていないが，2人用の，熟練を要する一種の軍事ゲーム．

ピクト人
フォース湾とクライド湾を結ぶ線以北のスコットランド先住民．紀元後3世紀末のローマ史料に初出するが（Picti），それよりずっと以前に定着していたに違いない．5世紀にアイルランドから西スコットランドへ移住してきたスコット人に，9世紀中ごろ吸収された．

ビザンツ帝国
ローマ帝国東半部．ボスポラス海峡のヨーロッパ側にあった古代ギリシア植民市ビザンチウム（のちのコンスタンチノープル，現在のイスタンブール）を本拠とする．公式には西暦330年にコンスタンティヌス帝によって始められ，西方帝国の崩壊後も，1453年にオスマン・トルコに蹂躙されるまで存続した．キリスト教東方帝国はギリシア・ローマ文化を保存した一方，東方の考え方を西方に伝えた．

ヒベルノ・ノース
この言葉は，9世紀のスカンディナヴィア人がアイルランドに定着した結果として生まれた文化混淆をさす．（アイルランドをラテン語でヒベルニアという．）

ファイブ・バラ（Five Boroughs）
5つのバラ（都市：リンカーン，ノッティンガム，ダービー，レスター，スタムフォード）の領域．イングランド，デーンロー地方の中央部をなす．

フサルク（futhark）
ルーンのアルファベット．最初の6字母（thは1字母）からそう呼ばれる．

用語解説

豚の背
家の形をした墓石．背が円い．10世紀北イングランドのスカンディナヴィア人定住地域に起源する．

ブラクテアト（片面薄貨）
薄い金属製の円形ペンダント．貨幣やメダルを模している．

フランク人
元来ライン川の東に居住していたゲルマン部族．3世紀後半から西へ拡がる．フランク王国はクローヴィス（481-511）によって規模的に拡大し，ローマ属州ガリアの大部分を占拠したが，最大版図に達したのはシャルルマーニュのときである（「カロリング家」をみよ）．フランク人はその名をフランク帝国，したがってまたフランスに与えた．

フリース人（フリージア人）
ライン地方とエルベ川に挟まれた北海沿岸平原と島々（フリースラント）の住民．8世紀の商人として著名．その重要な交易中心地ドーレスタットはヴァイキング襲撃の標的となった．フリースラントはフランク王国に吸収され，その征服はシャルルマーニュによって完成された．

ブルフ（burh）
アングロ・サクソン人の砦．しかしとくにアルフレッド王とその後継者がデーン人に対抗するために建てた防御壁つきの町をいう．

ブロッホ
北・西スコットランドおよび島嶼部の乾性石造円形塔状建造物．起源は前1千年紀中ごろであるが，大部分は西暦紀元の初め前後に建てられたようである．

放射性炭素14（ラジオカーボン）年代測定法
炭素14は大気中に生み出される放射性同位元素で，あらゆる生命体にたえず吸収される．しかし動植物が死ぬとその摂取は止み，炭素14は一定の比率でたえず減少し，その比率は知られている．木材や骨などの有機物中に残存している炭素14を測定し，どれだけ前に死んだかを計算することができる．この計算には不確実さが伴い，炭素同位元素による年代測定はプラス・マイナス因数，つまりありうべき誤差を付して見積もられるので，中世について利用するには限界がある．

法の語り手
スカンディナヴィアの地域的シング（集会）は，「法の語り手」と呼ばれる役職者が議長を務めたようである．アイスランドの全島集会アルシングの場合，法の語り手は有給の職務をもつ選出された役員で，初めは任期3年だった．

ま 行

埋蔵宝（hoard）
埋蔵された一山の物品の総称．埋蔵はたいてい，いちどきになされる．奉納物のこともあれば（「沼地犠牲」参照），危機的時代の保管のためのこともある（大部分のヴァイキング銀埋蔵宝がそうである）．埋蔵宝に貨幣が含まれている場合，ふつうそれによって埋蔵年代が推定される．したがって埋蔵宝はヴァイキング時代の，商業活動についても軍事活動についても，特別に役に立つ資料となっている．

民族移動時代（-期）
5, 6世紀，諸民族の大規模な移動の時代．アングロ・サクソン人のイングランド定着を含む．これらの移動はローマ帝国の解体と結びついていたが，ゲルマン人の移動は実際上はもっと早くから始まっていた．

文様鍛接
この技術は，とくに刀剣鍛冶師が，強度と装飾性をもった刃を作るために用いた．さまざまな強度と色をした帯鋼（金属の細い線）を，ときにはねじって，合わせて鍛接し，ハンマーで敲くと，文様のついた外見が作り出される．もっとも見事な作品は，フランクの工房で製作されたと考えられている．

や 行

ヤール（jarl，アングロ・サクソン語形「アール」earl）
古北欧語ヤールは王の高官，または副王．ヴァイキング時代，そこから派生したアングロ・サクソンのアールは貴族の称号（eorl）．

ら 行

ラグナロク（Ragnarök）
北欧神話で最期の日．このとき神々は怪物や巨人に打ち負かされ，世界は火に焼き尽くされる．

ラントナーム（landnám）
土地の占取，あるいは植民を表す古北欧語．

陸上運搬
可航水系からつぎの可航水系へ，船を陸越えで運搬すること．

ルーシ
東方で活躍し，定住したスカンディナヴィア人．ロシア（ルーシの国）の語源．

ルーン文字
ゲルマン文字の字母．木や石に刻み込むため，直線をしている．

ルーン石
ルーン碑文を彫った石．

列石
石をならべて墓域をなす．配列は，船を含めさまざまな形が知られる．

六条大麦（ビーア）
ビーアは六条もしくは四条大麦の本来の英語名．数は穂につく穀粒の垂直な列の数．この種はふつうの二条大麦より粗く固いが，北方では生育に適している．

ロマネスク
この用語はローマとの関連を示唆するが，12世紀に頂点を迎える建築・美術の様式をさす．この言葉が使われるのは19世紀から．

ロングハウス
この用語は，厳密には居住空間と牛小屋を同じ屋根の下に統合している長方形の建物をさすのに使われる．2つの部分は通常，横断通路で分けられている．牛小屋は冬季に牛を収容するとともに，人間にも暖を与えた．

ロングフォート
9世紀のアイルランドでヴァイキングが越冬した最初期の基地は，船を守る岸沿いの砦という形をとり，ロングフォートと呼ばれた．

参考文献

このリストの最初のセクションには，スカンディナヴィアおよび海外におけるヴァイキング時代のほとんどの諸相を英語で記述した書物を収録した．これらの書物の多くには膨大な文献が記載されており，専門研究者だけでなく，英語以外の言語で書かれた書物を望む一般の読者にも有益である（スカンディナヴィアの言語で書かれた学術的出版物には，一般的に英語またはドイツ語の要約が掲載されている）．2番目のセクション以降には，特定のテーマや個別のトピックスについての文献を収録した．ただし，ほとんどのものは，英語で記述されている．

The Vikings: general works

B. Almgren et al, *The Viking*, Gothenburg, 1967.
H. Arbman, *The Vikings*, London, 1961, rev. 1962; Boulder, 1961.
P. G. Foote and D. M. Wilson, *The Viking Achievement*, London, 1970, rev. 1980; New York, 1970.
J. Graham-Campbell, *Viking Artefacts: A Select Catalogue*, London, 1980.
J. Graham-Campbell, *The Viking World*, London, 1980, rev. 1989; New Haven, New York, 1980.
J. Graham-Campbell and D. Kidd, *The Vikings*, London, New York, 1980.
J. Jesch, *Women in the Viking Age*, Woodbridge, 1991.
G. Jones, *A History of the Vikings*, Oxford, New York, 1968, rev. 1984.
M. Magnusson, *Vikings!*, London, 1980.
P. Pulsiano and K. Wolf (eds), *Medieval Scandinavia: An Encyclopedia*, Hamden, 1992.
E. Roesdahl, *The Vikings*, London, 1991, rev. 1992.
E. Roesdahl and D. M. Wilson (eds), *From Viking to Crusader: Scandinavia and Europe 800–1200*, Copenhagen, 1992.
P. H. Sawyer, *The Age of the Vikings*, London, 1962, rev. 1971.
P. H. Sawyer, *Kings and Vikings: Scandinavia and Europe AD 700–1100*, London, New York, 1982.
D. M. Wilson, *The Vikings and their Origins*, London, 1970, rev. 1980.
D. M. Wilson (ed), *The Northern World: The History and Heritage of Northern Europe AD 400–1100*, London, 1980.

The Scandinavian Background: Chapters One and Two

K. Borg et al (eds), *Eketorp: Fortification and Settlement on Öland/Sweden*, Stockholm, 1976.
J. G. D. Clark, *The Earlier Stone Age Settlement of Scandinavia*, Cambridge, 1975.
H. R. Ellis Davidson, *Pagan Scandinavia*, London, 1967.
P. V. Glob, *The Bog People: Iron-Age Man Preserved*, London, 1969.
A. Hagen, *Norway*, London, 1967.
L. Hedeager, *Iron-Age Societies: from Tribe to State in Northern Europe 500 BC to AD 700*, Oxford, Cambridge MA, 1992.
W. Holmqvist, *Germanic Art during the First Millennium AD*, Stockholm, 1955.
J. Jensen, *The Prehistory of Denmark*, London, New York, 1982.
E. Kivikoski, *Finland*, London, New York, 1967.
K. Kristiansen (ed), *Settlement and Economy in later Scandinavian Prehistory*, Oxford, 1984.
J. P. Lamm and H.-Å. Nordström, *Vendel Period Studies*, Stockholm, 1983.
A. Lundström (ed), *Thirteen Studies on Helgö*, Stockholm, 1988.
T. Sjøvold, *The Iron Age Settlement of Arctic Norway*, vol. 1, Tromsø, 1962.
M. Stenberger, *Sweden*, London, New York, 1963.
M. Stenberger and O. Klindt-Jensen, *Vallhagar: A Migration Period Settlement on Gotland, Sweden*, Stockholm, 1955.

Daily Life and State Formation in Viking Age Scandinavia: Chapters Three, Four and Eleven

P. Anker, *The Art of Scandinavia*, vol. 1, London, New York, 1970.
J. Brøndsted, "Danish inhumation graves of the Viking Age", *Acta Archaeologica* 7, Copenhagen, 1936.
A. Bugge, *Norwegian Stave-churches*, Oslo, 1953.
G. Bugge, *Stave-churches in Norway*, Oslo, 1983.
O. Crumlin-Pedersen (ed), *Aspects of Maritime Scandinavia AD 200–1200*, Roskilde, 1990.
O. Crumlin-Pedersen and M. Winner (eds), *Sailing into the Past*, Roskilde, 1986.
A.-S. Gräslund, *Birka IV: The Burial Customs. A Study of the Graves on Björkö*, Stockholm, 1980.
K. Krogh, "The royal Viking-age monuments of Jelling in the light of recent archaeological investigations: a preliminary report", *Acta Archaeologica* 53, Copenhagen, 1982.
E. Nylén and J. P. Lamm, *Stones, Ships and Symbols: The Picture Stones of Gotland from the Viking Age and Before*, Stockholm, 1988.
O. Olsen and O. Crumlin-Pedersen, *Five Viking Ships from Roskilde Fjord*, Copenhagen, 1978.
T. Ramskou, "Viking age cremation graves in Denmark", *Acta Archaeologica* 21, Copenhagen, 1950.
K. Randsborg, *The Viking Age in Denmark*, London, 1980.
E. Roesdahl, "Aggersborg in the Viking Age", *Proceedings of the Eighth Viking Congress* (ed H. Bekker-Nielsen et al.), Odense, 1981.
E. Roesdahl, *Viking Age Denmark*, London, 1982.
E. Roesdahl, "The Danish geometrical Viking fortresses in their context", *Anglo-Norman Studies* 9, 1987.
E. Roesdahl, "Prestige, display and monuments in Viking Age Scandinavia", *Les Mondes Normands (VIIIe – XIIe s.)* (ed H. Galinié), Caen, 1989.
E. Roesdahl, "Princely burial in Scandinavia at the time of the Conversion", *Voyage to the Other World. The Legacy of Sutton Hoo* (eds C. B. Kendall and P. S. Wells), Minneapolis, 1992.
P. Sawyer, *The Making of Sweden*, Alingsås, 1988.
T. Sjøvold, *The Iron Age Settlement of Arctic Norway*, vol. 2, Tromsø, 1974.
K. Skaare, *Coins and Coinage in Viking-Age Norway*, Oslo, 1976.

Towns, Trade and Crafts: Chapter Five

B. Ambrosiani and H. Clarke (eds), *Investigations into the Black Earth*, vol 1 (= Birka Studies 1), Stockholm, 1992.
K. Ambrosiani, *Viking Age Combs, Comb Making and Comb Makers in the Light of Finds from Birka and Ribe*, Stockholm, 1981.
P. Anker, *The Art of Scandinavia*, vol. 1, London, New York, 1970.
G. Arwidsson and G. Berg, *The Mästermyr Find: A Viking Age Tool Chest from Gotland*, Stockholm, 1983.
H. Clarke (ed.), *Iron and Man in Prehistoric Sweden*, Stockholm, 1979.
H. Clarke and B. Ambrosiani, *Towns in the Viking Age*, Leicester, 1991.
W. Duczko, *Birka V: The Filigree and Granulation Work of the Viking Period*, Stockholm, 1985.
E. Fridstrøm, "The Viking Age woodcarvers: their tools and techniques", *Universitetets Oldsaksamlings Skrifter* 5, Oslo, 1985.
B. Hårdh, "Trade and money in Scandinavia in the Viking Age", *Meddelanden från Lunds Universitets Historiska Museum*, 1977–78.
A. E. Herteig et al, *Archaeological Contributions to the Early History of Urban Communities in Norway*, Oslo, 1975.
S. Jensen, *The Vikings of Ribe*, Ribe, 1991.
S. O. Lindquist (ed), *Society and Trade in the Baltic during the Viking Age*, Visby, 1985.
N. Lund (ed), *Two Voyagers at the Court of King Alfred*, York, 1984.
H. B. Madsen, "Metalcasting: techniques, production and workshops", *Ribe Excavations 1970–76* (ed M. Bencard), Esbjerg, 1984.
D. M. Wilson and O. Klindt-Jensen, *Viking Art*, London, Ithaca, 1966; Minneapolis, rev. 1980.

Learning and Religion: Chapter Six

W. H. Auden and P. B. Taylor (trans), *Norse Poems*, London, 1981.
C. J. Clover and J. Lindow, *Old-Norse Icelandic Literature: A Critical Guide*, Ithaca, 1985.
H. R. Ellis-Davidson, *Gods and Myths of Northern Europe*, London 1964, New York, 1965.
H. R. Ellis-Davidson, *Scandinavian Mythology*, Feltham, 1969.
A. Faulkes (trans), *Snorri Sturluson: Edda*, London, Melbourne, 1987.
E. Haugen, *The Scandinavian Languages: An Introduction to their History*, London, 1976.
L. M. Hollander (trans), *Heimskringla: History of the Kings of Norway*, Austin, 1964.
S. B. F. Jansson, *Runes in Sweden*, Stockholm, 1987.
J. Kristjánsson, *Eddas and Sagas*, Reykjavik, 1988.
E. Moltke, *Runes and their Origin: Denmark and Elsewhere*, Copenhagen, 1985.
L. Musset, *Introduction à la runologie*, Paris, 1965, rev. 1976.
R. I. Page, *Runes*, London, 1987.
R. I. Page, *Norse Myths*, London, 1990.
B. Sawyer et al (eds), *The Christianization of Scandinavia*, Alingsås, 1987.
G. Steinsland and P. Meulengracht Sørensen, *Viking Age Man*, Oslo, 1992.
E. O. G. Turville-Petre, *Myth and Religion of the North: The Religion of Ancient Scandinavia*, London, 1964, Westport, 1975.
E. O. G. Turville-Petre, *Scaldic Poetry*, Oxford, New York, 1976.

The Viking Age in England and Western Europe: Chapters Seven and Eleven

R. N. Bailey, *Viking Age Sculpture in Northern England*, London, 1980.
D. Bates, *Normandy before 1066*, London, 1982.
J. Campbell (ed), *The Anglo-Saxons*, London, 1982. G. Fellows-Jensen, "Scandinavian place-names and Viking settlement in Normandy: a review", *Namn och Bygd* 76, Uppsala, 1988.
G. Fellows-Jensen, "Anglo-Saxons and Vikings in the British Isles: the place-name evidence", *Angli e Sassoni al de qua e al di là del mare* (= Settimane di Studio 32), Spoleto, 1986.

G. Fellows-Jensen, "Scandinavian influence on the place-names of England", *Language Contact in the British Isles* (eds P. S. Ureland and G. Broderick), Tübingen, 1991.
S. H. Fuglesang, "The relationship between Scandinavian and English art from the late eighth to the mid-twelfth century", *Sources of Anglo-Saxon Culture* (ed P. E. Szarmach), Kalamazoo MI, 1986.
J. Graham-Campbell, "The archaeology of the Danelaw: an introduction", *Les Mondes Normands (VIIIe – XIIe s.)* (ed H. Galinié), Caen, 1989.
R. A. Hall, *The Viking Dig: The Excavations in York*, York, 1984.
R. A. Hall, *Viking Age Archaeology in Britain and Ireland*, Princes Risborough, 1990.
D. Hill, *An Atlas of Anglo-Saxon England*, London, 1981, rev. 1984.
J. T. Lang, "The hogback: a Viking colonial monument", *Anglo-Saxon Studies in Art and Archaeology* 3, Oxford, 1984.
R. McKitterick, *The Frankish Kingdoms under the Carolingians, 751–987*, London, 1983.
N. S. Price, *The Vikings in Brittany* (= *Saga-Book* 22:6), London, 1989.
J. Renaud, *Les Vikings et la Normandie*, Rennes, 1989.
E. Roesdahl *et al* (eds), *The Vikings in England*, London, 1981.
J. D. Richards, *Viking Age England*, London, 1991.
F. R. Stenton, *Anglo-Saxon England*, London, New York, rev. 1971.
D. Whitelock (ed), *English Historical Documents, c. 500–1042*, vol. 1, London, 1955, rev. 1971.
D. M. Wilson, *The Archaeology of Anglo-Saxon England*, London, 1976.
D. M. Wilson, *The Bayeux Tapestry*, London, 1985.

The Viking Age and Late Norse Period in the Celtic World: Chapters Eight and Eleven
B. Almqvist and D. Greene (eds), *Proceedings of the Seventh Viking Congress: Dublin*, Dublin, 1976.
C. E. Batey, *Freswick Links, Caithness: A Re-appraisal of the Late Norse Site in its Context*, Oxford, 1987.
C. E. Batey *et al* (eds), *The Viking Age in Caithness, Orkney and the North Atlantic*, Edinburgh, 1993.
G. Bersu and D. M. Wilson, *Three Viking Graves on the Isle of Man*, London, 1966.
J. Bradley, "The interpretation of Scandinavian settlement in Ireland", *Settlement and Society in Medieval Ireland: Studies presented to F. X. Martin o.s.a.* (ed J. Bradley), Kilkenny, 1988.
B. Crawford, *Scandinavian Scotland*, Leicester, 1987.
C. L. Curle, *Pictish and Norse Finds from the Brough of Birsay 1934–74*, Edinburgh, 1982.
W. Davies, *Wales in the Early Middle Ages*, Leicester, 1982.
C. E. Fell *et al* (eds), *The Viking Age in the Isle of Man*, London, 1983.
A. Fenton and H. Pálsson (eds), *The Northern and Western Isles in the Viking World: Survival, Continuity and Change*, Edinburgh, 1984.
D. Greene, "The evidence of language and place-names in Ireland", *The Vikings* (eds T. Andersson and K. I. Sandred), Uppsala, 1978.
J. R. C. Hamilton, *Excavations at Jarlshof, Shetland*, Edinburgh, 1956.

R. H. Kinvig, *The Isle of Man. A Social, Cultural and Political History*, rev. 1975.
H. R. Loyn, *The Vikings in Wales*, London, 1976.
C. D. Morris, "The Vikings in the British Isles: some aspects of their settlement and economy", *The Vikings* (ed R. T. Farrell), Chichester, 1982.
C. D. Morris, "Viking Orkney: a survey", *The Prehistory of Orkney* (ed C. Renfrew), Edinburgh, 1985.
W. H. F. Nicolaisen, *Scottish Place Names*, London, 1976.
D. Ó Corráin, *Ireland before the Normans*, Dublin, 1972.
H. Pálsson and P. Edwards (trans), *Orkneyinga Saga*, London, 1978.
A. Ritchie, *The Picts*, Edinburgh, 1989.
A. Ritchie, *Viking Scotland*, London, 1993.
P. Wallace, "The economy and commerce of Viking Age Dublin", *Untersuchungen zu Handel und Verkehr der vor- und frügeschichtlichen Zeit* 4 (eds K. Düvel *et al*), Göttingen, 1987.
P. Wallace, *The Viking Age Buildings of Dublin*, Dublin, 1993.
D. M. Wilson, *The Viking Age in the Isle of Man*, Odense, 1974.
D. M. Wilson, "Scandinavian settlement in the North and West of the British Isles: an archaeological point-of-view", *Transactions of the Royal Historical Society*, 5th series, 26, London, 1976.

The Viking Age and Late Norse Period in the North Atlantic: Chapters Nine and Eleven
C. E. Batey *et al* (eds), *The Viking Age in Caithness, Orkney and the North Atlantic*, Edinburgh, 1993.
G. F. Bigelow (ed), *The Norse in the North Atlantic* (= *Acta Archaeologica* 61), Copenhagen, 1990.
S. Dahl, "The Norse settlement of the Faroe Islands", *Medieval Archaeology* 14, London, 1970.
A. S. Ingstad, *The Discovery of a Norse Settlement in America: Excavations at L'Anse aux Meadows, Newfoundland, 1961–1968*, Oslo, 1977, rev. 1985 (as *The Norse Discovery of America*, vol. 1).
H. Ingstad, *The Norse Discovery of America*, vol. 2, Oslo, 1985.
G. Jones, *The Norse Atlantic Saga*, Oxford, New York, 1964, rev. 1986.
K. Krogh, *Viking Greenland*, Copenhagen, 1967.
M. Magnusson, *Iceland Saga*, London, 1987.
M. Magnusson and H. Pálsson (trans), *The Vinland Sagas*, London, New York, 1965.
C. D. Morris and D. J. Rackham (eds), *Settlement and Subsistence in the North Atlantic*, Glasgow, 1992.
V. Ö. Vilhjálmsson, "De ældste gårde på Island. Arkæologisk analyse af byggetraditioner og bosættelsesmønstre i landnamstidens Island", *Aarbøger for Nordisk Oldkyndighed og Historie*, forthcoming.
E. Wahlgren, *The Vikings and America*, London, 1986.
B. L. Wallace, "The Vikings in North America: myth and reality", *Social Approaches to Viking Studies* (ed R. Samson), Glasgow, 1991.

The Viking Age in Russia and the East: Chapter Ten
M. Brisbane (ed), *The Archaeology of Novgorod, Russia*, Woodbridge, 1992.
K. Hannestad *et al* (eds), *Varangian Problems* (= *Scando-Slavica*, Supplementum I), Copenhagen, 1970.
J. Herrmann, "The Northern Slavs", *The Northern World* (ed D. M. Wilson), London, 1980.
J. Herrmann (ed), *Wikinger und Slawen*, Berlin, 1982.
O. M. Ionnisyan, "Archaeological evidence for the development and urbanization of Kiev from the 8th to the 14th centuries", *From the Baltic to the Black Seas: Studies in Medieval Archaeology* (eds D. Austin and L. Alcock), London, 1990.
I. Jansson, "Communications between Scandinavia and Eastern Europe in the Viking Age", *Untersuchungen zu Handel und Verkehr der vor- und frügeschichtlichen Zeit* 4 (eds K. Düvel et al), Göttingen, 1987.
M. Müller-Wille (ed), *Oldenburg, Wolin, Staraja Ladoga, Novgorod, Kiev: Handelsverbindungen im südlichen und östlichen Ostseeraum während des frühen Mittelalters* (= *Bericht der Römisch-Germanischen Kommission* 69), Mainz, 1989.
T. S. Noonan, "The Vikings and Russia: some new directions and approaches to an old problem", *Social Approaches to Viking Studies* (ed R. Samson), Glasgow, 1991.
A. Stalsberg, "Scandinavian relations with north-western Russia during the Viking Age: the archaeological evidence", *Journal of Baltic Studies* 13:3, 1982.
R. Zeitler (ed), *Les Pays du Nord et Byzance*, Uppsala, 1981.

図版リスト

Abbreviations t = top, tl = top left, tr = top right, c = center, b = bottom etc.

Key
IoA Institute of Archaeology, London University; NMC National Museum of Denmark, Copenhagen; NMC2 National Museum of Denmark, Greenland Secretariat; RIKS Riksantikvarieämbetet, Stockholm; SHM Statens Historisk Museum, Stockholm; TS Ted Spiegel; UOO Universitetets Oldsaksamling, Oslo; WFA Werner Forman Archive, London; YAT York Archaeological Trust

Endpapers: reconstruction of Oseberg tapestry: UOO

2–6 Artwork by Marion Cox, freely adapted from Viking decorative motifs.
8–9 Artwork by John Fuller
11 Horsehead ornament, Bronze Age, Jutland (NMC): WFA
12 Winter landscape, Harvedalen: Jan Rietz/Tiofoto, Stockholm
14–15 Norwegian fjord: Zefa, London
16 Bear: Ragnar Andersson/Tiofoto, Stockholm
17 Lake Silvian at Mora, Sweden: B. & C. Alexander, Dorset
18 Danish coast: Knudsens fotosenter, Oslo
18–19 Finland: Zefa
20–21 View of Andøya, Lofoten: Bildhuset/Per Klaesson
22 Flint axes, Hagelbjerggaard, Sjælland, c. 3000 BC: NMC
23 t Passage grave: Gerry Johansson/Bilhuset, Stockholm
23 b Rock carvings, Bohuslan, Sweden: Robert Harding Picture Library, London
24 Egtved girl, costume, c. 1400 BC: NMC
25 Iron Age village, Lejgre, Sjælland, Denmark: Hans Hammarskiöld/Tiofoto, Stockholm
26–27 Bronze Age offering of imported goods, Hassle, Närke, Sweden: SHM
26 tl Tollund Man: NMC
26 b The Nyland ship: Archäologisches Landesmuseum, Schleswig.
28 l Gold disk, Migration period, Sweden (SHM): WFA
28 tr Plaque, gold, Sorte Mulde: from *Fra Stamme til Stat i Danmark, 2*
28 cr Plaque, gold, Sorte Mulde: from *Fra Stamme til Stat i Danmark, 2*
29 Plaque, gold, Torslunda, Öland, 6th century: WFA
30 cl Reconstruction of hut, Eketorp: RIKS
30–31 t Aerial of Eketorp: RIKS (photo Bengt Edgren)
30–31 b Reconstruction of fort, Eketorp: RIKS
32–33 Gold coins, Helgö (SHM): Studio Granath, Stockholm
33 b Buddha, Helgö (SHM): Studio Granath, Stockholm
33 t Crozier head, Helgö (SHM): Studio Granath, Stockholm
34 t Lithograph of Gamla Uppsala, Sweden, 1857–1859 by Carl Johan Billmark: University Library, Uppsala
34 b Aerial of Valsgärde cemetery: RIKS (photo Jan Norrman)
35 t Vendel helmet (SHM): WFA
35 b Shield boss from the Vendel burials: from *La Necropole de Vendel* by H. Stolpe and T.J. Arne, Stockholm 1927
36 Replica ship: TS
37 Figurine, amber, Viking Age, Feddet, East Sjælland (NMC): WFA
38 Myklebostad mount, copper alloy, enamel, millefiori, Norway, 8th–9th century, Hiberno-Saxon: Historisk Museum, Bergen (photo Ann Mari Olsen)
39 Helmet, swords and shield: UOO (photo Kojan og Krogvold)
40 Gotland picture-stone, detail of ship: TS
41 Sven Forkbeard coin: NMC
41 bl Artwork by John Fuller
42 tr Excavation at Oseberg: UOO
42 cl Oseberg buckets: Museum of National Antiquities, Oslo
42 b Oseberg wagon: Viking Ship Museum, Bygdøy/UOO
43 t Oseberg bed: UOO
43 b Tapestry (UOO): Knudsens Fotosenter, Oslo
44–45 Borg, Lofoten: Sigrid Christie, Oslo
46 bl Drum-shaped brooch, bronze with gilding, silver, gold and niello, Mærtens, Gotland, 11th century: SHM
46 br Paviken reconstruction: from *Gutar och Vikingar* ed. by Ingmar Jansson, from *Historia i Fickformat* series, 1982: SHM
47 t Hoard of jewelery from Burge I, Gotland: SHM
47 br Picture-stone, Gotland, 700–800 AD: SHM
48 The Danevirke: IoA/Wikinger Museum, Haithabu
50–51 Fortress at Fyrkat, Denmark: TS
53 Swords (SHM): IoA
54 Axes and spears found in the River Thames: Museum of London
55 Mammen ax, National Museum, Copenhagen (NMC): WFA
56 b Aerial view of Trelleborg: Forkild Balslev/Nordam-Ullitz & Balslev, Hjørring
56–57 t Artwork by the Maltings Partnership
57 c Battle ax, iron, 10th century, Fyrkat: NMC
57 b Reconstruction of building at Fyrkat: Karsten Kristiansen, Mørke
58 Field at Lindholm: Aalborg Historiske Museum
59 Leaf knife, sickle, scythe, plow share, iron, Viking Age, Norwegian: UOO
60–61 t River Jamtland, Sweden: Christer Fredriksson/Bruce Coleman Ltd. London
60 b Fish-hook, fish spear and sinker, iron, stone, Norway, Viking Age: UOO
62 t Central room in the reconstructed Hedeby house: Forhistorisk Museum, Moesgård
62 bl Artwork by John Fuller
62 bc Spindle whorls: YAT
62 br Pins: Studio Granath, Sweden
63 cl Artwork by John Fuller
63 t Hedeby house: Else Roesdahl, Århus Universitet
63 cr Timber joints: Bengt Olof Olsson/Bildhuset, Stockholm
64–65 t Gaming pieces: Kulturen, Lund
64 c Flute, Sigtuna Museum: YAT/Simon Ian Hill FRPS
64 b Nobleman hunting, Sockburn: YAT
65 t Rune-stone drawing of men at board: YAT/Sten. M-Rosenlund
64–65 b Horse fighting, stone, Häggeby: YAT
65 br *Hnefatafl* board: National Museum of Ireland, Dublin
66 Artwork by the Maltings Partnership
67 t Penannular brooch, Danish: NMC
67 c Brooch fastenings: IoA/UOO
67 bl Shoes: Kulturen, Lund
67 r Artwork by the Maltings Partnership
68 t Birka cemetery: Prof. James Graham-Campbell
70–71 Ship settings at Lindholm Høje: TS
72 Road at Risby: IoA/Moguns Schou Jorgenson, Copenhagen
73 Sledge from the Oseberg burial, Norway, 9th century: UOO
74 Skates: Kulturen, Lund
74–75 b Stirrups, iron with copper and silver inlay, Langeland: NMC
76 bl Gokstad ship: Ancient Art and Architecture Collection/L. Ellison
76–77 Artwork by the Maltings Partnership
78 Amber on Jutland beach: TS
79 The Fölhagen hoard, silver, gold, Gotland, end of 10th century: SHM/Kungliga Myntkabinettet, Stockholm
80 Artwork by the Maltings Partnership
81 t Aerial view of Hedeby site: Archäologisches Landesmuseum, Schleswig
81 cr Hedeby coins: Frances Lincoln Publishers, London
82–83 t Ribe from the east: Den Antikvariske Samling, Ribe, Denmark
82–83 b Glass bead manufacture: Den Antikvariske Samling, Ribe (photo Rita Fredsgaard Nielsen)
84–85 Kaupang: UOO
86 tr Gaming pieces with bear, Birka: SHM
86 c Birka crucifix: SHM
86 bl Silver hoard, Birka: Carl Löfman/Promedia, Hässelby
86–87 b Artwork by the Maltings Partnership
87 tr Aerial view of Birka: TS
90 Ship prow detail, Oseberg: UOO (photo Erik Irgens Johnsen)
90–91 First Baroque post, hardwood, probably lime c. 800–850, Scandinavian (UOO): WFA
91 c Carving detail, Oseberg (UOO): WFA
91 b Carved head of man, Oseberg (UOO): TS
92 Mästermyr tool set: SHM
93 Hacksilver, Birka, buried c. 975: SHM
94 tr Mold for metal casting, Ribe, c. 800: Den Antikvariske Samling (photo Rita Fredsgaard Nielsen)
94 bl Artwork by the Maltings Partnership
95 t Gold brooch from Hornelund: NMC
95 b Filigree brooch and patrice: Wikinger Museum, Haithabu/Archäologisches Landesmuseum, Schleswig
96 Necklaces found in Sweden: SHM
97 Comb, Birka: Carl O. Löfman/Promedia, Hässelby
98–99 Mammen harness bow, mid 10th century, Danish: NMC
98 bl Broa mounts, bronze, c. 800 Gotland: SHM
98–99 Artwork by John Fuller; diagram by Chris Munday
99 t Bamberg casket, ivory, gilt copper, wood, second half of 10th century, Scandinavian: Bayerisches Nationalmuseum, Munich
99 b Heggen vane, gilt copper, 1000–1050 AD, Scandinavian: UOO (photo T. Teigen)

100 Runic stone, c. 1000 AD: Forhistorisk Museum, Moesgård
101 cl Jarlabanki's causeway: RIKS (photo Bengt A. Lundberg)
101 bl Runic stone from Jarlabanki's causeway: RIKS (photo Bengt A. Lundberg)
102 c Three rune-stones, Björketorp: RIKS (photo Bengt A. Lundberg)
102 b Comb case, antler, Lincoln, 10th century Scandinavian: British Museum
103 r Rok stone; Jan Rietz/Tiofoto, Stockholm
103 l Norwegian rune-stone from Dynna, Hadeland, showing the Three Magi: UOO
104 Page from Snorri Sturluson's *Heimskringla, Codex Frisianus*, fol. 10v., Iceland, 14th century: Den Arnamagnaeanske Samling, Copenhagen
105 Karlevi stone, Öland: RIKS (photo Bengt A. Lundberg)
106–107 Drangey Island: Mats Wibe Lund/Icelandic Photo and Press Service, Reykjavik
107 *Flateyjarbok*: Stofnun Arna Magnussonar, Iceland
108–109 Artwork by John Fuller
110 tl Dwarf figure from baptismal font, Gotland, 12th century (SHM): WFA
110 br Rune-stone from Altuna, Uppland, Sweden, 11th century: RIKS (photo Bengt A. Lundberg)
111 Picture-stone from Gotland showing Odin (SHM): WFA
112–113 t Series of carvings showing scenes from the legend of Sigurd, Hylestad church, Norway: WFA
113 bl Legend of Sigurd on the Dravle stone, Uppland: RIKS (photo Bengt A. Lundberg)
114 t Reconstruction of the temple at Uppsala from Olaus Magnus' *History of the Northern Peoples*, 1555: Bodleian Library, Oxford
114 c Mold, cross and Thor's hammer, 10th century: NMC
116 The Martyrdom of St Olaf, wooden panel, 14th century, Trøndelag, Norway: The Restoration Workshop of Nidaros Cathedral, Trondheim
117 Christian runic inscription, Nora, Uppland: RIKS (photo Bengt A. Lundberg)
118 t Jelling cup: NMC
118 b Artwork by the Maltings Partnership
119 tr The rune-stones of Harald and Gorm, Jelling: NMC
118–119 b Aerial of the mounds, Jelling: IoA/T. Balslev
120 Harald's rune-stone, Jelling: YAT
121 Whalebone plaque: Historic Scotland
122 Lindisfarne stone: TS
123 Sutton Hoo helmet: British Museum
124 t Offa's dyke: Cambridge University Collection/Crown Copyright
124 b Book mount, gilt-bronze, Northumberland, 8th century: Historisk Museum, Bergen (photo Ann Mari Olsen)
125 Anglo-Saxon Chronicle, MS 173 ff. 13b-14: Corpus Christi College, Cambridge
128 c Artwork of sword by John Fuller
128 r Artwork of grave by the Maltings Partnership, based on drawing by Prof. Martin Biddle and Birthe Kjolbye-Biddle, Oxford
128 b Aerial of Repton site: Prof. Martin Biddle and Birthe Kjolbye-Biddle, Oxford
130 t East Anglian penny: Ashmolean Museum, Oxford

130 c Alfred penny, silver, London: Ashmolean Museum, Oxford
130 b Alfred jewel: Ashmolean Museum, Oxford
132 Aerial of Wallingford: Cambridge University Collection
133 tl Danelaw penny, silver: Ashmolean Museum, Oxford
133 b Lindisfarne Gospels, Cotton MS Nero D. iv f. 210b: British Library
136–7 t Coppergate excavation: YAT
136–7 b Combs, cases and pins, Coppergate: YAT
136 Street scene from Jorvik Center, York: YAT
137 Middleton cross: Manx Museum/C.M. Dixon, Canterbury
138 bl Coppergate fragment of animal carving: YAT
138 r Gosforth cross: C.M. Dixon, Canterbury
139 tl Pitney brooch, Somerset, bronze-gilt, 11th century: IoA/British Museum
139 tr Sockburn warrior: C.M. Dixon, Canterbury
139 br Anglo-Saxon manuscript showing use of Ringerike style, 11th century: Cambridge University Library, MS ff 1.23, f.37 v.
139 b Hogback tomb, Ingleby Arncliffe, N. Yorkshire, early 10th century: The Dean and Chapter of Durham Cathedral
141 Cuerdale hoard: British Museum
142 Frankish nobleman, fresco, Oratory of St Benedict, Rome: Scala, Florence
143 *Annales Xantenses*, 9th century, Codex Cotton Tiberius CXI: British Library
144 Carolingian cup: NMC
145 Pîtres brooches, 9th century, bronze: Musée departemental des Antiquités de Seine-Maritime, Rouen (photo Yohann Deslandes)
148 Broch of Gurness: Historic Scotland
149 View of Mull, Scotland: Geoff Dore/Bruce Coleman Limited. London
150 tr Graffito of man and bird, Jarlshof: Trustees of the National Museum of Scotland, Edinburgh
151 tl Aerial view of Jarlshof: Historic Scotland
152 Skaill hoard, Orkney: TS
154 t Westness boat grave: YAT
154 b Westness burial: YAT
155 t Andreas slab, Isle of Man: Manx National Heritage, IoM
155 b Baladoole, Isle of Man: Manx National Heritage, IoM
156 Cronk ny Merriu, Isle of Man: Manx National Heritage, IoM
157 Braaid, Isle of Man: Manx National Heritage, IoM
158 t Coin, Hiberno-Manx, Kirk Michael hoard: Manx National Heritage, IoM
158 c Beads: IoA/St. Patrick's Isle (Isle of Man) Archaeological Trust
159 Aerial view: St. Patrick's Isle (Isle of Man) Archaeological Trust
160–61 Ranvaik's casket, Irish or Scottish reliquary, copper, tin, enamel on yew, 8th century: NMC
161 r Swords found at Kilmainham-Islandbridge, watercolor, 19th century: NMC
162 cl Hairnet, silk: National Museum of Ireland, Dublin
162 c Coin struck by Sihtric Silkbeard: National Museum of Ireland, Dublin
162 b–163 Artwork by the Maltings Partnership

163 tl Finial or crook in Hiberno-Norse style: National Museum of Ireland, Dublin
163 tr Excavation at Wood Quay, Dublin: TS
163 b Trial piece, bone, Dublin: National Museum of Ireland, Dublin
164–5 Midnight sun in northern Iceland: Dr Eckart Pott/Bruce Coleman Limited, London
166–7 Faeroe Islands: W. Ferchland/Zefa, London
168 c Excavation at Kvívík, Faeroes Islands: Prof. Chris Morris
168 t Toy horse and boat, wood, Viking Age, Faeroe Islands: Føroya Fornminnissavn, Torshavn
169 Volcanic landscape, Iceland: Zefa, London
170–1 Hot springs, Iceland: Robert Harding Picture Library, London
171 l Brooch, bronze, 10th century, Iceland: National Museum of Iceland, Reykjavik
171 r Page from *Landnámabók*, 17th-century copy: Stofnun Arna Magnussonar, Reykjavik
172 t Bowl: National Museum of Iceland, Reykjavik
172 b Stöng farmhouse: Mats Wibe Lund/Icelandic Photo and Press Service, Reykjavik
174 Wooden case for shears: NMC2
175 l View of Brattahlid: YAT
175 tr Inscribed stone: NMC
175 b View of Greenland: Mats Wibe Lund/Icelandic Photo and Press Service, Reykjavik
177 Vinland map: © 1965 Yale University
178–9 t General view of site, L'Anse-aux-Meadow: Parks Canada/B. Wallace
178–9 b Reconstructed hall, L'Anse-aux-Meadows: R. Baumgartner/Explorer, Paris
179 b Pin, copper alloy, L'Anse-aux-Meadows, Newfoundland, c. 1000: Parks Canada
180 t Sun-bearing compass: NMC
180 b and 181 ct Artwork by the Maltings Partnership
181 tr Soapstone with gnomon curve: NMC
181 b *Saga Siglar*, replica ship in Roskilde harbor: Rex Features/Rob Walls
182–3 View of Disko Bay, Greenland: Zefa/Hunter
184 Tassles from Magyar cap (SHM): Studio Granath, Stockholm
185 Slavic jewelry from Scandinavia: SHM
186–7 View of Rügen: Klaus Hamann, Berlin
187 tr Gold hoard from Hidensee: Römisch-Germanisches Zentralmuseum, Mainz (photo V. Iserhardt)
187 br Artwork by the Maltings Partnership
188 Fresco of Elizabeth, daughter of Jaroslav, 11th century, St. Sophia, Kiev: TS
190 Amulet or key, from the smith's tools, Staraya Ladoga, mid 8th century: Hermitage Museum, St Petersburg
190–1 Sopka mound, Staraya Ladoga: Neil Price, Stockholm
191 t View of Staraya Ladoga: Neil Price, Stockholm
191 br Smith's tools, iron, bronze, mid 8th century: Hermitage Museum, St Petersburg
192 Wooden path, Novgorod: Neil Price, Stockholm
193 t Reconstruction from V.A. Kolchin, *Drevnya Rus: Gorod, Zamok, Selo*, Nauka, Moscow, 1985
193 bl Church of the Transfiguration, Novgorod: Neil Price, Stockholm

193 br Sigtuna doors, Novgorod: Neil Price, Stockholm.
194 t Golden Gate, Kiev: YAT
194 b View of Dnieper: TS
195 t Gnezdovo hoard, silver, gold, niello, bronze, gilding, iron, glass, 10th century: Hermitage Museum, St Petersburg
195 b Byzantine textile, gold-embroidered silk: Kulturen, Lund
197 Halfdan runes in Hagia Sofia: TS
198 Arabic coins (SHM): WFA
199 The Åby crucifix, gilded copper sheets on oak, Jutland, Denmark, c. 1100: NMC
201 tl Danegeld coin, Æthelred II: NMC/Coin Department
201 bl Harald Bluetooth's baptism, from altar, Tamdrup church, Jutland, 12th century: NMC
202 t Borgund church: WFA
202 bl Urnes carving: TS
202 br Borgund interior: Zodiaque, St Leger Vauban
203 Artwork by the Maltings Partnership
204 Resurrection egg, Sigtuna: Sigtuna Museum
204–205 b Runic inscription (Sigtuna Museum): YAT/Simon Ian Hill FRPS
205 Tine terminating in warrior's head, horn, 11th–12th century, Sigtuna, Sweden: TS
206 Stone, Gripsholm: IoA/Sten. M-Rosenlund
207 Winchester style MS, c. AD 1000: Bodleian Library
209 The Northey Island causeway, Maldon, Essex: Linda Proud, Oxford
210 tl Cnut and Emma from the *Liber Vitae*, Winchester c. 1031: British Library, Stowe MSS 944
210 tr Cnut coin: British Museum, London
210 b St. Paul's churchyard stone: WFA
211 Norse raiders, English MS, 11th century: Bibliotheque Nationale, Paris
212 Scene from Bayeux tapestry: Michael Holford, London
213 The Lewis chessmen: Michael Holford, London
214 Freswick Links: Colleen Batey
215 t Rune bone, Orphir: Colleen Batey
215 c View of Round Church, Orphir: Historic Scotland
216–217 View of Birsay: Historic Scotland
216 bl View of excavation at Birsay: Prof. Colin Morris
217 tr Bone, comb, pin and tooth: Historic Scotland
218 Cubbie's Roo Castle: Historic Scotland
219 Hilt of an Irish sword, Anglo-Scandinavian: National Museum of Ireland
220 View of Thingvellir: Mats Wibe Lund/Icelandic Photo and Press Service
221 tl *Thingvellir, Meeting of the Althing* by William Collingwood: British Museum
221 b Bishop's crozier, Thingvellir, bronze, c. 1100: National Museum of Iceland, Reykjavik
222 t Rune-stone from Kingigstorssuaq: NMC2
222 c Pathway at Gardar: NMC2
223 Greenland costume: NMC2

All site plans drawn by John Brennan

Map acknowledgements: Primary source for map on page 167, A.C. Larsen, *Vikingetidsgårde i Nordatlanten*, Specialeafnandling til Magisterkonferens 1992, Institute of Prehistoric and Classical Archaeology, University of Copenhagen, unpublished, 1993. Primary source for map on page 173, V. orn Vilhjalmsson, *De aeldste garde pa Island*, Arkaeologisk analyse af byggetraditioner og bosaettelsesmonstre i landnamstidens Island, unpublished, 1993.

地名索引

*は領域（例：大公領，伯領，侯領，特権領，管轄州，管区，地域など）を示す．
「Gr/I：歴史」とは，グリーンランドにあるが，中世アイスランドの文字資料によって伝えられている地名．

ア 行

アイイ（デンマーク；フェーロー諸島）62°18′N 7°06′W　167
アイオウナ島（イギリス）56°20′N 6°25′W　126, 219
アイスランド　64°45′N 18°00′W　79, 115, 177
アイレー島（イギリス）55°45′N 6°20′W　153, 219
アウグルム（スウェーデン）56°08′N 15°47′E　69
アウター・ヘブリディーズ諸島（イギリス）57°40′N 7°35′W　153
アヴランシュ（フランス）48°42′N 1°21′W　144
アーガイル・オヴ・スコーシア*　219
アーガイル・オヴ・マリ*　219
アーガイル・オヴ・ロス*　219
アガシュボー（デンマーク）57°00′N 9°16′E　49, 89
アクスブリッジ（イギリス）51°18′N 2°49′W　131
アークラル（デンマーク；フェーロー諸島）61°28′N 6°45′W　167
アークロー（アイルランド）52°48′N 6°09′W　153
アーケンフィールド（イギリス）52°03′N 2°42′W　140
アシュダウン（イギリス）51°22′N 1°35′W　129
アスベイトリア（イギリス）54°45′N 3°18′W　131
アッパース・カリフ国*　126
アテネ（ギリシア）38°00′N 23°44′E　196
アードレ（スウェーデン）57°22′N 18°38′E　46
アーヌンスヘーグ（スウェーデン）59°37′N 16°30′E　46
アミアン（フランス）49°54′N 2°18′E　126
アム・ダリヤ川　79, 196
アラビア*　196
アラン島（イギリス）55°35′N 5°15′W　153
アル＝アンダルス（スペイン；アラビア語名）［スペイン語ではアンダルシア］37°55′N 4°45′W　196
アルケルス・ティングスタード（スウェーデン）［ティングスタードは集会会場の意］59°30′N 18°06′E　49
アルスクーグ（スウェーデン）57°19′N 18°33′E　46
アルスター*　153, 219
アルゾン（フランス）47°33′N 2°54′W　147
アルミニーヤ（アルメニア）39°50′N 44°40′E　196
アル＝ムハンマディーア（イラン）35°36′N 50°00′E　196
アレー（フランス）48°38′N 1°55′W　147
アレクサンドリア（エジプト）31°13′N 29°55′E　196
アンゲ（スウェーデン）62°31′N 15°40′E　46
アーン湖（イギリス）54°28′N 7°48′W　153
アンジェ（フランス）47°29′N 0°32′W　79, 126
アンダーホウル（イギリス）60°49′N 0°59′W　153
アンドル（フランス）47°06′N 1°37′W　147

イヴィトウッド（デンマーク；グリーンランド）61°10′N 48°00′W　176
イェークルダールル川（アイスランド）173
イェータ川（スウェーデン）13, 29, 49, 69, 89
イェーテボリ（スウェーデン）57°45′N 12°00′E　13
イェーラヴァッレン（スウェーデン）55°25′N 13°11′E　69
イェリング（デンマーク）55°45′N 9°29′E　69, 115, 200
イェルマレン湖（スウェーデン）59°10′N 15°45′E　29, 69, 89

イェンシェービング（スウェーデン）57°45′N 14°10′E　13
イオルブブルナン（イギリス）51°02′N 0°42′E　131
イーサフィヨルド（デンマーク；グリーンランド）61°10′N 45°50′W　176
イーシング（イギリス）51°14′N 0°41′W　131
イースト・アングリア*　115, 126, 129, 131, 134, 140
イズボルスク（エストニア）57°48′N 26°54′E　189
イースマンストルブ（スウェーデン）56°52′N 16°50′E　49
イースレイフススタージル（アイスランド）64°43′N 21°28′E　173
イティル（ロシア）46°22′N 48°00′E　79, 196
イトレ・モーア（ノルウェー）60°32′N 7°05′E　49
イートン・ソウコン（イギリス）52°13′N 0°18′W　134
イナリ湖（フィンランド）60°00′N 28°00′E　13, 29, 49, 69, 89
イニシュマレー島（アイルランド）54°26′N 8°41′W　126
イプスウィチ（イギリス）52°04′N 1°09′E　134, 208
イフリーキーヤ（チュニジア）35°48′N 10°38′E　196
イラロブ（デンマーク）55°15′N 9°20′E　29
イルチスター（イギリス）51°00′N 2°41′W　129, 140
イルメニ湖（ロシア）58°14′N 31°22′E　189
イングランド*　208, 211, 219
イングルビ（イギリス）52°44′N 1°30′W　134
インジェブレック（イギリス）54°15′N 4°30′W　153
インダス川　196

ヴァーサ（フィンランド）63°06′N 21°36′E　13
ヴァットナイェークトル氷河（アイスランド）64°20′N 17°00′W　173
ヴァッレベリヤ（スウェーデン）55°23′N 14°04′E　69
ヴァランス（フランス）44°56′N 4°54′E　126
ヴァルシャーデ（スウェーデン）60°11′N 17°11′E　29, 69
ヴァルセイ（デンマーク；グリーンランド）60°55′N 45°43′W　176
ヴァンヌ（フランス）47°40′N 2°44′W　147
ヴァンハリンナ（フィンランド）60°36′N 22°34′E　49
ヴィーケン*（ノルウェー）115
ヴィゴゼロ湖（ロシア）63°30′N 34°30′E　13
ヴィースビュ（スウェーデン）57°37′N 18°20′E　46, 189, 200
ヴィスワ川　13, 29, 69, 79, 89, 189, 196
ウィソーン（イギリス）54°44′N 4°25′W　153, 219
ウィックロー（アイルランド）52°59′N 6°03′W　153
ヴィテブスク（ベラルーシ）55°10′N 30°14′E　189
ヴィボー（デンマーク）56°28′N 9°25′E　69, 89, 115, 200, 211
ヴィーヨイ島（デンマーク；フェーロー諸島）62°20′N 6°30′W　167
ウィリトン（イギリス）51°09′N 3°20′W　129
ヴィール川　144
ウィルトン（イギリス）51°05′N 1°52′W　129, 131, 208
ヴィレーヌ川　147
ウィンチスター（イギリス）51°04′N 1°19′W　131, 208, 211
ヴィンランド*（北米／I：歴史）177
ウェー（スウェーデン）56°09′N 13°45′E　29
ウェアハム／ウェアラム（イギリス）50°41′N 2°08′W　129, 131
ウェアラム・パーシー（イギリス）54°01′N 0°43′W　134
ヴェステルイェートランド*　115, 200
ヴェステルガーン（スウェーデン）57°24′N 14°14′E　46, 49
ヴェステルヘイデ（スウェーデン）57°35′N 18°11′E　46
ヴェステロース（スウェーデン）59°36′N 16°32′E　200

ヴェステローレン諸島（ノルウェー）68°55′N 15°00′E　13, 29, 49, 69, 89
ウェストネス（イギリス）59°09′N 3°04′W　153
ヴェストマンナ（デンマーク；フェーロー諸島）62°09′N 7°11′W　167
ヴェストマンナエイヤル諸島（アイスランド）［エイヤルは諸島の意］63°30′N 20°20′W　115, 173
ウェセックス*　115, 126, 129, 131, 134, 140
ヴェックシェー（スウェーデン）56°52′N 14°50′E　200
ウェックスフォード（アイルランド）52°20′N 6°28′W　153
ヴェッシュインデ（スウェーデン）57°41′N 18°22′E　46
ヴェッテン湖（スウェーデン）58°30′N 14°30′E　13, 29, 49, 69, 89, 200
ウェッドモア（イギリス）51°14′N 2°49′W　129
ヴェッルインゲ（スウェーデン）55°28′N 13°01′E　46
ヴェーネン湖（スウェーデン）59°00′N 13°15′E　13, 29, 49, 69, 89, 200
ウェールズ*　126
ヴェルトゥ（フランス）47°12′N 1°25′E　147
ヴェルノン（フランス）49°12′N 1°28′E　144
ヴェンズリー（イギリス）52°17′N 2°04′W　131
ヴェンデル（スウェーデン）60°13′N 17°50′E　29, 69
ヴォアヴル島（デンマーク；フェーロー諸島）62°10′N 7°15′W　167
ウォーターフォード（アイルランド）52°16′N 7°08′W　153
ウォチェット（イギリス）51°10′N 3°20′W　131, 208
ヴォーバセ（デンマーク）55°36′N 9°08′E　49
ヴォーラン（フランス）54°20′N 4°23′W　153
ウォーリック（イギリス）52°17′N 1°36′W　131
ヴォリン（ポーランド）53°51′N 14°38′E　79, 189
ウォーリングフォード（イギリス）51°36′N 1°07′W　129, 131, 208
ヴォルガ川　79, 189, 196, 206
ウォルサム（スウェーデン）55°57′N 1°13′W　208
ウォルサムストー（イギリス）51°42′N 0°01′E　134
ヴォルホフ川　189
ウーシカウプンキ（フィンランド）60°48′N 21°30′E　49
ウーズ川　129, 131, 134, 208
ウースター（スウェーデン）52°11′N 2°13′W　131
ウップサーラ（スウェーデン）59°55′N 17°38′E　115, 200, 206, 211
ウップランド*（スウェーデン）200
ウラジーミル（ウクライナ）50°51′N 24°19′E　189
ウラジーミル（ロシア）56°08′N 40°25′E　189
ウール川　144
ウルフレックスフィヨルド［ラーンを見よ］

エイーリークススタージル（アイスランド）65°08′N 21°40′W　173
エヴルー（フランス）49°03′N 1°11′E　126, 144
エクシター（イギリス）50°43′N 3°31′W　129, 131, 208
エーケトルブ（スウェーデン）56°15′N 16°30′E　49
エステルイェートランド*（スウェーデン）115, 200
エストゥロイ島（デンマーク；フェーロー諸島）62°14′N 6°59′W　167
エセルニ（イギリス）51°03′N 2°56′W　129
エッグ（イギリス）56°53′N 6°09′W　153
エディングトン（イギリス）51°17′N 2°07′W　129
エード（スウェーデン）59°27′N 17°58′E　49
エーネクロウエン（デンマーク）55°04′N 15°09′E　69
エフェソス（トルコ）37°55′N 27°19′E　196
エブロ川　126
エーランド島（スウェーデン）56°50′N 16°50′E　13, 29, 49, 69, 89, 200, 211
エーリクスフィヨルド（デンマーク；グリーンランド）61°05′N 45°26′W　176
エリーゼンホフ（ドイツ）54°29′N 9°04′E　49
エルサレム（イスラエル）31°47′N 35°13′E　196

エルトエイ島（アイスランド）63°44′N 22°58′W　173
エルブフ（フランス）49°17′N 1°01′E　144
エルベ川　13, 29, 49, 69, 79, 89, 126, 196
エルムチエ（フランス）48°43′N 3°49′W　147
エーレブルー（スウェーデン）59°17′N 15°13′E　13
エングルフィールド（イギリス）51°28′N 1°10′W　129

オウル（フィンランド）65°00′N 25°26′E　13
オウル湖（フィンランド）64°30′N 27°00′E　13, 29, 49, 69, 89
オカ川　189
オークニー諸島（イギリス）59°00′N 3°10′W　153, 177, 219
オスロ（ノルウェー）59°56′N 10°45′E　13, 79, 89, 200
オーセベル（ノルウェー）59°16′N 10°25′E　69
オーゼンセ（デンマーク）55°24′N 10°25′E　13, 49, 89, 115, 200, 211
オックスフォード（イギリス）51°45′N 1°15′W　131, 208
オッタルヘーゲン（スウェーデン）60°13′N 17°50′E　29
オデッサ（ウクライナ）46°30′N 30°46′E　189
オーデル川　13, 29, 49, 69, 79, 89, 189, 196
オネガ湖（ロシア）62°00′N 35°30′E　13, 189
オーフィル（イギリス）58°56′N 3°08′W　153
オーフス（デンマーク）56°10′N 10°13′E　13, 49, 89, 115, 200, 211
オーフース（スウェーデン）55°55′N 14°20′E　29, 49, 79, 89
オムゴー（デンマーク）56°07′N 8°26′E　49
オーランド（フィンランド）［フィンランド語ではアハヴェナンマー］60°10′N 19°53′E　49
オーランド諸島（フィンランド）60°00′N 20°00′E　13, 29, 49, 69, 89, 189, 200
オルヌ川　144
オールヌ川（フランス）147
オルボー（デンマーク）57°03′N 9°56′E　13, 89, 200
オルレアン（フランス）47°54′N 1°54′E　79, 126
オワッセル（フランス）49°21′N 1°06′E　144

カ 行

カウパング（ノルウェー）59°04′N 10°02′E　49, 79, 89
カキャムズリ（イギリス）51°30′N 1°21′W　208
カーク・アンドレーズ（イギリス；マン島）54°22′N 4°26′W　153
カークウォール（イギリス）58°59′N 2°58′W　115, 153
カーク・マイケル（イギリス；マン島）54°17′N 4°35′W　153
カシュタル・バルゴーン（イギリス）54°12′N 5°45′W　153
カス・ナ・ホイン（イギリス）54°06′N 4°36′W　153
カディス（スペイン）36°32′N 6°18′W　126
カテガト海峡（デンマーク）［スウェーデン語ではカッテガット海峡］13, 29, 49, 69, 89
カトウム（イギリス；マーシア）52°45′N 1°44′W　134
ガーネス（イギリス）59°06′N 3°04′W　153
ガムラ・ウップサーラ（スウェーデン）59°55′N 17°38′E　29, 69, 115
ガメルビュー＝デンマーク）55°28′N 8°35′E　69
ガリシア＝アストゥリアス*　126
カリーニングラード（ロシア）54°40′N 20°30′E　13
カーリングフォード（アイルランド）54°02′N 6°11′W　153
カリンシア*　126
ガルザル（デンマーク；グリーンランド, Gr/I：歴史）61°00′N 45°23′W　115, 176
カルスクルーナ（スウェーデン）56°10′N 15°35′E　13
カルソイ島（デンマーク；フェーロー諸島）62°18′N 6°47′W　167
カルタゴ（チュニジア）36°54′N 10°16′E　196

地名索引

カルバク（デンマーク；フェーロー諸島）62°04′N 6°49′W 167
カルマルサンド（スウェーデン）59°32′N 17°34′E 49
カロリング帝国* 126, 129, 131, 144, 147
カーン（フランス）49°11′N 0°22′W 144
カンタベリー（イギリス）51°17′N 1°05′E 129, 208
カントウィック（フランス）50°30′N 1°37′E 79, 126
カンブリア* 219
カンペール（フランス）48°00′N 4°06′W 147
カンベルレ（フランス）47°55′N 3°31′W 147
キエフ（ウクライナ）50°28′N 30°29′E 79, 189, 196, 206
「北の狩り場」* 176
ギャロウェイ* 208, 219
キャンプヒル（イギリス）54°14′N 1°23′W 134
ギューディングスオークラルナ（スウェーデン）57°36′N 18°47′E 46
キラキツォック（デンマーク；グリーンランド）70°39′N 52°45′W 176
キール（ドイツ）54°20′N 10°08′E 13
キルデール（イギリス）54°28′N 1°04′W 134
ギルフォー（イギリス）51°11′N 0°35′W 129
キレネ（リビア）32°48′N 21°54′E 196
キロラン湾（イギリス）56°04′N 6°12′W 153
キンギットルッスアク（デンマーク；グリーンランド）72°53′N 56°00′W 176
クヴィヴィク（デンマーク；フェーロー諸島）62°07′N 7°04′W 167
クヴィータウルホルト（アイスランド）64°09′N 20°16′W 173
クヴィータウ川（アイスランド）173
クヴィータウ川（アイスランド）173
グウィネズ* 131, 134, 208, 219
グウェント* 134
グズメ（デンマーク）55°09′N 10°43′E 29
クタイシ（グルジア）42°15′N 42°44′E 206
グダストーン（イギリス）52°37′N 0°19′E 134
グダンスク（ポーランド）54°22′N 18°38′E 13
クータンス（フランス）49°03′N 1°29′W 144
グニェズドヴォ（ロシア）55°00′N 32°04′E 79, 189
クーノイ島（デンマーク；フェーロー諸島）62°18′N 6°39′W 167
クライストチャーチ（イギリス）50°44′N 1°45′W 131
クラウェロン（デンマーク）56°12′N 9°25′E 29
グラウスウィク（デンマーク）56°13′N 9°38′E 29
クラクスヴィク（デンマーク；フェーロー諸島）62°73′N 6°34′W 167
グラーナスタージル（アイスランド）65°19′N 18°20′W 173
グラリチ（ウクライナ）51°12′N 25°00′E 189
クラール川 13, 29, 49, 69, 89
グランピアン山脈（イギリス）56°55′N 4°00′W 153
クリスト（イギリス）50°44′N 3°26′W 208
クリックレイド（イギリス）51°39′N 1°51′W 131
グリッテルティン山（ノルウェー）61°40′N 8°32′E 13
クリバースウィック（イギリス）60°49′N 0°50′W 134
グリムスエイ島（アイスランド）66°33′N 18°00′W 173
グリーンランド（デンマーク）68°00′N 40°00′W 115, 176, 177
クルスク（ロシア）51°45′N 36°14′E 189
グルワー島（フランス）47°39′N 3°27′W 147
グレイ・アビー（イギリス）54°32′N 5°33′W 219
グレーヴ（デンマーク；フェーロー諸島）61°13′N 6°34′W 167
クレウヴァネース（アイルランド）65°52′N 18°40′W 173
クレクダールル川（アイスランド）173
グレズビュゴー（デンマーク）55°04′N 14°56′E 69
クレッシャンサン（ノルウェー）58°08′N 8°01′E 29
クレプ（ノルウェー）58°43′N 5°40′E 29
グレーデルビュ（スウェーデン）59°47′N 17°40′E 49
グレート・ウーズ川 129, 131, 134, 140, 208
グレートウルティル（アイスランド）65°47′N 23°30′W 173
クレルモン・フェラン（フランス）45°47′N 3°05′E 126
グロスター（イギリス）51°53′N 2°14′W 129
クロース・ナ・ホラ（アイルランド）54°04′N 4°40′W 153
グロドノ（ベラルーシ）53°40′N 23°50′E 189

クロートン・ホール（イギリス）53°46′N 2°42′W 134
グロビナ（ラトビア）56°31′N 21°15′E 189
グローマ川（ノルウェー）13, 29, 49, 69, 89, 200
クロンク・ナ・メリウ（イギリス）54°07′N 4°34′W 147
クロンターフ（アイルランド）53°23′N 6°07′W 219
クロンファート（アイルランド）53°15′N 8°06′W 126
クロンマクノイズ（アイルランド）53°26′N 7°57′W 126
クングスホッレット（スウェーデン）59°22′N 16°31′E 49
ゲインズバラ（イギリス）53°23′N 0°46′W 208
ケースネス* スコットランド 153, 219
ケティルスフィヨルド（デンマーク；グリーンランド）60°12′N 45°10′W 176
ケープ・ダイアー（カナダ）66°40′N 61°10′W 176
ケブネカイセ山（スウェーデン）67°55′N 18°35′E 13
ケミ川（フィンランド）13, 29, 49, 69, 89
ケミ川（ロシア）13
ゲランド（フランス）47°20′N 2°25′W 147
ケルン（ドイツ）50°56′N 6°57′E 126
ケンブリッジ（イギリス）52°13′N 0°08′E 129, 140, 208
コアセリツェ（デンマーク）54°47′N 11°53′E 29
コウォブジェク（ポーランド）54°10′N 15°35′E 189
コウノ（リトアニア）54°52′N 23°55′E 189
コウバヴォクスシンクスタージル（アイスランド）N 21°32′W 173
コウルチェスター（イギリス）51°54′N 0°54′E 140
コーカサス山脈 43°00′N 44°00′E 196
コーク（アイルランド）51°54′N 8°28′W 126, 153
ゴクスタ（ノルウェー）59°04′N 10°02′E 69
ゴズフォース（イギリス）54°26′N 3°27′W 153
ゴーセボリ（スウェーデン）59°25′N 17°54′E 49
コーゼル（ドイツ）54°28′N 9°50′E 49
コタンタン半島（フランス）50°11′N 0°30′W 144
ゴットヘムスオール川（スウェーデン）46
ゴットランド島（スウェーデン）57°30′N 18°30′E 13, 29, 46, 49, 69, 89, 115, 189, 200
コナハト* （アイルランド）153, 219
コペンハーゲン（デンマーク）55°43′N 12°34′E 13
コラ川 13
コリント（ギリシア）37°56′N 22°55′E 196
ゴルガン（イラン）36°50′N 54°29′E 79
コルシカ島（フランス）42°00′N 9°10′E 126
コルスール（フランス）48°30′N 2°12′W 147
ゴルソ（イギリス）53°14′N 0°17′W 134
コルドバ・カリフ国* 196
コルヌアール（スウェーデン）147
コロンゼイ島（フランス）56°04′N 6°13′W 153, 219
コーンウォール* 126
コンスタンチノープル（トルコ）41°02′N 28°E 79, 189, 196, 206

サ 行

サイマー湖（フィンランド）61°20′N 28°00′E 13, 29, 49, 69, 89, 189
サイミフォールズ（イギリス）54°35′N 2°09′W 134
サウサンプトン（イギリス）50°54′N 1°23′W 79, 131, 208
サウス・ウイスト島（イギリス）57°15′N 7°20′W 153, 219
ザクセン* 126
サザック（イギリス）51°30′N 0°06′W 131
サザーランド 153
サッシズ（イギリス）51°34′N 0°42′W 131
サネット（イギリス）51°22′N 1°15′E 129
サフロン・ウォールデン（イギリス）52°02′N 0°15′E 134
サボール（イギリス）54°21′N 5°43′W 219
サマルカンド（ウズベキスタン）39°40′N 66°57′E 79, 196
サルグレイヴ（イギリス）52°07′N 1°08′W 134
サルディニア島（イタリア）40°00′N 9°00′E 126
サルティ島（アイルランド）52°08′N 6°36′W 153

サレマ島（エストニア）58°30′N 22°30′E 13, 29, 49, 69
サンクト・ペテルブルク（ロシア）59°55′N 30°25′E 13
サン・クレール・シュレブト（フランス）49°12′N 1°41′E 144
サン・ジャキュ（フランス）48°36′N 2°11′W 147
サン・シュリアック（フランス）48°36′N 1°55′W 147
サン・ジルダ・ド・ルウイ（フランス）47°30′N 2°50′W 147
サンダ（スウェーデン）59°35′N 17°45′E 49
サンダヴォアヴル（デンマーク；フェーロー諸島）62°03′N 7°08′W 167
サンタ・エウラリア（スペイン）42°47′N 8°53′W 147
サン・タンドレ（フランス）47°15′N 1°27′W 147
サン・テュグデュアル（フランス）48°43′N 3°12′W 147
サン・テュディ（フランス）47°54′N 4°16′W 147
サント（フランス）45°44′N 0°38′W 126
サンドイ島（デンマーク；フェーロー諸島）61°50′N 6°45′W 167
サンドウィック（デンマーク）60°00′N 1°14′W 153
サンドウィッチ（イギリス）51°16′N 1°21′E 208
サンドゥル（デンマーク；フェーロー諸島）61°50′N 6°48′W 167
サン・トメール（フランス）50°45′N 2°15′E 147
サントン・ダウナム（イギリス）52°36′N 0°22′E 134
サン・ナゼール（フランス）47°17′N 2°12′W 147
サンネス（デンマーク；フェーロー諸島）64°12′N 50°56′W 176
サン・フィリベール（フランス）46°59′N 1°31′W 147
サン・ブリウ（フランス）48°31′N 2°45′W 147
サン・ポル・ド・レオン（フランス）48°42′N 4°40′W 147
サン・マロ（フランス）48°39′N 2°00′W 147
サン・ムレーヌ（フランス）48°13′N 1°37′W 147
サン・メアン（フランス）48°11′N 2°12′W 147
サン・ワンドリール（フランス）49°32′N 0°45′E 126, 144
シェーエン（ノルウェー）59°12′N 9°36′E 49, 89
シェトランド諸島（イギリス）60°20′N 1°15′W 79, 126, 153, 177, 219
シェーピングスヴィーク（スウェーデン）56°57′N 16°45′E 49
シェラン島（デンマーク）50°30′N 11°45′E 13, 29, 49, 69, 89, 115
シグトゥーナ（スウェーデン）59°36′N 17°44′E 49, 89, 115, 189, 200, 211
シチリア島（イタリア）37°30′N 14°00′E 126
シミルス（スウェーデン）55°35′N 14°20′E 69
シャーソン（イギリス）51°41′N 2°12′W 208
シャノン川 153, 219
シャフツベリー（イギリス）51°00′N 2°12′W 131
シャルトル（フランス）48°27′N 1°30′E 126
シュア川 153
シューベリー（イギリス）51°31′N 0°49′E 131
ジュミエージュ（フランス）49°58′N 0°50′E 144
ジュラ島（イギリス）55°58′N 5°55′W 153
ショウルスアウ川（アイスランド）173
シールゲートゥ（デンマーク；フェーロー諸島）62°13′N 6°44′W 167
シル・ダリヤ川 79
シルミム（ユーゴスラヴィア）44°42′N 19°16′E 196
シルヤン湖（スウェーデン）60°50′N 14°40′E 13, 29, 49, 69, 89
シングヴェットリル（アイスランド）64°15′N 21°06′W 115, 173
スヴィノイ島（デンマーク；フェーロー諸島）62°17′N 6°18′W 167
スカーイェラク海峡（デンマーク）［ノルウェー語ではスカーゲラック］13, 29, 49, 69, 89
スカイヒル（イギリス）54°19′N 4°23′W 219
スカイ島（イギリス）57°20′N 6°15′W 153, 219
スカウルホルト（アイスランド）64°08′N 20°31′W 115, 173
スカットラコト（アイスランド）64°07′N 20°00′W 173
スカフタウ川（アイスランド）173
スカーラ（スウェーデン）58°22′N 13°25′E

115, 200, 211
スキューヴォイ島（デンマーク；フェーロー諸島）61°47′N 6°48′W 167
スクレレウ（デンマーク）55°48′N 12°02′E 49
スケリグ・マイクル（アイルランド）51°47′N 10°30′W 153
スケリグ諸島（アイルランド）51°47′N 10°30′W 153
スケール（イギリス）58°56′N 2°43′W 153
スコットランド* 208, 219
スコーネ* （スウェーデン）115, 200
スコープナルフョールル海峡（デンマーク；フェーロー諸島）61°55′N 6°50′W 167
スズダリ（ロシア）56°23′N 41°21′E 189
スタヴァンゲル（ノルウェー）58°58′N 5°45′E 13, 200
スタッフォード（イギリス）52°48′N 2°07′W 134
スタムフォード（イギリス）52°39′N 0°29′W 134, 140, 208
スターラヤ・ラドガ（ロシア）59°54′N 32°47′E 79, 189
スターラヤ・ルッサ（ロシア）58°00′N 31°22′E 189
スタロドゥブ（ロシア）52°35′N 32°46′E 189
スティックレスタ（ノルウェー）64°09′N 12°00′E 115
スティンク（アイスランド）64°10′N 19°41′W 173
スティンフィンナスタージル（アイスランド）63°45′N 19°45′W 173
ステスカ（ポーランド）50°43′N 23°15′E 189
ステーンビュボリ（スウェーデン）59°24′N 17°28′E 49
ストゥールシェー湖（スウェーデン）63°10′N 14°20′E 13, 29, 49, 69, 89
ストックホルム（スウェーデン）59°20′N 18°05′E 13
ストラスクライド* 126, 153
ストラスクライド・アンド・カンブリア* 208
ストラングフォード（イギリス）54°28′N 5°35′W 153
ストレイモイ島（デンマーク；フェーロー諸島）62°11′N 7°00′W 167
ストレングネース（スウェーデン）59°04′N 16°35′E 200
スペー川 153, 219
スマーウィック（アイルランド）52°12′N 10°23′W 153
スミス（スウェーデン）57°48′N 18°28′E 46
スミス（スウェーデン）57°15′N 18°33′E 46
スモレンスク（ロシア）54°49′N 32°04′E 189
スラーイェルセ（デンマーク）55°24′N 11°23′E 89, 200
スルーセゴー（デンマーク）55°00′N 15°07′E 69
スーロイ島（デンマーク；フェーロー諸島）61°32′N 7°15′W 167
スンズヴァル（スウェーデン）62°22′N 17°20′E 13

セー（フランス）48°36′N 0°10′E 144
セヴァーン川 129, 131, 134, 140, 208
セゼロ湖 63°15′N 33°40′E 13
セゼング（デンマーク）55°28′N 8°28′E 49
セットフォード（イギリス）52°25′N 0°45′E 129, 134, 140
セーデルテリェ（スウェーデン）59°11′N 17°39′E 49
セーヌ川 126, 144
セーヌ湾（フランス）50°00′N 0°30′W 144
セールヴォアヴル（デンマーク；フェーロー諸島）62°04′N 7°17′W 167
セルトゥヴィク（デンマーク；フェーロー諸島）61°53′N 6°54′W 167
セント・キルダ島（イギリス）57°49′N 8°34′W 153
セント・ジョージズ海峡 128, 129, 131, 134, 140
セント・ニーオツ（イギリス）52°14′N 0°16′W 134
セント・パトリック島（イギリス）54°14′N 4°42′W 153
セント・ビーズ（イギリス）54°29′N 3°36′W 219
セント・ペトロック（イギリス）50°33′N 4°57′W 208
セニャ島（ノルウェー）69°20′N 17°30′E 13, 29, 49, 69, 89

ソアテ・ムレ（デンマーク）55°04′N 15°09′E 29
ソウルスネース（アイスランド）64°59′N 22°34′W 173
ソグディアナ* 196
ソグネ・フィヨルド（ノルウェー）61°00′N 4°30′E 13, 29, 49, 69, 89
ソーニー（イギリス）52°37′N 0°07′W 131

地名索引

ソニング（イギリス）51°29′N 0°55′W 134
ソルウェー湾（イギリス）54°50′N 3°45′W 153
ソールズベリー（イギリス）51°04′N 1°48′W 129, 208

タ 行

タイリー島（イギリス）56°30′N 6°50′W 153
タイン川 129, 131, 153, 208
タインマウス（イギリス）55°01′N 1°24′W 126
タヴィストック（イギリス）50°33′N 4°08′W 208
ダーグ湖（アイルランド）52°57′N 8°18′W 153
タシュケント（ウズベキスタン）41°16′N 69°13′E 79
ダーシー島（イギリス）51°36′N 10°15′W 153
ダービー（イギリス）52°55′N 1°28′W 134, 140
タフタ（スウェーデン）57°31′N 18°06′E 46
ダブリン（アイルランド）53°21′N 6°18′W 79, 140, 153, 219
タホ川 126, 196
ダマスカス（シリア）33°30′N 36°19′E 196
タムウォース（イギリス）52°39′N 1°40′W 134
ダリーク（アイルランド；東部沿岸地方）53°39′N 6°26′W 126
ダール川（スウェーデン）13, 29, 49, 69, 89, 200, 206
ダルリアダ* 153
タレイカ（イギリス）53°20′N 3°24′W 134
ダンキアケ（デンマーク）55°19′N 8°47′E 29
タンゲルゴーデ（スウェーデン）57°49′N 18°40′E 46
ダンセヴェリク（イギリス）55°13′N 6°20′W 126
タンペレ（フィンランド）61°32′N 23°45′E 13, 49

チェスター（イギリス）53°12′N 2°53′W 131, 134
チェスター* 219
チェルソン（ウクライナ）44°36′N 33°31′E 196
チェルニゴフ（ウクライナ）51°30′N 31°18′E 189
チグリス川 79, 196
チスベリー（イギリス）51°26′N 1°38′W 131
チチェスター（イギリス）50°50′N 0°47′W 131
チベナム（イギリス）51°27′N 2°07′W 129
チョドヌヴィク（デンマーク；フェーロー諸島）62°17′N 7°09′W 167
チルチュベーウル（デンマーク；フェーロー諸島）61°58′N 6°47′W 115, 167

ディヴェド* 131, 134, 208
ディーヴ川 144
ティウクウォイ（イギリス）59°20′N 3°00′W 153
ディエップ（フランス）49°55′N 1°05′E 144
テイ川 153
ディー川 153, 219
ティース川 129, 131, 134, 140, 153, 208
ディスコ島（デンマーク；グリーンランド）69°45′N 53°00′W 176, 177
ディムナフョール海峡（デンマーク；フェーロー諸島）61°45′N 6°40′W 167
ティルコナール* 219
ティローン* 219
ディーン（イギリス）51°55′N 1°50′W 208
ティンウォルド（イギリス）54°15′N 4°40′W 153
テイントン（イギリス）50°33′N 3°30′W 208
テームズ川 129, 131, 134, 140, 208
デーヴィス海峡 176, 177
テービュ（スウェーデン）59°29′N 18°04′E 49
テムズフォード（イギリス）52°06′N 0°28′E 140
テムナレン湖（スウェーデン）60°10′N 17°25′E 206
テルタノール（イギリス）52°42′N 2°30′W 140
デーン人領マーシア 134, 140
テンスベル（ノルウェー）59°16′N 10°25′E 89
トゥーシュブリエン（スウェーデン）57°26′N 18°45′E 46, 49
トゥーナ・アルシケ（スウェーデン）58°45′N 17°48′E 69
トゥーナ・バーデルンダ（スウェーデン）58°41′N 16°33′E 69
トゥーネ（ノルウェー）59°15′N 10°55′E 69
トゥール（フランス）47°23′N 0°42′E 126
トゥルク（フィンランド）60°27′N 22°15′E 13, 49

トゥールーズ（フランス）43°37′N 1°27′E 126
トゥロフ（ベラルーシ）52°04′N 27°40′E 189
トゥロマ川 13
トークシ（イギリス）53°18′N 0°45′W 129
トシュハウン（デンマーク；フェーロー諸島）62°02′N 6°47′W 167
ドナウ川 79, 126, 189, 196
ドニエステル川 189, 196
ドニエプル川 79, 189, 196, 206
トーネ川 13, 29, 49, 69, 89
ドネツ川 189
トビリシ（グルジア）41°43′N 44°48′E 206
トフタネス（デンマーク；フェーロー諸島）62°14′N 6°44′W 167
トポゼロ湖（ロシア）65°45′N 32°00′E 13
トムトロカン（ロシア）45°00′N 36°39′E 189
ドムノネー*（フランス）147
ドラヴァ川 196
トラブゾン/トレビゾンド（トルコ）41°00′N 39°43′E 189, 196
トラン（フランス）48°30′N 1°35′W 147
ドランメン（ノルウェー）59°45′N 10°15′E 13
ドーリッシュ・カシャン（イギリス）54°10′N 4°42′W 153
ドリモール（イギリス）57°17′N 7°24′W 153
ドル（フランス）48°34′N 1°34′W 147
トルソ（ポーランド）54°22′N 18°38′E 79, 189
トルロン（デンマーク）55°56′N 9°09′E 29
トレギエ（フランス）48°47′N 3°14′W 147
ドーレスタット（オランダ）52°04′N 5°07′E 79, 126
トレビャウ（デンマーク）56°22′N 9°00′E 49
トレレーン（デンマーク）55°17′N 11°15′E 49, 89
トレレボリ（スウェーデン）55°22′N 13°10′E 49
トレンデラーグ*（ノルウェー）115
トレント川 129, 131, 134, 140, 208
ドロイトウィチ（イギリス）52°16′N 2°10′W 129
トロベツ（ロシア）56°30′N 31°40′E 189
トロムセ（ノルウェー）69°40′N 19°00′E 13
トロンヘイム（ノルウェー）［ニダロスの近代名］63°36′N 10°23′E 13, 89, 115, 200, 211
ドン川 189, 196

ナ 行

ナイル川 196
中定住地* 176
ナシ（フィンランド）61°30′N 23°50′E 13, 29, 49, 69, 89
ナルヴィーク（ノルウェー）68°26′N 17°25′E 13
ナルッサック（デンマーク；グリーンランド）61°00′N 46°00′W 176
ナルボンヌ（フランス）41°11′N 3°00′E 126
ナント（フランス）47°14′N 1°35′W 126, 147
ナント* 147
ニコメディア（トルコ）40°48′N 29°55′E 196
西スラヴ諸族 126
西定住地* 176
西ドヴィナ川 13, 29, 69, 79, 89, 189, 196
ニダロス（ノルウェー）［トロンヘイムの古名］
ニバイツォック（デンマーク；グリーンランド）64°33′N 50°00′W 176
ニュダム（デンマーク）54°56′N 9°42′E 29
ニューファンドランド島（カナダ）48°30′N 56°00′W 177
ネー湖（イギリス）54°36′N 6°26′W 153
ネマン川 13, 29, 69, 89, 189
ネルソイ島（デンマーク；フェーロー諸島）61°58′N 6°37′W 167
ネン川 129, 131, 134, 208
ノヴゴロド（ロシア）58°30′N 31°20′E 79, 189, 196
ノヴゴロド・セーヴェルスキー（ウクライナ）52°00′N 33°15′E 189
ノーサンプトン（イギリス）52°14′N 0°54′W 134, 140
ノーサンブリア* 115, 126, 129, 131
ノース・ウイスト島（イギリス）57°35′N 7°20′W 153, 219
ノース・エルマム（イギリス）52°45′N 0°56′E 134
ノース・ミンチ海峡 58°10′N 5°50′W 153
ノッティンガム（イギリス）52°57′N 1°10′W 129, 134, 140
ノネバケン（デンマーク）55°24′N 10°25′E 49
ノーラゲートゥ（デンマーク；フェーロー諸島）62°12′N 6°46′W 167

ノリッジ（イギリス）52°38′N 1°17′E 134, 208
ノールオイリ（デンマーク；フェーロー諸島）62°16′N 6°30′W 167
ノールカップ（ノルウェー）71°10′N 25°45′E 13, 29, 49, 69, 89, 177
ノワールムティエ島（フランス）47°00′N 2°15′W 126, 147

ハ 行

バー（フランス）48°45′N 4°00′W 147
バイエルン* 126
バイヤンネ湖（フィンランド）61°30′N 25°30′E 13, 29, 49, 69, 89
バイユー（フランス）49°16′N 0°42′W 126, 144
バーヴィーケン（スウェーデン）57°29′N 18°19′E 46, 49, 79, 89
ハウス（アイルランド）53°23′N 6°04′W 153
バクー（アゼルバイジャン）40°22′N 49°53′E 196
バグダード（イラク）33°20′N 44°26′E 79, 196
バース（イギリス）51°23′N 2°22′W 131, 208
バス・アンドル（フランス）47°12′N 1°45′W 147
バスラ（イラク）30°30′N 47°50′E 196
バーセイ（イギリス）59°08′N 3°18′W 153
バッキンガム（イギリス）52°00′N 1°00′W 131
バックデン（イギリス）52°18′N 0°15′W 134
バッティングトン（イギリス）52°41′N 3°07′W 131
バーデルンデヴィーケン（スウェーデン）57°17′N 18°35′E 46
ハドソン湾 177
バードニー（イギリス）53°13′N 0°19′W 140
バートン・ブラント（イギリス）52°53′N 1°46′W 134
ババ・スタウア島（イギリス）60°20′N 1°42′W 153
バーファム（イギリス）50°52′N 0°33′W 131
バフィン島（カナダ）68°40′N 70°00′W 176, 177
バーブエイ島（アイスランド）64°36′N 14°11′W 173
ハーマル（ノルウェー）61°06′N 10°27′E 89, 200
ハメーンリンナ（フィンランド）61°00′N 24°25′E 49, 89
バラ島（イギリス）56°59′N 7°28′W 153
バラーフ（イギリス）54°18′N 4°28′W 153
パリ（フランス）48°52′N 2°20′E 79, 126
ハリッコ（フィンランド）60°24′N 23°05′E 49
バリナビ（イギリス）55°46′N 6°34′W 153
ハルウェル（イギリス）50°26′N 3°41′W 131
ハルダンゲル・フィヨルド（ノルウェー）62°00′N 5°00′E 13, 29, 49, 69, 89
バルハシ湖（カザフスタン）46°40′N 75°00′E 196
バレアリス諸島（スペイン）39°21′N 3°03′E 196
バンガー（イギリス）54°39′N 5°41′W 126, 219
ハンティングドン（イギリス）52°20′N 0°11′W 134
ハンバー川 134, 140, 208
バンブラ（イギリス）55°36′N 1°41′W 208
ハンブルク（ドイツ）53°33′N 10°00′E 13, 79, 115
バンボン（フランス）48°01′N 2°10′W 147
ハンマシュ（スウェーデン）57°47′N 18°50′E 46
ヒェラズヴェットン川（アイスランド）173
ビエリネン（フィンランド）63°20′N 29°50′E 13, 29, 49, 69, 89
東スラヴ諸族 126
東定住地* 176
ピクト王国* 126
ピサ（イタリア）43°43′N 10°24′E 126
ビサマラハティ（フィンランド）61°38′N 27°42′E 49
ビザンツ帝国* 126, 189, 196
ヒーシャム（イギリス）54°03′N 2°53′W 134
ヒティス（フィンランド）60°12′N 21°55′E 89
ビドル（イギリス）52°17′N 1°35′W 134
ビトル（フランス）49°18′N 1°16′E 144
ビャオゼロ湖（ロシア）66°00′N 31°00′E 13
ビュザー（フランス）47°51′N 2°58′W 147
ビュールヴェルケット（スウェーデン）57°44′N 18°34′E 46, 49
ビリニュス（リトアニア）54°40′N 25°19′E 13
ビルカ（スウェーデン）59°23′N 17°30′E 49, 79, 89, 115, 189
ビルトン（イギリス）51°10′N 2°35′W 131

ピンスク（ベラルーシ）52°08′N 26°01′E 189
ヒンネ島（ノルウェー）68°30′N 16°00′E 13, 29, 49, 69, 89
ピンホー（イギリス）50°49′N 3°29′W 208
ファーヴェル岬（デンマーク；グリーンランド）59°45′N 43°30′W 176, 177
ファクサフロウイ湾（アイスランド）64°25′N 22°40′W 173
ファーナム（イギリス）51°13′N 0°49′W 131
ファーニス（イギリス）54°08′N 3°15′W 219
ファルスター島（デンマーク）54°30′N 12°00′E 49, 69, 89
ファレーズ（フランス）48°54′N 0°11′W 144
ファーンドン（イギリス）53°06′N 2°53′W 134
フィンランド湾 13, 29, 49, 69, 79, 89, 189
フーヴゴーデン（スウェーデン）59°20′N 16°11′E 29, 69
フェア島（イギリス）59°32′N 1°38′W 153
フェカン（フランス）49°45′N 0°23′E 144
フェーロー諸島（デンマーク）62°00′N 7°00′W 79, 167, 177
フォウクストン（イギリス）51°05′N 1°11′E 208
フォウロム（デンマーク）56°33′N 9°23′E 69
フォース湾（イギリス）56°00′N 2°56′W 153
フォルクランスティングスタード（スウェーデン）59°41′N 18°04′E 49
フォーレー島（スウェーデン）57°55′N 19°10′E 46
フグラフョールル海峡（デンマーク；フェーロー諸島）62°14′N 6°49′W 167
フグロイ島（デンマーク；フェーロー諸島）62°21′N 6°15′W 167
ブーク川 189
ブーゲヴィーケン（スウェーデン）57°42′N 18°44′E 46
ブージ（フランス）48°30′N 4°16′W 147
ブスコフ（ロシア）57°48′N 28°26′E 189
プチヴリ（ウクライナ）51°21′N 33°53′E 189
フック・ノートン（イギリス）52°02′N 1°35′W 134
ブートロコエット*（フランス）147
フーナフロウイ湾（アイスランド）65°50′N 20°50′W 173
ブハラ（ウズベキスタン）39°47′N 64°26′E 79, 196
フュアカト（デンマーク）56°39′N 9°59′E 49, 89
フューン島（デンマーク）56°15′N 10°30′W 13, 29, 49, 69, 89, 115
ブライアンツ・ギル（イギリス）54°23′N 2°56′W 134
ブラヴェ川（フランス）147
ブラダン（イギリス；マン島）54°09′N 4°30′W 153
ブラッタフリーズ（デンマーク；グリーンランド, Gr/I：歴史）61°00′N 45°25′W 176, 177
プラハ（チェコ）50°06′N 14°26′E 79
ブリスヴィーク（スウェーデン）57°05′N 18°14′E 46
フリースラント*［英語ではフリジア］126
ブリッジノース（イギリス）52°33′N 2°25′W 131
ブリッドポート（イギリス）50°43′N 2°45′W 131
ブリピャチ川 189
ブルー（スウェーデン）57°40′N 18°24′E 46
プール（イギリス）59°15′N 2°13′W 153
ブルーア（スウェーデン）57°30′N 18°25′E 46
ブルガール（ロシア）54°12′N 48°36′E 79, 196
ブルーゴンヴラン（フランス）48°23′N 4°31′W 147
ブールジュ（フランス）47°05′N 2°23′E 126
ブルターニュ*（フランス）126
ブルート川 189
フールナーヴァン湖（スウェーデン）66°15′N 17°40′E 13, 29, 49, 69, 89
ブルーネウル・メネ（フランス）48°27′N 3°54′W 147
ブルービュ（スウェーデン）59°33′N 17°34′E 49
ブールブリアック（フランス）48°29′N 3°11′W 147
フルーリ（フランス）47°56′N 1°55′E 126
フーレ（スウェーデン）57°39′N 18°28′E 46
フレイエル（スウェーデン）57°24′N 18°14′E 46, 89
ブレイザフョルズル湾（アイスランド）65°18′N 23°20′W 173
ブレイド（イギリス）54°09′N 4°34′W 153
フレズヴィク（イギリス）58°35′N 3°36′W 153
フレヌーズ（フランス）49°14′N 0°41′E 144
フレブレザ・オー（デンマーク）［オーは川の意］54°53′N 12°04′E 89
ブレーメン（ドイツ）53°05′N 8°48′E 115
フレンテンゲ（デンマーク）54°47′N 11°53′E

地名索引

69
ブレンドゥダールル川（アイスランド）173
ブロヴロシュ*（フランス）147
ブロック・イーアリ（イギリス）54°17′N 4°28′W 153
ブロッホ・オヴ・ディアネス（イギリス：オークニー諸島）58°58′N 2°44′W 153
ブーローニュ（フランス）［ブーローニュ・シュル・メール］50°43′N 1°37′E 129
ブロワ（フランス）47°36′N 1°20′E 126
ブロンスク（ロシア）54°07′N 39°36′E 189

ヘアビュー（デンマーク）56°40′N 9°46′W 29
ヘアヨルフスネス岬（デンマーク；グリーンランド）60°04′N 44°41′W 176, 177
ベイジング（イギリス）51°16′N 1°05′W 129
ヘイスティングズ（イギリス）50°51′N 0°36′E 131
ヘイヌム（スウェーデン）57°41′N 18°42′E 46
ペイプス湖／チュド湖（ロシア／エストニア）58°30′N 27°30′E 13, 29, 49, 69, 89, 189
ベガリ諸島（アイルランド）52°12′N 6°22′W 126
ヘクラ山（アイスランド）64°00′N 19°45′W 173
ヘーゴム（スウェーデン）62°15′N 17°25′E 29
ヘーゼビュー（デンマーク：歴史）54°32′N 9°34′E 49, 69, 79, 89, 115, 200
ヘッドランド*（北米／I：歴史）177
ベドフォード（イギリス）52°08′N 0°29′W 129, 134, 140
ベネヴェント公爵領*（イタリア南部）126
ヘブリディーズ諸島（イギリス）58°00′N 7°00′W 79, 177, 219
ベラン（フランス）48°26′N 2°48′W 147
ヘリエー（スウェーデン）59°15′N 17°44′E 29, 49, 69, 89, 189
ベリグー（フランス）45°12′N 0°44′W 126
ヘリフォード（イギリス）52°04′N 2°43′W 131
ベリル島（フランス）47°20′N 3°10′W 147
ベルクソウルスクヴォットル（アイスランド）63°36′N 20°18′W 173
ベルゲン（ノルウェー）60°23′N 5°20′E 13, 79, 115, 200
ペルシア* 196
ヘルシンキ（フィンランド）60°08′N 25°00′E 13
ヘルシングボリ（スウェーデン）56°05′N 12°45′E 13
ヘールヨウルフスダールル（アイスランド）63°25′N 20°15′W 173
ベルリン（ドイツ）52°32′N 13°25′E 13
ベレザヌイ（ウクライナ）46°38′N 32°38′E 79
ベレザヌイ島（ウクライナ）46°39′N 32°38′E 189
ベレヤスラブリ（ウクライナ）50°05′N 31°28′E 189
ベロオーゼロ（ロシア）59°58′N 37°49′E 189
ペンセルウッド（イギリス）51°05′N 2°27′W 208
ヘント／ガン（ベルギー）51°02′N 3°42′E 126
ペントランド海峡（イギリス）58°40′N 3°00′W 153
ペンフリート（イギリス）51°33′N 0°41′E 131
ベンレッホ（イギリス）53°18′N 4°15′W 134

ホーヴ（デンマーク；フェーロー諸島）55°55′N 6°45′W 167
ボウィス* 134
ホウラル（アイスランド）65°44′N 19°07′W 115, 173
ボウルスタージル（アイスランド）65°02′N 22°25′W 173
ボーオモーセ（デンマーク）56°49′N 9°32′E 29
ポー川 79, 126, 196
ホクスン（イギリス）52°21′N 1°12′E 129
ボスニア湾 13, 29, 49, 69, 79, 89, 189, 200, 211
ボッリスタ（スウェーデン）59°35′N 17°29′E 49
ボッレ（ノルウェー）59°24′N 10°29′E 29, 69
ポートチスター（イギリス）50°48′N 1°06′W 131
ポートランド・ビル（イギリス）50°31′N 2°27′W 126
ボナント（イギリス）52°04′N 0°11′E 134
ホフスイェクトル氷河（アイスランド）64°50′N 19°00′W 173
ホフスタージル（アイスランド）65°17′N 09′W 173
ホーメネ（デンマーク）54°42′N 11°24′E 49
ホラーサーン* 196
ボル（ノルウェー）68°06′N 13°20′E 29, 49
ボルドー（フランス）44°50′N 0°34′W 79, 126
ホレズム（ウズベキスタン）42°20′N 59°59′E 79
ボロイ島（デンマーク；フェーロー諸島）62°15′N 6°30′W 167
ポロック（ベラルーシ）55°30′N 28°43′E 189
ボーロック（イギリス）51°14′N 3°36′W 153
ボーロム（デンマーク）57°31′N 10°00′E 200
ボーンホルム島（デンマーク）55°02′N 15°00′E 13, 29, 49, 69, 89

マ 行

マインツ（ドイツ）50°00′N 8°16′E 79
マクサン（フランス）47°58′N 2°01′E 147
マコルド（イギリス）54°18′N 4°19′W 153
マージ（イギリス）51°48′N 0°55′E 131
マーシア* 115, 126, 129, 131, 134, 140
マッセラック（フランス）47°41′N 1°55′W 147
マディーナ・アッサラーム（イラク）33°20′N 44°30′E 196
マームズベリ（イギリス）51°35′N 2°05′W 131
マメン（デンマーク）56°15′N 9°51′E 69
マリ* 219
マリウ（イギリス）54°06′N 4°39′W 153
マリ湾（イギリス）57°40′N 3°50′W 153
マルクランド*（北米／I：歴史）177
マル島（イギリス）56°28′N 5°56′W 153, 219
マルメー（スウェーデン）55°36′N 13°00′E 13
マンスター* 153
マン島（イギリス）54°15′N 4°30′W 115, 129, 131, 153, 208, 219

ミウォアヴル（デンマーク：フェーロー諸島）62°03′N 7°13′W 167
ミーズ*（アイルランド）219
ミスル（エジプト）30°00′N 31°20′E 196
ミチネス（デンマーク：フェーロー諸島）62°08′N 7°38′W 167
ミッケリ（フィンランド）61°44′N 27°15′E 49
ミドル・ハーリング（イギリス）52°38′N 0°42′E 134
ミョーサ湖（ノルウェー）60°50′N 10°50′E 13, 29, 49, 69, 89
ミールダルスイェークトル氷河（アイスランド）63°40′N 19°00′W 173
ミルトン（イギリス）51°18′N 0°54′E 131
ミンスク（ベラルーシ）53°51′N 27°30′E 13, 189

ムーエー（フランス）47°40′N 1°34′W 147
ムルマンスク（ロシア）68°59′N 33°08′E 13
ムーロム（ロシア）55°04′N 42°04′E 189

メステルミュール（スウェーデン）57°15′N 18°13′E 46
メーラレン湖（スウェーデン）59°30′N 17°00′E 13, 29, 49, 69, 89, 189, 200, 206
メーレ（ノルウェー）64°07′N 11°19′E 29

モー（フランス）48°58′N 2°54′E 126
モーガーヌグ 131, 134
モスクワ（ロシア）55°45′N 37°42′E 189
モーテンス（スウェーデン）57°08′N 18°17′E 46
モラヴィア* 126
モルドン（イギリス）51°43′N 0°41′E 208
モン・サン・ミシェル（フランス）48°38′N 1°29′W 144, 147

ヤ 行

ヤールズホフ（イギリス）59°54′N 1°14′W 153
ヤルラバンキ（スウェーデン）59°30′N 18°06′E 49
ヤロスラヴリ（ロシア）57°34′N 39°52′E 189

ユーダル（イギリス）57°40′N 7°22′W 153
ユトレヒト（オランダ）52°04′N 5°07′E 126
ユーフラテス川 79, 196
ユーメ川 13, 29, 49, 69, 89
ユラン半島（デンマーク）［ユトランド半島］56°00′N 9°00′E 13, 115, 200
ユンガレン湖（スウェーデン）58°50′N 16°35′E 206

ヨーク（イギリス）53°58′N 1°05′W 79, 129, 134, 140, 208, 211, 219
ヨーク王国* 134, 140
ヨステダールスブレーエン氷河（ノルウェー）62°00′N 7°30′E 13

ラ 行

ラ・アーグ岬（フランス）49°44′N 1°56′W 144

ライア（デンマーク）55°34′N 12°00′E 49
ライン川 79, 126, 196
ラウズ（イギリス）53°45′N 0°30′W 126
ラウレ（フランス）48°51′N 3°00′W 147
ラウンクイェークトル氷河（アイスランド）64°43′N 20°03′W 173
ラーグズ（イギリス）55°48′N 4°52′W 219
ラズビュー（デンマーク）55°27′N 10°39′E 69
ラスリン島（イギリス）55°18′N 6°12′W 126, 153, 219
ラーデ（ノルウェー）63°27′N 10°57′E 115
ラドガ湖（ロシア）61°00′N 32°00′E 13, 29, 49, 69, 89, 189, 206
ラハティ（フィンランド）61°00′N 25°40′E 49
ラブラドル半島* 177
ラポラ（フィンランド）61°00′N 24°00′E 49
ラム島（イギリス）57°00′N 6°20′E 153
ラーン（ウルフレックスフィヨルド）（イギリス）54°51′N 5°49′W 153
ラングポート（イギリス）51°02′N 2°51′W 131
ランス・オ・メドー（カナダ）51°30′N 55°45′W 177
ランス川 147
ランドゥネック（フランス）48°18′N 4°17′W 147
ランバイ島（アイルランド）53°30′N 6°01′W 153
ランプサイド（イギリス）54°05′N 3°10′W 134
ランレルフ（フランス）48°38′N 3°00′W 147

リー（イギリス）51°49′N 0°02′W 131
リー・オン・シー（イギリス）51°33′N 0°40′E 134
リガ（ラトヴィア）56°53′N 24°08′E 13, 79, 189, 196
リール 129, 131, 140
リジウー（フランス）49°09′N 0°14′E 144
リスボン（ポルトガル）38°44′N 9°08′W 126
リドフォード（イギリス）50°39′N 4°06′W 131, 208
リトル・バクストン（イギリス）52°20′N 0°11′W 134
リトル・ミンチ海峡（イギリス）57°40′N 6°50′W 53
リブルヘッド（イギリス）54°10′N 2°14′W 134
リーベ（デンマーク）55°19′N 8°47′E 49, 79, 89, 115, 200, 211
リム（イギリス）51°05′N 1°02′E 131
リーム・フィヨルド（デンマーク）57°00′N 9°30′E 13, 29, 49, 69, 89
リムリック（アイルランド）52°40′N 8°37′W 153
リューゲン島（ドイツ）54°10′N 13°00′E 13, 29, 49, 69, 79, 89, 189
リュースフィヨルド（デンマーク；グリーンランド）63°50′N 53°00′W 176
リュフィアック（フランス）47°48′N 2°15′W 147
リュベチ（ウクライナ）51°53′N 31°07′E 189
リール川 144
リンカーン（イギリス）53°14′N 0°32′W 129, 134, 140
リング（イギリス）51°11′N 2°57′W 131
リングステズ（デンマーク）55°28′N 11°49′E 49, 89, 200
リンシェービング（スウェーデン）58°25′N 15°35′E 13, 115, 200
リンディスファーン（イギリス）55°41′N 1°47′W 126, 153
リンホルム・ホイエ（デンマーク）57°05′N 9°54′E 49

ルーアン（フランス）49°26′N 1°05′E 79, 126, 144
ルイス（イギリス）50°52′N 0°01′E 131
ルイス島（イギリス）58°10′N 6°40′W 153, 219
ルオン（フランス）48°27′N 2°03′W 147
ル・サン（フランス）48°07′N 3°34′W 147
ルック（ウクライナ）50°42′N 25°15′E 189
ルドン（フランス）47°39′N 2°05′W 147
ルーナ（イタリア）44°04′N 10°06′E 126
ル・マン（フランス）48°01′N 0°10′E 126
ルーレオー（スウェーデン）65°35′N 22°10′E 13
ルーレ川 13, 29, 49, 69, 89
ルンサ（スウェーデン）59°32′N 18°12′E 49
ルンド（スウェーデン）55°42′N 13°10′E 49, 89, 115, 200, 211
ルンドビャッシュ（スウェーデン）57°47′N 18°23′E 46, 89

レイキャヴィーク（アイスランド）64°09′N 21°58′W 173, 177
レイクホルト（アイスランド）64°40′N 21°15′W 173
レヴィル（フランス）49°37′N 1°15′W 144

レザール（イギリス）54°09′N 4°25′W 153
レザンドリ（フランス）49°31′N 1°25′E 144
レスター（イギリス）52°38′N 1°05′W 129, 134, 140
レースリップ（アイルランド）53°22′N 6°30′W 153
レッデシェービング（スウェーデン）55°49′N 12°50′E 49, 69
レディング（イギリス）51°27′N 0°57′W 129, 134
レーデーセ（スウェーデン）57°44′N 12°55′E 200
レプトン（イギリス）52°50′N 1°32′W 129, 134
レンスター* 153, 219
レンヌ（フランス）48°06′N 1°40′W 147
レンヌ* 147
レンフルー（イギリス）55°52′N 4°23′W 219

ロヴァチ川 189
ロウム（デンマーク）56°30′N 8°48′E 29
ローガラン*（ノルウェー）200
ロクチェディ（フランス）47°50′N 4°11′W 147
ロクミネ（フランス）47°56′N 2°51′W 147
ロゴイスク（ベラルーシ）54°16′N 26°50′E 189
ロージアン* 208
ロス*
ロスキレ（デンマーク）55°39′N 12°07′E 13, 89, 115, 200, 211
ロストック（ドイツ）54°06′N 12°09′E 189
ロックシター（イギリス）52°41′N 2°39′W 140
ローヌ川 126
ロネボー（デンマーク）55°07′N 10°45′E 29
ロバーツヘヴン（イギリス）58°39′N 3°01′W 153
ロフォーテン諸島（ノルウェー）68°15′N 13°50′E 13, 29, 49, 69, 89
ローマ（イタリア）41°54′N 12°29′E 79, 196
ロラ（アイルランド）53°00′N 8°20′W 126
ロラン島（デンマーク）54°50′N 11°30′E 13, 29, 49, 69, 89
ロワール川 79, 126, 147
ローンズ（イギリス）52°21′N 0°33′W 134
ロンドン（イギリス）51°32′N 0°06′W 79, 126, 129, 131, 134, 140, 208, 211
ロンバルディア* 126

ワ 行

ワイ川 134
ワイト島 50°40′N 1°17′W 129, 208
ワーシト（イラク）32°17′N 44°10′E 196
ワルシャワ（ポーランド）52°15′N 21°00′E 13

監修者あとがき

「ヴァイキング」とは北欧からやってきてヨーロッパ各地を襲った海賊である．しかし被害者側の史料から，北欧本国の事情と切り離された海賊現象だけを追うのではなく，北欧史全体の文脈のなかに位置付けなければ，ヴァイキングの意味をあきらかにすることはできない．ヴァイキング活動の社会的基礎や文化，精神活動をふくめたヴァイキング像，さらにはヴァイキング時代の拡大された北欧の全体像が追求されなければならない．これがヴァイキング「世界」ということの意味であろうが，本書はさらにそこにとどまらず，ヴァイキング現象とヴァイキング時代を，侵略を受けたヨーロッパとヴァイキングの関係からだけではなく，ヨーロッパやさらにより広い世界全体の変動過程として捉えようとしている．

本書は高い学術性をもち，専門書といってよいくらいであるが，しかし専門論文の形をとらず，豊富な図とわかりやすい編集をもってヴァイキング世界の全体像を提示しようとしている．学問的に利用できる資料はできるだけ広く利用しているが，とくに考古学に力点があり，美しい色刷りの写真および挿絵と地図がふんだんに添えてあり，また本文の叙述を補う適切なトピックスも配してある．これらのおかげで楽しく読みながら最新の学問成果に触れることができる．

本書の考古学情報は専門的な研究者にとっても有用である．最近数十年の北欧考古学は急速な進歩と成果をあげており，個々の分野で出される報告を知る機会に恵まれているような人々でさえ，なかなか全体像をつかまえることはむずかしいのであるが，本書は，刊行時点で進行中の発掘調査をふくめ，考古学が現在到達している状況を一望のもとに示すことに成功している．

著者たちはいずれも英国の第一線の専門家である．監修者・訳者一同は，この学術的意義の高い楽しい書物の邦訳に参加できたことをたいへん喜んでいるが，同時に翻訳の未熟さが楽しさをそぎはしなかったかを心配している．

訳は，監修者のゼミのメンバーで分担した．いずれもヴァイキング時代を専攻している．内容の理解については訳者と監修者のあいだで納得するまで議論した．文章，表現，テクニカルタームについても意見をたたかわせたが，合意に至らなかった点も少なくない．

[訳者一覧]

ヒースマン姿子（ひーすまん・しなこ）：1965年生まれ．名古屋大学大学院人間情報学研究科博士後期課程在学中．1988-1991年，ウップサーラ大学およびストックホルム大学に留学．第1部「国土，気候および人」「ヴァイキング時代以前のスカンディナヴィア」，第3部「西ヨーロッパ」担当．

角谷英則（かどや・ひでのり）：1970年生まれ．名古屋大学大学院人間情報学研究科博士後期課程在学．ウップサーラ大学留学中．第2部「日常生活」「都市，交易，手工業」，第3部「ロシアと東方世界」担当．

伊東 豊（いとう・ゆたか）：1973年生まれ．名古屋大学大学院人間情報学研究科博士後期課程在学中．第2部「学問と宗教」，第3部「ケルトの世界」「北大西洋」，トピックス「異教の神々」担当．

熊野 聰（くまの・さとる）：1940年生まれ．一橋大学大学院経済学研究科博士課程中退．名古屋大学教授（情報文化学部・大学院人間情報学研究科）．第2部「社会，王，戦争」，第4部「後期ヴァイキング時代とその後」，「異教の神々」を除くトピックス，遺跡，地図，その他，担当．

著者序言に，古北欧語を現代英語に移すことの困難が述べられているが，日本語に表記することはもっとたいへんだった．外国語の音をカナで表す問題はべつとしても，ヴァイキングが故国において方言関係を発展させ，また各地に植民してそこにまた方言を生みだし，それぞれが現在の国語や地域語となっているからである．またヴァイキングが活動した世界の広さにふさわしく，本書の地図に登場する地名の言語はロシア語，アラビア語などもふくめきわめて多方面にわたり，これらのすべてを一貫した方針で日本語表記するため，地名索引の作成について大阪外国語大学の菅原邦城教授にご協力いただいた．ほかにも地名・人名，特殊な知識と術語などについて，お名前は挙げないが多くの専門家にご意見をいただいた．朝倉書店の編集部スタッフには，進行についていろいろと面倒なわがままをお願いし，お世話になった．みなさんありがとうございました．

1999年2月　熊野　聰

索引

あ行

アイオウナ 148
アイスランド 169
『アイスランド人のサガ』 103
『アイスランド人の書』 100
アイランドブリッジ 160
『アイルランド年代記』 160
「赤毛の」エイリーク 171, 173
赤毛のエイリークの農場 174
アガシュボー 52
アーガンチュール王 44, 84
アース神族 108
アセルスタン 142
アダム・フォン・ブレーメン 44
アッバース朝カリフ国 197
アリ・ソルギルスソン 100
アル・タルトゥーシ 81
アルギスブレッカ 168
アルクウィン 124
アルシング 173
アルデイギュボルグ 188
アルフレッド 130
アングルシー島 160
『アングロ・サクソン年代記』 125
アングロ・スカンディナヴィア様式 138
アンスガール 84, 120
『アンスガール伝』 44
アンダーホウル 151

イェッテルイェーレの碑文 209
イェリング 41, 118
イェリング様式 97
イェルムンブー 39, 55
鋳型 92, 94
イーゴリ 194
石の十字架 160
イースマンストルブ 48
緯度航法 164, 180
イトレ・モーア 60
イブン・ファドラーン 43, 198
移牧 59
イングヴァルの石碑 206
イングヴァルの東方遠征 206
イングルビー 137
インゴールヴ 171
「韻律一覧」 106

ヴァイキング 38
ヴァイキングの名称 39
ヴァイキング時代 38
ヴァイキング社会 40
ヴァイキング船 76
ヴァラング隊 196
ヴァルキュリャ 109
ヴァルスヤーデ 31, 34
ヴァン神族 108
ヴィーラント 111
ウィリアム・モリス 221
ヴィルツイ人 184
ウィンチスター 210
ヴィーンランド 176
ヴィーンランド地図 177
ウェアラム・バーシー 135
ヴェステルガーン 46, 52
ウェストネス 155
ヴェストマンナ諸島 170
ヴェーチェ 192
ウェックスフォード 160
ウェッドモア条約 131
ウェールズ 158
ヴェンデル 31, 34
ヴェンデル期 31
ウォーターフォード 160
ヴォーバセ 59
ヴォリン 184
ヴォリン人 184
『ヴォルスンガ・サガ』 112
ヴォルホフ-ロヴァト-ドニエプル水系 184
ヴォルンド 111
ウーシカウブンキ 88
ウラジーミル 194, 197
ウルネス教会 202
ウルネス様式 97
ウールフベルフト 54
ウーロヴ・シェートコヌング王 41, 120

『エイルの人々のサガ』 114
エーケトルブ 30, 48
エセルウルフ 130
エセルニ 130
エセルレッド2世 207
エッダ 106
エディングトン 130
エドマンド剛勇王 209
エドワード 141
エドワード懺悔王 211
エーランド 17, 30
エンマ・オヴ・ノルマンディー 210

王 41
オウッタル 85
『王の鏡』 175
「王のサガ」 103
王の要塞 52, 56
オークニー 151
オークニー・ヤール国 151
『オークニー諸島の人々のサガ』 151
オージン 108
オスロ 201
オーセベル 41, 42
オーセベル様式 97
オーゼンセ 200
オーヒュース 88
オーフィル 215
オーフース 200
オボトリト人 184
オーラヴ・トリュグヴァソン 44, 119, 208
オーラヴ・ハーラルソン 44, 119
オルガ 194
オルデンブルク 184
オレーグ 194
音楽 64

か行

海水面変動 14
カウバング 85
カークウォール 218
カス・ナ・ホイン 156
カスピ海 197
火葬墓 68
型溶接法 91
カパゲイト 136
ガムラ・ウップサーラ 34
ガムラ・ウップサーラ神殿 111
カラッハ 164
ガルザル 120
カルレヴィ 103
環境航法 180
環状ピン 161
カントヴィック 143
カンハウエ運河 35

キエフ 194
「北の島々」 219
木彫 90
宮廷韻律 103
供犠祭 114
巨石墓 22
キルマイナム 160
キンギットルッスアク島 223

クヴィヴィクの農場 167
櫛 96
グズメ 27
グズルム 127, 131
クニェズドヴォ 195
クヌート 209
クーフ貨 92
グラウバレ人 27
クラナ 160
グリーム・カンバン 166
グリーンランド 173
グレントフト 24
クローヴァン 218
クロース・ナ・ホラ 155
グロス・ラーデン 187
黒土地域 86
グロワ島の船葬墓 146
クロンク・ナ・メリウ 155
クロンターフの戦い 219

ケースネス 152
ゲームの駒 64
ゲーム用の盤 64
ケルト人 148

「幸運の」レイヴ 177
交易 78
コウオブジェク 184
航海 164, 180
航海術 180
「豪胆者」ビョルン 146
『古エッダ』 106
コーク 160
ゴクスタ 41
ゴジ 220
ゴズフォース 137
ゴーセボリ 47
ゴットランド先史博物館 46
ゴットランド島 17, 46
ゴトゥ 167
コリングウッド 221
ゴルム 44, 118, 120
ゴロディシチェ 188
コロンゼイ沖の戦い 219
コンスタンチノーブル 195
コンスタンティン・ポルフュロゲニトス 197

さ行

サイミ・フォールズ 135
サガ 103
サクソ・グラマティクス 187
サットン・フー 122
サネット島 125
サミ 15
サンダ 59
サンドゥル 168
サンネス 176
『散文エッダ』 106

『詩エッダ』 106
シェトランド 151
シェピー島 125
シグヴァット・ソールザルソン 105
シグトゥーナ 201, 204
シグルズ 112
ジブラルタル海峡 146
社会的階層序列 40
シャット貨(スケアタス) 84
集会の原 173, 220
十字架平石 166
自由人 41
10分の1税 222
手工業 91
首長 41
首長制 24
商業中心地 85
沼沢犠牲 26
沼沢人 25
小氷河期 223
ショウルスアウ谷 171
初期鉄器時代 24
『植民の書』 171
ショーズヒルズ 174
ショーズヒルズの教会 176
シーリング 168
『新エッダ』 106
シング(集会) 43
シングヴェットリル 119, 173, 220
人身犠牲 25, 26, 29
新石器時代 22
針葉樹林帯 16

スヴァンテヴィット神 186
スウェーデン 12, 15, 16
スウェーデン南部 14
スヴェン双叉髭王 44, 208
スヴォルズの海戦 44
スヴャトスラフ 194
スカー 154
スカイヒルの戦い 218
スカウルホルト 120
スカーラ 45, 206
スカールド 154
スカールド詩 105
スカンディナヴィア半島 12, 14
スキー 73
スキーリンゲスヘアル 85
スクレレウ 76
スケート 73
スコット人 148
スコーネ 14, 16
スタムフォード陶器 135
スタムフォード・ブリッジ 212
スターラヤ・ラドガ 188, 190
ステインク農場 172
ステンビューポリ 47
スノッリ・ストゥルルソン 100
スペイン 146
スレイプニル 109

セイズ 108
青銅器時代 22
聖ブライスの日 209
セゼング 59
切断銀 92
船型列石 68
船葬墓 42
セント・パトリック島 158
ソアテ・ムレ 28
装飾 97, 98
装飾品 91
「ソウダー・アンド・マン」司教区 218
「率直な詩」 106
ソール 108
ソルヴァルド 177
ソルフィン・カルルセヴニ 177

た行

タイガ 16
大軍勢 125
ダイス 64
太陽観測儀 180
太陽コンパス 180
ダーネヴィアケ 47
ダブリン 162
卵型ブローチ 67
タラの戦い 163
樽板式教会 202
短枝ルーン 102

チュール 108
長枝ルーン 102
チョドヌヴィク 168

ツンドラ 16

ディクイル 164
定住 129
堤道 74
ティングステーデ・トレスタ湖 48
ティンワルド 219
鉄器時代 24
テフラ 171
テューレ 170
デュンナ石 103
デーンゲルド 125, 208
デンマーク 14, 17
デーンロー 131

ドヴェルグ 109
トゥーシュブリエン 46, 48
闘馬 64
トゥルク 88
都市的成長 78
土葬墓 72
『土地占取の書』 171
トフタネス 167
トランスオクシアナ 92
ドーリッシュ・カシャン 156
トルソ 184
トルロン人 27
奴隷 43
ドーレスタット 143
トレレボー 52
トレレボリ 52
ドロートットクヴァット 103
トロンヘイム 201

な行

中定住地 174-175
7つの急流 197
ナルヴィーク 15
ナルッサック農場 176
南京錠 66

握り獣 97
西定住地 174
ニダロス 119, 201
ニバイツォック 222
ニーブ 154
ニュダム船 27
ニョルズ 108

年輪年代測定法 42

ノヴゴロド 188, 192
ノルウェー 12, 14, 15
『ノルウェー王国古史』 171
『ノルウェー史』 171
ノールカップ岬 12
ノルズルセタ 175
ノルマンディー 144
ノルマンディー公ギョーム(ウィリアム) 212
ノワールムティエ島 146
ノネバケン 52

は行

バイユーのタピストリー 213
バーヴィーケン 47, 88
ハウス・オヴ・キーズ 219
墓 69
ハザール 197, 198
橋 74
ハーステイン 127, 132, 146
バーセイ 216
ハッランド 14, 16
バビ 166
バーブエイ島 170
ハメーンリンナ 88
バラティア 157
バラドゥール 155
ハーラル苛烈王 211
ハーラル青歯王 44, 118, 120
ハーラル美髪王 44
バルドル 108
ハロルド・ゴドウィンソン 211
半円壁 48
『ハンブルク大司教教会事績』 44

東定住地 174
ピクト人 148
ビーズ 95
ヒッデンゼー 187
ヒベルノ・ノース 142, 145
ビャルニ・ヘルヨールヴソン 176
ビュールヴェルケット 48
ヒューレスタ教会 112
ビョルケ島 84
ビルカ 47, 84, 86, 120
ビールの異教貴婦人 157

ファイヴ・バラ 135
フィヨルド 15

フィンランド 18
フィンランド南西部 18
フーヴゴーデン 29
フェーロー諸島 166
『フェーロー諸島人のサガ』 166
フェンリル狼 110
武器 91
フグラフォールル 167
フサルク 102
豚の背 137
船 74
フネヴァタヴル 64
船の修理 75
フュアカト 48, 52
ブライアン・ボルー 219
ブライアンツ・ギル 135
ブラクテアート 28
ブラッタフリーズ 174
『フランク王国年代記』 44
フリースラント 143
フリブレザ 75
ブルガール 197
ブルターニュ 145
ブルナンブルフの戦い 142
ブルフ 131
フレイ 108
フレイエル 88
ブレイド 155, 156
フレイヤ 108
フレスウィック・リンクス 150
ブローア様式 97
フロキ 171

ヘアルフデネ(ハールヴダン) 127, 130
ヘイスティングズ 213
『ヘイムスクリングラ』 104
ヘイムダッル 110
ヘクラ山 171
ヘーゴム 29
ヘーゼビュー 80, 81, 120
ヘッルランド 176
ヘブリディーズ諸島 152
ベランの環状砦 146
ヘリエー 32
ヘリゲイル 84
ヘルゲ・イングスタ 178, 179
ヘルゲオーの戦い 210
ペルミアの輪 92
ベルンの神殿 188
ベロオーゼロ 197

法 100, 173
宝飾品 91
「法の語り手」 120, 173
ホウラル 120
ホーコン善王 114
ボリスタ 59
ボッレ 41
ボッレ様式 97
ボモジャンカ人(ボンメルン人) 184
ボル 44, 45
ボルグン教会 202
ボーンホルム 18

ま行

マイス・ハウ 214
マグヌス裸足王 214, 218
マメン 54
マメン様式 97

真夜中の太陽 165
マルクランド 176
マン島 154
マン島および島嶼部王国 218

ミード(蜂蜜酒) 66
ミドルトン 137
「南の島々」 219
ミュクレボースタ 38
民族移動期 27

ムーロム 197

メキシコ湾流 15
メクレンブルク 184
メステルミュール 91, 92
メーラレン 16, 17
メンツリン 184

モースゴー博物館 63
木梯(もっかく)墓 73
モルドンの戦い 208
モレーン 14

や行

山の牧場 168
ヤール・ソルフィン 214
ヤールズホフ 150
ヤルラバンキの堤道 101
ヤロスラヴ 194
ヤロスラヴリ 197

ユーダル 152
ユミル 110

ヨーク 136
ヨーク王国 135
ヨームスヴァイキング 184
ヨームスボルグ 184
ヨルムンガンド 110
よろい張り 74

ら行

ラウニング・エンゲ橋 74
ラーグズの戦い 219
ラグナルド 142
ラグナロク 108
ラーデのヤール 44
ラルスヴィーク 186
ランス・オ・メドー 178

陸上運搬 195
陸地上昇 14
リーグのうた 110
リブルヘッド 135
リーベ 82, 83, 120
リムリック 160
竜骨 74, 77
リューゲン人 186
リューゲン島 186
リューリク(レーリク) 194
リング付きピン 169
リングリーケ様式 97
リンディスファーンの修道院襲撃 122
リンホルム・ホイエ 59

ルーア 24
ルオチ 188
ルギエリ人 186
ルーシ 188
ルーシ問題 188
ルナ 146
ルンサ 47
ルンド 200
ルンドビャーシュ 88
ルーン石碑 101
ルーン碑文 101
ルーン文字 100

レイキャヴィーク 170
レーク石 103
レッデシェービンゲ 88
レプトン冬営地 128

ロキ 108
『ロシア原初年代記』 194
ロスキレ 200
ロストック 184
ロネボー 27
ロフォーテン諸島 19
ローマ鉄器時代 27
ロロ 145
ロングハウス 25, 27
ロングフォート 160

監修者

熊野 聰
(くまの さとる)

1940 年　東京都に生まれる
1962 年　東京教育大学文学部卒業
1967 年　一橋大学大学院博士課程
現　在　名古屋大学教授（情報文化学部・大学院人間情報学研究科）

図説 世界文化地理大百科
ヴァイキングの世界（普及版）

1999 年 5 月 10 日　初　版第 1 刷
2008 年 11 月 20 日　普及版第 1 刷

監修者	熊　野　　　聰
発行者	朝　倉　邦　造
発行所	株式会社 朝　倉　書　店

東京都新宿区新小川町6-29
郵便番号　162-8707
電　話　03（3260）0141
FAX　03（3260）0180
http://www.asakura.co.jp

〈検印省略〉

© 1999〈無断複写・転載を禁ず〉　　凸版印刷・渡辺製本

Japanese translation rights arranged with ANDROMEDA OXFORD Ltd.,
Oxford, England through Tuttle-Mori Agency Inc., Tokyo

ISBN 978-4-254-16870-9　C 3325　　　　　Printed in Japan

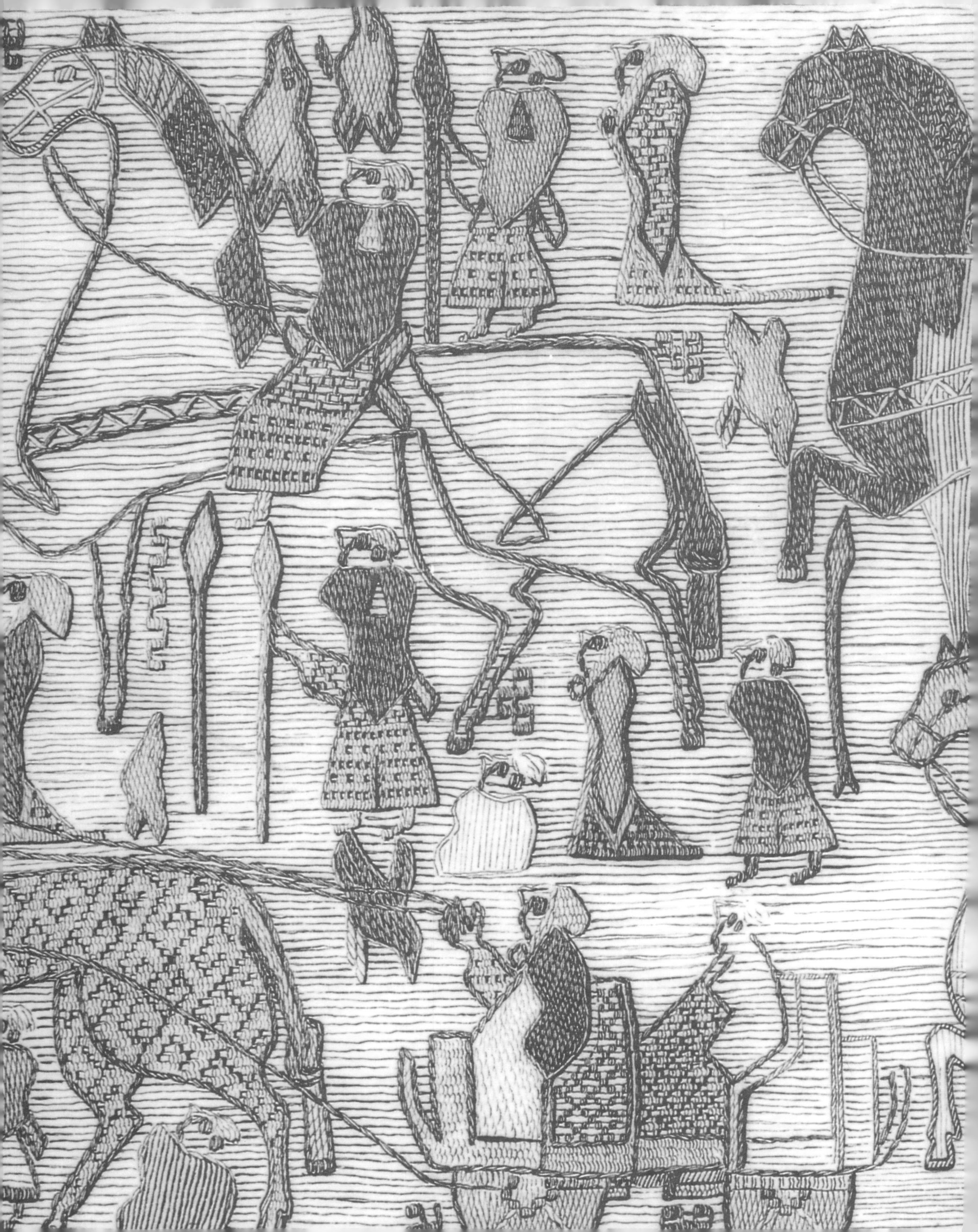